MANUAL DE HISTÓRIA DA IGREJA 2

Umberto Dell'Orto
Saverio Xeres (DIR.)

MANUAL DE HISTÓRIA DA IGREJA

A IDADE MÉDIA
Da presença dos bárbaros no Ocidente (séculos IV-V)
ao papado avinhonense (1309-1377)

Organização de **Renato Mambretti**
Tradução de **Orlando Soares Moreira**

Edições Loyola

Título original:
Manuale di storia della chiesa – vol. II: Il Medioevo. Dalla presenza dei barbari (sec. IV/V) in Occidente al Papato avignonese (1309-1377) (Umberto Dell'Orto/Saverio Xeres – diretores)
© 2017 Editrice Morcelliana, Brescia – Italia
Via G. Rosa 71, 25121, Brescia (Italia)
ISBN 978-88-372-3098-2

Dados Internacionais de Catalogação na Publicação (CIP)
(Câmara Brasileira do Livro, SP, Brasil)

Manual de história da Igreja : a Idade Média : da presença dos bárbaros no Ocidente (séculos IV-V) ao papado avinhonense (1309-1377). vol. II / Renato Mambretti (org.) ; tradução Orlando Soares Moreira ; Umberto Dell'Orto, Saverio Xeres (dir.). -- São Paulo : Edições Loyola, 2024. -- (História do cristianismo)

Título original: Manuale di storia della chiesa : vol. II : il medioevo : dalla presenza dei barbari (sec. IV/V) in Occidente al Papato avignonese (1309-1377).
Bibliografia.
ISBN 978-65-5504-360-0

1. História eclesiástica - Idade Média 2. Igreja - História 3. Igreja - História - Idade Média 4. Papado - História I. Mambretti, Renato. II. Dell'Orto, Umberto. III. Xeres, Saverio. IV. Série.

24-206363   CDD-262.009

Índices para catálogo sistemático:
1. Igreja : História : Cristianismo   262.009
Eliane de Freitas Leite - Bibliotecária - CRB 8/8415

Capa: Ronaldo Hideo Inoue
Catedral gótica de Colônia (*Köln*), Alemanha (1248-1560, 1842-1880), gravura de © acrogame. Na contracapa, detalhe da decoração (séc. XIX) da catedral, imagem de © Frank Krautschick.
© Adobe Stock.
Diagramação: Sowai Tam
Revisão técnica: Danilo Mondoni, SJ

Edições Loyola Jesuítas
Rua 1822 nº 341 — Ipiranga
04216-000 São Paulo, SP
T 55 11 3385 8500/8501, 2063 4275
editorial@loyola.com.br
vendas@loyola.com.br
www.loyola.com.br

Todos os direitos reservados. Nenhuma parte desta obra pode ser reproduzida ou transmitida por qualquer forma e/ou quaisquer meios (eletrônico ou mecânico, incluindo fotocópia e gravação) ou arquivada em qualquer sistema ou banco de dados sem permissão escrita da Editora.

ISBN 978-65-5504-360-0

© EDIÇÕES LOYOLA, São Paulo, Brasil, 2024

Sumário

INTRODUÇÃO
A Idade Média: da presença dos bárbaros no Ocidente (séculos IV-V) ao papado avinhonense (1309-1377) 9

Autores 19

CAPÍTULO PRIMEIRO
A contribuição dos novos povos para o desenvolvimento da Igreja 21
   1. As principais migrações bárbaras 21
   2. A Igreja e os bárbaros 24
   3. A vida monástica: a Regra de Bento e o monaquismo irlandês 34
   Bibliografia 47

CAPÍTULO SEGUNDO
A Igreja no Oriente entre os séculos V e VII e a difusão do Islã 51
   4. Bizâncio e os imperadores dos séculos V-VI 51
   5. A época de Flávio Pedro Sabácio Justiniano 56
   6. Os sucessores de Justiniano 62
   7. Origem e doutrina do Islã 66
   8. A expansão islâmica na bacia do Mediterrâneo 69
   Bibliografia 82

CAPÍTULO TERCEIRO
A Igreja no Ocidente nos séculos VI-VII 85
   9. A ação pastoral de Gregório Magno e o papel da Igreja romana 85
   10. Os bispos da Igreja ocidental 99
   11. Igrejas batismais, freguesias e igrejas particulares 103
   Bibliografia 112

CAPÍTULO QUARTO
O Ocidente nos séculos VIII-X ... 115
12. Em relação ao Oriente: a iconoclastia ... 115
13. A escolha do papado ... 122
14. A época de Carlos Magno ... 127
    Inserção 1 – *Constitutum Constantini*: explicação e análise crítica do documento ... 134
    Nota bibliográfica ... 137
15. A evangelização a oeste: do domínio muçulmano à *reconquista* de Pedro I de Aragão ... 138
16. A evangelização ao norte entre os séculos VIII e IX ... 142
17. A evangelização a leste: Cirilo e Metódio; a separação do Oriente; a China ... 144
Bibliografia ... 153

CAPÍTULO QUINTO
A Igreja imperial, da época dos Otões à Reforma do século XI ... 155
18. O século da crise entre Oriente e Ocidente ... 155
19. A Igreja do Oriente e o cisma de 1054 ... 166
20. A época dos Otões e a reforma imperial ... 170
    Inserção 1 – Bispos, mas não condes ... 176
    Nota bibliográfica ... 178
    Inserção 2 – A Europa entre castelos e instituições vassalares ... 187
    Nota bibliográfica ... 190
21. Provas de autonomia na época gregoriana ... 190
Bibliografia ... 203

CAPÍTULO SEXTO
Reformas básicas e reformas de cúpula entre os séculos XII e XIII ... 207
22. Os primeiros concílios de Latrão, o papado, o Império ... 207
23. A procura da vida apostólica: os cônegos regulares ... 220
24. Eremitismo, Cluny, Cister: os diferentes rostos do monaquismo medieval ... 224
    Inserção 1 – Ordens religiosas ... 241
    Nota bibliográfica ... 243
25. O apogeu do papado medieval: Inocêncio III e o Concílio Lateranense IV ... 243
26. As Ordens mendicantes ... 256
    Inserção 2 – A Igreja e as novas instituições de governo das cidades e dos municípios na Europa ... 270
    Nota bibliográfica ... 273
27. Os papas e a luta contra o Império ... 273
Bibliografia ... 278

CAPÍTULO SÉTIMO
Mudanças estruturais, religiosidade, cultura, heresia e ortodoxia entre os séculos XI e XIV 281

28. A organização eclesial, a arte, o culto e a liturgia 281
   Inserção 1 – As associações do clero diocesano no desenvolvimento das paróquias e da *cura animarum* 284
   Nota bibliográfica 286
29. A pregação, o culto dos santos e o desenvolvimento cultural 290
   Inserção 2 – A nova hagiografia do século XIII 294
   Nota bibliográfica 296
30. Do pauperismo às heresias com as respostas da Igreja (o nascimento da Inquisição) 305
31. As confrarias leigas, as peregrinações e as hospedarias 316
   Bibliografia 320

CAPÍTULO OITAVO
Da crise da metade do século XIII ao fim do período avinhonense (1309-1377) 323

32. O fim da dinastia sueva e o novo contexto europeu 323
33. Os papados do dissídio: Celestino V (1294) e Bonifácio VIII (1294-1303) 331
34. De Roma a Avinhão: as relações com a França e a supressão dos templários 338
   Inserção 1 – Sínodos diocesanos e concílios provinciais entre os séculos XIII e XIV 341
   Nota bibliográfica 343
35. O complexo período avinhonense 343
36. Gregório XI (1370-1378), o retorno a Roma e a problemática herança 349
   Bibliografia 351

CAPÍTULO NONO
Além dos confins: cruzadas e missões 353

37. As cruzadas e o reino de Jerusalém 353
38. Báltico, Escandinávia e Prússia: as terras da evangelização norte-oriental 362
39. Nas pegadas dos frades: as missões na Ásia 364
   Bibliografia 368

Índice de nomes 371

introdução

A Idade Média: da presença dos bárbaros no Ocidente (séculos IV-V) ao papado avinhonense (1309-1377)

O segundo volume do *Manual de história da Igreja*, dedicado aos séculos da Idade Média, é iniciado com um quadro geral sobre as populações bárbaras (**CAP. 1**), um dos principais fatores que constituem o tecido dessa época e que forjaram sua identidade (**item 1**). Com a expressão "bárbaros", o mundo clássico indicava indistintamente grupos étnicos diferentes situados fora das fronteiras do Império, os quais falavam com dificuldade as línguas do mundo civil — o grego e o latim —, deformando-as por falhas na compreensão e na pronúncia. A mais recente pesquisa historiográfica esclareceu que os nomes e as identidades com os quais estamos habituados a identificar essas populações são mais fictícias que reais. Os bárbaros acabam assim se apresentando a nossos olhos como um amontoado de povos dos quais se ressalta a problemática identificação sob o perfil étnico, devido à mobilidade social interna e às rápidas ligações em novos ajuntamentos, mesmo durante o período do deslocamento e do assentamento nas terras do Ocidente.

Consideradas a fluidez na identificação e a generalidade da terminologia, fica oportunamente esclarecido no capítulo que as invasões dos povos bárbaros não representam absolutamente uma novidade: já na época republicana, Roma tinha de se haver com eles. Todavia, entre os séculos IV e V foram tais a pressão e o número das populações introduzidas à força ou que foram acolhidas nas fronteiras do Império que a sociedade romana acabou passando por uma profunda transformação; por isso, a historiografia recente utiliza a expressão "Europa mestiça" para indicar o que ocorreu nesse período com a fusão de diferentes povos. Nesse processo, um espaço especial é ocupado pelos germanos, que durante o século V se alastraram pelas províncias da Europa ocidental em fases alternadas de saques e conquista violenta, mas também de penetração pacífica e assentamentos dentro das fronteiras do Império.

Desses fluxos e das novas realidades políticas constituídas pelos povos germânicos, a Igreja foi inevitavelmente obrigada a tomar consciência (de diferentes e contrastantes maneiras) e, portanto, a estabelecer relações e ativar o empenho missionário. Embora demonstrando — como aliás ocorre com realidades e instituições do Império — dificuldade e vacilações, soube afinal resolver de modo positivo a questão, chegando a uma progressiva evangelização das populações germânicas (**item 2**).

O encontro entre as instituições e a cultura eclesiástica, de um lado, e os germanos, de outro, constitui, portanto, o início do percurso delineado pelo *Manual*. Duas forças assim o permitiram: o episcopado e o monaquismo. Enquanto no capítulo 3 um estudo específico se dedica ao primeiro assunto, o **item 3** se detém sobre o monaquismo, analisando as figuras carismáticas de Bento e Columbano; ambos são modelos de diferentes sensibilidades religiosas e de modos diferentes de pôr em prática a vida cenobítica. De Bento — de sua juventude, do amadurecimento de sua vocação e da fundação de Montecassino — traça-se um perfil a partir de uma análise sintética da *Regra* e dos *Diálogos*, de Gregório Magno; de Columbano, porém, seguem-se os vivos episódios biográficos para se chegar depois à apresentação da *Regula coenobialis*, à qual se segue uma exposição sobre os "livros penitenciais" e sobre a influência deles no cristianismo ocidental.

O **CAP. 2** dirige a atenção do leitor para o Oriente, seguindo um duplo percurso: de um lado, descrevem-se a estrutura e os principais episódios do Império bizantino (com a capital Constantinopla-Bizâncio considerada a segunda Roma), e de outro, apresenta-se a formação do mundo islâmico durante o século VII, considerado por alguns expoentes da historiografia novecentista um importante fator na formação do Ocidente europeu.

O **item 4** concentra-se em Bizâncio e no papel que os imperadores dos séculos V e VI desempenharam na estruturação do Estado bizantino e nas relações com a Igreja de Roma. Evidenciam-se nos imperadores a função política e a qualificação de *pontifex* (que os habilitou a intervir muitas vezes, e nem sempre de modo sensivelmente positivo, na vida da Igreja, em particular nas diferentes realidades das Igrejas orientais); pode ser considerada exemplo dessa tendência a publicação em 482 do *Henotikon*, de Zenão, no qual se declara a intenção de unir a Constantinopla as Igrejas da África, de modo a superar as divisões entre as diversas realidades eclesiásticas a respeito do Concílio de Calcedônia, do qual se tratou no capítulo conclusivo do volume I deste *Manual*.

Na realidade, essa tentativa de união provocou um cisma com Roma, quando, na época, se distinguiram as figuras dos papas Gelásio (492-496) e Hormisda (514-523). Do primeiro se relê a famosa *Epístola* endereçada ao imperador Anastácio I, na qual se propõe uma distinção funcional de âmbitos no contexto da autoridade exercida pelos poderes político e religioso. De Hormisda lembram-se os hábeis dotes de mediador, que todavia pareceram se ofuscar justamente na questão ligada ao *Henotikon*.

Um papel de destaque é reservado a Justiniano (527-565) e a seus sucessores imediatos (**itens 5 e 6**). De Justiniano recorda-se em especial o grande projeto de restauração do Império e o parcial bom resultado dele, com a reconquista da península italiana, do reino dos vândalos na costa africana e das terras mediterrâneas na Península Ibérica. A isso se junta o grande empenho em colher e ordenar a tradição legislativa romana até a época do próprio Justiniano (*Codex iuris civilis*), obra ainda hoje fundamental para o estudo do direito romano. Enfim, ampla reflexão é dedicada aos nem sempre felizes posicionamentos do imperador em matéria religiosa, os quais se distinguiram pela particular dureza de suas estratégias e por algumas drásticas teorias teológicas. Deu-se assim o cisma dos *Três Capítulos*, que encontrou o Ocidente bem distante e hostil em relação às posições assumidas por Bizâncio. As ações de força realizadas naquela época contra a Igreja romana, chegando a atingir seu bispo, não diminuíram nem mesmo com os imperadores Heráclio I (610-641) e Constante II (641-668).

Ao nascimento e à difusão do Islã dedicam-se os **itens 7 e 8**, que repassam as características essenciais da vida de Maomé e apresentam seu pensamento religioso. Em seguida, o *Manual* detém-se na rápida difusão do novo credo no Oriente Médio e na costa da África, até a Península Ibérica (século VIII); nesses episódios destaca-se o equívoco segundo o qual as populações cristãs daquelas terras, muito pouco aculturadas, julgaram que a nova religião fosse simplesmente uma nova proposta do cristianismo sob formas diferentes.

Ao se ocupar da Igreja no Ocidente nos séculos VI e VII, o **CAP. 3** apresenta, mediante uma série de emblemáticas figuras episcopais (**item 10**), o compromisso deles prodigalizado em pastorais e na ação missionária. O **item 9** é totalmente dedicado à figura com certeza mais importante desse período:

o papa Gregório Magno (590-604). A reconstrução biográfica enobrece a habilidade política e diplomática do grande pontífice, quer nas relações com o Oriente, quer com os vizinhos longobardos. Sua ação é analisada sob diferentes ângulos: o empenho cultural e a sensibilidade pastoral em relação ao próprio clero e ao povo a ele confiado; a diplomacia eclesiástica nas não fáceis relações com o Oriente e com os metropolitas do Ocidente; o ímpeto missionário até as fronteiras do mundo conhecido (os anglos, por exemplo). Enfim, o **item 11** apresenta a estruturação das igrejas batismais, das freguesias [a palavra *pieve* do original corresponde a freguesia: A *pieve* é uma igreja rural com um batistério anexo. Na Alta Idade Média, à *pieve* eram reservadas algumas funções litúrgicas e dela dependiam outras igrejas e capelas sem batistério. O item 11, especialmente no n. 2, explicará em pormenor esse conceito. Mantivemos aportuguesada a mesma palavra italiana — e respectivo adjetivo — em *itálico*, N. do T.] e das igrejas privadas no Ocidente, delineando o amplo quadro de uma Igreja que precisamente nesses séculos se modela na articulação das circunscrições civis.

A profunda mudança de horizontes ocorrida no âmbito da Igreja romana e no contexto europeu ocidental durante o século VIII é descrita no **CAP. 4**. No início desse período, o fenômeno da iconoclastia contribui para radicalizar o distanciamento, se não a separação, entre Roma e Constantinopla. Iniciada pelo imperador Leão III, o Isáurico e apoiada também por muitos de seus sucessores, embora com altos e baixos até a metade do século IX, a luta contra o culto das imagens acabou por criar dissídios e resistências tanto nas Igrejas orientais, como no mundo ocidental (**item 12**).

Novamente pressionada pela ação militar dos longobardos, embora descontínua, na primeira metade do século VIII a Igreja de Roma decidiu dilatar os limites do próprio reino e, fortificados os laços com Bizâncio, orientou progressivamente a própria atenção para as realidades políticas da Europa ocidental. Decididamente pronta a afirmar uma própria e independente capacidade de ação também no plano político, Roma identifica no Ocidente uma dinastia capaz de desenvolver uma ação determinada e eficaz, a ponto de constituir uma nova e abalizada referência. Trata-se do grupo familiar dos pipinidas, os *maiores domus* da agora exangue corte merovíngia da Austrásia, os quais, graças ao apoio de um episcopado fortemente filo-romano e com o consenso dos papas (da eleição de Pepino como rei em 743, à unção conferida pelos legados papais em 751, à *Promissio Carisiaca* no ano 754), realizaram uma espécie de golpe de

Estado. A deposição do último descendente dos merovíngios, com a conivente aprovação papal, permitiu de fato que Pepino assumisse o título de rei, junto com os próprios filhos, e recebesse a unção real (segundo o modelo dos reis do Antigo Testamento) do próprio pontífice (**item 13**). Foram anos determinantes para a Igreja de Roma, que teria explicitado essa consciência na preparação da chamada *Doação de Constantino* (talvez a mais famosa falsidade do período medieval) (**cap. 4, inserção 1**).

Graças a algumas campanhas militares, primeiro Pepino e depois o filho Carlos (o futuro Carlos Magno) derrotaram os longobardos, absorveram o reino deles e, dando uma série de territórios aos apóstolos Pedro e Paulo, favoreceram a criação de um vasto *patrimonium Sancti Petri* (a base do futuro Estado da Igreja), como uma espécie de compensação das propriedades que na Calábria e na Sicília a Igreja tinha perdido pelo confisco realizado por Bizâncio na época da contenda iconoclasta.

Essas vicissitudes levam à formação do reino de Carlos, uma construção política que, mesmo em sua fragilidade constitucional, evidencia algumas intenções próprias das estratégias de governo dos carolíngios ligadas à Igreja romana e decididamente orientadas para o domínio do Ocidente (**item 14**). Dessa política recuperam-se aqui sobretudo os aspectos culturais, litúrgicos e espirituais, um necessário prelúdio à coroação imperial de Carlos Magno ocorrida no Natal do ano 800. Além disso, nessa época são realizadas as reformas do mundo canônico e monástico, a segunda em especial perseguida por uma personalidade de ponta do ambiente carolíngio, Bento de Aniane, a quem se deve a difusão da Regra beneditina em todo o Ocidente.

Os **itens 15, 16 e 17** concentram-se no notável empenho missionário que a Europa cristã realiza em direção às terras do norte, à Península Ibérica e sobretudo à península balcânica, onde se encontra em particular a frutuosa obra de pregação e de conversão de Cirilo e de Metódio; também a China — como se vê na parte conclusiva do capítulo — foi atingida pelo cristianismo entre os séculos VII e IX.

O **CAP. 5** abre-se com um olhar voltado para a crise política e institucional que envolve o Ocidente europeu durante o século IX, até as incursões e invasões dos húngaros, normandos e sarracenos. É o século de crises até mesmo para as instituições eclesiásticas e para o próprio papado, que mesmo no fim do período carolíngio ainda conseguiu propor figuras de destaque: a Sede romana encontra-se à mercê da aristocracia citadina, ao passo que as tensões com o Oriente não dão acenos de redução (**item 18**). Ou melhor, essas precárias relações ficarão mais agravadas com o revigoramento da Sede papal na metade do século seguinte (1054), até dar vida a um cisma que ainda divide as duas Igrejas (**item 19**).

Um ponto efetivo de viragem é constituído pela ação dos Otões na segunda metade do século X, os soberanos da dinastia saxã chamados a assumir o prestigioso título imperial e capazes de imprimir uma reviravolta na política do Ocidente (**item 20**). O papel ativo e decisivo na colaboração com a Igreja do Ocidente e com a de Roma em particular fez deles os artífices das profundas mudanças do tecido eclesial, criando a "ambiguidade das instituições" (ou seja, uma forte mistura do poder político com o religioso), exemplarmente ilustrada pela historiografia da segunda metade do século XX. As **duas inserções** de aprofundamento detêm-se em elementos próprios dessa época: a ação da casa saxã em relação aos bispos (mais articulada e mais vaga do que afirmava uma historiografia já superada) e o surgimento dos castelos, que desenharam uma nova rede de tomada de posse e de exercício do poder sobre o território do Ocidente.

Aos Otões seguiram-se os imperadores da dinastia sálica, por sua vez fortemente empenhados em uma obra de reforma da Igreja e de luta contra as diversas formas de simonia. Deles também a Igreja de Roma — livre do controle e dos embaraços das famílias romanas — soube assumir as dimensões e as perspectivas universalistas do Império, como demonstram muito bem figuras de pontífices daquela época, entre os quais se destaca Leão IX (1048-1053), o papa que soube encarnar a melhor herança da *Reichskirche*.

O clima de difusas aspirações reformadoras que se pode perceber seja nos movimentos populares, como dos patarinos, seja na ação dos pontífices (Alexandre II e principalmente Gregório VII), faz amadurecer uma mudança radical e inesperada (**item 21**). A ação de Gregório VII (1073-1085), investigada graças também à análise de alguns de seus numerosos escritos, evidencia uma vontade explícita de pôr o poder espiritual em uma condição de proeminência sobre o temporal e, com a excomunhão de Henrique IV, rei da Germânia, dá início ao agitado período do conflito das investiduras, que trouxe consigo uma autêntica revolução nas relações entre papa e imperador.

São múltiplas as expressões dessa mudança de relações. As mais importantes estão apresentadas no **item 22** do **CAP. 6**: por um lado, os concílios ecumênicos realizados em Latrão, com a presença de prelados e uma série de decisões que atestam a força e a autoridade cada vez maior do papado sobre a Igreja e sobre o Ocidente europeu; por outro, o desenvolvimento do direito canônico e do instituto dos legados (bem como a iniciativa assumida no começo das cruzadas, apresentadas no capítulo 9).

Encontram novas formas também o confronto e o embate entre a Igreja romana e o Império: a figura de Frederico Barbarroxa na fase de luta e na fase seguinte, de colaboração, pode emblematicamente resumir a história das relações entre os dois poderes. Esse confronto terá seu dramático epílogo décadas depois, no tempo de Frederico II e na decisiva luta com que se oporão a ele dois pontífices (Gregório IX e Inocêncio IV: **item 27**). O resultado desse confronto levará ao fim da dinastia dos Hohenstaufen.

No final do século XII e início do século XIII situa-se o pontificado mais importante do período medieval. A figura e a ação de Inocêncio III (1198-1216) são por isso examinadas sob o perfil cultural (sobretudo na teologia do primado de Pedro), na dimensão internacional das relações políticas, com atenção específica à questão do trono imperial; o importante pontificado de Inocêncio é marcado também pela enérgica atividade de governo, pelo cuidado voltado aos territórios subordinados a Roma e às propriedades da Igreja romana, pela sagaz ação de reconhecimento de novas Ordens religiosas e pela realização do IV Concílio Lateranense (**item 25**).

Às iniciativas dos pontífices atuantes entre os séculos XI e XIII, os **itens 23 e 24** se justapõem o florescimento de movimentos e de instituições religiosas. Os cônegos regulares, as diversas redes monásticas, o variegado mundo do eremitismo são exemplo desse florescimento, todo permeado por uma ânsia reformadora e por uma inevitável e constante aspiração ao retorno à vida da primitiva comunidade apostólica. Os séculos XI e XII são os que melhor exprimem essa difusa exigência de renovação espiritual, fortemente presente na sociedade e nos países da Europa ocidental.

Durante o século XIII as Ordens mendicantes manifestam novas expressões de religiosidade pessoal e institucional. Em particular, descreve-se no capítulo a intuição de Domingos *de Caleruega*, que, com a intenção de rebater com eficácia o fenômeno da heresia, fundou e estruturou a Ordem dos frades pregadores, adequadamente formados no estudo e na pregação. A originalidade da experiência pessoal de Francisco de Assis (a adesão total à letra do Evangelho) leva, porém, à laboriosa gestação da Ordem dos frades menores, desdobramento e metamorfose da primitiva *fraternitas*, fruto de tensões e de progressivos ajustes que o próprio Francisco soube acompanhar ou se esforçou por aceitar, embora na contínua tentativa de lembrar aos próprios frades a originalidade da primitiva vocação. Frades menores e frades pregadores constituíram um recurso inovador para a Igreja do século XIII. Um aceno à formação de outras Ordens menores mendicantes completa esse quadro (**item 26**).

Aos itens anteriores ligam-se as **inserções** de aprofundamento do capítulo. O primeiro, dedicado ao tema das Ordens religiosas, reflete sobre os diferentes significados assumidos pelo termo *ordo* no início e na Alta Idade Média. O segundo aprofundamento concentra-se na formação da comunidade citadina, o município. Nesse contexto institucional, as Ordens mendicantes nascem e se enraízam, criando ocasiões de vida religiosa e possibilidades de anúncio da fé também em âmbitos (como o espaço urbano) que, pelo menos inicialmente, as tradicionais realidades eclesiásticas custavam a reconhecer como lugar de missão.

O **CAP. 7**, suspendendo parcialmente o desenvolvimento da narração cronológica, detém-se em temas que caracterizaram o amadurecimento da cristandade europeia. Em primeiro lugar, a articulação das instituições eclesiásticas nos séculos medievais (o desenvolvimento das dioceses, das freguesias e a afirmação das paróquias) e a criação de uma rede de edifícios que se estabelece em toda a Europa; percebe-se assim o estreito nexo entre as arquiteturas dos edifícios religiosos, a liturgia e o culto. Em especial a dedicação das igrejas sugere uma atenção específica ao conceito de santidade (e à sua modificação) (**itens 28 e 29**). Sobre o mesmo conceito e suas transformações na Idade Média tardia detém-se a **inserção 1**, dedicada aos novos gêneros hagiográficos, ligados sobretudo à obra das Ordens mendicantes. A **inserção 2** apresenta o associacionismo do clero na Idade Média tardia: um fenômeno que mostra uma importância não desprezível em muitas regiões italianas.

No mesmo período, a pregação assume uma função relevante. Trata-se de um fenômeno que apresenta muitas relações com o vivo desenvolvimento cultural dos séculos XI-XIII, quando se assiste ao nascimento e ao crescimento das escolas urbanas e ao surgimento de uma instituição nitidamente medieval: a universidade. Nesse contexto progrediu muito o estudo da teologia, com novas metodologias, com autores e textos que gozarão de êxito secular, basta pensar em Pedro Lombardo, com o *Liber Sententiarum*, ou em Tomás de Aquino, com a *Summa theologiae* (**itens 29.3-5**).

O papel mais ativo do mundo leigo enquadra-se no amplo fenômeno das heresias eclesiológicas da Alta Idade Média (**item 30**). O item começa com os patarinos (movimento desenvolvido em Milão) para se desdobrar entre os múltiplos personagens que, segundo diversas modalidades, encarnaram a contestação e as críticas à Igreja do século XII. Aprofundam-se depois os episódios dos cátaros, que, espalhados entre a Itália setentrional e a França meridional, chegaram a constituir uma espécie de Igreja alternativa, e a obra de Valdo, que, justamente em função anticátara, defendeu a necessidade da pregação confiada também aos leigos, encontrando, porém, pouca atenção por parte das autoridades eclesiásticas; também por isso em poucos anos os valdenses assumiram características de um grupo herético.

Outro aspecto do mundo leigo é constituído pelo variegado mundo das confrarias que deram vida a diferentes expressões de associacionismo religioso, compromissados com as mais variadas formas de caridade (a fundação de hospitais é um desses aspectos), cultivando ao mesmo tempo uma séria experiência de oração. Esse assunto faz parte da última seção do capítulo, ao qual se junta uma breve apresentação dedicada aos peregrinos e à peregrinação (**item 31**).

O fim da dinastia dos Hohenstaufen e a afirmação dos monarcas de Anjou no sul da Itália abrem o **CAP. 8** (**item 32**). Trata-se de uma situação nova, favorecida pela ação dos papas da primeira metade do século XIII, que perdura até o pontificado de Celestino V (1294) e o de Bonifácio VIII (1294-1303). Os dois pontífices representam duas figuras diferentes de papa, mas igualmente problemáticas: à de Celestino V, o papa angélico portador de uma desejada palingênese, que na realidade deve render-se e renunciar ao trono papal, até mesmo por sua nítida incapacidade de governar, segue-se a determinada mas controversa figura de Bonifácio VIII, voltado a reerguer a qualquer custo o prestígio do papado, de modo particular no embate com Filipe IV, rei da França (**item 33**). É alto o preço que a Igreja de Roma pagará: a transferência da sede para Avinhão, a supressão da Ordem dos templários, uma reiterada tentativa de controle exercido pela corte francesa.

Começa assim o período do "cativeiro avinhonense", uma época complexa, de difícil avaliação, que deu azo muitas vezes a leituras negativas, nem sempre de fato justificáveis. Os papas que se sucedem de 1305 a 1378 são todos originários do sul da França; também a maior parte dos cardeais é de origem francesa. Esse fato muda mentalidades e hábitos da cúria pontifícia, muito menos ligada aos interesses das famílias romanas e bem mais capaz de prover com eficácia ao complexo organismo que preside, acentuando, porém, o peso dos interesses políticos e financeiros, com prejuízo da dimensão religiosa e eclesial. Somente em 1377, com Gregório XI, é que a sede dos papas é transferida de novo para Roma (**itens 34-36**). Completa esse capítulo uma **inserção** sobre os sínodos diocesanos, que mostram aliás o papel dos metropolitas e as relações deles com as sedes sufragâneas ao longo de todo o século IV.

Enfim, o **CAP. 9** retoma e desenvolve um tema já tratado em algumas passagens dos capítulos anteriores. Trata-se da abertura para o mundo externo e distante — em particular para o Oriente — que, a partir do fim do século XI, caracteriza e anima os movimentos das populações europeias e da cristandade medieval. Fazem parte dessa dimensão o problemático tema das cruzadas para Jerusalém (**item 37**) — com múltiplos desdobramentos, por exemplo o das Ordens cavalheirescas e hospitaleiras — e as corajosas iniciativas missionárias, quer as endereçadas ao nordeste da Europa (**item 38**), quer as realizadas pelos pertencentes às Ordens mendicantes, graças às quais o cristianismo latino se difundiu nas terras remotas da Índia e da China (**item 39**).

Renato Mambretti

Autores

Ennio Apeciti: cap. 1; cap. 2; cap. 3; cap. 4; inserção 1 do cap. 4.

Silvio Ceccon: cap. 7; inserção 1 e 2 do cap. 7; cap. 8; inserção 1 do cap. 8.

Renato Mambretti: cap. 5; inserção 1 e 2 do cap. 5; cap. 6; inserção 1 e 2 do cap. 6; cap. 9.

capítulo primeiro
A contribuição dos novos povos para o desenvolvimento da Igreja

1. As principais migrações bárbaras

1. O problema das **invasões** ou **migrações bárbaras** não aconteceu de improviso; movimentos de povos germânicos e orientais tinham começado a afetar o Império romano havia já alguns séculos, no tempo de sua máxima expansão entre 114 e 117 d.C. Por volta do fim do século II, em 171, surgiram os vândalos, provavelmente provenientes da Escandinávia meridional; logo foram seguidos pelos godos, contra os quais o imperador Cômodo (180-192) travou um primeiro combate em 184, sem conseguir frear o avanço deles, de modo que Caracala (211-217) pensou em granjear a benevolência deles com vultosas somas de dinheiro, obtendo em troca que lhe pusessem à disposição um contingente de tropas.

Em 235, todavia, enquanto o Império romano estava ocupado na frente oriental na guerra contra os persas, os godos retomaram sua marcha e, em 238, atravessaram o Danúbio. Dez anos mais tarde (248), ocuparam Filipópolis, a capital da Trácia. Depois de terem derrotado Décio (249-251), que tinha recuperado por breve tempo a Panônia e a Mésia, e Treboniano Galo (251-253), obrigado a pagar pesados tributos, espraiaram-se pela Península Ibérica (254), enquanto os hérulos invadiam as zonas do Mar Negro e os persas conquistavam as províncias orientais do Império (260). Apenas Constantino parece ter contido essas pressões, mas depois de sua morte os persas retomaram seu avanço (*Guerra persa*: 337-340), chegando até Nísibe (349), e de pouco valeram as campanhas militares para detê-los: precisamente durante uma dessas expedições morreu Juliano, o Apóstata (361-363), e com ele o sonho de restauração das tradições romano-pagãs (vol. I, cap. 2, itens 11.1 e 11.3 e cap. 4, item 20.3).

Um momento certamente importante nesse conturbado período foi a batalha de Adrianópolis (9 de agosto de 378) (vol. I, cap. 4, item 23.1): a derrota dos romanos e a morte do imperador Valente (364-378) fizeram emergir a figura de Teodósio (379-395), sob cujo reinado houve enfim um período de paz, até porque os visigodos obtiveram o direito de se assentarem como *foederati* do Império na região do baixo Danúbio, a qual — em todo caso — tinham invadido cerca de vinte anos antes (374-375), impulsionados pela chegada dos hunos (vol. I, cap. 4, item 22.1). A trégua foi quebrada em 395, quando os visigodos, depois de terem elegido Alarico (370-410) como chefe, começaram a saquear a Macedônia e a Grécia e, em 401, penetraram na Itália, alastrando-se pela planície paduana, até que Estilicão (359-408), vândalo por parte de pai e romano por parte de mãe, os derrotou em Pollenza e perto de Verona (Páscoa de 402), repelindo-os para a Ilíria.

Nesses mesmos anos (405-408), depois de assolar a Gália por todos os cantos, os burgúndios se estabeleceram na atual Borgonha; os suevos, na Lusitânia (Portugal); e os vândalos, na Andaluzia, para passar depois, sob a guia de Genserico (429), para a África e ocupar a cidade de Agostinho, Hipona (430), e em seguida Cartago (439); os anglos e os saxões invadiram a Bretanha. Os ostrogodos, guiados por Radagaiso, tinham tentado invadir a Itália, mas novamente foram derrotados e expulsos para Além dos Alpes por Estilicão, que, porém, pouco depois pagou com a vida sua fidelidade ao Império: em 408 foi morto por ordem imperial.

A situação piorou e em 410 Alarico, rei dos visigodos, saqueou Roma, desceu à Itália meridional talvez para se dirigir à África, mas morreu perto de Cosenza. Seu sucessor, Ataulfo (410-415), casou-se com a irmã do imperador Honório, Gala Placídia (c. 392-450), e conquistou o sudoeste da Gália (Aquitânia), já ocupada pelos vândalos, que retomaram a migração para a África setentrional (429), enquanto os francos chegaram a Somme (430). A crise se tornou irreversível; assim, em 442 os romanos cederam a Britânia aos celtas, seguidos pelos escotos, pictos, anglos, saxões e jutos.

Em 450 foi a vez de Átila, rei dos hunos, invadir a Gália; teria feito o mesmo em relação à Itália (452) se não tivesse sido convencido — pelo menos segundo a tradição — pela delegação romana, da qual fazia parte também o papa Leão Magno (440-461), a dar uma trégua. A morte repentina do rei bárbaro em

453 levou à dissolução da federação de povos que se reunira em torno dele, mas os romanos não souberam aproveitar essa situação, atormentados que estavam pelos conflitos internos: em 454 o imperador Valentiniano III (425-455) matou com suas próprias mãos o chefe das tropas romanas, Aécio (c. 390-454) — mais uma vez, um bárbaro romanizado —, acusado de ter permitido a fuga dos hunos. Poucos meses depois (16 de março de 455), Valentiniano III foi morto, e Genserico, rei dos vândalos, se aproveitou de seu assassinato para invadir Roma e ocupar a Sardenha, a Córsega e as Ilhas Baleares.

Em 463 os burgúndios entraram pelo vale do Ródano, e três anos depois (466) o novo rei dos visigodos, Eurico (466-484), para destacar a total independência de seu reino em relação ao Império de Roma, impôs o arianismo como religião oficial de seu povo. Enfim, em 4 de setembro de 476, o poderoso chefe bárbaro Odoacro (435-493) depôs Rômulo Augústulo, confinou-o no *Castellum Lucullanum*, perto de Nápoles, e enviou as insígnias imperiais a Constantinopla, mantendo para si o título de *rex gentium*. Segundo os historiadores das instituições, terminava assim o Império romano do Ocidente, enquanto, na pessoa do imperador de Constantinopla, pelo menos formalmente, se reconstituía uma diferente unidade política do mesmo Império.

2. Entre as populações bárbaras, um papel determinante foi desempenhado pelos **germanos**, que os romanos já tinham conhecido nos tempos de Júlio César e de Tácito; esses autores descreveram as características desse povo no *De bello gallico* (51 a.C.) e na *Germania* (98 d.C.). Populações nômades, criadores de gado, prontos a explorar rapidamente os recursos de uma agricultura ainda praticada com métodos primitivos, os germanos eram um povo de homens armados, de guerreiros organizados em uma hierarquia guiada por chefes militares (*duces*), aos quais se reconheciam particulares virtudes de chefes e de coragem na batalha, além de uma dimensão mágico-sagrada, sinal da benevolência da divindade em relação a eles.

Os laços de fidelidade mútua que caracterizavam as relações entre os germanos eram simbolizados pela entrega de um objeto ou de uma propriedade que exibia o valor espiritual: a pantufa oferecida por ocasião do matrimônio era um sinal dos laços esponsais entre duas pessoas iguais em dignidade; o rendimento de si ao vencedor ou a submissão ao patrão ocorriam ao se colocar as mãos de um nas mãos do outro, em sinal de entrega de si e da própria lealdade e fidelidade por parte de quem se submetia, e de aceitação de responsabilidade e de compromisso de lealdade e de proteção por parte de quem acolhia. Em outras palavras, entre o vencido e o vencedor, entre o patrão e o escravizado selava-se um pacto recíproco, o encontro e o compromisso entre duas condições diferentes. Por isso, entre os bárbaros a fidelidade à palavra dada tinha um valor excepcional.

As crenças religiosas apontavam *Odin* (*Wotan* em protogermânico) como deus supremo, criador dos homens e do mundo, deus da magia e da vitória, das tempestades e da guerra, da poesia e da sabedoria, que exerce seu poder tanto no bem, quanto no mal (embora seu poder, como o das outras divindades, estivesse sujeito ao Fato); *Thor*, como deus do trovão e das tempestades, defensor dos homens contra os assaltos do mal e dos maus (gigantes), o deus da ordem, armado por isso com um martelo, capaz de golpear qualquer desordem; *Tiuz* (*Tiwaz* em protogermânico), como deus do direito e da justiça (entendida como acordo equânime: é justo o que está bom para os dois contendentes e evita luta entre eles), o deus que preside aos duelos e às ordálias (juízos de Deus), o deus das assembleias, o deus supremo do céu que combate, mas sempre e somente para o bem comum.

Essas três divindades maiores são divindades imanentes, a natureza divina delas não as põe no empíreo indiferente às sortes dos homens: a divindade está próxima do homem e o acompanha com uma multidão de espíritos menores, os quais animam todas as realidades; assim, cada planta, cada pedra tem uma vida própria (justamente essa matriz imanentista explica a inevitável preferência dos bárbaros por um cristianismo de tendência ariana, na qual o Filho de Deus, Jesus Cristo, é um pouco mais próximo das criaturas).

O cristianismo se encontrou com esses povos e a eles se voltou o empenho missionário dos cristãos.

2. A Igreja e os bárbaros

1. É possível identificar no comportamento dos bárbaros **diferentes fases em relação ao cristianismo**. Uma primeira fase de embate radical, que pode ser representada por Genserico, rei dos vândalos e dos alanos, é substituída por uma fase de desconfiança, simbolicamente desempenhada por Teodorico, rei dos ostrogodos, e também pelos longobardos, para chegar depois à integração, representada por Clóvis, rei dos francos.

Genserico (389-477) pôs em prática uma verdadeira perseguição a tudo o que pudesse cheirar a romano e católico, sem poupar igrejas, mosteiros, palácios e cidades. É memorável seu saque de Roma em 455, no qual, porém, quis respeitar edifícios, igrejas e pessoas, segundo a promessa que tinha feito ao papa Leão I (440-461), que tinha se encontrado com ele pouco depois de seu desembarque na Itália e lhe tinha pedido que poupasse a cidade e a população. Seu reino cresceu em poder e sua frota aterrorizava o Mediterrâneo, mas com ele tudo terminou. Com sua morte (25 de janeiro de 477), o reino vândalo começou a desmoronar; sem apoio da população autóctone, que até odiava os perseguidores, e dilacerado internamente, o reino foi presa fácil de Justiniano em 535 (cap. 2, item 5.1).

A atitude de desconfiança pode ser resumida pela história dos ostrogodos de Teodorico (454-526). Ele nascera na Panônia (hoje Hungria ocidental), filho de Teodemiro († 474), um dos reis dos ostrogodos e godos orientais; fora enviado como refém à corte de Constantinopla, onde viveu por dez anos, absorvendo sua refinada cultura e seus costumes. Demonstrou-se fiel aliado do imperador Zenão (474-491) (cap. 2, item 4.2), ajudando-o a retomar o trono depois do golpe de Estado do general Basilisco (475-476). Provavelmente Teodorico esperava que, como recompensa, fosse atribuída a ele pelo menos parte da Macedônia, para ampliar assim o reino dos ostrogodos desde a Panônia até o mar Egeu, mas Zenão se limitou a lhe oferecer títulos honoríficos, como os de "federado romano" e de cônsul (484).

Desiludido, Teodorico deu início a uma campanha de conquistas. O perigo para Constantinopla tornou-se real e Zenão pensou em evitá-lo oferecendo a Teodorico o título de *patricius* e fazendo com que lhe passasse pela cabeça a possibilidade de conquistar as terras da Itália, que de fato estavam nas mãos de outro chefe bárbaro, Odoacro, o qual, embora fiel a Zenão, mostrava sinais cada vez mais claros de autonomia em relação a Constantinopla. Assim, no outono de 488, Teodorico dirigiu-se à Itália, derrotou rapidamente os hérulos, matou Odoacro e conquistou Ravena (493), tornando-a a capital de seu reino; deixou a administração pública aos romanos, reservando aos godos a defesa militar, distribuindo-lhes parte das terras, segundo o tradicional direito romano. Infelizmente, não poucos de seus lugar-tenentes e dos próprios administradores romanos mandavam e desmandavam na população, criando um descontentamento cada vez mais difundido por revoltas sufocadas no sangue.

Teodorico procurou se manter fiel à política de separação e de colaboração, chamando para junto de si Cassiodoro (c. 485-c. 580), primeiro como *quaestor sacri palatii* (507), depois como *magister officiorum* (523), uma espécie de primeiro-ministro que sucedia Severino Boécio (475-524), caído em desgraça e condenado à morte, porque Teodorico suspeitava que ele fosse simpatizante do imperador bizantino Justino (cap. 2, item 4.3). Em todo caso, os temores de Teodorico se aguçaram quando foram interceptadas cartas dos senadores romanos mancomunados com Bizâncio. Provavelmente para tentar ainda uma mediação (mas no clima de suspeita pela qual se sentia agora cercado), Teodorico enviou a Bizâncio o papa João I (523-526), para que obtivesse a ab-rogação de normas antiarianas defendidas pela corte oriental. O papa João fracassou nessa missão, e na volta foi preso sob custódia — se não posto no cárcere — até sua morte (18 de maio de 526).

Teodorico, então, impôs a eleição de um papa de seu agrado, Félix IV (526-530), e ordenou o confisco das igrejas católicas, mas morreu justamente na véspera da execução do edito (30 de agosto de 526), deixando à sua filha Amalasunta a tarefa da pacificação e a convicção de que a colaboração falhara sem o entrelaçamento dos dois povos.

Clóvis (c. 466-511), rei dos francos sálios, tinha se casado com Clotilde, princesa dos burgúndios já convertidos ao catolicismo pelo arianismo. Clóvis e seu povo eram ainda pagãos; seu batismo e o de seus guerreiros no ano de 496, segundo a tradição niceno-romana, favoreceu a impressão de que se estava iniciando uma nova época, sobretudo para a Igreja do Ocidente, à qual podia parecer estar vivendo novamente a experiência de Constantino. Bastaria ler a carta de Avito de Vienne (450-523), que se desculpa por não participar do batismo do rei: "A tua fé é a nossa vitória. [...] O Ocidente, graças a ti, brilha com luz própria e vê um dos seus soberanos resplandecer com uma luz não nova. [...] Há ainda uma coisa que lhe desejamos: [...] que possas partilhar os tesouros do teu coração, difundindo a semente da fé entre os povos mais distantes" (tradução para o italiano de M. Clevenot, 232).

A aliança que se instaurou levou à rápida extensão do reino franco: em 507 os francos derrotaram os visigodos, rechaçando-os para seus territórios espanhóis. Também essa surpreendente expansão deu a impressão de que Clóvis fosse favorecido por Deus, um novo Constantino. Infelizmente sua obra ressentiu-se do típico costume bárbaro segundo o qual a herança era repartida entre todos os filhos. Assim, com a morte de Clóvis (25 de novembro de 511), o reino foi dividido entre os quatro filhos de acordo com o costume franco. De nada valeu a tentativa de reconstrução de Quilperico (561-584), que parecia querer imitar o que Justiniano havia feito nos decênios anteriores (527-565) não somente no Oriente, mas também em diversas regiões do Ocidente (cap. 2, item 5): ordenou um censo geral dos bens, para que ninguém sonegasse impostos; exigiu o serviço militar; reformou o alfabeto latino, de modo que se adaptasse mais aos fonemas bárbaros; tomou decisões no âmbito teológico, recusando-se a definir Deus como pessoa ou trindade de pessoas. Enfim, o sistema de sucessão levava à fragmentação dos reinos e a lutas fratricidas, enfraquecendo a estrutura franca.

2. Também por parte da Igreja, ou melhor, dos eclesiásticos, houve **diferentes atitudes em relação aos bárbaros** (vol. I, cap. 4, item 23.2): houve quem visse neles o já próximo fim do mundo; quem os considerasse sinal da Providência; quem organizasse a evangelização deles. Embora com variedade das atitudes, chegou-se bem rápido a um real acolhimento e a uma rápida fusão entre a cultura bárbara e a *romanitas*.

Jerônimo (340-420) foi talvez aquele que melhor expressou a sensação de que a vinda dos bárbaros era uma desgraça. Em uma de suas cartas escreveu: "Freme o meu espírito e se enche de horror, querendo narrar todas as extravagâncias e desordens do nosso tempo. São mais de vinte anos em que não passa um dia sem derramamento de sangue romano, de Constantinopla até os Alpes Julianos. A Cítia, a Trácia, a Macedônia, a Dardânia, a Dácia, a Tessália, a Acaia, o Épiro, a Dalmácia e toda a Panônia estão nas mãos dos godos, dos sármatas, dos quados, dos alanos, dos hunos, dos vândalos e dos marcomanos, que saqueiam e põem em rebuliço todas aquelas províncias" (Jerônimo, *Epístola a Eliodoro* 60, 16, 2-17, 1).

É diferente a atitude de Agostinho no *De civitate Dei*. Por meio de sua leitura histórica das seis idades do mundo, ele pôde relativizar a ligação Igreja-mundo romano: a Igreja tinha e tem uma missão que não se liga à história contingente, pois tem a tarefa inexaurível de anunciar o Evangelho a todo ser humano criado por Deus à sua imagem, e que o deseja ardentemente. Por consequência, Agostinho desenvolveu cada vez mais uma visão positiva (ou *providencial*) da história do ser humano, que se esforçava, portanto, para colher em todas as épocas e em todos os povos, bem como em todos os homens, o que de positivo Deus neles havia semeado. Em outras palavras, era a superação da concepção cíclica da história e a afirmação de sua linearidade, de seu caminho para uma meta,

Deus. Era a superação da convicção da *senectus mundi*, do mundo que parte para sua decadência e seu fim, pela centralidade da figura de Cristo, perenemente jovem; assim, o crente não deve temer as dificuldades e as fadigas do presente: "Não te recuses a rejuvenescer unido a Cristo, mesmo no mundo velho. Ele te diz: 'Não temas, a tua juventude se renovará como a da águia'" (*Sermões* 81,8).

O cristão, portanto, não deve nem se apavorar nem se abater, mas aplicar mesmo nas situações difíceis a lei da caridade, a atenção a quem tem necessidade: "Por um lado, não se deve proibir a quem queira que se transfira para alguma localidade segura, se lhe for possível, e por outro, não se devem romper os laços do nosso ministério com os quais nos ligou a caridade de Cristo nem abandonar as igrejas que devemos servir. [...] Quando o perigo é comum para todos, ou seja, para bispos, clérigos e leigos, os que têm necessidade dos outros não sejam abandonados por aqueles dos quais precisam. [...] Essa é a prova suprema da caridade recomendada pelo apóstolo João, quando diz: 'Como Cristo deu sua vida por nós, assim também nós temos de dar a vida pelos irmãos' (1Jo 3,16). [...] Quem, de fato, diante dos massacres cometidos pelo inimigo, não foge, embora possa fazê-lo, para não abandonar o ministério a ele confiado por Cristo — sem o qual os homens não podem nem se tornar nem viver como cristãos —, realiza uma obra de caridade mais meritória do que quem foge" (*Carta n. 228 a Honorato*, n. 2-4). Poderíamos dizer que estava aqui *in nuce* a disponibilidade para acolher o mundo bárbaro: não é preciso fugir dele, mas enfrentá-lo por amor do rebanho.

Paulo Orósio (375-420), por sua vez, em sua *Historia adversus paganos*, olhava para os bárbaros com otimismo, considerando a chegada deles um sinal da Providência; ele criou assim diversos paralelismos entre civilização bárbara e mensagem cristã.

Uma disponibilidade ainda maior encontramos no *De vocatione omnium gentium*, de Próspero de Aquitânia (390-c. 455), e no *De gubernatione Dei*, escrito por Salviano de Marselha entre 439 e 451, que invertia a acusação de imoralidade em relação às novas populações; para ele, não era o cristianismo, mas a vida não cristã dos romanos que teria levado Roma à decadência. Ele também prefere mostrar as virtudes, bem maiores, dos bárbaros.

Essa foi, portanto, a linha vencedora, a do diálogo e da missão por parte dos cristãos em relação aos novos irmãos que a Providência os estava fazendo encontrar.

Paulino de Nola (355-431) e Germano de Auxerre (378-448) representam o bem-sucedido encontro entre o mundo dos germanos e a cristandade.

O primeiro era originário de Bordeaux, na Aquitânia (França meridional), o segundo nascera de ricos proprietários de terras na região de Lião; ambos finamente educados: Paulino teve como mestre o poeta pagão Ausônio; Germano estudou em Roma.

Paulino (vol. I, cap. 5, item 29.3 e cap. 6, Inserção 2 – *Epitalâmio de Paulino e Terásia e o emergir de um rito cristão do matrimônio*), que não era cristão, tinha feito uma rápida carreira política, chegando ainda jovem a ser governador da Campânia; tendo caído em desgraça, voltou para sua terra, onde se fez batizar por Delfino, bispo de Bordeaux, dedicando sua refinada cultura à nova fé: "Para mim a única arte é a fé, e Cristo, a minha poesia" (*Carme* XX, 32); retirou-se depois para a vida monástica. Germano de Auxerre, por sua vez, depois de ter voltado para sua terra, foi governador da Província Lionense Quarta, à qual pertencia Auxerre; aclamado bispo pelo povo, pareceu percorrer na Gália os caminhos de Ambrósio de Milão; dedicou-se a uma intensa obra de evangelização, colaborando estreitamente com o bispo de Roma e difundindo a vida monástica em sua região.

Não menos importante para a Igreja naquele período foi Cesário de Arles (470-542), filho de proprietários galo-romanos residentes em Chalon-sur-Saône, que impressionou seus contemporâneos pela caridade, a ponto de o próprio clero o denunciar ao imperador porque "dissipava com os pobres" o tesouro da Igreja, vendendo até os vasos sagrados para resgatar os prisioneiros e matar a fome dos pobres, que ele considerava ser o "verdadeiro templo do Senhor".

No mesmo ambiente galo-franco deve ser inserido Remígio de Reims (c. 440-530), também ele de família abastada, gaulês com cidadania e cultura romanas, que fundiu esplendidamente a cultura e a mentalidade romana com a cultura e a mentalidade bárbara, estudando em Laon e Reims, onde, ainda com menos de trinta anos, foi aclamado bispo. Foi ele quem batizou no rito católico o rei Clóvis e seu povo, apoiado pelo exemplo e pela influência da esposa do rei, Clotilde (475-545), uma mulher de refinada cultura e de grande fé, exemplo não único da importância e da influência que tinham as figuras femininas também naqueles séculos (vol. I, cap. 5, item 28.4). Não se deve esquecer que também o irmão de Remígio, Princípio, tornou-se bispo de Soissons: não se tratava, portanto, de poucos casos, mas de um costume difuso, segundo o qual se chamavam para o episcopado homens capazes de fundir a *romanitas* com a novidade cultural dos novos povos.

Ao ambiente bretão pertence o evangelizador da Irlanda Maewyin Succat, conhecido como São Patrício (c. 385-461), nascido em Bannhavem Taberniae, na Bretanha romana, de pais cristãos (o pai, Calpúrnio, era diácono da comunidade). Tendo sido feito prisioneiro por piratas irlandeses aos dezesseis anos, e tendo conseguido a liberdade seis anos depois, decidiu voltar e converter aqueles povos, uma vez que já conhecia a língua e os costumes deles; também ele, portanto, realizou o encontro entre cultura romana e bárbara, que marcou a história da Igreja naqueles séculos.

Na área italiana temos de incluir três nomes, Máximo, bispo de Turim de 398 a 423, Severino de Nórica (410-482) e Severino Boécio (475-524). Severino, de nobre família romana, é conhecido como evangelizador de Nórica, província romana que compreendia a atual Áustria central, parte da Baviera, da Eslovênia e do nordeste da Itália. Em sua obra de evangelização, apoiou-se, de um lado, na difusão capilar de comunidades monásticas e, de outro, no diálogo com os soberanos bárbaros que recorriam a ele com frequência para obter conselho. Outra expressão do diálogo cada vez mais intenso e profundo entre a cultura romana e a dos povos bárbaros foi Pedro Crisólogo, bispo de Ravena de 425 a 451, conselheiro influente de Gala Placídia, filha do imperador Teodósio I (vol. I, cap. 4, itens 18.4 e 19.4), rainha dos visigodos pelo matrimônio com o rei Ataulfo, e depois imperatriz regente do filho Valentiniano III (419-455).

No campo da evangelização, São Máximo de Turim (380-465) teve a mesma importância de Ambrósio de Milão. Temos poucas informações confiáveis sobre ele, mas chegaram a nós cerca de noventa *Sermões* seus, valiosos para conhecermos o modelo de evangelização naqueles tempos turbulentos, quando — como se disse — dos desfiladeiros dos Alpes orientais se sucediam sempre novos grupos de bárbaros.

São Máximo mostra-nos também a evolução da relação entre os bispos, a Igreja em geral e as instituições civis, a partir das cidades. Vê-se bem isso em seus sermões, nos quais estigmatiza o egoísmo dos ricos em relação à massa cada vez maior de pobres, fruto das invasões dos bárbaros e da nítida incapacidade das autoridades políticas. A progressiva ausência dessas últimas obrigou cada vez mais os bispos a uma ação de suplência, ligada ao próprio ministério de *episcopi*, de chefes da comunidade cristã: ao faltar nas cidades a autoridade civil, pareceu normal, se não necessário, que a autoridade religiosa se encarregasse também do bem social do povo, resgatando os prisioneiros, organizando a administração dos socorros e defendendo a população dos invasores e as vítimas de toda prepotência (e, portanto, exercendo a justiça). Os bispos foram chamados a apoiar o que poderíamos chamar de "amor à pátria", ou seja, a guardar as tradições da *romanitas*. São Máximo sentia-se "o atalaia" de que falava o profeta Isaías (Is 21,8.11), e assim julgava deverem ser os bispos de seu tempo, porque eles, "colocados, por assim dizer, em um elevado rochedo de sabedoria para a defesa dos povos, veem de longe os males que estão iminentes" (*Sermão* 92), e, como as abelhas, "observam a castidade do corpo, distribuem o alimento da vida celeste, usam o aguilhão da lei. São puros para santificar, suaves para restaurar, severos para punir" (*Sermão* 89).

O próprio Severino Boécio, para além da dramática conclusão de sua vida sob Teodorico, é um exemplo valioso de dedicação ao encontro de dois mundos, bárbaro e romano. Nascido da nobre estirpe dos Anícios em Roma por volta de 480, seguiu as pegadas familiares de empenho na vida política. Já senador aos vinte e cinco anos, cultivou de modo determinado a esperança de conformar os valores da sociedade romana com os dos novos povos e procurou favorecer a fusão entre a cultura romana e a do povo ostrogodo que dominava a Itália naquele tempo. Utilizou as categorias da filosofia grega para propor a fé cristã, elaborando uma brilhante síntese entre o patrimônio helenístico-romano e a mensagem evangélica, a ponto de ser considerado o último representante da cultura romana antiga e o primeiro dos intelectuais medievais, síntese considerada sua obra-prima, o *De consolatione philosophiae* (*A consolação da filosofia*), entendida como procura da verdadeira sabedoria e verdadeira medicina da alma: "Contra a sabedoria, a maldade não pode prevalecer. A sabedoria se estende com força de uma fronteira à outra e governa com bondade excelente todas as coisas" (Livro III, 12).

3. Precisamente os *Sermões* de São Máximo nos permitem refletir sobre a importância que **o encontro com o mundo dos bárbaros** e o fecundo diálogo estabelecido com a fusão entre civilização dos bárbaros e civilização romana, imbuída por sua vez da grega, tiveram para **a cultura e a história da Igreja** e do Ocidente. A esse encontro gerador de um novo mundo devemos **as diversas *Historiae*** que nos transmitiram a vida, os costumes e os ideais daqueles povos no encontro deles com a tradição cultural do Império romano, nas quais são transcritos, como era costume dos historiadores, muitos valiosos documentos.

Basta pensar na obra já citada de Paulo Orósio, *Historiarum adversos paganos libri VII*, ou *Histórias contra os pagãos*, que pretendia ser uma retomada e um complemento do *De civitate Dei*, de Santo Agostinho (vol. I, cap. 6, item 31), ou no *Chronicum integrum*, de Próspero de Aquitânia (390-c. 463), uma *Crônica universal* que das origens do mundo chegava à conquista de Roma por parte de Genserico. Pense-se na *Historia Gothorum*, de Cassiodoro (c. 485-c. 580), que se perdeu, mas que é parcialmente resumida por Jordanes em seu *De originibus actibusque Gothorum* e retomada pela *Historia Gothorum, Vandalorum, Sueborum*, de Isidoro de Sevilha (560-636) (cap. 3, item 10.1).

Bem mais valiosa para o conhecimento dos costumes bárbaros, a *Historia Francorum* (*História dos francos*), em dez livros, escrita por Gregório de Tours (538-594), descendente da aristocracia senatorial galo-romana (cap. 3, item 10.1), delineia uma história do mundo que da sua criação leva a Quilperico, sucessor de Clóvis. Nela é evidente a dependência — até no número de livros, dez — da *História Eclesiástica*, de Eusébio de Cesareia, que parava em Constantino, vértice da história da salvação (vol. I, cap. 4, Inserção 3 – *Historiografia cristã*). Gregório simplesmente a atualizou, adaptando-a à nova época, às esperanças que o reino dos merovíngios suscitava na Igreja.

Não menos valiosas são a *Chronica Maiora* e a *Historia ecclesiastica gentis Anglorum* (*História eclesiástica dos anglos*), escritas por Beda, o Venerável (673-735). A primeira era uma *cronologia* que se tornou a base do calendário universal, porque tomou como ponto de início ou centro da história não mais o ano da fundação de Roma, mas o do nascimento de Cristo: *ab incarnatione Domini*. A segunda, em cinco livros, parte de Júlio César e percorre a história da Inglaterra até 731, delineando também interessantes critérios historiográficos, como a catolicidade, a apostolicidade e a romanidade, para as quais, por um lado, era preciso procurar a unidade na multiplicidade dos episódios históricos e das culturas, remetendo aos ensinamentos de Gregório Magno a Agostinho de Canterbury (cap. 3, item 9.5); e, por outro lado, era preciso que todas as Igrejas (no caso, as iro-célticas e as dos pictos) partilhassem as tradições e o calendário litúrgico de Roma a partir da data idêntica de celebração da Páscoa.

De igual importância é a mais tardia *Historia Langobardorum*, de Paulo Diácono (720-799), que, depois de ter escrito uma *Historia romana* em seis livros (da fundação de Roma à época de Justiniano), narrou as vicissitudes dos longobardos desde a partida deles da Panônia para a Itália até a morte de

Liutprando (747), ou seja, no momento do máximo esplendor: nela se respira o ar do patriota que lembra e apresenta a história de seu povo no entrelaçamento com a dos francos e dos bizantinos.

Outro âmbito em que a mentalidade bárbara teve profunda influência sobre a tradição anterior foi o da **vida litúrgica**, em especial à luz da importância de que nela se revestiam os sinais sempre expressivos da realidade que eles manifestavam, aos quais remetiam e que, sob certos aspectos, são atuais ainda hoje. Basta lembrar que a importância da realidade levou a destacar o valor dos símbolos, dos sinais: os paramentos e os gestos litúrgicos remetiam aos significados próprios do mistério que se estava celebrando.

Exemplo disso é a importância dada nos ritos de ordenação e de consagração às promessas do candidato, concluídas ao se pôr as próprias mãos nas mãos do bispo, um gesto que lembrava um antiquíssimo vínculo de "filial respeito e obediência" — como foi lembrado anteriormente a propósito da mentalidade dos germanos (item 1.2) — e que comportava, de um lado, a entrega de si nas mãos da Igreja, e, de outro, a assunção do candidato por parte do bispo que entrava — como entra — em comunhão total e recíproca com o candidato.

Também em seu desenvolvimento exterior a celebração eucarística parecia decisivamente como uma retomada atualizada do sacrifício da cruz, de modo que cada sinal remetia ao único sacrifício: dos degraus do altar, que lembram o Calvário, à mudança de lugar entre a primeira leitura (*in cornu epistolae*) e o Evangelho (*in cornu evangelii*), às gotas de água derramadas no vinho, evocação da água que brotou do lado aberto de Cristo, aos braços abertos em forma de cruz logo depois da consagração, ao fato de o sacerdote ficar de costas para os fiéis, não para os excluir, mas para dizer que é o primeiro dos crentes que por meio dele e junto com ele se voltam para Deus.

Era um modo pastoral de operar, de envolver os fiéis na liturgia, para procurar contornar o fato de ela ser celebrada longe da assembleia e em uma língua compreensível por poucos; para isso concorriam o esplendor e as fartas dimensões das vestimentas, visíveis por todos; a precisão nas insígnias (dalmática, estola, casula) que serviam para simbolizar a paixão (por exemplo, a estola é a cruz levada sobre as costas) e a dignidade da pessoa sobre o altar. Embora correndo o risco de confiar na exterioridade, pode-se dizer que aqueles gestos e adereços litúrgicos constituíam um modo de envolver os fiéis para que participassem da liturgia, para que não ficassem estranhos a ela.

3. A vida monástica: a Regra de Bento e o monaquismo irlandês

1. Inicialmente, **o monaquismo** se apresentou como uma espécie de fenômeno anárquico, sem regras comuns e partilhadas, desprovido de formas institucionais estáveis: os próprios Antão (c. 250-356) e Pacômio (287/290-346/347), considerados iniciadores das primeiras experiências monásticas, referiam-se a "pais", nos quais buscaram o exemplo e dos quais pouco ou quase nada sabemos. O monaquismo primitivo não se caracteriza, pois, por uma matriz comum nem exclusiva, mas, como se viu no estudo específico do volume anterior (vol. I, cap. 5, item 28). por um conjunto de experiências e intuições diferentes, unidas, pelo menos na parte ocidental, por uma sensibilidade nitidamente cristã, fruto da contemplação da Palavra e da tradição.

Para compreendê-lo, é preciso considerar ao mesmo tempo o tema do martírio e o fascínio pelo deserto. O martírio não podia ser voluntariamente procurado pelos cristãos, mas, se era o testemunho supremo por Cristo, quem dava — e dá — a sua vida por ele tornava-se mártir, testemunha. Talvez possa nos dar uma luz o título que São Clemente usou para apontar o mártir Inácio: atleta. O mesmo termo aparece em uma carta, c. 110, de Inácio de Antioquia a Policarpo de Esmirna: "Como atleta de Deus, sê sóbrio; o prêmio é a imortalidade, a vida eterna em que acreditas. [...] É próprio do grande atleta saber se defender dos golpes e vencer. Temos de suportar tudo por amor de Deus, para que também ele nos suporte" (*Carta de Inácio de Antioquia a Policarpo de Esmirna*, 2-3). O mártir é um atleta, alguém que se exercita para ser tudo por Cristo.

A escolha do deserto significa realizar o acolhimento de Deus e a rejeição do mundo: "Obedecer com todo o coração a Deus onipotente e ser para ele objeto de benevolência [...]. Somos gratos ao médico até mesmo quando o remédio é amargo; diante do sofrimento, temos de ser gratos a Deus; seja o que for que nos aconteça, é tudo para o nosso bem. Esse conhecimento que vem da fé dá salvação e paz à alma. O domínio de si, a mansidão, a castidade, a firmeza do caráter, a paciência junto com as demais virtudes são as armas dadas por Deus para resistir às provas e nos ajudar no combate espiritual" (*Ditos de Santo Antão Abade*, 58).

Em sua luta pessoal — atividade típica de um atleta — contra as tentações e o mal, o monge combate não só por si, mas pelo mundo, não vence só para si mesmo, não derrota o mal somente em si mesmo, mas no mundo. Daí, então, a possibilidade de compreender de modo positivo a escolha do deserto, ou seja, do distanciamento da cidade para viver a própria experiência monástica. Mais uma vez, o paradigma é a palavra de Deus: Deus se encontra no deserto (Moisés, Jesus), onde se verifica a vitória sobre a tentação (Êxodo, Jesus) e sobre Satanás, escolhendo Deus e sua aliança (Josué).

A escolha do deserto, portanto, tem um valor fortemente eclesial: como a história é o campo da luta de Cristo com o demônio, o monge, o asceta que se faz Cristo, participa dessa luta; não foge; antes, com sua vitória apressa a vitória de Cristo, e portanto faz bem a todos os homens, a todos os seus irmãos, a todo o cosmo, por aquela particular convicção antiga da relação profunda entre macrocosmo da criação e microcosmo do ser humano. Assim se recupera o amor pelo mundo: o monge não foge por desprezo do mundo, ou seja, da criação, mas renuncia a este mundo, o do pecado, porque deseja (e age para) libertar este mundo do pecado e transformá-lo no mundo de Deus, elevando-o à sua pureza. Quem se faz monge o faz não por medo nem por orgulho, mas por caridade e por amor. E justamente porque não é uma forma de egoísmo, o monge já recebe a intimidade com Deus, vive o já e o ainda não da vida sobre a terra e da vida do Paraíso (daí a afinidade entre vida monástica e vida angélica).

Enfim, convém lembrar (vol. I, cap. 5, item 29.1) que o termo "monge" não quer dizer apenas pessoa isolada, pessoa sozinha, mas apresenta um valor mais profundo, pois *monos* significa também unificado; por isso, o monge é aquele que está à procura de uma realização pessoal, que tende a ser um homem completo, a ter uma personalidade harmônica e autêntica, à qual aspirava e aspira toda cultura (o próprio platonismo, o epicurismo, o estoicismo tendiam para a mesma meta). Desse modo, o monge procura se unificar para ser homem verdadeiro, o homem de que fala o *Gênesis*, "imagem e semelhança de Deus" (cf. Gn 1,26-27), o que é indicado por Pilatos ao apresentar Jesus Cristo: "Eis o homem!" (Jo 19,5). Ele, portanto, ao se recolher, não rejeita a criação nem a sociedade nem os outros homens, mas, fazendo-se monge, torna o homem completo e verdadeiro, aceita o convite de Jesus: "Aprendei de mim" (Mt 11,29). Portanto, para ser homem verdadeiro é preciso ser perfeito imitador de Jesus Cristo, a partir do gesto inicial de sua vida apostólica: o recolhimento no deserto "sustentados pelo Espírito" (cf. Mt 4,1; Mc 1,12; Lc 4,1). No deserto não há homens insatisfeitos ou incapazes de relações sociais, mas homens plenamente realizados em si mesmos.

2. Justamente a difusão e a espiritualidade inerente ao **fenômeno monástico** é que permitem compreender a **diversidade de suas formas**; assim, ao lado da vida solitária, houve a cenobítica ou comum, da qual são modelo a *Vida* de Antão, escrita por Atanásio em seu exílio em Tréveris (356), e a *Vida* de Pacômio (c. 287-347), escrita provavelmente pelo discípulo Teodoro com base nas lembranças e confidências do mestre, ainda que haja a suposição de ter havido outros autores, como Orsiesi. Pacômio foi contemporâneo de Antão e percorreu idêntico caminho espiritual (vol. I, cap. 5, item 28.2).

Outra testemunha eficaz dessas experiências religiosas é **Basílio de Cesareia**, chamado também Basílio Magno (329-379), que, depois de ter visitado os grandes centros de vida ascética da Síria, da Palestina e do Egito, e de ter conhecido desse modo a *Regra de Pacômio*, propôs a seus companheiros um modelo de vida monástica que harmonizasse entre si os vários aspectos, a oração e o trabalho, o recolhimento pessoal e a vida comum, o primado de Deus e a caridade para com o próximo (vol. I, cap. 5, item 29.3). Assim nasceu uma nova *Regra*, à qual faz referência explícita São Bento, quando evoca a "Regra do nosso santo Pai Basílio" (*Regra*, n. 73). A de Basílio chegou até nós em duas redações: as *Regras breves* (*Regulae brevius tractatae*), em cinquenta e cinco artigos, e as *Regras longas* (*Regulae fusius tractatae*), uma coleção de até trezentas e treze normas sobre a vida monástica, todas tendo como objetivo o amadurecimento da personalidade harmônica e completa que é a meta da vida monástica. Leia-se o *Prólogo das Regras longas*: "Por graça de Deus, juntamo-nos em Nome do Senhor nosso Jesus Cristo, nós que nos voltamos para um único fim, o de uma vida cristã" (*Regras longas, Prólogo*).

Basílio não fundou seus mosteiros em lugares desertos, mas nas cidades ou ao menos nas vizinhanças dos centros habitados, pois a vida de recolhimento orante devia se conjugar com o compromisso da caridade operosa, sobretudo em relação aos pobres. Suas comunidades, portanto, estavam abertas para acolher doentes e pobres, peregrinos e órfãos, como se fossem baluartes da caridade.

Lembremos que no Ocidente (cf. vol. I, cap. 5, item 29.4) esse estilo de vida foi retomado e difundido por Rufino (345-410/411), que, em suas andanças pela Itália, África e Palestina à procura do melhor modo de viver a experiência monástica, foi não somente fecundo escritor, mas também útil tradutor do grego para o latim de obras valiosas, em particular da *História Eclesiástica*, de Eusébio de Cesareia, que ele atualizou, e da *Regra* de Basílio, permitindo assim o conhecimento delas também a Bento de Núrsia. Por sua vez, Jerônimo traduziu a *Regra* de Pacômio, retomada mais tarde por Sulpício Severo, e, depois de ter deixado Roma para a Palestina, reuniu os ensinamentos de Hilarião (291-c. 371) de Gaza e de Caritão († c. 350), elaborando uma proposta pessoal que fascinou seus contemporâneos e atraiu muitos discípulos.

Na África, também foi mestre para a vida monástica Santo Agostinho, a quem devemos uma das primeiras regras monásticas, a *Regra para os servos de Deus* (*Regula ad servos Dei*), na qual surge claramente a referência à comunidade apostólica primitiva: "Irmãos caríssimos, ame-se antes de tudo Deus, e depois o próximo, porque foram esses os preceitos que nos foram dados como fundamentais. São esses os preceitos que prescrevemos a vós, estabelecidos no mosteiro. O motivo essencial pelo qual vos reunistes é que vivais unânimes na casa (cf. Sl 67,7) e tenhais unidade de mente e de coração, voltados para Deus (cf. At 4,32). Não digais a respeito de nada: É meu, mas tudo seja comum entre vós. [...] Com efeito, assim ledes nos *Atos dos Apóstolos*: *Eles tinham tudo em comum e se distribuía a cada qual segundo suas necessidades* (cf. At 4,32.35)" (*Regra* 1, 1-3).

Nas Gálias, foram notáveis as experiências de Martinho de Tours (316-397) em Ligugé, que propôs como "regra" seu exemplo, pois não tinha outra coisa a ensinar a seus confrades. Ainda nas Gálias, encontramos Honorato em Lérins (em 410), de onde Patrício partiu depois de 432 para difundir o monaquismo na Irlanda (item 2.2). Precisamente no ambiente monástico de Lérins é que parece ter sido composta a *Regra dos quatro Pais*, considerada a mais antiga *Regra* composta no Ocidente — provavelmente entre 400 e 410, quase um século antes da *Regra* de São Bento — e contemporânea da experiência monástica de Cassiano em Marselha (em 415). Mais tarde, Cesário propôs, em Arles (470-542), as suas *Regula ad monachos* e *Regula ad virgines*, semelhantes às de Santo Agostinho, as quais, talvez, conhecesse.

3. A esse florilégio de modelos e regras que encontrou na área de Lérins um ambiente particularmente favorável (como testemunham a *Segunda Regra dos Pais*, escrita cerca de vinte anos depois da primeira, à qual se seguiram a *Regra de São Macário* [c. 510] e a *Terceira Regra dos Pais* [535]) pertence decerto a *Regula Magistri* (ou *Regra do Mestre*), como a chamou a seguir São Bento de Aniane (c. 750-821), composta no primeiro quarto do século VI (500-c. 525) por um autor anônimo, assim chamada por sua forma de diálogo entre o discípulo e o mestre. Embora prolixa e minuciosa, a *Regula Magistri* apresenta notáveis analogias com a *Regra* de Bento, "o homem de Deus que brilhou nesta terra, Bento de nome e por graça", como o definiu em seus *Diálogos* o papa Gregório Magno (590-604).

Conhecemos a **vida de São Bento** por meio do segundo livro dos *Diálogos* de Gregório Magno, escrito entre 592 e 594, cerca de cinquenta anos após a morte de Bento. Sabemos então que ele nasceu por volta do ano 480 na região da Núrsia, ou seja, perto de Nórcia, em uma família abastada, embora não rica, como se disse depois na Alta Idade Média, e foi enviado a Roma para sua formação. Bento ficou impressionado com a mediocridade de vida de muitos de seus companheiros de estudo e entrou pessoalmente nos turbulentos episódios daquele período, marcado pelo assassinato de Odoacro (493) e pelas guerras de Teodorico (item 2.1). Amadureceu assim a opção de viver somente para Deus: "*Soli Deo placere desiderans* (*desejando agradar somente a Deus*)" (Gregório Magno, *Diálogos*, II, Prólogo, 1).

Bento se dirigiu para Enfile (a atual Affile), a leste de Roma, e viveu durante certo período em uma comunidade de monges, que o desiludiram. Decidiu se retirar a uma vida eremítica perto de Subiaco, onde permaneceu três anos na gruta hoje chamada de *Sacro speco*, tendo como mestre espiritual outro monge, Romano. Esse período de solidão com Deus foi para Bento um tempo de maturação e de purificação interior: descoberto por alguns pastores, começou a evangelizá-los e depois constituiu pequenas comunidades em torno da sua, todas com uma profunda simbologia, pois eram formadas por doze monges e se revigoravam quando atingiam esse número sagrado. Essa mudança de vida da solidão à animação das comunidades que se remetiam a ele nem sempre teve sucesso: os monges de Vicovaro (Roma), que o tinham convidado a reformá-los, mais tarde obrigaram-no a ir embora, depois de terem tentado envenená-lo; mas isso permitiu que Bento compreendesse ainda mais que a vida monástica devia ser também um apelo para a Igreja e para a sociedade e, portanto, devia ser visível ao mundo.

Por isso, optou simbolicamente por se transferir para Monte Cassino, onde fundou sobre as ruínas do templo de Apolo um mosteiro dedicado a São Martinho de Tours, que em sua vida tinha feito síntese do recolhimento próprio da vida monástica, do zelo pastoral e da caridade (vol. I, cap. 5, item 29.4): o mosteiro se caracterizou pelo acolhimento e pela hospitalidade oferecida aos pobres, aos peregrinos, aos refugiados, vítimas das contínuas devastações militares. A fama de Bento se difundiu a tal ponto que o rei dos godos, Totila, antes de invadir Roma em dezembro de 546, quis se encontrar com ele. O santo advertiu-o e, segundo Gregório Magno, predisse-lhe uma rápida morte, o que ocorreu poucos meses depois. Diz-se que também Bento morreu naquele mesmo ano, em 21 de março de 547, deixando à Igreja a obra-prima que é a sua *Regra*, "insigne pela discrição, límpida pelo estilo" (Gregório Magno, *Diálogos*, II, 36). Hoje, todavia, essa data é discutível e se tende a situar sua morte em um tempo posterior (c. 560).

Por um lado **a Regra de São Bento** retomava, e por outro simplificava, a *Regra do Mestre*, conservando sobretudo seu componente espiritual; os primeiros sete capítulos da *Regra* de Bento e os primeiros dez capítulos da *Regra do Mestre* parecem também literariamente iguais e nos permitem perceber o coração de todas as regras monásticas antigas: a de Bento e a do Mestre são fundamentalmente um florilégio de citações evangélicas, pois a verdadeira *Regra* não são os ensinamentos ou as normas ditadas pelo abade, mas o Evangelho de Jesus. Basta lermos o *incipit* da *Regra* para nos darmos conta disso: "Ouve, filho meu, os ensinamentos do mestre e abre docilmente teu coração; acolhe de bom grado os conselhos inspirados por seu amor paterno e põe-nos em prática com empenho, de modo que possas voltar mediante o cuidado da obediência àquele do qual te afastaste pela indolência da desobediência. Eu me dirijo pessoalmente a ti, seja lá quem for que sejas, que, tendo decidido renunciar à vontade própria, empunhas as fortíssimas e valorosas armas da obediência para militar sob o verdadeiro rei, Cristo Senhor" (*Regra*, Prólogo, 1-3).

A *Regra* é antes de tudo um convite a ouvir Deus; daí a importância da *lectio*, da ruminação da Palavra de Deus e da conformação à imagem de Jesus Cristo, obediente ao Pai, "manso e humilde de coração" (Mt 11,30). É grande o valor assumido pela obediência, pelo silêncio ou recolhimento, pela humildade, virtudes que levam rapidamente o principiante à perfeição, à plenitude humana, da qual era — e é — expressão a harmonia interna e externa, o sereno domínio dos sentimentos e dos desejos, o equilibrado exercício das atividades materiais e espirituais, no respeito do tempo e do corpo. Trabalho e oração, ação e repouso, paz interior como fruto do conhecimento de si e desejo ardente de Deus: tudo isso estava sintetizado na *Regra* de Bento.

Ela, pois, exige — educa e estimula — a comunhão fraterna, a partilha evangélica, o amor proposto por Cristo. A própria obediência não deve ser imposta, mas deve brotar reciprocamente do coração — o abade deve não tanto mandar, mas amar e se fazer amar: "No mosteiro, ele tem o lugar de Cristo, pois é chamado por seu próprio nome, segundo o que diz o Apóstolo: 'Recebestes o Espírito de filhos adotivos, que vos faz exclamar: Abá, Pai!'. Por isso o abade não deve ensinar, nem estabelecer ou ordenar nada contrário às leis do Senhor; antes, sua ordem e seu ensinamento devem infundir nas almas dos discípulos o fermento da santidade" (*Regra*, cap. II).

Esse estilo de *discretio*, que se nutre de um finíssimo conhecimento do Evangelho, é um dado que não deveríamos esquecer; em uma época de crises, guerras e violências, de perda das referências culturais do espírito clássico, um homem, Bento, propôs a harmoniosa síntese do Evangelho e da fraternidade, que no cenóbio acolhia qualquer um que estivesse movido pelo desejo sincero de Deus.

Esse ensinamento foi relançado por um "discípulo" de Bento, o papa Gregório Magno (cap. 3, item 9), que aspirou viver com determinação a vida cenobítica, mesmo como papa, imitando nisso os grandes bispos antigos (vol. I, cap. 5, item 29.4): Eusébio de Vercelli († 371), Ambrósio de Milão († 397), Agostinho de Hipona († 430), Paulino de Nola († 431), Cesário de Arles († 542), que levaram vida comum com o clero deles. Assim, certamente também pelo exemplo de Gregório Magno e de sua comunidade, a *Regra* de Bento difundiu-se depois por toda a Europa, sabendo docilmente se adaptar às exigências locais. Encontramo-la presente desde a Gália até a Irlanda e dessa às ilhas britânicas.

4. À escolha cenobítica de Gregório Magno junta-se a quase contemporânea ação missionária de origem irlandesa por obra sobretudo de **São Columbano** (c. 540-615), a quem devemos a expressão "*totius Europae* (de toda a Europa)", quando em sua *Carta* ao papa Gregório (cf. *Epístola* I,1) relata a presença da Igreja em todo o continente.

Columbano foi talvez o maior dos santos e missionários irlandeses. Tendo nascido nos primeiros decênios do século VI no reino de Leinster, sudeste da Irlanda, bem cedo ficou órfão de pai e, depois de ter sido educado nas artes liberais, apesar da oposição da mãe entrou para o mosteiro de Cluain Inis (Cleenish Island), na Irlanda setentrional, onde se dedicou ao estudo das Sagradas Escrituras. Depois de alguns anos, optou por entrar no mosteiro de Bangor, perto da atual Belfast, famoso pelo rigor ascético, onde foi ordenado sacerdote. A vida do mosteiro e o exemplo do abade Comgall (c. 516-c. 601), um monge de excepcional virtude e rigor ascético, influenciaram a concepção do monaquismo que Columbano amadureceu e que o levou, depois de cerca de trinta anos de vida monástica e de cinquenta anos de idade, a partir para a Europa continental, seguindo o ideal ascético da *"peregrinatio pro Christo"*, ou seja, fazer-se peregrino por Cristo naquelas terras que, devido às novas migrações de povos bárbaros, pareciam ter recaído no paganismo.

Com doze companheiros — o simbolismo apostólico é evidente — deixou a Irlanda, indo para a Gália em 590, e se estabeleceu no reino da Austrásia, onde o rei dos francos, Quildeberto II (570-596), lhes concedeu uma antiga fortaleza romana abandonada e absorvida pela floresta. Restauraram-na em poucos meses, atraindo logo novos discípulos e também simples penitentes, pessoas que pediam acompanhamento espiritual. Sobretudo para esses últimos foi edificado um segundo mosteiro em Luxeuil, onde Columbano viveu por quase vinte anos e de onde se irradiou a tradição monástica e missionária segundo o modelo irlandês, por um lado exigente, por outro, misericordiosa, como mostra uma passagem de seus *Sermões*: "O que a lei de Deus recomenda mais e mais calorosamente do que o amor? Contudo, é raro encontrar alguém que se comporte assim. O que dizer como desculpa? Podemos talvez nos escusar, dizendo que o amor é trabalhoso e difícil? O amor não é cansativo; o amor é o que há de mais doce, mais balsâmico, mais salutar para o coração" (*Sermões* 11, 3).

Em Luxeuil, o santo escreveu a *Regula monachorum*, para cuja compreensão bastaria ler o último dos breves dez itens que a compõem: "O monge, o mosteiro, viva sob a autoridade de um só pai, e ao mesmo tempo com muitos irmãos, a fim de que de um aprenda a humildade, de outro, a paciência; um lhe ensine o silêncio, o outro, a mansidão" (*Regula monachorum*, X). Pelo menos até a reforma monástica dos carolíngios entre o fim do século VIII e o início do século IX (cap. 4, item 14.1), a *Regra* de Columbano difundiu-se pela Europa mais do que a de São Bento. Na realidade, os estudos recentes demonstram que o monge irlandês tinha tomado a *Regra* de Bento, conhecida também mediante a entusiasmada apresentação de Gregório Magno, e a tinha difundido com as adaptações típicas da espiritualidade insular. Não é por acaso que em seguida integrou sua *Regula monachorum* e a *Regula coenobialis*, uma espécie de código penitencial para as infrações dos monges, que se compreende precisamente no espírito exigente do monaquismo irlandês.

A fama e, ao mesmo tempo, a austeridade de vida de Columbano suscitaram inevitavelmente a hostilidade, primeiro dos bispos da região, alguns dos quais não brilhavam por bons costumes, depois a do próprio soberano, o rei Teodorico II (595-612), cujas numerosas relações adulterinas o monge censurou. Em 610, Columbano e todos os monges de origem irlandesa foram expulsos do reino; decidiu começar uma nova obra de evangelização na Germânia, subindo ao longo do Reno até os lagos de Zurique e de Constança, para evangelizar os alemães. Expulso de novo, chegou à Itália, recebido pelo rei dos longobardos Agilulfo (591-616), que em 612/613 lhe doou um terreno em Bobbio, no vale da Trébia. Fundou ali um novo mosteiro, que se tornou grande centro cultural (no século X, a Biblioteca de Bobbio era a mais importante da Itália), onde morreu em 23 de novembro de 615, depois de ter deixado um importante rastro no monaquismo europeu, que entre os séculos VI e VII teve oportunidade de ser incrementado por muitas outras personalidades, como veremos mais adiante ao conhecermos importantes bispos daquele período (cap. 3, item 10).

5. A *Regula coenobialis* de São Columbano, uma espécie de código penitencial para as infrações dos monges, junto com a outra não menos famosa, *De poenitentiarum misura taxanda*, permitem que nos introduzamos no tema dos **Livros penitenciais**, que, por um lado, são um exemplo da fusão entre cristianismo e mentalidade bárbara e, por outro, exerceram notável influência na prática penitencial e na espiritualidade do Ocidente, mostrando o papel capital exercido em tudo isso pelo monaquismo. Em todo o caso, os dois livros de Columbano não seriam os mais antigos textos penitenciais, porque parece que o mais antigo seria o *Penitencial de Finiano*, nome proveniente do abade que o teria composto, Finnian de Clonard, que viveu entre c. 470 e c. 552 na Irlanda. A este último e ao certamente mais famoso de São Columbano seguiram-se outros a exemplo deles.

Entre os mais conhecidos estão o *Penitencial de Cummeano*, bispo de Clonfert († 662), no qual as culpas são agrupadas segundo o esquema dos oito pecados capitais; e o penitencial ou *Coletânea*, de Teodoro de Canterbury, composto entre 690 e 740. No século VIII temos os penitenciais de Beda, o Venerável († 735), embora nem todos reconheçam essa atribuição, e de Egberto de York (732-767), e a *Collectio Canonum hibernensis*, que com seus 67 livros alcança quase todos os aspectos da vida humana, até chegar, na passagem do primeiro para o segundo milênio, ao *Penitencial* talvez mais famoso da Idade Média, o de Burcardo de Worms (950-1025).

Para compreendê-los, convém levar em consideração o espírito do monaquismo em geral e o irlandês em particular, como expresso no segundo *Sermão* (ou *Instructio*) de Columbano: "De que adianta a religiosidade exterior, se não se tem também uma melhora interior? [...] quem quiser se tornar morada de Deus procure fazer-se humilde e manso, para que o amor de Deus seja reconhecido não pela profusão das palavras e pela atitude obsequiosa do corpo, mas por sua humilde verdade: de fato, a bondade do coração não tem necessidade de uma falsa religiosidade feita de palavras" (*Sermões* 2, 2).

Na origem dos *Penitenciais* encontra-se a exigência de uma santidade autêntica, radical, que se pode e se deve atingir sobretudo em ambiente monástico. Nos *Penitenciais* é lembrada, antes de tudo, a importância da confissão frequente, até cotidiana, feita diante dos irmãos. Originariamente, cada monge zelante confiava aos irmãos suas fadigas — que com muita frequência são chamadas de culpas —, seus erros, e pedia ao *abbas* uma indicação abalizada para vencer aquele defeito ou erro, pois desejava de verdade tornar-se santo segundo a vocação monástica. É preciso lembrar que no tempo de Columbano e ao longo da Idade Média o pecado era visto não como infração de uma lei, mas, em perspectiva profundamente bíblica, como sintoma de uma doença interior a ser tratada com os remédios capazes de fazer com que o pecador — considerado doente ou fraco — pudesse se curar e viver. O *Penitencial*, portanto, não é tanto um árido código de punições, mas uma espécie de "receituário médico", fruto do Evangelho.

A segunda observação é que os *Penitenciais* não podem ser compreendidos sem levar em conta a origem monástica que os plasma. Leiamos algumas prescrições de Columbano: "II. Se um dos irmãos, ao qual é confiado o encargo de cozinhar e de servir, derrama alguma coisa por pouco que seja, seja corrigido com uma oração na igreja, depois do ofício, de modo que os irmãos orem por ele. Quem esquece de se inclinar durante a sinapse [isto é, a recitação do ofício: trata-se, portanto, da inclinação que se faz na igreja ao final de cada salmo, N. do R. italiano] faça a mesma penitência. Do mesmo modo, quem deixa cair migalhas seja corrigido com uma oração na igreja. Essa leve penitência, porém, seja infligida somente a quem desperdiça alguma coisa em pequena quantidade. III. Se, porém, por negligência ou esquecimento ou desleixo alguém derrama uma quantidade muito grande de líquido ou de sólido, seja submetido a uma longa penitência na igreja, permanecendo prostrado, imóvel, enquanto se cantam doze salmos na hora décima segunda. Ou, se é muito o que desperdiça, saiba que à quantia de litros de cerveja ou às medidas de qualquer outro alimento que ficarão perdidos por causa da sua negligência corresponderá igual número de dias em que não lhe será dada a cota costumeira que lhe caberia, e beberá água em vez de cerveja. Por aquilo que é derramado na mesa e cai no chão, digamos que basta pedir perdão no momento de ir dormir [...]. VII. A quem fala mal de algum irmão ou ouve alguém que assim age e não intervém [logo] para corrigir o detrator, três dias de privação. Analogamente, faça a penitência de três dias de privação quem, entristecido, mostra desprezo para com alguém. Quem tiver algo a ser censurado e não quiser dizê-lo a quem lhe é proposto, reservando-se torná-lo presente quando possível ao superior, seja punido com três dias de privação, a menos que aja assim por um motivo de pudor. Se algum irmão está triste [se for possível, seja consolado] abstenha-se no momento de fazer sua confissão, se for capaz de suportar o peso, com o fim de falar disso com maior calma quando estiver mais tranquilo [os irmãos rezem por ele]" (*Regra cenobial*).

É evidente a *discretio* com a qual se deve agir e o objetivo: estimular que haja atenção até para pequenas coisas, segundo o princípio que sela o livro de Columbano: "O tagarela deve ser punido com o silêncio, o irrequieto, com a pacatez, o guloso, com o jejum, o amante do sono, com a vigília, o soberbo, com a masmorra, o perturbador, com a expulsão. A cada um seja infligida a punição adequada e proporcional à culpa, a fim de que viva como justo, segundo a justiça. Amém" (*Regra cenobial*).

Um terceiro elemento deve ser considerado, ou seja, a influência da mentalidade bárbara — mas também a latina, obviamente —, muito atenta à dignidade da pessoa e à justiça: não é possível para um bárbaro aceitar que a erro igual seja dada punição diferente, porque é uma questão de justiça e da própria dignidade. Além disso, o *abbas* deve ser justo não somente ao dar igual *penitência* para igual culpa, mas também ao dar a penitência necessária e suficiente para vencer o defeito ou para levar ao progresso na santidade, que são dois aspectos de um único conceito: o defeito é combatido para crescer na santidade, e a santidade se ganha vencendo progressivamente todo defeito.

Enfim, os *Penitenciais* pressupõem um processo marcado quase ritualmente, uma vez que o monge confessa, ou seja, manifesta publicamente seu erro, e essa confissão é ao mesmo tempo expressão do desejo de se santificar, pedido ao *abbas* para ser ajudado, graças à sua sabedoria, a percorrer o íngreme caminho da santidade. Tendo ouvido essa confissão-pedido de santificação, o *abbas* dá conselho — por força da obediência — sobre o que ajudará o monge a vencer o defeito e a crescer em santidade. Obviamente, não será uma coisa leve, fácil, como nunca o é a luta contra os próprios limites. Portanto, a indicação do caminho de purificação-santificação será difícil, cansativa: será uma "penitência". A penitência, portanto, não é (somente) uma punição por uma culpa cometida, mas também um compromisso livremente assumido, a expressão e a indicação de uma vontade decidida de santificação. Por ela — por aquele que a pede e aceita — a comunidade toda ora comunitariamente.

Essas normas de santificação ou penitência com a experiência ou a sabedoria do *abbas* foram se codificando, fixando em elencos e em textos, úteis quando um monge queria autenticamente crescer na santidade: podia se referir pessoalmente às indicações do código ou penitencial guardado no mosteiro. É esse o motivo pelo qual se falou de "penitência tarifada", um termo técnico e sucessivo que unia o defeito, ou seja, a culpa, e o pecado à penitência segundo uma "tarifa" ou indicação amadurecida pela sabedoria e pelo costume. Fruto da penitência tarifada foi a multiplicação dos casos possíveis, alguns dos quais puramente teóricos, resultado mais da fantasia do redator escrupuloso do que da possibilidade de serem verificados. É essa fase que podem ser atribuídos os *Penitenciais* que suscitam espanto e mal-estar no leitor moderno, se não levar em consideração esse exercício literário e fantasioso de possibilidades.

Com o passar do tempo, esses códigos de comportamento encontraram fácil difusão entre as comunidades monásticas, sobretudo se compostas de homens notoriamente sábios e santos; é o caso de Columbano, cuja fama ultrapassou montes, vales e mares.

Nos mosteiros antigos era prática comum o acolhimento dos *pueri oblati*, crianças cujas famílias as confiavam aos mosteiros mais seguros. Os *pueri* viviam no mosteiro, partilhando da vida dos monges e dos *magistri* deles, que obviamente os formavam cultural e humanamente segundo o estilo monástico, visando à formação humana completa, a desejada e perseguida também por aqueles *pueri oblati* que, atingida a maioridade, que coincidia com a idade de trabalho e de reprodução, ficavam livres para se tornarem monges ou para deixarem o mosteiro e constituírem família, levando a vida em liberdade. Em torno dos mosteiros antigos ainda se veem bem os vestígios das casas ordenadas e dos terrenos destinados aos jovens dos quais o mosteiro se encarregara desde que eram crianças. Uma vez fora do mosteiro, levavam habitualmente um estilo de vida que mantinha também algumas regras adquiridas na vida cotidiana do cenóbio. Muito mais a respeito pode ser dito de São Columbano, que construiu o mosteiro de Luxeuil justamente para acolher nele os leigos penitentes à procura de salvação: a eles propôs inevitavelmente seu severo estilo de vida, mais adaptado aos monges. A passagem do ambiente monástico ao leigo levou à evolução dos *Penitenciais* e à afirmação da chamada "penitência equivalente ou permutada".

Como em todas as realidades humanas, havia germens que teriam levado à involução do fenômeno: se tudo está estabelecido, não é preciso mais a conversão do coração, mas o cumprimento da pena. E essa pode ser feita também de diversos modos, equivalentes. A equivalência fundava-se na fé na comunhão eclesial, a que existe entre todos os membros da Igreja, e pôde se apresentar inicialmente como uma atitude pastoral ditada pela discrição e pela compreensão: como um leigo podia se submeter às longuíssimas penitências indicadas nos manuais monásticos? Nasceu assim a "comutação", ou seja, uma adaptação da penitência monástica original a um leigo, o qual desejava a mesma santidade dos monges, mas não podia se sujeitar a certas durezas que poderiam impor condicionamentos ao trabalho ou à vida cotidiana.

A penitência permutada encontrou também terreno fecundo no costume bárbaro do *guidrigildo*, a soma dada em troca de alguma coisa ou de alguém. Portanto, o princípio da comunhão eclesial que provavelmente inspirou a penitência permutada progressivamente deixou passagem para a avaliação econômica: quanto custava um operário (com frequência, um escravizado) a quem confiar como tarefa a penitência prescrita para a própria conversão? E não se podia oferecer uma missa de valor redentor incalculável? No penitencial de Teodoro de Canterbury, por exemplo, esses casos são frequentes, sempre escandidos pelo princípio antigo da misericórdia: "É preciso aliviar o peso da penitência com a oração dos amigos e a distribuição das esmolas. [...] Uma missa resgata três dias de jejum; três missas resgatam uma semana de jejum; doze missas resgatam um mês de jejum e doze vezes doze missas resgatam um ano" (cit. in *A pão e água*, 27).

Evidentemente essa ajuda recíproca favorecia os ricos mais que os pobres, e ao mesmo tempo não comportava mais a conversão do coração e a decidida vontade de santificação, para a qual os penitenciais tinham nascido, como mostra o *Penitencial* do rei Edgardo da Inglaterra (de 967), que se concluía com a mesma citação evangélica do *Penitencial* de Teodoro de York, invertendo seu sentido: "O homem poderoso que tem muitos amigos pode aliviar notavelmente a penitência com a ajuda deles. [...] fará de modo a resgatar sete anos de penitência em três dias, seguindo esse modo. Arrumará dozes homens que façam jejum em seu lugar durante três dias, comendo somente pão, água e legumes secos. Procurará logo por sete vezes outros cento e vinte homens que façam jejum em seu lugar durante três dias. Os dias de jejum assim somados são iguais ao número de dias contidos em sete anos. Esse é o gênero de comutação penitencial que se poderá permitir um homem rico e que tenha amigos. O pobre não poderá agir do mesmo modo, mas deverá fazer tudo sozinho. E é justo que cada qual faça por si a expiação dos próprios pecados, pois está escrito: 'Cada qual carregue o próprio peso'" (ibid., 28).

Enfim, a cada vez mais frequente comutação pela missa foi um dos fatores que favoreceu a clericalização dos monges, de modo que eles pudessem celebrar as missas penitenciais. O fenômeno foi tão importante que no *penitencial Vindobonense* se esclarecerá: "Por sua própria conta, o sacerdote não pode celebrar mais de sete missas por dia, mas, a pedido dos penitentes, poderá celebrar quantas forem necessárias, até mais de vinte missas por dia" (ibid., 27). Esses e outros textos parecidos nos fazem entender por que os bispos, com frequência cada vez maior, condenaram os livros penitenciais, os quais desapareceram com a renovação espiritual do século XI.

Bibliografia

DIP = PELLICCIA, G.; ROCCA, G. (orgs.). *Dizionario degli Istituti di Perfezione*. Roma: Edizioni Paoline, 1975-2003, 10 vol.

Fontes

AGOSTINHO. *Opere di Sant'Agostino*. Roma: Città Nuova, 2006-2011, v. 44, tomo 69.
BEDA, O VENERÁVEL. LAPDIGE, F. (org.). *Storia degli inglesi*. Milão: Mondadori, 2010, 2 vol.
BIANCHI, E. (org.). *Regole monastiche d'Occidente*. Turim: Einaudi, 2001.
Detti di sant'Antonio Abate. In: AGHIORITA, Nicodimo; CORINTO, Macario di (orgs.). *La Filocalia*. Turim: Gribaudi, 1982, v. 1.
GREGÓRIO MAGNO. CALATI, B. (intr.). Dialoghi (I-IV). In: *Opera Omnia*. Roma: Città Nuova, ²2011 [2001], v. IV.
JERÔNIMO. *Le lettere*. Roma: Città Nuova, 1961-1963, 4 vol.

Lettera di Ignazio di Antiochia a Policarpo di Smirne. 2-3. In: QUACQUARELLI, A. (org.). *I Padri apostolici*. Roma: Città Nuova, 1984.

MÁXIMO DE TURIM. PETRI, S. (org.). *Sermoni*. Roma: Città Nuova, ²2003.

PAULINO DE NOLA. RUGGIERO, A. (org.). *I carmi*. Nápoles-Roma: LER, 1992, 2 vol.

PAULO DIÁCONO. CAPO, L. (org.). *Storia dei Longobardi*. Milão: Mondadori, 1992.

PAULO ORÓSIO. LIPPOLD, A. (org.). *Storie contro i pagani*. Milão: Mondadori, 1998.

PICASSO, G.; PIANA, G.; MOTTA, G. (orgs.). *A pane e acqua. Peccati e penitenze nel Medioevo. Il Penitenziale di Burcardo di Worms*. Milão: Europia, 1986.

PRICOCO, S. (org.). *La Regola di San Benedetto e le Regole dei Padri*. Milão: Mondadori, 1995.

SALVIANO DE MARSELHA. COLA, S. (org.). *Il governo di Dio*. Roma: Città Nuova, 1994.

SÃO COLUMBANO. BIFFI, F.; GRANATA, A. (orgs.). *Le opere*. Milão: Jaca Book, 2001.

SEVERINO BOÉCIO. *La consolazione di Filosofia*. Turim: Einaudi, 2010.

Estudos

ALESSIO, G. C. (org.). *Dall'eremo al cenobio. La civiltà monastica in Italia dalle origini all'età di Dante*. Milão: Scheiwiller, 1987.

AZZARA, C. *Le invasioni barbariche*. Bolonha: il Mulino, 1999.

CASULA, L. *Leone Magno. Il conflitto tra ortodossia ed eresia nel quinto secolo*. Roma: Tiellemedia Editore, 2002.

CLEVENOT, M. *Gli uomini della fraternità*. Roma: Borla, 1984, v. 3.

COLOMBÁS, C. M. *Il monachesimo delle origini*. Milão: Jaca Book, 1984.

_____. *Il monachesimo delle origini*. Milão: Jaca Book, 1990, v. 2.

DE VOGÜE, A. *Il monachesimo prima di san Benedetto*. Seregno: Abbazia San Benedetto, 1998.

_____. *San Benedetto l'uomo e l'opera*. Seregno: Abbazia San Benedetto, 2001.

_____. *San Benedetto uomo di Dio*. Cinisello Balsamo: San Paolo, 1999.

DELL'OMO, M. *Storia del monachesimo occidentale dal medioevo all'età contemporanea. Il carisma di san Benedetto tra VI e XX secolo*. Milão: Jaca Book, 2011.

GRIBOMONT, J. Cenobio, Cenobita, Cenobitismo. In: *DIP*, v. 2, 761-764.

_____. Regola. In: *DIP*, v. 7, 1410-1414.

LEONARDI, C. *Medioevo latino. La cultura dell'Europa cristiana*. Florença: SISMEL, Edizioni del Galluzzo, 2004.

MASSIMO, G. *Vivere tra i barbari. Vivere con i romani. Germani e arabi nella società tardo antica. IV-VI secolo*. Milão: Jaca Book, 2007.

MONACHINO, V. *Il canone 28 di Calcedonia*. L'Aquila: Japadre Editore, 1979.

OSTROGORSKY, G. *Storia dell'Impero bizantino*. Turim: Einaudi, 1968.

PENCO, G. *Storia del monachesimo in Italia. Dalle origini alla fine del Medioevo.* Milão: Jaca Book, ³1995.
SIMONETTI, M. *Romani e Barbari. Le lettere latine alle origini dell'Europa (secoli V-VIII).* Roma: Carocci, 2006.
TURBESSI, G. *Regole Monastiche antiche.* Roma: Studium, 2000.
VOGEL, C. *Il peccatore e la penitenza nel Medioevo.* Leumann-Turim: Elle Di Ci, 1988.

capítulo segundo
A Igreja no Oriente entre os séculos V e VII e a difusão do Islã

4. Bizâncio e os imperadores dos séculos V-VI

1. A Igreja oriental não encontrou paz nem depois do Concílio de Calcedônia (vol. I, cap. 6, item 33). Em Alexandria do Egito, o povo, que já mostrava claras tendências monofisitas, matou o patriarca calcedonense Protério (451-457), substituindo-o por um dos discípulos mais vibrantes de Dióscoro, Timóteo Eluro (457-477), convicto monofisita. Em Jerusalém, porém, os monges impuseram a fuga ao bispo Juvenal (418-458), que só pôde retornar à sede com o apoio das armas imperiais. Esses atos são o sinal de um descolamento perigoso entre os bispos e o povo, que cada vez mais via seus pastores muito protegidos pelas (ou submetidos às) armas imperiais, com o risco cada vez maior de que a escolha do bispo dependesse do agrado ou da rejeição do imperador.

Era o sinal de que ainda não havia chegado ao fim a antiga ideia de que o *imperator* era também *pontifex maximus*, embora o imperador Graciano (375-383) tivesse renunciado ao título e houvesse fortes apelos dos bispos à moralidade dos atos e das leis imperiais: basta pensar na intervenção de Ambrósio de Milão a Teodósio pelo massacre de Tessalônica, com a exigência de penitência (vol. I, cap. 4, item 18.4), ou nas vibrantes homilias de João Crisóstomo contra a corrupção da corte (vol. I, cap. 4, item 20.2 e cap. 6, Inserção 1 – *O episcopado de João Crisóstomo*).

Foram palavras e pessoas que impressionaram pela coragem, mas não mudaram — pelo menos na ocasião — a mentalidade e o enfoque fundamental que se criara com o reconhecimento público do cristianismo (vol. I, cap. 4, item 18). Por isso, a convicção da *sacralidade* da figura imperial e seu direito — se não dever — de intervir também na vida e na organização da Igreja permaneceram estáveis; não foi por acaso que os quatro grandes concílios da Antiguidade (Niceia, Constantinopla, Éfeso e Calcedônia) foram convocados pelo imperador, o qual promulgou as decisões desses eventos como leis imperiais, com consequências jurídicas para quem as violasse. Ao contrário, desde o concílio de Aquileia (3 de setembro de 381) a Igreja se sentiu no dever de impor orações especiais pelo Império e por seus governantes, por força da tradição apostólica: os Doze e Paulo sempre recomendaram que se orasse pelas autoridades, mesmo no tempo da perseguição. De sua parte, os imperadores se comprometeram a manter a paz religiosa, fazendo dela um dos elementos do governo, segundo a concepção imperial: a eles cabia o *bonum* da *res publica*. Daí o interesse na unidade e na concórdia civil, tanto quanto na ortodoxia, entendida como concórdia eclesial. A esse compromisso os imperadores se dedicaram com frequência cada vez maior, criando inevitáveis contragolpes na estrutura eclesial.

2. Em sua preocupação pela concórdia, em 28 de julho de 482 **o imperador Zenão** (474-491) impôs aos cristãos da África (Egito, Líbia, Pentápolis) um edito de união, chamado **Henotikon**, inspirado e talvez materialmente redigido pelo patriarca de Constantinopla, Acácio (471-489), que provavelmente esperava assim se reconciliar com Pedro Mongo, patriarca anticalcedonense de Alexandria (477-490), contestado justamente naquele ano de 482 pelo filocalcedonense João Talaia.

Esse era um documento ambíguo, que descontentou a todos: tomava como ponto de referência o Concílio de Niceia, declarando que as decisões de Niceia, Constantinopla e Éfeso eram intocáveis, como tinha sido proclamado no Concílio de Calcedônia, que, porém, não era citado, fazendo intuir que dele não se partilhava. Além disso, o *Henotikon* condenava Nestório e Êutiques, citava os anátemas de Cirilo de Alexandria, mas evitava lembrar seu "*mia fýsis*", preferindo uma frase ambígua sobre Jesus: ele é "unigênito [...] um e não dois", sem qualquer outra referência às duas naturezas, humana e divina. Enfim, calava-se sobre o *Thomus ad Flavianum*, do papa Leão, que fora o texto fundamental das discussões no Concílio de Calcedônia. O *Henotikon* foi assinado por Acácio de Constantinopla, Pedro Mongo, patriarca de Alexandria, e Pedro Fulão, patriarca de Antioquia (471-488), mas por motivos desconhecidos não foi enviado a Roma. Seguiu-se daí o chamado **cisma acaciano** entre Roma e Constantinopla, que durou até 519 (item 4.3), pelas recíprocas resistências.

Precisamente nesse período foi eleito em Roma Gelásio I (492-496), o último papa de origem africana, pois nascera em Cabília (Argélia). Decerto era um homem de grande caridade, e de fato cuidou dos refugiados por ocasião da invasão da Itália por parte de Teodorico (cap. 1, item 2.1), com o qual conseguiu depois estabelecer relações pacíficas; tinha um altíssimo conceito do pontificado romano e a partir do sínodo romano de 13 de maio de 495 usou normalmente para si o título de *Vicarius Christi*, por um lado, para se contrapor às pretensões da "segunda Roma", ou seja, Constantinopla, e por outro, para indicar qual era o ponto de referência para compreender sua figura: o *vicarius* faz as vezes daquele que representa, exerce e defende seus direitos e prerrogativas.

Temos uma forma madura desse pensamento na **carta do papa Gelásio ao imperador Anastácio I** (491-518), sucessor de Zenão, escolhido pela imperadora viúva, Ariadne, para associá-lo a seu governo. O novo imperador era um funcionário da corte, de cultura e estirpe romanas, prudente, talvez demais, em sua ação política, voltada a reconstruir o tecido cada vez mais dilacerado do Império e a relançar a figura do imperador, defendendo suas prerrogativas em todas as áreas, inclusive na eclesial. Por esse motivo, papa Gelásio lhe escreveu uma carta que ganhou notável importância ao longo da Idade Média: "Suplico que a tua piedade não considere arrogância a obediência aos princípios divinos. Não se diga de um imperador romano, peço-te, que julgue injúria a verdade comunicada a seu entendimento. São dois, de fato, os poderes, ó augusto imperador, com os quais este mundo é principalmente dirigido: a sagrada autoridade dos pontífices e o poder real. Entre os dois, a importância dos sacerdotes é bem maior, porquanto deverão prestar contas ao tribunal divino também dos próprios governantes dos homens. Tu bem sabes, ó clementíssimo filho, que, embora estando acima dos homens em tua dignidade, deves todavia inclinar a cabeça diante daqueles que estão à frente das coisas divinas" (cit. in Ehler-Morral, 36-37).

A carta de Gelásio queria indicar com respeito e clareza os âmbitos de competência das duas autoridades. O papa, portanto, lembrava a Anastácio que ele devia "inclinar a cabeça" diante dos sacerdotes "nas coisas divinas" e, ao mesmo tempo, esclarecia que "os sacerdotes deviam obedecer" às leis do imperador. Essa relação de iguais em seu campo de ação foi sintetizada na expressão inicial: "São dois os poderes com os quais este mundo é principalmente dirigido: a sagrada autoridade dos pontífices e o poder real (*Duo quippe sunt, imperator auguste, quibus principaliter mundus hic regitur: auctoritas sacrata pontificum et regalis potestas*)".

A expressão é refinada sob o ponto de vista literário, pois por um lado queria evitar a repetição, e por outro recorria a um quiasmo. A carta usou então dois termos semelhantes e os pôs em quiasmo entre si: *auctoritas-potestas*, "*auctoritas sacrata pontificum et regalis potestas*". Precisamente o quiasmo evidencia que Gelásio quer criar uma referência recíproca entre as duas esferas, religiosa e política. E só depois essa afirmação principal introduz o esclarecimento de que, dada essa igualdade, o "*pondus*" (o peso, a responsabilidade) do sacerdote é maior, porque deve responder por seu ministério e pelo das pessoas que lhe são confiadas a Deus, entre as quais estava também o imperador. Infelizmente, com o tempo essa carta de respeitoso — e enérgico — apelo à recíproca independência ficou carregada de significado, com a exegese introduzida nos dois termos que tinham sido usados por elegância literária. Com efeito, no direito romano a *auctoritas* prevalece formalmente sobre a *potestas*: a autoridade é a fonte da qual provém o poder; quem possui a autoridade pode não a exercer concretamente e delegar a outro a *potestas* de exercício. Em outras palavras, quem possui *auctoritas* tem um poder legislativo ou fundador, ao passo que a *potestas* é um poder executivo, operativo. Julgava-se que coubesse à autoridade eclesial a *auctoritas* e, portanto, o poder legislativo, ao passo que ao imperador cabia uma *potestas*, um poder executivo. Que não era essa a intenção do papa Gelásio nem a de Anastácio confirmam-no os episódios históricos seguintes, consteladas de contínuas defesas e interferências sobretudo por parte do poder civil ou imperial.

3. Enquanto a Igreja oriental era dilacerada pelas lutas dos monges contra o *Henotikon*, pareceu inevitável aguardar tempos melhores para a comunhão de toda a Igreja.

Esperou-se até a eleição do **papa Hormisda** (514-523), conhecido por sua capacidade de mediação, demonstrada com a sabedoria usada para reconciliar os seguidores do antipapa Lourenço. Hormisda não teve a mesma habilidade no caso do cisma acaciano, para o qual estabeleceu pesadas condições. Talvez o motivo estivesse na modalidade proposta para o retorno à comunhão: o imperador Anastácio II propôs um concílio de esclarecimento em Constantinopla (1º de julho de 515), mas isso pareceu assumir as características de uma arbitragem confiada ao imperador entre o papa de Roma e o patriarca de Constantinopla. Para fazer malograr esse risco que, por um lado, teria significado a superioridade do imperador sobre a Igreja e, por outro, uma igualdade entre as duas Romas, Hormisda pôs algumas condições, que salvaguardariam a singularidade da Igreja romana: aceitação da definição de Calcedônia; condenação póstuma dos autores do *Henotikon*, ou seja, do patriarca Acácio e sucessores e dos imperadores Zenão e Anastácio I; assinatura por parte dos bispos de uma fórmula de fé precisa (*regula fidei* ou *formula de Hormisda*).

O imperador Anastácio II procurou ganhar tempo, tentando também corromper os legados papais que, porém, começaram a difundir o texto pontifício: Anastácio mandou prendê-los e os afastou de Constantinopla.

Com a morte do imperador Anastácio II, voltou-se a ter esperança com seu sucessor, **Justino** (518-527), um homem sábio, ancião (já na casa dos setenta anos), que garantia um reino breve, de transição para novos equilíbrios. A esperança de reconciliação aumentou quando, poucos meses depois, morreu o patriarca de Constantinopla, Timóteo I (511-518). Apoiados pelo imperador, os *Acemetas* ou *Insones* — monges que gozavam de grande prestígio em Constantinopla por se alternarem de modo que nunca se interrompesse a recitação dos salmos — impuseram que o novo patriarca, João II de Capadócia (518-520), se declarasse pelo Concílio de Calcedônia, rejeitasse o *Henotikon* e restaurasse a comunhão com Roma.

De fato, em 28 de março de 519, Quinta-feira Santa, por ordem imperial o patriarca João II aceitou a fórmula de Hormisda, mas inseriu nela uma *glosa* importante, exprimindo a "alegria pelo retorno à união entre a antiga e a nova Roma". Afirmava assim, paradoxalmente, que não era sua Igreja que voltava à comunhão, mas a de Roma, e ao mesmo tempo lembrava o cânon 28 de Calcedônia (vol. I, cap. 6, item 34.5).

Entretanto, durante esses meses surgiu outro elemento de desentendimento, pois alguns monges da Cítia, apoiados por Justiniano, sobrinho do imperador, começaram a difundir a chamada doutrina teopasquista, que pode ser resumida na fórmula: "Um da Tríade (Trindade) foi crucificado", mais capaz, segundo seus defensores, de explicar o *Símbolo de Calcedônia*; propuseram-na ao patriarca de Constantinopla, João II, que a considerou não oportuna, porque tocava no delicado equilíbrio conseguido no Concílio de Calcedônia. Com a recusa do patriarca, os monges apelaram a Roma contra ele; em 521, também o papa Hormisda rejeitou a fórmula, pois embora não errada, não respeitava o Símbolo calcedonense, e propôs uma fórmula de compromisso: "Uma das Três divinas pessoas sofreu na carne". Essa fórmula de compromisso foi aceita, embora tenha parecido se distanciar das decisões de João II — se não se contrapor a elas.

A consequência desses acordos foi a imposição forçada da comunhão com Roma, que se transformou em uma purificação de todas as estruturas imperais dos heréticos, em particular dos arianos. Teodorico, rei dos ostrogodos, suspeitou de um ataque contra ele e procurou reagir à política de Justino, enviando a Constantinopla o papa João I (523-526), um homem estimado: Boécio o consultava com frequência e lhe dedicou três tratados (cap. 1, item 2.1). A esse papa se deve a introdução do cálculo da Páscoa segundo as indicações de Dionísio, o Pequeno, e que ainda hoje estão em vigor. Depois de ter recebido honras esplêndidas em Constantinopla, o papa voltou a Roma sem ter conseguido nenhuma concessão; na sua volta, Teodorico, cada vez mais desconfiado, pôs o papa sob custódia — há quem diga que o teria aprisionado; João I morreu extenuado e amargurado em 18 de maio de 526.

O chefe ostrogodo impôs como papa Félix IV (III) (526-530), apesar da resistência dos romanos; a sede vacante durou cinquenta e oito dias, período excepcional para aqueles tempos. Durante esses meses, como resposta aos editos imperiais do Oriente, Teodorico promulgou um decreto com o qual tornava obrigatório o arianismo na Itália, mas que nunca foi posto em prática, porque o rei morreu em 30 de agosto de 526, na véspera da entrada do decreto em vigor.

5. A época de Flávio Pedro Sabácio Justiniano

1. O último grande momento da influência entre as duas realidades (**Ocidente e Oriente**) ocorreu com o sucessor de Justino, Justiniano (527-565), considerado santo pela Igreja oriental, cuja festa se celebra no dia 14 de novembro, junto com sua mulher, Teodora.

Como todos os grandes da História, Justiniano é uma figura controversa: o próprio Procópio de Cesareia teceu elogios a ele em escritos públicos e preservou suas fraquezas e vilezas em uma *História secreta*. Em todo caso, não se pode negar que ele tivesse um caráter afável e ao mesmo tempo forte, que fosse um excepcional trabalhador, de rara inteligência, de fé sincera, que vivesse como um asceta e jejuasse toda semana, um homem de profundas convicções que sentiu todo o peso do cargo imperial e o consequente dever de pôr ordem em um Império atravessado por forte crise econômica e política.

Se por um lado retomou o controle da África setentrional e da Península Ibérica (553), por outro teve de resistir às pressões dos persas na fronteira oriental e dos bárbaros na frente ocidental: em 540, Cosroes da Pérsia retomou as armas, dando início a uma longa guerra, concluída em 562 com um armistício, aclamado como *Paz perpétua*, que comportava o pagamento anual aos persas de uma grande quantidade de dinheiro; os ostrogodos de Totila (cap. 1, item 3.3) novamente sitiaram Roma em 545-546, espalhando-se depois pela Itália, enquanto entre 541 e 543 grassou uma pandemia de peste que custou a vida de um quarto da população e atingiu o próprio imperador, voltando a devastar ciclicamente o Império por mais de cinquenta anos (542-591): "Essa catástrofe era tão arrasadora que toda a raça humana parecia próxima de ser dizimada", escreveu Procópio de Cesareia (c. 490-c. 565) em seu *De bello persico* ou *História da Guerra persa* (II, 22).

São também conhecidas a corrupção generalizada em Constantinopla e as lutas entre as duas grandes facções chamadas dos *Azuis* e dos *Verdes*, que da original contraposição esportiva tinham passado a verdadeiras facções políticas e religiosas. Os *Verdes* reuniam os membros da aristocracia e eram tendencialmente monofisitas; ao contrário, os *Azuis* se apresentavam como mais próximos das instâncias do povo e mais críticos do poder imperial; esses últimos, embora também fossem legitimistas, encontraram inicialmente o favor de Teodora e de Justiniano, que se distanciaram deles quando os choques entre as duas facções se tornaram verdadeiro problema de ordem pública. O imperador decidiu, então, reprimir as violências às quais os dois partidos se entregavam; chegou-se até a chamada "revolta de nika" (do grito dos revoltosos: "vitória!" — que é o significado da palavra grega *nika*), a qual foi reprimida no sangue (11 de janeiro de 532).

Justiniano foi amante das artes, como os grandes imperadores anteriores. Em particular, devemos a ele a reconstrução esplêndida de Bizâncio, depois dos devastadores terremotos de 553 e de 557, bem como da basílica de Santa Sofia, transformando-a, depois do desmoronamento da cúpula devido a outro terremoto em 558, na maior igreja do mundo antigo; a ele devemos também a construção do mosteiro de Santa Catarina, aos pés do Sinai, hoje o mais antigo mosteiro cristão.

É sobretudo no campo do direito que a memória de Justiniano atravessa os séculos. O *Codex iustinianeus* é uma coleção de leis emanadas desde a época do imperador Adriano (76-138) até o próprio Justiniano, publicado em 529. Vieram depois: em 532, o *Digesto* (em grego: *Pandette*), uma coleção orgânica da jurisprudência corrente, com as sentenças dos mais eminentes estudiosos do direito; em 534, as *Institutiones*, um tratado jurídico para a formação de peritos juristas; e em 565, as *Novellae* ou *Constitutiones*, coleção dos decretos imperiais seguintes à publicação do *Codex*.

2. Também no campo eclesial, Justiniano procurou alcançar unidade e clareza, aplicando à Igreja, porém, o mesmo estilo usado no âmbito político. Assim, impôs **o catolicismo** como **religião do Império**, reduzindo os direitos dos judeus, e ainda mais dos samaritanos, chegando a uma verdadeira perseguição dos pagãos.

No que diz respeito aos judeus, obrigou-os a usar o texto da Septuaginta ou o de Áquila; proibiu que tivessem escravizados cristãos; tirou valor do testemunho deles em processos contra os cristãos; estabeleceu que não podiam comprar bens eclesiásticos nem terrenos nos quais no futuro houvesse possibilidade de se construir igrejas cristãs. A mesma proibição de possuir terras foi aplicada aos samaritanos, que foram excluídos de qualquer cargo na administração civil, no ensino e no exercício da advocacia e, quando se rebelaram, como ocorreu em 529 e em 555, a repressão foi cruel: vinte mil pessoas foram massacradas e os sobreviventes foram vendidos como escravos aos árabes.

Em 528, obrigou os pagãos a se batizarem, sob pena de confisco de seus bens; no ano seguinte (529), ordenou o fechamento da *Escola de Atenas*, que mantinha a memória de seu passado glorioso, embora estivesse reduzida a ruínas, e proibiu os cultos das divindades egípcias ainda praticados, como o culto ao deus Amon, na Líbia, e a Ísis, na ilha de Filas (Nilo).

A repressão dos outros cultos foi acompanhada de não poucos privilégios aos bispos; esses privilégios tiveram como contraparte toda uma série de tarefas e serviços que os bispos deviam exercer a favor do Estado. Desse modo, embora não estando a serviço do Império de maneira direta, os bispos acabaram sendo fiéis representantes do imperador. Nessa perspectiva, Justiniano deu proeminência ao patriarca de Constantinopla, com prejuízo das sedes metropolitanas e dos metropolitas. Continuando uma orientação já praticada, isso significou a desvalorização dos sínodos provinciais, até mesmo, na prática, o desaparecimento deles, em favor do sínodo que se reunia em torno do patriarca de Constantinopla, a chamada *endemusa*. Além disso, "a velha estrutura da organização metropolitana foi destruída" (cit. in Beck, 91) pela criação de arquidioceses autocéfalas, o que significou elevar as dioceses ao grau de arquidioceses, sem nenhuma sede sufragânea; com o imperador Justiniano, essa operação podia se dizer concluída, de modo que no patriarcado de Constantinopla houve trinta e quatro sedes arcebispais autocéfalas, quando outrora havia trinta e três metrópoles.

A intervenção de Justiniano no âmbito eclesial referiu-se também às eleições episcopais, sobretudo nas sedes de Constantinopla e Roma, como ocorreu por ocasião da morte do papa Agapito (535-536). De origem aristocrática e vasta cultura, de caráter intransigente, Agapito proibiu que os presbíteros que tinham sido arianos fossem readmitidos ao clero, mesmo depois da adesão deles ao catolicismo romano, mas permitiu que Cesário de Arles vendesse os bens da Igreja para dar assistência aos pobres. Quando Justiniano decidiu invadir a Itália para trazê-la de volta ao controle imperial, o rei ostrogodo Teodato (534-536) pediu a intervenção do papa Agapito (535-536); ele foi a Constantinopla, onde foi recebido com todas as honras. Nada obteve em relação à guerra, mas conseguiu fazer depor o patriarca Antimo (535-536) — imposto pelo próprio Justiniano sob pressão da imperatriz Teodora, fervorosa monofisita. Não só: o papa consagrou seu próprio sucessor, Menas (536-552), originário de Alexandria, no Egito, depois de tê-lo obrigado a assinar uma versão ampliada da "fórmula de Hormisda" (item 4.3), criando assim novas tensões, aguçadas ao mesmo tempo pelo fato de o papa ter se dobrado à vontade de Justiniano e aprovado a fórmula teopasquista, que em sua época o papa Hormisda tinha rejeitado.

Agapito morreu em Constantinopla em 22 de abril de 536 e, mal a notícia chegara a Roma, Teodato, rei dos ostrogodos, impôs a eleição de Silvério (536-537), filho do papa Hormisda. Mas a corte bizantina, e em particular a imperatriz Teodora, tramou até que Silvério fosse deposto por Belisário (11 de março de 537), deixando o lugar ao candidato imperial, o dócil, ambicioso e ávido diácono romano Vigílio (537-555), que já havia sido designado como seu sucessor pelo papa Bonifácio II (530-532), o qual depois teve de retratar a designação devido ao coro de protestos que se elevara. Vigílio tinha, então, preferido deixar Roma, tornar-se apocrisiário da Igreja romana em Constantinopla e confidente da imperatriz.

3. A imposição de Teodora foi prejudicial à Igreja, pois se somou às manias teológicas de Justiniano, que cada vez mais quis intervir nas **questões teológicas**, decretando pessoalmente quais eram os erros e as verdades. A primeira intervenção ocorreu em 15 de março de 533, quando Justiniano publicou como lei imperial uma profissão de fé com a fórmula teopasquista: "Um da Tríade sofreu na carne", que fora rejeitada pelo papa Hormisda (item 4.3). Sendo uma *lei*, ordenou que todos a subscrevessem e fez dela uma condição prévia para que alguém fosse consagrado bispo.

Dez anos depois (543), Justiniano emitiu um tratado dogmático com quinze anatematismos contra Orígenes, endereçando-o ao patriarca Menas, que o assinou junto com o papa Vigílio. Mas Orígenes tinha vivido entre 185 e 254 e morrera em paz com a Igreja (vol. I, cap. 2, item 9.2): por que se enfurecer contra os mortos, violando a tradição da Igreja de não condenar os finados, principalmente se tinham morrido em comunhão? No ano seguinte, em 544, Justiniano passou a golpear outros heréticos e publicou outro edito teológico, chamado **Edito dos Três Capítulos**, porque foi dirigido contra três teólogos antioquenos ligados a Nestório e mortos havia muito tempo em plena comunhão com a Igreja. Na realidade, o Concílio de Calcedônia não os tinha condenado explicitamente. O edito era contra a pessoa e os escritos de Teodoro de Mopsuéstia (350-428), que fora mestre de Nestório; contra os escritos de Teodoreto de Ciro (393-468), que tinha defendido Nestório, de quem era amigo, e criticado tanto Cirilo de Alexandria como o Concílio de Éfeso; contra a *Carta* que Ibas de Edessa (437-457) tinha enviado a Maris, bispo de Rēwardāshīr (Pérsia), contra as decisões do Concílio de Éfeso e a favor de Nestório.

Também esse decreto imperial foi subscrito pelo patriarca Menas, ao passo que o sínodo romano de 545 o recusou, considerando-o uma intervenção que tocava em decisões do Concílio de Calcedônia, e o **papa Vigílio** se conformou à decisão do sínodo. Como resposta, o imperador simplesmente ordenou que ele fosse levado a Constantinopla (22 de novembro de 545), enquanto o patriarca Menas tirou o nome dele dos *Dípticos*. Vigílio chegou a Constantinopla mais de um ano depois (janeiro de 547) e aí lhe foi impedido qualquer contato com os outros bispos. Depois de seis meses de isolamento, em junho de 547, cedendo às pressões do domicílio forçado, prometeu secretamente que aprovaria o edito dos *Três Capítulos*. Provavelmente era um modo de ganhar tempo, mas as pressões de Justiniano foram tais que no dia da Páscoa do ano seguinte (11 de abril de 548), Vigílio se dobrou e publicou o *Iudicatum*, no qual procurou um novo compromisso: os *Três Capítulos* — e, portanto, as afirmações, não as pessoas, tinham de ser condenadas, mas o símbolo de Calcedônia não podia ser negado, e para decidir tudo aquilo era necessário um concílio ecumênico.

Os bispos africanos reagiram e, acusando-o de ter traído o Concílio de Calcedônia, excomungaram o papa Vigílio (550), que retirou o *Iudicatum*, mas somente depois de ter obtido a permissão do imperador para isso, e prometeu um concílio, no qual exporia de novo as ideias do *Iudicatum*. A declaração apresentava-se ambígua e podia induzir a considerar que fosse um compromisso de condenar os *Três Capítulos* durante o concílio.

A única saída viável para Vigílio foi a contínua convocação do concílio. Quando Justiniano emitiu uma segunda condenação dos *Três Capítulos* (551), o papa pediu que fosse suspensa, à espera do concílio. Vigílio perdeu autoridade, justamente quando tinha necessidade dela, porque fugiu para Calcedônia pela outra margem do Bósforo, onde, com uma carta circular (2 de fevereiro de 552), justificou sua falha; entretanto, ameaçou de excomunhão quem subscrevesse a ingerência cesaropapista, como tinham feito o patriarca Menas e Teodoro Asquida, bispo de Cesareia.

Justiniano reagiu prontamente, ordenando aos bispos que se conformassem com a decisão papal e, ao mesmo tempo, convocando um concílio, no qual cada patriarcado teria igual número de bispos: era um modo de enfraquecer o patriarcado romano, visto que o imperador controlava os patriarcas orientais.

O Concílio de **Constantinopla II** ou dos *Três Capítulos*, o quinto considerado ecumênico, teve início em 5 de maio de 553 na basílica de Santa Sofia e foi presidido pelo novo patriarca de Constantinopla, Eutíquio (552-565 e 577-582), na ausência do papa, que se opunha à preponderância prévia de bispos orientais. Depois de nove dias, em 14 de maio de 553, o papa Vigílio enviou sua sentença (*Constitutum Vigilii*): condenava sessenta proposições atribuídas a Teodoro de Mopsuéstia, mas não sua pessoa, e não condenava nem Teodoreto nem Ibas de Edessa. Justiniano rejeitou o *Constitutum* e publicou as cartas reservadas que o papa lhe tinha escrito. O desconcerto da Igreja foi evidente e Justiniano se aproveitou disso: mandou de novo pôr o papa sob custódia domiciliar, tirou seu nome dos *Dípticos* e impôs ao concílio a condenação dos *Três Capítulos*: em 2 de junho de 553, durante a oitava e última sessão, o concílio promulgou catorze anatematismos contra os escritos dos *Três Capítulos*, mas aceitou os primeiros quatro concílios ecumênicos, inclusive o de Calcedônia, que absolvia os autores das expressões anatematizadas.

Depois de seis meses, Vigílio se rendeu e, em 8 de dezembro de 553, publicou um novo *Constitutum*, com o qual retratava sua defesa dos *Três Capítulos* e condenava a pessoa de Teodoro e os escritos de Teodoreto e de Ibas. Enfim, uma vez que nem todos tinham confiança na coerência papal, Vigílio publicou um terceiro *Constitutum*, confirmando o anterior (23 de fevereiro de 554).

A reação das **Igrejas de Milão e de Aquileia** a essa excessiva fraqueza do papa em relação ao imperador levou à ruptura com Roma e deu origem ao longo e doloroso **cisma tricapitolino**, que foi composto apenas durante o século seguinte. Com essa humilhação, Vigílio teve permissão de voltar a Roma, mas morreu durante a viagem, na Sicília (7 de junho de 555). Logo Justiniano impôs como papa Pelágio I (555-560), seu amigo de confiança, recebido com hostilidade pela população romana e pelo clero, que se recusou a participar da ordenação episcopal, para a qual foram encontrados apenas dois bispos dispostos a realizá-la.

Depois de tantas tensões, ficou um ensinamento: o Oriente se convenceu de que não convinha tocar no equilíbrio de Calcedônia, enquanto o Ocidente se convenceu de que era oportuno manter-se distante do imperador de Bizâncio.

As manias teológicas de Justiniano continuaram: poucos anos depois (562 e 564), quis impor o aftartodocetismo, teoria teológica pela qual o corpo de Jesus era incorruptível e impassível mesmo antes da ressurreição, como ensinava Juliano de Halicarnasso († c. 527) e que o patriarca de Antioquia, Anastásio (561-571), definiu como "fantasia". O patriarca Eutíquio (552-565; 577-582) recusou-se a assinar o decreto e foi deposto pelo imperador, ao passo que Anastásio de Antioquia foi condenado ao cárcere por sua recusa. Todavia, a morte do imperador (15 de novembro de 565) impediu que o decreto tivesse efeito, salvando a Igreja de outra (certamente pior) dilaceração.

6. Os sucessores de Justiniano

1. Não cessaram, porém, os sofrimentos. O sucessor de Justiniano, Justino II (565-578), amado pelo povo por sua generosidade com os pobres e sempre em dificuldade devido às invasões bárbaras, sob o ponto de vista religioso era partidário dos monofisitas e logo repropôs o *Henotikon* de Zenão (item 4.2), enriquecendo-o com a condenação dos *Três Capítulos* e silenciando sobre Calcedônia. Dois anos depois (567), na esteira das definições teológicas de Justiniano, com um decreto estabeleceu que havia *união mental* em Cristo. Era outra — infeliz — tentativa de procurar explicar as duas naturezas (divina e humana) na única pessoa de Jesus Cristo: nele agia um só e divino pensamento que, sendo o fundamento mesmo do falar e do agir, unificava toda a pessoa. Felizmente suas decisões foram abandonadas, até porque desde 572 o imperador deu sinais evidentes de desequilíbrio mental e o governo passou à sua mulher, Sofia, que associou Tibério II Constantino (578-582) ao trono.

Esse último reinou somente por quatro anos. Com sua morte, sucedeu-o o general Maurício Tibério (582-602), que teve de lutar em fases alternadas contra os persas, enquanto o exército era dizimado por doenças, fome e pobreza. Quando o imperador, com problemas financeiros, reduziu seus salários, os soldados se amotinaram (588-589) até que o pagamento anterior fosse restaurado, obtido com um pesado aumento dos impostos, o que favoreceu a corrupção dos funcionários e empobreceu ainda mais o povo. Na frente ocidental, Maurício (cap. 3, item 9.3) tentou inutilmente derrotar os longobardos na Itália, os visigodos na Espanha meridional, os ávaros e os eslavos nos Balcãs; odiado por todos, foi morto junto com seus filhos por Foca (602-610), um centurião proclamado augusto pelas tropas, sanguinário e violento, morto, por sua vez, pelo governador de Cartago, Heráclio I, que manteve o poder por mais de trinta anos.

2. Também o **reino de Heráclio I** (610-641) foi dificultado pelas contínuas **guerras com os persas de Cosroes II**, que em 614 saqueou Jerusalém, destruiu o Santo Sepulcro e depredou seus tesouros, em particular a relíquia da Santa Cruz; depois, invadiu o Egito, conquistando Alexandria (620), privando o Império das reservas de trigo que chegavam da África, enquanto os ávaros se tornavam donos dos Balcãs e assediavam Tessalônica (617 e 619). Heráclio reuniu todas as forças disponíveis para o embate decisivo, apoiado no amor pela pátria e na comum fé cristã do seu povo, a ponto de ser ridicularizado por Cosroes II, que lhe ofereceu um humilhante rendimento. O imperador respondeu, pondo-se pessoalmente como chefe do exército, que guiou em uma desesperada marcha através da Armênia e o Azerbaijão, chegando a levar a guerra diretamente ao território persa e desbaratando finalmente o exército de Cosroes (625). Este reagiu, assaltando diretamente Constantinopla (626), mas foi derrotado de novo de tal modo que pareceu a todos miraculoso; parece assim ter sido composto naquela ocasião o hino *Akáthistos*, dedicado à virgem Maria Mãe de Deus e ainda hoje inserido na liturgia ortodoxa da Quaresma. Heráclio passou ao contra-ataque, retomou o controle da Península Ibérica, pôs em fuga os ávaros e invadiu a Mesopotâmia, derrotando várias vezes Cosroes, morto por seu filho, que ainda esperava salvar o reino. Sua morte (6 de setembro de 628) marcou a dissolução do Império persa, tanto que em 14 de setembro de 628 o imperador bizantino entrou triunfalmente em Constantinopla com a relíquia da Verdadeira Cruz, que depois enviou solenemente a Jerusalém; esse acontecimento foi determinante para configurar a festa dedicada à Santa Cruz.

Heráclio procurou fortalecer a estrutura imperial, quer sob o ponto de vista cultural, quer sob o religioso; por isso, privilegiou o uso do grego e pôs sob controle os judeus — que pareciam ter apoiado ou pelo menos favorecido a invasão de Jerusalém por parte dos persas —, impondo-lhes a conversão forçada ao cristianismo e afastando-os da Cidade Santa.

Do mesmo modo, procurou superar as divisões internas do cristianismo e resolver as **diatribes entre *monofisitas* e calcedonianos**, propondo o "monoenergismo", defendido pelo patriarca Sérgio (610-638) e pelo papa Honório (625-638), embora com ênfases diferentes. Com efeito, o patriarca preferia falar de energia teândrica única, ao passo que o papa preferia o termo *voluntas* (de *thélema*) à palavra *energia*, embora os dois estivessem de acordo em excluir que em Cristo houvesse duas vontades, divina e humana, em contraste entre si. Contra o monoenergismo levantou-se Sofrônio, patriarca de Jerusalém (634-638), declarando que se tratava de uma forma renovada de monofisismo, apoiado nisso também por Máximo, o Confessor (580-662). À procura da unidade religiosa e civil do Império, o imperador Heráclio impôs por decreto uma "exposição" ou *Écthesis* que, ao descrever a unidade de Jesus Cristo, proibia o uso do termo energia e impunha o de vontade (*monotelismo*).

O decreto imperial vinha à luz enquanto os árabes muçulmanos conquistavam Jerusalém e Antioquia (item 8.1) e encontrou grandes dificuldades de aplicação. O imperador transmitiu o texto da *Écthesis* ao papa Severino (638-640), eleito havia pouco, obrigando-o a assiná-lo, e ordenou ao exarca de Ravena, Isaac, que em caso de recusa invadisse Roma, saqueasse o Latrão e exilasse o papa, o qual morreu depois de poucas semanas (2 de agosto de 640). Seu sucessor, o papa João IV (640-642), no sínodo romano de janeiro de 641 condenou a *Écthesis*; poucos dias depois, recebia uma carta do imperador, já próximo da morte (11 de fevereiro de 641), com a qual Heráclio negava o edito, porque não tinha atingido o objetivo para o qual fora pensado, ou seja, a pacificação dos ânimos, e acusava o finado patriarca Sérgio de tê-lo aconselhado mal.

3. A situação não melhorou com a morte de Heráclio, pois ele foi sucedido por dois meios-irmãos que reinaram durante poucos meses: Constantino III, já doente, com tuberculose, morreu em maio de 641, Heráclio II acompanhou-o logo depois, em setembro. O terceiro imperador, **Constante II** (641-668), filho de Constantino III, reinou por quase trinta anos e procurou trazer de volta a paz eclesial, decidindo-se, depois de alguns anos de resistência às pressões do papa Teodoro (642-649), a ab-rogar a *Écthesis*, substituindo-a, porém, pela *Typos peri pisteos* (= *Regra sobre a fé*), composta pelo patriarca Paulo II (641-653), na qual se proibia discutir sobre as vontades e energias de Cristo, ordenava-se não acrescentar nada aos primeiros cinco concílios ecumênicos e se decretava a prisão para quem não a tivesse assinado.

O novo papa, Martinho I (649-653), convocou um concílio em Latrão (5 a 31 de outubro de 649) — do qual participaram cento e cinco bispos ocidentais, além de diversos bispos orientais exilados, entre os quais **Máximo, o Confessor** — e condenou tanto a *Écthesis* como a *Typos*; como resposta, o imperador simplesmente fez deportar o papa para Constantinopla e o condenou à morte, depois de tê-lo flagelado em público. A pena foi comutada em exílio por intervenção do moribundo patriarca Paulo II (27 de dezembro de 653), que também tinha sido excomungado pelo papa Martinho. Assim, o papa foi deportado para Kherson (Crimeia), onde morreu de privações (16 de setembro de 655).

Nesse ínterim, a Igreja romana tinha eleito (10 de agosto de 654) o papa Eugênio I (654-657), homem manso e santo, que procurou retomar a comunhão com Bizâncio e com o novo patriarca Pedro (654-666), o qual propôs uma fórmula de compromisso ainda pior, porque reconhecia que Cristo tinha duas naturezas e duas vontades, mas considerado como *hipóstase* tinha uma só, com a consequência de que teria tido *três vontades*: a humana, a divina e a hipostática. Parece que o papa a tenha proposto ao sínodo romano, mas o clero e os presentes se opuseram com firmeza, obrigando o próprio papa a suspender a leitura da carta do patriarca Pedro. Constante II ameaçou ir a Roma punir o papa, que morreu antes disso (2 de junho de 657). Não menos terrível foi a sorte de outros que se recusaram a subscrever o *Typos*: Máximo, o Confessor, foi capturado e, uma vez que se recusava a se submeter à vontade imperial, foram-lhe cortadas a língua e a mão direita (662).

Nova mudança ocorreu sob o imperador Constantino IV (668-685), que convocou um concílio em Constantinopla. Trata-se do **Constantinopolitano III** (setembro de 680), que condenou o monoenergismo e o monotelismo em Cristo, aceitando, em vez disso, a doutrina romana e de Máximo, o Confessor, das duas vontades perfeitamente concordes em Cristo. Somente a invasão dos árabes, que se apossaram rapidamente de Palestina, Síria, Mesopotâmia e Egito, é que fez a questão perder importância. Mas foi precisamente a confusão gerada em todo o Oriente, na África mediterrânea, no Oriente Médio e na península arábica que constituiu um fator determinante para a difusão do islã.

7. Origem e doutrina do Islã

1. Da **vida de Maomé** — o "Louvado, o Enviado de Deus, o Selo dos Profetas" (*Sura* 33, 40), o "Mensageiro universal de todos os homens, anunciador de boas novas e conselheiro" (*Sura* 34, 28), a "Manifestação da misericórdia para todas as criaturas" (*Sura* 21, 107) por parte de Alá — muito pouco se conhece, embora seja abundante o anedotário.

Ele nasceu em Meca, dos hachemitas, ramo menor da tribo dos coraixitas; estes dominavam a cidade, enquanto os primeiros tinham o privilégio de distribuir a água da fonte do Zamzam aos peregrinos de Meca. Sua data de nascimento é incerta, no ano chamado "do elefante", quando os abissínios tentaram invadir Meca. Portanto, deve ser entre 567 e 572, embora a tradição a situe em 570. Não conhecemos com certeza os nomes de seus pais, pois os que passaram à tradição têm um forte valor simbólico: o nome do pai seria Abd Allah, que significa "filho de Deus", e o da mãe, Amina, ou seja, "digna de confiança". Por outro lado, o próprio nome de Maomé (*o Louvado*) poderia lhe ter sido atribuído mais tarde.

Decerto ficou órfão bem cedo: do pai, pouco depois do seu nascimento, e da mãe, quando tinha cinco ou seis anos; o avô, que por ele se responsabilizou, conforme o costume tribal, morreu quando Maomé tinha dez anos, e o jovem foi posto sob a tutela do tio, Abu Talib, que o apresentou ao comércio e ao mundo externo, levando-o consigo para a Palestina e para a Pérsia, para a Arábia meridional e para o Iêmen. Nessas viagens, certamente chegou a ter contato com os cristãos daquelas regiões, os quais professavam o cristianismo de matriz monofisita ou doceta, e em todo caso confuso, devido às contínuas diatribes teológicas daqueles séculos, como já descrevemos.

No comércio, deve ter tido sucesso e foi estimado; prova disso é o sobrenome que teve, Amim (= o de confiança), e a ligação com Cadija (ou Khadijah), já viúva por duas vezes e que precisava de um homem que não privasse de seus legítimos bens os filhos que tivera dos dois matrimônios. Certamente uma mulher sábia, que Maomé enumera entre as quatro mulheres perfeitas da humanidade, junto com Maria, mãe de Jesus, a mulher do Faraó e a irmã de Moisés. Com ela, fez rápida carreira, de modo que de homem de confiança tornou-se logo marido fiel e devoto: tiveram sete filhos, mas os três meninos morreram em tenra idade. Esse matrimônio provavelmente favoreceu sua busca: não mais longas viagens, mas encontros com expoentes das diferentes culturas.

Religiosamente, Maomé devia ser fiel às tradições, pois não há vestígios de anticonformismo no Corão. A tradição fala de um retiro no deserto, de uma luta cansativa na "noite da fé", concluída pela "noite do poder" ou "noite do destino", a noite entre o dia 26 e 27 do Ramadan (o nono mês do ano lunar árabe), provavelmente o ano 610 da era cristã. A mensagem que lhe teria sido confiada naquela noite pelo anjo Gabriel está registrada na *Sura 96*, considerada a mais antiga do Corão: "Relata / em nome do teu Senhor e Criador / que criou o homem, de sangue coagulado (ou: *de um coágulo de sangue*). / Relata, / porque o teu Senhor é o mais generoso, / ele ensinou com o cálamo / ensinou ao homem que não sabia. / Todavia, na verdade, o homem age com presunção (ou: *rebela-se*), / porque se julga independente (ou: *apenas acredita ser rico, bastar a si mesmo*). / Na verdade, ao Senhor pertence o retorno".

Eis, pois, o núcleo da sua iluminação: um Deus criador de tudo e de todos, poderoso e majestoso, que fala de um retorno, um juízo; um homem vítima da presunção (*thaga*) e da autonomia (*istaghna*), que implica orgulho e riqueza; a importância da revelação pela qual o homem conhece a si mesmo e a Deus somente porque Ele se revelou. Todos concordam em dar destaque aos pontos de apoio comuns à revelação hebraico-cristã. Bastaria reler o início da *Sura*; "Relata", ou seja, "*Proclama, fala em alta voz* (= *Iqra*)", que lembra Isaías (58,1): "Grita a plenos pulmões, não te poupes".

Depois desse primeiro momento de iluminação, seguiu-se um período de silêncio de Deus. Por cerca de três anos, as revelações cessaram, e Maomé, em sua desolação, limitou-se a pregar somente para os mais íntimos (sua mulher, seu primo Ali, seu filho adotivo Zayd), até que por volta de 612 as revelações recomeçaram, como narra a *Sura* 93: "Juramento pela manhã já avançada. Juramento pela noite que estende o seu véu. Não te deixou só o teu Senhor e não te odiou. O futuro para ti é melhor do que o presente. Logo, o Senhor te encherá de bem e serás feliz". Começaram assim o seu apostolado público e as contestações: foi acusado de ser um mago ou um poeta (*Sura* 69, 38-42); o inventor da sua revelação (*Sura* 10, 38); de pregar bobagens, como a ressurreição dos mortos e a hora do juízo final.

2. A situação, porém, não devia ser fácil, e em Meca o Profeta estava agora inseguro: no dia 12 do mês rabi (correspondente ao dia 24 ou 25 de setembro) de 622, Maomé transferiu-se (*hégira* ou fuga, que foi referida no dia 16 de julho daquele ano e foi considerada por seus seguidores o início de uma nova era) para Yatrib, que a partir daquele momento foi chamada de Medina, "a Cidade", à semelhança de Roma, a *Urbs*. Aí recomeçaram as revelações (*Período medinense* da revelação corânica), as mais importantes para a teologia muçulmana: Deus se revela como transcendente e ao mesmo tempo próximo, guerreiro, defensor dos crentes, e o Corão se torna o critério de autenticidade (*Sura* 3, 23); portanto, quando a Escritura hebraica e cristã não concorda com o Corão, é porque foi falsificada (*Sura* 4, 46). Além disso, Maomé se torna *o nabi*, ou seja, profeta por excelência, o selo dos outros *nabi*, o *hatam al-nabyyn* (*Sura* 33, 40), o Enviado de Deus (*rasul Allah*), aquele no qual é preciso acreditar, pois não se pode crer em Deus se não se crê em seu profeta Maomé, que todavia é um mortal, um pecador.

Entretanto, entrega-se ao saque das caravanas, sobretudo as dirigidas a Meca, contando com sucessos e derrotas, a que também faz menção o Corão (*Sura* 3, 13-12.123). Fortalecido (até economicamente) por essas pilhagens, obrigou a tribo judia de Qayunqa a abandonar Medina, deixando lá bens e armas. Contudo, os embates continuaram, junto com a perseguição dos judeus; em 625 foi derrotado (e talvez ferido) em Uhud (*Sura* 3, 144-155), mas poucos meses depois assediou os judeus da tribo de Nadir (a meio dia de caminho de Medina), vencendo-os depois de seis meses: puniu-os com o confisco dos bens e os condenou ao exílio (*Sura* 59). Foram particularmente sangrentos os embates em abril de 627, quando Maomé se viu assediado por cerca de dez mil abissínios e beduínos, recrutados pelos senhores de Meca: é a chamada "guerra do fosso", em referência ao fosso que fez cavar em torno de Medina, e por isso, depois de três semanas de assédio, os beduínos se retiraram.

Fortalecido por esse indubitável sucesso, Maomé ordenou o massacre dos judeus remanescentes na cidade, a menos que se convertessem à religião dele; conseguiu que cerca de seiscentos judeus fossem decapitados e que mulheres e crianças fossem vendidas como escravas. Em 628, por motivo — disse ele — de uma revelação (*Sura* 48, 27), marchou para Meca, mas foi detido em Hudaybiyyah, embora não derrotado: comprometeu-se a se retirar, obtendo permissão de voltar no ano seguinte a Caaba, e os mecanos prometeram que por dez anos não o assaltariam. Dois anos depois, porém, Maomé rompeu a trégua e marchou com dez mil homens contra Meca, impondo a própria vontade, embora depois se tenha escrito que foram os senhores de Meca que tinham convidado o Profeta. Mais uma vez agiu com inteligência. Deu sete voltas em torno da Caaba, exclamando: "A verdade chegou, a falsidade desapareceu", e se limitou a destruir os ídolos que ali estavam guardados, exceto a imagem de Abraão, de Jesus e de Maria. Depois disso, voltou a Medina, talvez porque não se sentisse seguro ou para dar destaque à singularidade de sua revelação a respeito da própria Caaba e do politeísmo de que fora expressão e que ele cancelara, impondo a conversão à sua revelação (*Sura* 9, 1-3). Voltou uma última vez a Meca em fevereiro-março de 632, fazendo o discurso de adeus, que é a síntese poderosa de sua teologia, com evidentes referências bíblicas e neotestamentárias.

Maomé morreu repentinamente em 8 de junho de 632, enquanto ainda estava revendo a coletânea de suas revelações, para provável redação de um texto oficial. Em janeiro do mesmo ano, antes de ir a Meca, ele tinha recebido em Medina uma delegação de cristãos de Nagran, que se puseram sob sua proteção, pagando-lhe por isso um tributo. Era o início da conquista.

8. A expansão islâmica na bacia do Mediterrâneo

1. A **difusão do islã** foi muito rápida. Em 642 os discípulos de Maomé conquistaram Alexandria do Egito, e um ano depois, a Cirenaica; depois do assassinato de Omar (644), sob o novo califa Otman (644-656) começou a conquista da Tunísia (647) e do resto da África setentrional. Não menos rápido foi o caminho para leste: em 634 os muçulmanos derrotaram os bizantinos em

Agnadin (Palestina), espalhando-se pela Síria e Palestina (635-637), conquistando Jerusalém (637) e a Pérsia (642), e em 649 desembarcaram pela primeira vez em Chipre. A expansão continuou apesar das subversões internas: em 656, o califa Otman também foi assassinado e substituído por Ali ibn Abi Talib, primo e genro de Maomé, assassinado por sua vez em 661 pelo califa Muhawiyah, até que em 680 Husain, filho de Ali, se rebelou, mas foi massacrado com todos os seus seguidores, os *xiitas* (Xia = partido, facção) ou *partidários* de Ali.

Entretanto, começara o assédio a Constantinopla, que se repetia todo ano no início do verão, de 674 até 680; em 704 temos a primeira incursão muçulmana na Sicília, e sete anos depois (711) as tropas muçulmanas do general Tarik atravessaram o estreito de Gibraltar, convidadas pela *sippe* [família parental, clã, N. do T.] visigoda dos Witiza, para ajudá-la na luta contra a *sippe* rival de Roderico (Rodrigo) (cap. 4, item 15.1): em poucos meses, caíram Córdoba, Toledo, Saragoça (713), enquanto no Oriente tinha início a invasão da Capadócia (715) e recomeçava o assédio de Constantinopla (716-717). A expansão a oeste viu a queda de Carcassonne (725), o repetido saque da Sicília (727-740) e a batalha de Poitiers (732), que se por um lado contribuiu para firmar a expansão na Europa, por outro não interrompeu os assaltos via mar; em 734 foi conquistada Avinhão, e em 800, precisamente quando Carlos Magno era coroado imperador (cap. 4, item 14.3), tinha início a invasão do atual Afeganistão; em 846 a frota sarracena subiu o Tibre e saqueou Roma, inclusive a basílica de São Pedro e a tumba do Apóstolo, que foi aberta à procura de tesouros inexistentes; no fim do século IX houve assentamentos sarracenos na costa da Itália meridional (cap. 5, item 18.1).

As causas dessa impressionante expansão podem ser somente intuídas. Talvez se deva à situação em que se encontrava o cristianismo: por um lado, dilacerado pela crise donatista e pela invasão vândala, que protegeu o arianismo; por outro, condicionado pelo fato de ter se mantido religião das cidades, ainda muito ligado aos descendentes dos veteranos do exército romano. Não se deve pensar, porém, em um total abandono. Os bolsões de cristianismo ainda presentes lembram-nos que houve resistência: coptas no Egito, monofisitas na Etiópia e na Síria, maronitas no Líbano, nestorianos (ou caldeus) na Mesopotâmia e na Pérsia, armênios no Cáucaso.

Por último, é útil um esclarecimento: o islã nunca foi um movimento compacto. Na esteira do profeta, movimentaram-se seus primeiros três sucessores, ou seja, Abu Bakr (632-634), que foi assassinado por Omar (634-644), por sua vez assassinado por Otman (644-656), morto para dar o lugar a Ali ibn Abi Talib, primo e genro de Maomé, que, diferentemente de seus predecessores, não conseguiu impor sua autoridade sobre todo o islã, e seu assassínio em 661, em Cufa (Iraque), provocou uma primeira grande separação por parte dos seguidores de Ali, precisamente os xiitas.

2. No início, talvez ninguém tenha se dado conta dessa diversidade: o próprio São João Damasceno (c. 650-c. 750) serviu por algum tempo ao soberano muçulmano de Damasco, do qual foi também *grão-vizir*, até que, tendo caído em desgraça, lhe foi amputada a mão. Portanto, no *De haeresibus liber* (*Livro sobre as heresias*), ele denuncia a heresia dos árabes, porque "mutilam" Deus, privando-o de sua Trindade. Confirma-nos isso Timóteo I (728-823), *Catholicós* da Igreja nestoriana, que entrou em diálogo com o califa na nova capital de Bagdá, para onde transferiu sua sede episcopal, afirmando na mais pura fidelidade à fé cristã que Maomé tinha "seguido a via dos profetas". Não devem ser esquecidos os boatos difundidos na Espanha e na Sicília ainda no século XII, segundo os quais Maomé teria sido um cardeal romano que, desiludido com sua frustrada eleição para papa, tentara criar uma nova Igreja cristã. O próprio papa Gregório VII (1073-1085: cap. 5, item 21), por exemplo, em 1076 escreveu ao rei Al Nasir da Mauritânia, agradecendo a ele por ter-lhe enviado alguns libertos e por ter-lhe pedido um presbítero que cuidasse dos cristãos do seu sultanato, a atual Argélia.

Um momento importante no caminho de conscientização por parte do cristianismo a respeito da diversidade não só política, mas teológica do islã aconteceu quando Pedro, o Venerável, abade de Cluny (1092-1156), durante sua viagem à Espanha (1143), encontrou em Toledo alguns doutos muçulmanos que lhe fizeram uma primeira (inevitavelmente lacunosa, mas valiosa) tradução do Corão (cap. 6, item 24.2). Depois de tê-la lido, Pedro escreveu o *Liber contra sectam sive haeresim saracenorum*, em cujo proêmio lemos: "Maomé elaborou seu Corão e estruturou sua nefanda escrita fundindo as balelas dos judeus com as fórmulas dos heréticos" (cit. in Rizzardi, *Islam. Processare o capire?*, 13). Pedro de Cluny, portanto, intuiu que havia uma alternativa teológica radical em Maomé e que fundamentalmente o islã apelava somente para a razão, de modo que o que é contrário à racionalidade é descartado, mesmo no campo da moral; por isso, segundo Pedro, o Venerável, Maomé tinha se firmado propondo uma moral laxista, um palavreado que provavelmente se espalhou rápido até mesmo pelas notícias fantasioso-exóticas sobre a vida islâmica difusas pela Europa e retomadas também por Tomás de Aquino na *Summa contra gentiles* e que perduraram por muito tempo; tanto é assim que as encontramos propostas com convicção pelo próprio Voltaire em *O fanatismo ou Maomé, o profeta* (1741), de tal modo trivial que Johann Wolfgang Goethe (1749-1832) reagiu, exaltando Maomé como "rio que cresce correndo (e) leva seus irmãos ao Eterno Pai".

Temos de esperar o século XIX para passar dos *panfletos* aos estudos científicos, aplicando também ao Corão o método histórico-crítico, como fez Gustav Weil (1808-1889), começando em 1843 a pôr as *Suras* do Corão em ordem cronológica, e o arqueólogo Louis Massignon (1883-1962), que ficou de tal modo fascinado pelo islã que se converteu àquela religião, para depois voltar ao cristianismo e se tornar sacerdote católico (de rito grego), embora permanecendo sempre tão aberto ao islã a ponto de ser considerado com bons olhos também pelos muçulmanos.

3. Temos de estabelecer uma premissa: não se trata de perguntar "o que é", mas "Quem é" **o Corão**, pois não se trata de um livro escrito, mas de uma Voz que fala, e sua tradução exata seria "o grito de Deus" ou a "palavra de Deus", como os cristãos dizem que Jesus é "o Verbo de Deus". Não por acaso a *Enciclopédia do Islã* afirma: "O análogo mais próximo no credo cristão ao papel do Corão no credo muçulmano não é a Bíblia, mas Jesus Cristo" (cit. in Guzzetti, *Islàm questo sconosciuto*, 29).

Feito esse esclarecimento, temos de apresentar logo as dificuldades que surgem ao nos aproximarmos do Corão e que estão ligadas à história de sua formação e à dificuldade da tradução de seus conceitos. A tradição islâmica narra que, quando chegava uma revelação — nunca diretamente de Deus, mas por meio de um intermediário, que o próprio Maomé entendia e que os muçulmanos julgam ser Gabriel —, Maomé a recitava logo em uma assembleia de homens e depois a repetia a uma assembleia de mulheres. Chamava depois um copista para lhe ditar o texto revelado e lhe dizer em que ponto do Corão ele deveria ser inserido. Por fim, pedia aos discípulos que decorassem os textos para as necessidades do culto. Com a morte de Maomé, portanto, os milhares de crentes conheciam fragmentos mais ou menos longos do Corão, mas com frequência não idênticos.

Abu Bakr (califa de 632 a 634), segundo a tradição, encarregou Zayd ibn Thabit — um escriba (secretário) de Maomé, de vinte anos — de reunir e recopiar em um texto único todo o material existente: Zayd não deveria confiar na memória e tinha de aceitar cada versículo de revelação que lhe tivesse sido citado por dois crentes no profeta ou dois textos iguais. Naquela época, já deveria existir a divisão em *Suras* (ou capítulos), ordenadas por comprimento decrescente: como as *Suras* mais longas parecem cronologicamente as mais recentes, o resultado é uma grande confusão. A coletânea de Abu Bakr/Zayd ibn Thabit, porém, não foi a única, uma vez que circulam pelo menos outras três variantes também de notável importância.

O texto de Zayd foi revisto pelo califa Otman (644-656), de modo que houvesse, até pelo aspecto fonético, um texto preciso: em caso de dúvida prevalecia o dialeto de Meca, porque o Corão fora revelado nessa logosfera. Obtido o texto emendado (todavia, ainda apenas consonântico), Otman fez destruir os outros exemplares como não dignos de fé. Mas não conseguiu destruí-los todos; não saberemos, então, qual tenha sido o texto original. O califa Abd al Malik (685-c. 707) fez a terceira recensão do texto: para pôr em prática a centralização do império, o islã se tornou sua única religião, e o árabe foi sua língua oficial e obrigatória. Ele fez fixar os vocábulos do texto e redefinir os capítulos e os versículos, mas ao lado da leitura de Malik difundiram-se outras, de modo que em 934 foram autorizadas sete delas, enquanto circulavam outras sete não autorizadas.

Entre 1923 e 1942, a Biblioteca Nacional do Cairo publicou a versão oficial da leitura de Malik, que hoje é geralmente aceita. Em 1972, durante os trabalhos de restauração da Grande Mesquita de Saná, capital do Iêmen, foi encontrada no vão do teto um "Túmulo dos papéis", com páginas do Corão de cerca de 680: as mais antigas existentes e com pelo menos dez variantes por página em relação ao atual Corão oficial.

Não menos difícil é a tradução das palavras. Convém citar alguns exemplos. *Âya* pode significar "sinal", no sentido bíblico de "milagre", mas também "versículo" do Corão, entendendo que todo versículo do Corão e todo o Corão é um milagre, um sinal de Deus. *Dhikr* significa "lembrança", mas também "invocação", "repetição contínua" do nome ou dos nomes de Deus, mas para os místicos muçulmanos (*sufi*) indica também a cerimônia ritual ou a oração comunitária; *Dîn* significa "religião", mas também "juízo"; *Ihrâm* indica o estado de pureza ritual, mas também o hábito típico do peregrino a Meca, formado por dois pedaços de tecido branco; *Islâm* é a submissão a Deus, mas também o conjunto dos crentes e a própria *religião*.

Ummî fez correr rios de tinta, porque no Corão aparece somente seis vezes: duas referidas a Maomé (*Sura* 7, 157 e 158) e quatro no plural

— *al-ummiyyûn* — na *Sura* 2, 78; 3, 20.75; 62, 2. Não se consegue decidir se significa "gentil", no sentido como também nós chamamos os "gentios", os "não judeus", e portanto seria sinônimo de "não crentes, pagãos". No caso, deveria ser aplicada também aos cristãos (não só aos judeus), que não creem no Corão, mas talvez "não judeu" diga respeito aos "muçulmanos", os quais precisamente são "não judeus". Porém "não crentes" poderia significar também "não conhecedores", "ignorantes", "iletrados", "aqueles que não conhecem o livro". Ao ser aplicada a Maomé: significa que ele é um árabe, um "não judeu", ou que ele era um iletrado, alguém que não sabia ler?

Não menos difícil é a tradução de alguns conceitos. A cópula (o verbo "ser") em árabe (como nas línguas antigas, inclusive o latim) é subentendida se o sentido é considerado evidente, pelo menos por quem fala; mas se tomarmos a *Sura* 1, 2: "Louvor a Deus, Senhor do universo", que se pode traduzir "O louvor é (= pertence) a Deus", trata-se de um convite a louvar a Deus ou é uma afirmação teológica no sentido de que Deus já possui o louvor e, portanto, não o solicita?

Igualmente, *Rûh al-qudus* comporta um genitivo que pode ser subjetivo ou objetivo. No primeiro caso (genitivo subjetivo), poderia significar "Espírito de santidade" ou também "Espírito do santo", porque o árabe (como as línguas antigas) prefere o concreto ao abstrato. Nesse caso, do ponto de vista cristão (por exemplo, para os árabes cristãos) faz referência à terceira Pessoa da Trindade: "Espírito (do) Santo". A interpretação unânime dos exegetas muçulmanos, porém, é como genitivo objetivo e, portanto, faz referência a Gabriel, o "Espírito que dá a santidade", como por exemplo com Jesus, que o Arcanjo "torna forte", testemunhando sua missão querida por Deus.

Masîh é usado onze vezes no Corão como nome estreitamente ligado a Jesus, como se fosse nome próprio, segundo nome. Com efeito, a tradução mais lógica (perceba-se a mesma assonância) seria Messias, Ungido, Consagrado, com inspiração no hebraico *mâshah*. Mas se Maomé — segundo a afirmação dos exegetas muçulmanos — usou o verbo árabe *masaha*, que significa "tocar" — pois para ungir é preciso tocar —, então evidentemente a interpretação muda: o verbo hebraico diz quem é Jesus; o verbo árabe, o que faz Jesus, não "o Ungido", mas "Aquele que toca" e, tocando, cura.

A questão da complexidade do Corão foi apresentada desde a época de Maomé, que propunha sua própria interpretação, mas deixava a porta aberta a outras interpretações muito próximas — já teremos notado isso — do pensamento tradicional de um cristão antigo não muito versado em cristologia.

4. Não menos interessantes para um conhecimento histórico são os chamados **cinco pilares do islã: a profissão de fé, a oração cinco vezes ao dia, o imposto sagrado** ou **esmola ritual, o jejum no mês de Ramadan e a peregrinação a Meca**.

A adesão ao islã acontece pela profissão da própria fé diante de dois homens, em alta voz, com coração sincero, reta intenção e convicção, mediante a fórmula: "*Asciadu an lá iláha illá Alláh — wa asciadu anna Muhammadun Rasulu Alláh*", que se pode traduzir com diversas ênfases: "Testemunho que não há divindade senão Deus (Alá) e testemunho que Muhammad é o seu Mensageiro", ou "Professo em alta voz que há um só Deus e que Maomé é o seu profeta". A fórmula de adesão ao islã parece ser a mesma da fé cristã, que, porém, é interrompida em seu desenvolvimento: "Creio em um só Deus, Pai..." ou "Creio que Deus é um só, Pai...". Maomé põe um ponto final onde o cristianismo põe uma vírgula. Maomé encerra a reflexão sobre Deus onde o cristianismo a desenvolve na Trindade de Pai, Filho e Espírito. Talvez os cristãos do tempo de Maomé e de épocas seguintes não se tenham dado conta de que não recitavam mais o símbolo da fé revelada por Cristo, mas uma adaptação.

Essa impressão é confirmada pela síntese já apresentada da *Sura* 96 (item 7.1), que se abre claramente com uma referência à primeira página do *Gênesis* e se encerra com o anúncio do retorno, o *Maranata*, que é a conclusão do *Apocalipse*. Portanto, a *Sura* 96 podia parecer uma poderosa síntese ou inclusão de toda a mensagem bíblica: de sua primeira página (a criação do homem) à última (o retorno glorioso do Senhor). Que cristão inexperiente não teria aderido a essa síntese de sua própria fé? Não era isso que desde sempre professava e aprendia nas catequeses? Essa *Sura* 96 não era uma síntese mnemotécnica normal de toda a Bíblia?

Também o número de orações a que o muçulmano é obrigado está sujeito a diversas interpretações, porque a *Sura* 24, 58 diz: "Ó vós que credes, pedimo-vos a permissão [de entrar] os vossos servos e aqueles que ainda são impúberes em três momentos [do dia]: antes da oração da alba, quando vos desvestis, ao meio-dia e depois da oração da noite. Esses são três momentos de intimidade para vós". Aceitando a tradição das cinco vezes ao dia, convém considerar seus momentos.

O primeiro é ao alvorecer (*salát al-subh* ou *al-fajr*), para acompanhar o surgir do sol, e essa oração deve terminar com o levantar do sol no horizonte. É o que ocorria também na liturgia cristã, da qual ainda se tem uma relíquia nos louvores do rito ambrosiano, que começam com o *Benedictus*, que acompanha o "sol que surge do alto" (Lc 1,78). Ao meio-dia, no momento exato do zênite, quando não há sombra horizontal, recita-se *salát al-zuhr*, à qual segue *salát al-'asr*, a ser recitada à tarde, no momento mais quente do dia e antes que o sol comece a baixar. Não parece haver muita discordância em relação às horas litúrgicas cristãs da sexta e nona. A oração do pôr do sol (*salát al-maghrib*) deve acompanhar a descida final do sol no horizonte e termina ao se verem ainda seu clarão e sua última luz. Também nesse caso, é espontânea a comparação com as vésperas do rito ambrosiano, que iniciam com o *Lucernário* ou *Rito da luz* e têm como conclusão o *Magnificat*, para que acompanhe a descida do sol no horizonte. Enfim, vem a oração noturna (*salát al-al-'ishá*) a ser feita quando somente as estrelas brilham no céu e antes de deitar-se para um sono reparador. É o que ocorre na tradição cristã com as completas.

Além das coincidências entre a oração islâmica e a tradicional oração dos cristãos da época, questiona-nos a figura do próprio muezim, aquele que é encarregado de chamar para a oração ou de dizer que está na hora de recitar a oração, subindo ao minarete. Era o que acontecia habitualmente nas pequenas vilas, o que era a norma, até a progressiva afirmação dos sinos, que surgem no século XI. Antes o chamado à oração era vocal, feita da sacada ou da torre (*manar-minareto*) da Casa da Comunidade (cf. o latim *Ecclesia*) ou da casa de oração ou mesquita, do espanhol *mezquida*, adaptação do árabe *masijd*, ou casa da oração ou da prosternação.

A própria arquitetura de uma mesquita apresenta elementos característicos: um pátio precede ou circunda a sala de oração, tem no centro uma fonte da purificação e é habitualmente ornado com plantas, de modo a se mostrar como um "jardim" ("paraíso" em grego). Normalmente a sala de oração é coberta por uma cúpula e (possivelmente) na parede do fundo ou na parede voltada para o oriente (Jerusalém e depois Meca) encontra-se um nicho, ou abside (*mihrab/mirabe*), no qual se pode colocar o Corão em uma custódia preciosa; junto do *mirhab* encontra-se o *minbar*, um púlpito de modelo antigo, do qual, na oração semanal às sextas-feiras, um *imam* (aquele que fica na frente para guiar a oração), chamado *khatib* (o que faz o sermão), que pode ser uma pessoa diferente do *imam*, contanto que em estado de pureza física, pronuncia um discurso exortativo, um sermão.

A escansão semanal permaneceu, porque a oração comunitária se celebrava e se celebra a cada sete dias, como para judeus e cristãos. A própria mesquita manteve grande parte do edifício "igreja", tanto mais se nos lembrarmos que no Oriente a divina liturgia não era celebrada diante dos fiéis, mas além da iconóstase. Assim, talvez poucos se deram conta de que a liturgia de que participavam não era mais uma liturgia eucarística: somente o tempo e o esclarecimento teológico é que evidenciariam a diferença fundamental.

Isso se pode afirmar do imposto sagrado, que pode ser de dois tipos: *sadaqa* e *zakat*. O primeiro é uma doação livre e espontânea, feita no fim do mês de Ramadan pelo fiel em condições de fazê-lo. *Zakat*, porém, era um gesto de purificação e de expiação das culpas cometidas que devia ser entregue ao califa, para que providenciasse a distribuição caritativa. Também nesse caso são evidentes as reminiscências da tradição cristã sobretudo na oferta de expiação, um gesto penitencial tradicional desde o início da Antiguidade cristã. Nesse caso, os cristãos continuaram a se comportar como antes de Maomé, entregando sua oferta ao legítimo coletor para as mesmas finalidades de caridade da época anterior ao islã. O fiel cristão comum julgava continuar a viver segundo a tradição dos pais, e isso certamente acabou levando-os a se acostumarem com a nova religião, que somente mais tarde foi percebida como *diferente* do cristianismo.

No que diz respeito ao jejum, indicado na *Sura* 2, 183-187, está ligado à iluminação recebida por Maomé. Portanto, ele prepara para uma festa da luz ou da iluminação, depois de um tempo de trevas interiores, e rompe o escuro da noite; a festa da luz chega ao fim do mês lunar do *Ramadan*, um tempo preciso, durante o qual se jejua conforme o modo tradicional na Antiguidade, em vigor também entre os cristãos. Com efeito, o jejum começa com as primeiras luzes da alvorada e termina no fim do pôr do sol, quando "não se pode mais distinguir a cor entre um fio branco e um preto".

Pois bem, também por isso podemos nos perguntar se um cristão de formação média daquela época não seria induzido a pensar que se tratasse da quaresma cristã, escandida também ela por um tempo preciso e sagrado, caracterizada pelo jejum durante o dia e que preparava para a grande festa da "Luz que vence as trevas", a da ressurreição.

O quinto pilar previa a peregrinação a Meca pelo menos uma vez durante a vida do fiel, e isso também era tradicional para a devoção cristã, sobretudo por seu valor penitencial e de renascimento.

5. É longa a lista de **dependências da Bíblia e do cristianismo** por parte de Maomé e seus sucessores. Pensemos nos "noventa e nove nomes de Alá" relacionados pela tradição islâmica, e todos em comum com os bíblicos, a partir do mais solene e clássico "Deus clemente e misericordioso. *Allâh Ar Rahmân Ar Rahîm*", para chegar — citamos apenas alguns deles — a "Aquele que é Santo (*Al Quddûs*)", "Senhor de todas as coisas (*Al Malîk*)", "Que é caminho (*Al Hadi*), verdade (*Al Hâqq*) e vida (*Al Muhyi*)". Pode ser interessante observar que entre esses noventa e nove nomes faltam os de "Pai" e de "Amor", embora possam ser entrevistos no centésimo nome, o mais verdadeiro, o que só Deus conhece.

No que diz respeito às referências à Bíblia, o Corão confirma as mensagens proféticas contidas nas Escrituras anteriores (*Sura* 3, 2-3 e *Sura* 5, 48), porquanto não seriam senão revelações parciais e sucessivas do livro-arquétipo, incriado, chamado *Mãe do Livro*. Trata-se, pois, não de revelações diferentes, mas de uma única revelação que chegou à plenitude com Maomé. Não conhecemos o nome ou o texto do livro apresentado pelos três primeiros *nabi* (= profetas), Adão (*As*), Noé (*Nuh*), Abraão (*Ibraim*), mas conhecemos os de Moisés (*Mûsa*), Davi (*Dawud*), Jesus Cristo e Maomé; trata-se da *Turah* (= Torá), entregue a Moisés; do *Zabur* (= Livro dos Salmos), entregue a Davi; do *Ingil* (= Evangelho) e do *Quran* (= Corão).

Ao lado dos *nabi* haveria os *rasul* (= enviados), em torno dos quais há certa incoerência por parte de Maomé. Alguns são de difícil identificação: *Idris*, *Hud*, *Salih*, *Dhu-l-Kifl*, *Suayb*; os outros são todos de origem bíblica: Set (*Shit*), Lot (*Lut*), Ismael (*Ismail*), Isaac (*Ishaq*), Jacó (*Yaqub*), José (*Yusuf*), Aarão (*Harun*), Josué filho de Nun (*Yusha' bin Nun*), Jó (*Ayub*), Jonas (*Yunus*), Salomão (*Sulayman*), Elias (*Iliyas*), Eliseu (*Ilyasa*), Zacarias (*Zakariya*), João Batista (*Yahya*).

Talvez seja muito interessante determo-nos na apresentação que o Corão faz das figuras maiores do Antigo Testamento. Depois de Maomé, os outros "profetas corânicos" são, por número de citações: Moisés (*Musa*), que ocorre cento e trinta e seis vezes; Abraão (*Ibraim*), sessenta e nove vezes; o Messias (*al Masîh*), trinta e seis vezes, ao passo que Jesus, *filho de Maria*, é citado em quinze *Suras*; Maria (*Maryam*), trinta e quatro vezes (vinte e cinco em associação com Jesus) e é chamada também *Sayyda*, Senhora, equivalente a *Nossa Senhora*; Noé (*Nûh*), trinta e três vezes; Jó (*Ayub*), somente duas vezes. Não são citados os profetas maiores (Isaías, Jeremias, Ezequiel), os de maior referência a Jesus Cristo; pensemos nos *Cânticos do Servo*, de Isaías.

De **João Batista**, em árabe *Yahya*, fala-se na *Sura* 6, na 19 e na 3, onde se narra seu nascimento milagroso, sempre retomando a passagem de *Lucas*

1,5-80. Também no Corão, João é seis meses mais velho que Jesus, e nas narrativas posteriores, as da tradição corânica, João e Jesus teriam encontrado Maomé quando ele subiu misteriosamente até o trono de Deus. Uma conclusão é certa: Maomé conhece bem o *Evangelho de Lucas*.

6. Em relação a **Maria**, não podemos esquecer que no tempo de Maomé o culto a Maria era tão difundido no Oriente que chegava ao excesso dos heréticos "mariólatras" (adoradores de Maria). O nome *Maryam* aparece em treze *Suras* do Corão trinta e quatro vezes, e a *Sura* 19 é chamada a *Sura de Maryam*, enquanto outros elementos consistentes são encontrados na *Sura* 3. Também para Maria as fontes parecem ser os evangelhos apócrifos, sobretudo o *Protoevangelho de Tiago*, do qual o Corão parece depender quase literalmente.

Maria é filha de *Imrán*, equivalente bíblico de *Abraham*, e de *Hanna*, que a consagrou a Alá ainda antes do nascimento; ela ficou órfã de pai antes de nascer, e por isso foi levada ao Templo por Zacarias, de modo que dela se pode atestar a pureza e a impecabilidade, um destaque constante no Corão. O anúncio do anjo a Maria é citado na *Sura* 19: "Fala de Maria no Livro. Ela abandonou sua família e se afastou para um eremitério, para o Oriente. Para se esconder deles, tomou um véu e Nós lhe enviamos o Nosso Espírito, que a ela se apresentou na visão de uma criatura humana perfeita. Maria empalideceu e disse: 'Peço refúgio ao Misericordioso contra ti, se és um temente a Deus'. Respondeu-lhe o anjo: 'Sou apenas um enviado do Senhor, para te dar um filho puríssimo'. 'Como poderei ter um filho, quando nenhum homem me tocou e eu não sou uma prostituta?'. O anjo lhe respondeu: 'Assim ocorrerá, porque o teu Senhor disse: É fácil para mim, e disso faremos um sinal para os povos, e um sinal de misericórdia de nossa parte. Fato consumado'" (*Sura* 19, 16-21). Observe-se que a liberdade de Maria não é interpelada, pois simplesmente lhe é comunicada uma decisão divina.

Além disso, no Corão são mais evidentes, por um lado, as críticas à conduta de Maria e, por outro, as provas do caráter extraordinário do menino. Eis como é apresentada a volta de Maria à própria aldeia com a criança nascida na solidão: "Depois (Maria) voltou para sua gente, que lhe disse: 'Maria, chegaste a esse ponto de baixeza?! Ó irmã de Aarão! Teu pai não era um mau, nem tua mãe uma mulher dissoluta'. Então, Maria mostrou a criança, mas eles responderam: 'Como? Deveríamos falar de um recém-nascido no berço?'. Mas a criança respondeu: 'Na verdade, eu sou o servo de Deus. Deu-me o Livro e me fez profeta. Abençoou-me, onde quer que eu esteja, e me prescreveu a oração e a esmola enquanto eu estiver em vida. Tornou-me doce com minha mãe'" (*Sura* 19, 27-34).

À luz desses ensinamentos considerados divinos não há dúvida alguma de que para Maomé são blasfemadores aqueles que afirmam que "Maria é Mãe de Deus". Antes, ela é "uma verdadeira crente" (*Sura* 5, 75).

7. No Corão, **Jesus** é citado em noventa e três versículos (de 6.226 que compõem o Corão), em quinze *Suras*, sempre com o honorífico: "Jesus, o filho de Maria", em que "filho de Maria" pretende opor-se de propósito a "filho de Deus", uma vez que — como afirma a *Sura* 43 — "Jesus não é senão um servo a quem concedemos nossos favores e que propusemos como exemplo aos filhos de Israel. Se quisermos, poderíamos tirar de vós anjos como os vossos sucessores sobre a terra. Jesus não é senão um presságio da hora do juízo, não duvidai, pois, daquela hora e segui-me: eis o reto caminho" (*Sura* 43, 59-61).

Jesus é o *masih*, cujo radical ("m.s.h.") é o mesmo de "Messias" e contém a ideia de enxugar, polir, purificar; assim, poderíamos traduzi-lo: "Aquele que foi purificado de todo pecado", ou ainda: "O abençoado". Jesus é também *abd Allah*, servidor de Deus, com um apelo a *Filipenses* 2,7-8: "O Cristo não se sentiu diminuído em dignidade ao se reconhecer um servidor de Deus" (*Sura* 4, 172).

Jesus é certamente um profeta, um mensageiro de Deus (*Sura* 5, 46), o maior antes de Maomé (*Sura* 4, 171; 5, 46), aquele que confirmou a autenticidade da missão profética precisamente de Maomé, preconizando sua chegada na última Ceia, segundo o *Evangelho de João*: "Se me amais, observareis meus mandamentos. Eu rogarei ao Pai e ele vos dará outro Consolador, para que permaneça convosco para sempre, o Espírito de verdade que o mundo é incapaz de acolher, porque não o vê e não o conhece" (Jo 14,15-26). Sergio Noja (*L'Islàm e il suo Corano*, 67-68) observa que no grego, ao lado de *Parakletos* (consolador), há um termo muito semelhante: *Periklitós*, que significa "o Louvado", em árabe: *Amhad* ou *Muhámmad*, Maomé. Portanto, um árabe, confortado pela possível vocalização diferente, pode afirmar corretamente que essa profecia de Jesus se refere ao novo Profeta: o *Consolador* (*Parakletos*), de que fala Jesus, é Maomé (*periklitós*).

A mensagem e os milagres de Jesus contidos no Corão lembram claramente o conteúdo dos evangelhos, sobretudo apócrifos: "Ó Jesus, filho de

Maria, lembra-te de minha boa vontade em relação a ti e à tua mãe, quando te fortifiquei com o Espírito. Do berço falaste aos povos, como se fosses um ancião. Fiz-te conhecer o livro, a sabedoria, o Testamento antigo e o Novo. Tu lidavas com a argila e modelavas com as mãos um passarinho, depois sopravas nele, e ele, com minha permissão, tornava-se um pássaro. Com minha permissão, curavas o mudo e o leproso. Davas de novo a vida, com minha permissão, até aos mortos" (*Sura* 5, 110-113). Já deve ter sido notado que o Corão ressalta que os milagres são realizados sempre com a permissão de Deus: uma insistência para enfatizar que Jesus é apenas um homem.

Há um ponto misterioso no que diz respeito à morte de Jesus e à sua ressurreição. Até parece que o Corão exclui que Jesus tenha morrido: "(Deus condenará os judeus) pela incredulidade deles, por terem proferido contra Maria uma calúnia horrorosa e por terem dito: 'Matamos o Messias, Jesus, filho de Maria, Enviado de Deus', porquanto nem o mataram nem o crucificaram, mas algum outro se tornou aos olhos deles semelhante a ele. Na verdade, aqueles que têm outra opinião a respeito disso estão decerto em erro e não têm disso conhecimento algum, mas seguem uma simples conjectura. Na verdade, eles não o mataram, mas Deus o elevou para si: Deus é poderoso e sábio! Não há ninguém do Povo do Livro que não creia nele antes da sua morte. No dia da ressurreição, ele testemunhará contra eles" (*Sura* 4, 156-159).

Os comentaristas estão divididos quanto à interpretação das palavras de Maomé, mas faz parte da "tradição" muçulmana que Jesus tenha sido "elevado" para junto de Deus com o seu corpo, com base em dois versículos igualmente obscuros do Corão, que fazem referência, o primeiro, a um *refúgio* preparado por Alá para Jesus e Maria "em uma altura tranquila, cheia de fontes" (*Sura* 23, 50), e o segundo, à Hora do juízo e à Parusia: "Ele (= Jesus) será certamente um presságio da Hora. Portanto, não duvideis de que ela virá" (*Sura* 43, 61). Sobre esse versículo se fundamentam as narrativas do retorno de Jesus no fim do mundo para derrotar o Anticristo e instaurar um longo reino, e morrer, enfim, de morte natural e ser depois sepultado ao lado de Maomé.

Como conclusão, podemos fazer nossa seguinte reflexão geral: "Ao estudar as passagens do Corão que falam de Jesus, tem-se a impressão de uma contínua oscilação entre o desejo de lhe reconhecer méritos excepcionais que fazem dele quase uma pessoa divina [...] e a extrema firmeza com que se insiste sobre a natureza humana de Cristo. Em todo caso [...] o Corão fala sempre de Jesus com o máximo respeito. A própria negação da sua divindade visa (naturalmente na ótica islâmica) salvaguardar sua honra" (cit. in Guzzetti, *Cristo e Allah*, 137).

Bibliografia

Fontes

EHLER, S. Z.; MORRAL, J. B. *Chiesa e Stato attraverso i secoli, documenti*. Milão: Vita e Pensiero, 1958.
PICCARDO, H. (org.). *Il Sacro Corano*. Unione delle Comunità e Organizzazioni Islamiche in Italia. Disponível em: <http://www.corano.it/corano.html> (para recuperar as *suras* indicadas neste capítulo e para confrontar a tradução proposta).

Estudos

BECK, H. G. La Chiesa protobizantina. In: JEDIN, H. (org.) *Storia della Chiesa. La Chiesa tra Oriente e Occidente*. Milão: Jaca Book, 1983, v. 3, 1-111.
BORRMANS, M. *Islam e Cristianesimo. Le vie del dialogo*. Cinisello Balsamo: Paoline, 1993.
CARDINI, F. *Europa e Islam. Storia di un malinteso*. Roma-Bari: Laterza, 2001.
DUCELLIER, A. *Bisanzio (IV-XV secolo)*. Cinisello Balsamo: San Paolo, 2005.
FEDALTO, G. *Le Chiese d'Oriente*. Milão: Jaca Book, 1983, v. 1.
GUZZETTI, M. C. *Bibbia e Corano. Un confronto sinottico*. Cinisello Balsamo: San Paolo, 1995.
_____. *Cristo e Allah. Convergenze tra Cristianesimo e Islam nella fede e nella vita*. Leumann-Turim: Elle Di Ci, 1983.
_____. *Islàm questo sconosciuto*. Leumann-Turim: Elle Di Ci, 2007.
Il primato del Vescovo di Roma nel primo millennio. Ricerche e testimonianze. Atti del Symposium storico-teologico. Roma 9-13 ottobre 1989. Cidade do Vaticano: Poliglotta Vaticana, 1991.
IMBACH, J. *Gesù a chi appartiene? Come lo vedono ebrei e musulmani, come lo confessano i cristiani*. Cinisello Balsamo: Paoline, 1991.
NOJA, S. *L'Islàm e il suo Corano*. Milão: Mondadori, 1990.
NORWICH, J. J. *Bisanzio*. Milão: Mondadori, 2000.
PERI, V. *Lo scambio fraterno tra le Chiese. Componenti storiche della comunione*. Cidade do Vaticano: Libreria Editrice Vaticana, 1993.
RAVEGNANI, G. *La storia di Bisanzio*. Roma: Jouvence, 2004.

Rizzardi, G. *Islam. Processare o capire? Indicazioni bibliografico-metodologiche.* Pavia: Coop. Casa del Giovane, 1988.

_____. *La sfida dell'Islam.* Pavia: Coop. Casa del Giovane, 1992.

Ronchey, S. *Lo Stato bizantino.* Turim: Einaudi, 2002.

Siniscalco, P. *Le antiche Chiese orientali. Storia e letteratura.* Roma: Città Nuova, 2005.

capítulo terceiro
A Igreja no Ocidente nos séculos VI-VII

9. A ação pastoral de Gregório Magno e o papel da Igreja romana

1. Gregório nasceu por volta de 540 em Roma, de Sílvia e de Jordano, um senador provavelmente da *gens petronia-anicia*; ambos os genitores, venerados como santos, e toda a *gens* transmitiram o exemplo de sua profunda fé; convém lembrar que entre os Anici tinham se desenvolvido em Roma importantes experiências monásticas no século IV (vol. I, cap. 5, item 29.4) e que a elas pertencera Boécio (cap. 1, item 2.2). A família de Gregório era uma família tradicionalmente a serviço da Igreja romana, uma vez que entre seus antepassados estavam o papa Félix III (483-492) e talvez o papa Agapito I (535-536). Gregório recebeu uma formação cultural refinada, fez o tradicional *cursus honorum* reservado aos membros de sua classe social e, seguindo as pegadas do pai, tornou-se **prefeito da Urbe** (572) em anos que certamente devem ter tornado forte suas capacidades organizativas e de governo.

Com efeito, quando o futuro papa ainda era criança, Roma já tinha sofrido duas vezes o saque dos godos (17 de dezembro de 546 e 16 de janeiro de 550: cap. 2, item 5.1), depois derrotados por Justiniano, graças também ao auxílio oferecido por contingentes de longobardos, que logo se revelariam uma presença não menos incômoda. De fato, a partir de 568/569 **os longobardos** se fixaram na planície paduana, estabelecendo Pavia como sua capital, talvez para acentuar a própria independência das estruturas civis já existentes. Dali estenderam seu domínio sobre boa parte da península, organizando os territórios conquistados em uns trinta ducados (sobretudo nas regiões setentrionais, às quais se juntavam Espoleto e Benevento); desse modo, suscitaram o temor de um cerco fatal de Roma, e mais amplamente de um quase total controle da Itália, dado que os bizantinos tinham conseguido defender apenas as regiões meridionais e insulares, além da costa (lígure e adriática). Portanto, tornou-se inevitável dirigir-se a outra autoridade presente na Itália, para que preenchesse o vazio causado pela ausência imperial e provesse aos milhares de migrantes que se refugiavam em Roma: tocou ao *praefectus Urbis* prover-lhes.

E Gregório o fez com rara paixão e coerência, nutridas por sua escolha de **vida monástica**, na qual se exprimia para ele a plena realização do ser humano, do cristão. Não é de admirar, então, que ele tenha construído seis mosteiros em seus territórios na Sicília e que ele próprio levasse uma vida comum em seu *palatium* no Célio, transformado em cenóbio dedicado a Santo André e organizado conforme o estilo e uma *Regra*, a qual lembrava fortemente a de São Bento (cap. 1, item 3.3), particularmente admirado por ele. A essa regra ele se ateve também como papa, quanto lhe foi possível. Se, por um lado, a escolha de vida monástica continuava uma tradição cara à *gens anicia*, por outro, devia parecer a mais apropriada e, sob certos aspectos, vencedora naquela época, se consideramos que ele não foi o único nobre a ter transformado sua casa romana em cenóbio. Fizeram a mesma coisa pelo menos outros dois patrícios contemporâneos: Venâncio, que recebeu duzentos *fratres* em Fondi, e Libério, em Alatri.

O papa Bento I (575-579), ou, segundo outros, Pelágio II (579-590), ordenou-o diácono e administrador regional. Pelágio II nomeou-o **apocrisiário**, ou seja, seu representante em Constantinopla (579/580-585/586), justamente quando as violências e os saques dos longobardos já se faziam cruéis. Os resultados de sua ação foram modestos: tanto o imperador Justino II (565-578) quanto seu sucessor Tibério II (578-582) enviaram reduzidos contingentes militares, assim como insuficientes foram os navios carregados de trigo endereçados do Egito a Roma. Logo a fome se impôs, e os romanos — a conselho do próprio Tibério II — foram pedir ajuda ao rei dos francos, que, todavia, não aceitou o apelo. Contudo, para Gregório foi uma experiência valiosa a que ele teve em Constantinopla, pois conheceu o estilo da corte bizantina, o controle que sobre ela exerce o imperador, e as ambições a respeito do primado por parte do patriarca João IV, o qual justamente no sínodo de 587 (588) se apresentou e assinou como "patriarca ecumênico", não mais no sentido tradicional de bispo da capital ou de bispo da cidade imperial, mas de patriarca da ecúmena eclesial e política (item 9.6).

Pelágio II chamou então Gregório a Roma, para que ajudasse a enfrentar a situação cada vez mais dramática da população por causa das incursões e dos saques dos longobardos que atacaram Roma em 587. Juntaram-se a isso repetidas inundações por toda a Itália, que atingiram a própria Roma em novembro de 589 e provocaram novas carestias e mais fome. Por fim, surgiu a epidemia de peste, que levou à morte o próprio papa Pelágio II (7 de fevereiro de 590). Imediatamente, entre 7 e 8 de fevereiro, o povo elegeu **Gregório como papa**, embora ele não fosse sequer sacerdote; foi preciso, então, esperar o consenso imperial até 3 de setembro de 590, quando foi ordenado *sacerdos*.

Começava assim o pontificado de um homem que sempre foi enfermo do estômago devido aos muitos jejuns feitos na juventude, que sofria de gota, que tinha uma voz tão fraca que muitas vezes era obrigado a confiar ao diácono a leitura de suas homilias, a fim de que os fiéis pudessem ouvi-lo, e que em catorze anos — dos quais os últimos cinco passados praticamente de cama (morreu no dia 12/13 de março de 604) — se tornou "Magno" e revelou uma singular lucidez de leitura da realidade junto com uma extraordinária capacidade de trabalho, atestadas pelas mais de oitocentas e cinquenta cartas guardadas em seu *Registro*. Como escreveu Henri de Lubac em sua *Exegese medieval*: "Esse pontífice magrinho, achacado, sobrecarregado de ocupações e de preocupações, que fala a um povo miserável, em uma cidade semidestruída, em cujas portas logo viria acampar o inimigo, não fazia somente brilhar aos olhos dos seus ouvintes a visão radiosa, mas distante da Jerusalém celeste; ele bebia em sua fé contemplativa muita energia para aprofundar serenamente [...] o mais alto, o mais misterioso assunto: o do contato vivo da nossa inteligência com a verdade do Deus que se revela a nós" (cit. in de Lubac, 1180-1181).

2. A ação pastoral de Gregório pode ser resumida por uma homilia sua, uma joia autobiográfica: "Quem quer que seja posto como sentinela do povo deve estar no topo em sua vida, para poder ser útil com sua previsão. [...] Como é duro para mim o que digo! Falando assim, firo a mim mesmo, pois nem a minha língua se dedica como é justo à pregação, nem a minha vida está conforme, quanto possível, com o que a língua diz. Eu, que muitas vezes me entrego a palavras ociosas, e preguiçoso e negligente me entretenho em exortar e edificar o próximo; eu que diante de Deus tornei-me mudo e loquaz, mudo quando seria necessário falar, e loquaz para as coisas fúteis. [...] Calar não posso, mas ao falar tenho grande medo de me ferir. [...] Não nego ser culpado, vejo meu torpor e minha negligência. Talvez o próprio reconhecimento da minha culpa me conseguirá perdão diante do bom juiz. Decerto, quando eu estava no mosteiro, conseguia segurar a língua em relação a palavras inúteis e manter fixa a mente na oração quase de modo ininterrupto. Mas depois que por amor comecei a carregar nas costas o fardo pastoral, o ânimo não pode se recolher com assiduidade sobre si mesmo, dividido como fica em meio a tantos pensamentos. Sou obrigado a tratar ora as questões das igrejas, ora as dos mosteiros, a me ocupar muitas vezes com a vida e as ações dos indivíduos. Ora sou obrigado a me ocupar de assuntos privados dos cidadãos, ora a gemer por causa das espadas iminentes dos bárbaros e a temer os lobos que armam ciladas à grei a mim confiada. Ora devo assumir o cargo de administrador, para que não falte o apoio aos que estão ligados à regra monástica, ora devo suportar com paciência certos ladrões, outras vezes devo enfrentá-los, procurando, todavia, manter a caridade. E assim, enquanto sou obrigado a pensar em tanta coisa, como pode a alma, dilacerada e aflita, entrar em si mesma para se dedicar toda à pregação e não negligenciar esse ministério de anunciar a Palavra? Portanto, como o posto que ocupo me obriga a um contato contínuo com gente do mundo, falho às vezes no controle da língua. Com efeito, se me mantenho no constante rigor da vigilância sobre mim mesmo, sei que os mais fracos me escapam e não conseguirei nunca os atrair ao que desejo. Assim, ocorre muitas vezes que estou ouvindo pacientemente discursos fúteis. E como também sou fraco, arrastado pouco a pouco para discursos fúteis, acabo por falar de bom grado do que tinha começado a ouvir contra a vontade e por ficar tranquilo repousando onde lamentava cair. [...] O criador e redentor do gênero humano, porém, tem o poder de dar a mim, indigno, a elevação de vida e a eficácia da palavra, para que por seu amor não me poupe a mim mesmo em falar dele" (Gregório Magno, *Homilias sobre Ezequiel*, Lib. 1, 11, 4-6).

3. A primeira tarefa que Gregório Magno e muitos outros bispos com ele tiveram de enfrentar foi a da **suplência da autoridade civil** nas dramáticas situações que as guerras, os saques, as carestias e as epidemias provocaram; a isso se acrescenta também o empenho em guardar a tradição e a cultura da civilização romana. Não por acaso foi-lhe atribuído o título de *consul Dei*, e é graças a ele que a chancelaria papal se estrutura de modo cada vez mais claro com um *bibliothecarius*, a quem se juntavam o *cancellarius*, o *scriniarius* e os *notarii*, cada qual com competências e ofícios diferentes e definidos, para enfrentar de maneira eficiente os múltiplos negócios gerenciados pelo papa. Vemos assim Gregório Magno organizar o patrimônio de São Pedro disperso pela Sicília e Dalmácia, Sardenha e Córsega, Gália meridional e África setentrional, nomeando superintendentes que respondessem diretamente a ele sobre a administração, de modo a gerir melhor os proventos, endereçando-os de acordo com as necessidades e procurando aliviar a miséria de muitas populações. Interveio também junto ao imperador, suplicando a ele a redução da carga fiscal sobre os habitantes da Córsega, quando ficou sabendo que eles vendiam seus filhos para pagar as taxas exorbitantes impostas pelos funcionários corruptos. Distribuiu trigo e gêneros alimentícios a todos os que estivessem em necessidade, ajudou os monges e as monjas que, muitas vezes, viviam na indigência, pagou o resgate dos prisioneiros presos pelos bárbaros.

Ele teve a satisfação de envolver nessa ação de caridade as autoridades civis que partilhavam de sua sensibilidade. Um exemplo valioso nos é conservado na carta endereçada em junho de 597 a Teoctista (c. 540-c. 582), irmã do imperador Maurício (cap. 2, item 6.1), que ilustra a distribuição dos auxílios: "Agradeço-vos pelas trinta libras de ouro que me enviastes. Informo-vos que da cidade de Crotone, na Itália, situada às margens do Adriático, conquistada no ano passado pelos longobardos, muitos nobres, homens e mulheres, caíram presa do inimigo: os filhos foram separados dos pais, os pais, dos filhos, os maridos, das esposas. Deles, alguns já foram resgatados, mas como pedem altos resgates, muitos ficaram ainda nas mãos dos longobardos. Imediatamente, enviei para o resgate deles metade do dinheiro que me enviastes, e com a outra metade providenciei a compra de cobertas para aquelas servas de Deus que vós chamais de monjas em grego, porque por essa falta no leito delas sofrem muitíssimo com o frio dessa cidade. E em Roma são muitas. Segundo a lista com a qual se provê a elas, são três mil. Elas recebem também da caixa de São Pedro, príncipe dos apóstolos, oitenta libras anuais. Mas para tão grande número de pessoas o que é essa ajuda, sobretudo nesta cidade onde tudo custa muito caro? A vida delas é tal e de tanta abstinência e penitência que devemos julgar que, se não fossem elas, nenhum de nós teria podido sobreviver aqui depois de tantos anos entre as espadas dos longobardos" (Gregório Magno, *Cartas*, VII, 23).

Gregório interveio para organizar também a defesa da população, nomeando os comandantes das praças-fortes na Itália ainda livres dos longobardos. Tratou pessoalmente com Agilulfo, rei dos longobardos (591-616) e esposo de Teodolinda, e o convenceu a retirar o assédio a Roma (593), dando-lhe uma enorme quantidade de ouro. Consolidados os acordos de paz (595), renovou-os várias vezes, até que em 603 o filho de Agilulfo e Teodolinda, Adaloaldo, foi batizado, talvez segundo a tradição católico-romana.

Esse empenho na proteção da população pôs Gregório em contraste com o imperador Maurício, incapaz de enfrentar as invasões no Ocidente (cap. 2, item 6.1). Gregório reagiu às acusações que lhe eram feitas na corte de Constantinopla pelo exarca de Ravena, Romano, como atesta sua carta de resposta ao imperador Maurício sobre a paz separada com os longobardos (junho de 595): "Quando afirmo que Ariulfo [duque de Espoleto, N. do R. italiano] está disposto de coração a fazer um pacto com o Estado, não me dão crédito e, o que é pior, censuram-me por estar mentindo [...]. Decerto, se a escravidão da minha terra não se agravasse dia a dia, eu ficaria em silêncio, alegre por ser desprezado e ridicularizado. Mas o que me aflige é que a razão pela qual devo suportar acusações de mentira é a mesma pela qual a cada dia mais a Itália é levada prisioneira sob o jugo dos longobardos e que, enquanto se desconfia de minhas sugestões, o poder do inimigo aumenta desmedidamente. Eis, pois, o que aconselho ao piíssimo meu senhor: pense de mim todo o mal que quiser, mas no que diz respeito ao bem do Estado e à libertação da Itália, não dê facilmente ouvidos a quem quer que seja e acredite mais nos fatos que nas palavras [...]. Foi-me rejeitada a paz que, sem ônus para o Estado, eu tinha concluído com os longobardos da Túscia. Depois, comprometida a paz, foram retirados de Roma os soldados, alguns mortos pelo inimigo, outros postos como guarnição de Narni e Perúgia; para manter Perúgia, abandonou-se Roma! A chegada de Agilulfo, pois, foi uma desgraça ainda mais grave; vi com meus próprios olhos muitos romanos que, com o pescoço amarrado com cordas como cães, eram levados para a França, para serem vendidos. E pelo fato de que nós, fechados na cidade, tenhamos escapado por proteção divina às mãos de Agilulfo, procuram fazer-nos passar por responsáveis pela penúria de trigo, que é impossível conservar por muito tempo em grandes quantidades nesta cidade [...]. Na verdade, no que diz respeito a mim, jamais me perturbei [...], mas estou cheio de dores pelos gloriosos Gregório, prefeito no pretório, e Casto, comandante das milícias, que nada negligenciaram do que foi possível fazer e suportaram as mais graves dificuldades para guardar dia e noite a cidadela durante o assédio; e eis que, depois de todos esses serviços prestados, a cólera imperial os atinge violentamente! Entendo claramente que não se lhes censuram os próprios atos, mas a minha pessoa: como comigo eles sofreram na tribulação, igualmente, depois do cansaço, são atribulados comigo" (Gregório Magno, *Cartas*, V, 36).

4. Uma passagem das *Moralia in Job* revela o espírito de caridade que iluminava a ação do pontífice: "Embora a verdadeira compaixão consista em socorrer com generosidade o próximo que sofre, todavia, às vezes, enquanto se distribuem com abundância os bens exteriores, a mão está mais pronta a distribuir o dom do que o ânimo para assumir o sofrimento. Assim, é preciso ter presente que dá de modo mais autêntico aquele que, enquanto distribui o dom a quem está na aflição, assume também seu estado de ânimo; primeiro, faz seu o estado de ânimo dele, e então ajuda-o, socorrendo sua necessidade. Muitas vezes a abundância leva a distribuir o socorro material, mas sem a virtude da compaixão. Nas obras de misericórdia conta mais diante de Deus o ânimo com que se age do que a obra em si mesma" (Gregório Magno, *Moralia in Job* XXXVI, 68-69, in *Opera omnia* I/3, 157).

É evidente, portanto, que o empenho civil de Gregório e de muitos dos bispos coetâneos estava inspirado radicalmente pela paixão apostólica que os alimentava. Daí a importância atribuída pelo papa e normalmente pelos bispos à *lectio divina*, à **pregação** e ao **magistério**. Temos testemunho disso nas muitas homilias que chegaram até nós, sinal da difusão de que gozaram: as duas *Homilias sobre o Cântico dos Cânticos*, as quarenta *Homilias sobre os Evangelhos*, dos primeiros anos de pontificado, as vinte e duas *Homilias sobre Ezequiel* para encorajar os fiéis durante o assédio dos longobardos (593), de tom particularmente consolador, familiar e paterno, e também parte de um *Comentário sobre o primeiro livro de Samuel*. Sua pregação está sempre muito atenta a iluminar todos os aspectos da vida cristã: ela encontrou nos *Moralia in Job* (ou *Comentário ao livro de Jó* em trinta e cinco livros) uma expressão que constituiu para toda a Idade Média uma espécie de *Summa* da moral cristã. Uma pregação, enfim, capaz de se tornar compreensível, popular, como ocorre nos quatro livros dos *Diálogos*, estruturados em forma de diálogo platônico de modo a poder apresentar exemplos concretos de vidas de santos daquele tempo, entre as quais está a de São Bento, a primeira sobre ele, particularmente amado por Gregório (cap. 1, item 3.3). O papa escreve no *Prólogo*: "Do comentário à Sagrada Escritura aprende-se como se deve adquirir e guardar a virtude; da narração dos milagres, porém, sabemos que ela, quando adquirida e cultivada, manifesta-se claramente. Antes, há alguns que são inflamados de amor pela pátria celeste mais pelos exemplos do que pelas doutas exposições. Dos exemplos dos Pais, na realidade, o ânimo de quem ouve tira dupla vantagem: em primeiro lugar, sente-se arder de amor pela vida futura, segundo o exemplo de quem nos precedeu e, além disso, se acaso pensa valer alguma coisa, ao chegar ao conhecimento de virtudes maiores nos outros, encontra motivo de se humilhar" (Gregório Magno, *Diálogos*, I, *Prólogo*, 9).

Essa fé popular foi decerto um dos elementos da espiritualidade e da pastoral daquela época, organizada de modo que todos pudessem compreender e estar envolvidos. Daí as reformas litúrgicas (que sobretudo a tradição lhe atribui), com a importância dada aos gestos simbólicos e ao canto, o cuidado das relíquias: isso levou-o a desenvolver o hábito de colocar nos altares as relíquias dos santos, em particular as dos mártires. Assim ocorreu na basílica de São Pedro, onde criou o grandioso presbitério, que, por um lado, englobou e preservou para sempre o túmulo de Pedro, o troféu de Gaio, guardado no monumento de Constantino, e, por outro, fez com que não se celebrasse mais diante do túmulo do Apóstolo, mas acima dele, tornando o altar parte emergente.

Dessa sensibilidade popular Gregório escreveu — provavelmente em 599 — a Sereno, bispo de Marselha, para censurá-lo por ter destruído as imagens dos santos, temendo que o povo as adorasse. Gregório elogiou o escrúpulo pastoral de Sereno, mas censurou seu "zelo desconsiderado", porque "uma coisa é adorar as pinturas, e outra, aprender mediante a história contada pelas pinturas o que deve ser adorado". E ofereceu a interpretação que está na base do grandioso desenvolvimento da arte cristã: "O que a Escritura oferece aos que sabem ler, a pintura oferece aos analfabetos, porque nela veem o que devem ouvir; portanto, sobretudo para os novos povos, a pintura vale como leitura, instrução. [...] Não é preciso, portanto, destruir o que nas igrejas fora colocado não como objeto de adoração, mas para instrução dos simples" (Gregório Magno, *Cartas*, XI, 10). Que isso era um princípio fundamental da pastoral e da catequese de Gregório confirma-nos outra carta do papa ao mesmo bispo Sereno, a quem repete quase literalmente o mesmo conceito: "A pintura é empregada nas igrejas para que os analfabetos, pelo menos ao olharem as paredes, leiam o que não são capazes de decifrar nos códices" (Gregório Magno, *Cartas*, IX, 209).

5. À atenção à fé do povo pode-se ligar o inesgotável **empenho missionário** que Gregório dirigiu a toda a Igreja. Sua ação tenaz pela conversão dos

longobardos, nutrida de respeito e, ao mesmo tempo, de cordialidade, é testemunhada pela relação epistolar com a rainha Teodolinda, a quem endereçou quatro cartas e enviou valiosas relíquias para a basílica de São João Batista, feita erigir por ela em Monza: "Agradeçamos a Deus onipotente que dirige o vosso coração" — escreveu-lhe no outono de 598 — "com a sua bondade, de tal modo que, assim como vos dá a fé correta, assim vos concede realizar sempre o que agrada a ele. Não acrediteis, excelente filha, ter merecido uma pequena recompensa pelo sangue que seria preciso derramar de uma e de outra parte" (Gregório Magno, *Cartas*, IX, 68).

Ele desenvolveu a mesma ação inteligente em relação aos visigodos da Espanha, por um lado, mostrando-se sempre respeitoso com o episcopado local — em agosto de 599, por exemplo, enviou o pálio, sinal de comunhão com Roma, ao metropolita de Sevilha, Leandro (c. 545-c. 600) — e, por outro, solicitando o empenho na ação missionária que se tornou mais importante depois da conversão do rei Recaredo e da esposa Bada (591), provindos do arianismo, à qual se seguiu a conversão tradicional de todo o povo.

A mesma capacidade perspicaz de relação teve com os francos, mantendo relação epistolar com a rainha Brunequilde (ou Bruniquilda ou Brunilde), à qual enviou algumas relíquias (*brandea*) de São Pedro (*Cartas*, VI, 58). A rainha o apoiou no empreendimento missionário que talvez tenha sido a obra-prima missionária de Gregório: **a conversão dos anglos e dos saxões**, precisamente pelo estilo particular de evangelização usado e que permaneceu por longo tempo como modelo.

Tudo começou pelo interesse inteligente de uma mulher, Berta, filha do rei de Paris, Cariberto, que se casou com o inglês Etelberto de Kent, pagão. Berta conseguiu permissão para difundir sua religião no reino, e Gregório respondeu prontamente enviando (596-597) um grupo de quarenta monges de sua comunidade do Célio, sob a guia de Agostinho, que se tornou depois Agostinho de Canterbury (534-604), acompanhados por alguns escravizados ingleses que serviriam de intérpretes. Convém não esquecer a importância dada na Antiguidade e na Idade Média à palavra dada: se respeitados, os escravizados eram leais e fiéis nas tarefas a eles confiadas. Não foi um empreendimento fácil, e Agostinho foi tentado a renunciar, mas o apoio de Gregório foi decisivo. O rei Etelberto ofereceu aos missionários uma *domus* em *Durovernum* (Canterbury) e, poucos meses depois, no dia de Pentecostes de 597, fez-se batizar; diz-se que até o Natal os anglos batizados eram mais de dez mil.

Gregório esteve em constante contato epistolar com Agostinho, que lhe expunha sucessos e dificuldades e lhe pedia conselhos. Talvez a carta mais valiosa nesse sentido é a que o papa confiou em 18 de julho de 601 ao abade Melito, o Franco, a fim de que a entregasse a Agostinho junto com o pálio: "Quando Deus onipotente tiver feito chegar a vós o reverendíssimo irmão nosso, o bispo Agostinho, dizei-lhe que refleti muito sobre o caso dos anglos. Decididamente, os templos dos ídolos não devem ser destruídos nessa nação, mas apenas os ídolos que eles contêm. Benzer-se-á a água e com ela se aspergirão os templos; depois, construir-se-ão altares e neles serão depositadas relíquias. Com efeito, se esses templos estiverem bem construídos, é preciso que passem do culto do demônio ao serviço do Deus verdadeiro; assim, o próprio povo, ao ver que os edifícios sagrados não são destruídos, abandona de coração o erro, reconhece e adora o Deus verdadeiro e acorre com mais confiança aos lugares que lhe são familiares. Os anglos têm o costume de sacrificar bois ao ídolo; também isso deve ser transformado em solenidade cristã; seja-lhes permitido festejar por ocasião da dedicação de uma igreja ou da festa dos mártires, cujas relíquias aquela igreja guarda; construam pequenas cabanas de ramos em torno de suas igrejas provenientes dos templos e celebrem a solenidade com banquetes religiosos. Não imolem mais animais ao demônio, mas matem-nos para o próprio alimento, em louvor a Deus e, saciados, agradeçam o dador de todos os bens; caso se deixe a eles alguma alegria exterior é mais fácil que se sintam levados a abraçar as alegrias interiores. Com efeito, não há dúvida de que não é possível levar tudo com extremo rigor, porque quem procura ir para o alto deve necessariamente avançar passo a passo ou degrau por degrau, não aos saltos" (Gregório Magno, *Cartas*, XI, 56).

Está aí esplendidamente sintetizado o estilo missionário da inculturação e do carinho que levou a projetar no mesmo ano de 601 a constituição de duas províncias eclesiásticas (Londres e York) com doze sedes sufragâneas.

6. Gregório foi sempre muito atento em respeitar os direitos das outras **sedes patriarcais** — Antioquia, Alexandria e Constantinopla —, evitando qualquer interferência que limitasse a legítima autonomia delas. Agiu igualmente em relação às **sedes metropolitanas**, recorrendo à instituição ou à reconstituição dos "vigários apostólicos", como fez na Gália com o vicariato de Arles (595), e manteve esse respeito também em situações de dificuldade. Não conseguiu, por exemplo, recompor a comunhão com o metropolita de Aquileia (implicado no "cisma tricapitolino": cap. 2, item 5.3) e se empenhou com toda perspicácia necessária ao intervir nos assuntos africanos, para impedir que na África não fossem eleitos bispos metropolitas provenientes do donatismo (vol. I, cap. 5, item 26 e cap. 6, item 30.3). Mas ele o fez sempre com prudência: quando o sínodo de Cartago de 594 decidiu pela luta contra o donatismo, mesmo em suas formas camufladas, e decretou a deposição dos metropolitas que evitassem agir nesse sentido, Gregório louvou o primeiro ponto, mas recusou o segundo.

Um caso particular é o que foi levantado pelo patriarca de Constantinopla, ao qual se acenou por ocasião da apresentação do período passado por Gregório em Constantinopla como apocrisiário (item 9.1). As tensões derivavam também da influência hegemônica que o imperador exercia sobre o patriarcado oriental e que tentava estender também ao romano. O caso girava em torno do uso do título de "patriarca ecumênico", que João IV, o Jejuador (582-595), a partir do sínodo patriarcal de 587 (588), parece usar não mais no sentido de "patriarca imperial", como se entendia então todo encargo conferido pelo imperador, mas em sentido abrangente, relativo a toda a terra e a todos os povos. Provavelmente, o mal-entendido tenha se originado da tradução do título em latim, "*Patriarcha universalis*", no qual Gregório via um perigoso atentado à singularidade e ao primado da Sé de Pedro e com o qual, ao mesmo tempo, temia a insurgência de uma mentalidade inspirada mais na ambição humana do que na humildade evangélica.

A respeito disso, em junho de 595 escreveu ao patriarca de Constantinopla, João, lembrando-lhe que os pontífices romanos jamais tinham aceitado o título de "universal", a ele reconhecido, aliás, pelo Concílio de Calcedônia, pois se alterava o fundamento da igualdade na única Igreja: "Considera, rogo-te, que nessa temerária presunção é perturbada a paz de toda a Igreja e se contradiz a graça dispensada igualmente a todos. [...] Certamente, Pedro, o primeiro dos Apóstolos, é ele próprio um membro da Igreja santa e universal; Paulo, André, João, o que são eles senão chefes de cada uma das comunidades? Todavia, são todos membros sob uma só Cabeça [...] e, formando o Corpo do Senhor, foram constituídos membros da Igreja, e nenhum deles jamais quis ser chamado de 'universal' [...]. Será que, como vossa fraternidade soube, não foram chamados de universais, pela honra dada pelo venerando Concílio de Calcedônia, os prelados desta Sede Apostólica à qual, por vontade divina, eu sirvo? Contudo, nenhum deles jamais se fez chamar por esse título, nenhum se arrogou essa denominação temerária, para que não parecesse que, se no grau do pontificado tivesse assumido sobre si mesmo a glória da singularidade, ele a negasse a todos os seus coirmãos" (Gregório Magno, *Cartas*, V, 44).

João IV, o Jejuador, não respondeu a Gregório, talvez até porque morreu no ano seguinte. O papa não deixou de tentar o que pôde para convencer o patriarca a abandonar o título que lhe parecia ilícito, não tanto porque fosse uma questão de honra entre as duas "Romas", mas porque era um sério problema eclesial. Repetiu assim os mesmos conceitos na carta — contemporânea à de João — endereçada aos outros dois patriarcas, Eulógio de Alexandria e Anastásio de Antioquia (Gregório Magno, *Cartas*, V, 41), para que persuadissem o patriarca de Constantinopla, confirmando que partira não tanto (ou não só) da defesa do primado petrino, mas do respeito pela sinfonia das Igrejas irmãs. Escreveu a respeito (Gregório Magno, *Cartas*, V, 39) à imperatriz Constantina (582-602) e foi igualmente decidido com o imperador Maurício, que o acusava de rebater assuntos de pouca monta. O papa — ainda em junho de 595 — respondeu-lhe com firmeza: "Mestres dos humildes, fazemo-nos instigadores de soberba e escondemos os dentes do lobo sob a aparência da ovelha. [...] Não se trata, na verdade, de assunto meu, mas de Deus; porque não sou apenas eu que fico perturbado, mas toda a Igreja; porque as pias leis, o venerando sínodo [de Calcedônia, N. do R. italiano] e até os próprios mandamentos de Nosso Senhor Jesus Cristo são subvertidos pela descoberta de uma soberba e pomposa alcunha [...]. Para todos os que conhecem o Evangelho, é claro que pela palavra do Senhor foi confiado o cuidado da Igreja universal ao santo apóstolo Pedro [...]. Eis que ele recebe as chaves do Reino dos Céus, a ele é atribuído o poder de ligar e de desligar; a ele foram confiados o cuidado e o primado sobre toda a Igreja, e todavia não é chamado de apóstolo 'universal'; e o santíssimo confrade meu de sacerdócio, João, faz de tudo para ser chamado de 'universal'. Sou obrigado a exclamar e a dizer: *O tempora o mores*. Eis que toda a Europa está nas mãos dos bárbaros [...]; todavia, os sacerdotes [...] vão atrás de alcunhas vaidosas e se gloriam de novos e profanos vocábulos. Será que, nesta circunstância, ó píissimo imperador, defendo causa minha? Será que me vingo de uma injúria pessoal? É a justa causa de Deus onipotente, a justa causa da Igreja universal" (Gregório Magno, *Cartas*, V, 37).

Jamais Gregório enfraqueceu essa sua posição, lembrando ao sucessor de João, o patriarca Ciríaco (596-606) (Gregório Magno, *Cartas*, VII, 28), que não usasse "o epíteto insensato" e reafirmando ao imperador Maurício (junho de 597) que "quem quer que seja que chame a si mesmo ou queira ser chamado de bispo 'universal' antecipa, com sua exaltação, o Anticristo, porque, ensoberbecendo-se, põe-se acima de todos os outros bispos e é levado ao erro por um orgulho não diferente daquele (do Anticristo), pois como aquele perverso quer parecer Deus acima de todos os homens, assim faz aquele — seja ele quem for — que deseja ser chamado de 'único' bispo acima dos outros bispos" (Gregório Magno, *Cartas*, VII, 30).

Respondeu às intervenções dos amigos, como Anastásio de Antioquia, que lhe tinha escrito a pedido do imperador. Gregório lhe respondeu (junho de 597) com palavras afetuosas, mas confirmou que não podia aceitar aquele "vocábulo supersticioso e soberbo", porque estaria em jogo a fé de toda a Igreja: "Se um bispo sozinho se denomina 'universal', a Igreja universal desmorona caso esse universal desfaleça. Fique longe de mim essa estultícia, longe de meus ouvidos essa superficialidade" (Gregório Magno, *Cartas*, VII, 24).

No ano seguinte (julho de 598), repetiu com tom salpicado de amizade as mesmas ideias a Eulógio de Alexandria, mostrando-se firme a respeito do título de "universal": "No cabeçalho da carta que me dirigistes, embora eu o tivesse proibido, tivestes o cuidado de imprimir o título soberbo, chamando-me de 'Papa Universal'. Peço a vossa dulcíssima Santidade que não o façais mais, porque vos é subtraído o que é oferecido a outro, mais do que a razão exige. Não procuro uma grandeza feita de palavras, mas de costumes. Nem considero ser uma honra o que compreendo ser perdido em honra de meus irmãos. Com efeito, minha honra é a honra da Igreja universal. Minha honra é o sólido vigor dos meus irmãos. Então fico realmente honrado quando não se nega a devida honra a cada um deles. De fato, se a vossa Santidade me chamais de 'papa universal', negais (a vós) ser o que reconheceis em mim, ao me chamardes de universal. Que isso esteja longe de nós. Que sejam afastadas de nós as palavras que incham a vaidade, que ferem a caridade" (Gregório Magno, *Cartas*, VIII, 29).

Poucos meses depois (maio de 599), convida a se abstMapperem do uso daquele título todos os metropolitas dependentes do patriarcado de Roma (Eusébio de Tessalônica, Urbico de Durazzo, André de Nicópolis, João de Corinto, João de Justiniana Prima, João de Creta, João de Larissa e João de Scutari) que tinham sido convidados pelo imperador para um sínodo em Constantinopla: "Exorto-vos e vos aconselho a que nenhum de vós aceite jamais esse vocábulo [...] (que) se conserve intacto de uma envenenada infecção desse tipo [...].

Com efeito, se um só, como ele se crê, é universal, resta que vós não sois 'bispos'" (Gregório Magno, *Cartas*, IX, 157).

Fiel ao que tinha escrito aos outros patriarcas, Gregório nunca usou o título de patriarca universal, ou seja, ecumênico; preferiu o de *servus servorum Dei*, vendo aí uma referência cristológica mais forte, à luz de *Filipenses* 2,7 ("Despojou-se, tomando a condição de servo"), pois estava convencido de que "os que se distinguem por autoridade devem considerar em si não o poder do seu grau, mas a igualdade da condição, e se alegrem não por dominar os homens, mas por lhes fazer o bem" (Gregório Magno, *Regra Pastoral*, II, VI).

7. Igualmente valiosa foi a obra de Gregório Magno pelo chamamento firme à **santidade de vida dos pastores** onde quer que ele soubesse haver corrupção de costumes, ou simonia, ou violação do celibato eclesiástico, tendo como referência as normas dos cânones conciliares, convencido como estava de que "ninguém prejudica mais a Igreja do que aquele que se comporta de modo desonesto, embora honrado por um nome e por um ofício que comportam santidade. Com efeito, não há ninguém que ouse censurar um culpado desse tipo, e o mal se difunde irresistivelmente com a força do exemplo quando o pecador é honrado pelo respeito devido à sua condição" (Gregório Magno, *Regra Pastoral*, I, II).

E em Roma havia necessidade disso, se considerarmos os apelos do sínodo que ali se realizou em julho de 595. Nessa assembleia insistiu-se que os diáconos se dedicassem à caridade e ao serviço dos pobres, não exigissem donativos obrigatórios por ordenações, sepultassem gratuitamente os fiéis nas igrejas, vivessem em pobreza, vencendo a tentação da simonia, cuidassem da liturgia e da sincera devoção aos santos, oferecendo a si mesmos como exemplo indispensável, se empenhassem na formação cultural, porque também ela é um serviço pastoral aos leigos.

São apelos que ressoam em todo o epistolário do papa Gregório em relação aos bispos seus contemporâneos e nas deliberações dos muitos sínodos locais, um sinal da difusão daqueles defeitos e da necessidade de lembrar ao clero o ideal da perfeição evangélica, segundo as indicações apaixonadas que ele próprio reuniu em sua *Regra do pastor* ou *Regra Pastoral*, a qual, junto com as *Homilias* de João Crisóstomo, e com o *De officiis ministrorum* de Ambrósio de Milão, constituiu um autêntico ponto de referência para os bispos da Igreja.

10. Os bispos da Igreja ocidental

1. Ao lado de Gregório, antes e depois dele, foram ativos outros **santos bispos**; todos juntos, cada qual no próprio âmbito, plasmaram o rosto da Igreja medieval no Ocidente.

Germano de Paris (c. 496/500-c. 576) nasceu de uma família abastada que lhe garantiu refinada educação; depois, foi abade do mosteiro de Autun, sua cidade natal, e bispo de Paris desde 555, conselheiro estimado, embora não muito ouvido, do rei Quildeberto I (497-558) e de seus filhos, que ele encorajou à moderação em um período de luta cruel entre membros da família real franca. A ele se deve também a corajosa luta pela reforma monástica, que ele próprio irradiou de Paris, fazendo do mosteiro de Saint-Germain-des-Prés um dos mais importantes centros espirituais do Ocidente. O mesmo zelo ele prodigalizou na reforma da vida do clero secular, como vemos nos vinte e sete cânones do segundo concílio de Tours (novembro de 567), quando, aliás, foi confirmada a importância do ofício divino e se estabeleceu que os presbíteros, diáconos e subdiáconos casados, mesmo legitimamente, fossem reduzidos ao estado leigo.

Venâncio Fortunato (530-607), a quem devemos as notícias sobre São Germano de Paris, foi bispo amado de Poitiers e conseguiu de modo singular valorizar a espiritualidade e a piedade popular, a ponto de alguns de seus hinos serem ainda hoje usados, como o *Vexilla Regis* e o *Pange língua* (esse último retomado depois por Tomás de Aquino). Sua catequese era experiencial, convencido que estava de que os exemplos marcam mais que os conceitos e movem mais que as teorias, como se vê em sua *Vida de São Martinho*, em quatro livros, considerada o último grande poema do período clássico.

À área franca pertence também Gregório de Tours (538-594), de estirpe senatorial galo-romana, conhecedor dos clássicos romanos (como as obras de Virgílio), a quem devemos a *Historia Francorum*, em dez livros (cap. 1, item 2.3), que retomava a *História da Igreja*, de Eusébio, mas na perspectiva franca, pois ele queria ensinar que a história da salvação passa também pelos francos: essa leitura da história era e foi valiosa, porque educou os homens da Idade Média a se sentirem acompanhados por um Deus próximo.

Na mesma região da Europa central trabalhou outro grande bispo, Arnolfo de Metz (582-647), cuja figura é singular: fez uma esplêndida carreira administrativa até se tornar conselheiro do rei da Austrásia, deu testemunho de um cristianismo operoso e otimista em sua vida conjugal de marido e de pai; em 612 foi aclamado bispo do povo e se dedicou à sua Igreja, educando para um sério empenho civil, para uma coerente vida social e moral, para a caridade concreta para com os pobres, mantendo sempre em tudo a primazia da oração, a ponto de, em 627, se retirar para um mosteiro. Vinte anos após sua morte, a cidade de Metz reclamou por seu corpo, sinal de quanto tinha sido incisivo e fecundo seu ministério.

No que diz respeito à influência sobre a própria cultura da Europa, deveríamos situar, ao lado de Venâncio e de Gregório de Tours, Isidoro de Sevilha (560-636) (cap. 1, item 2.3), considerado o último dos Padres latinos, de vastíssima cultura, a quem devemos as *Chronica Maiora*, a *Historia de regibus Gothorum, Wandalorum et Suevorum*, os vinte livros das *Etimologias*, um dos textos mais lidos na Idade Média, e o *Sententiarum liber*, utilíssimo para conhecer a espiritualidade da época, pois se refere ao clero e ao laicato. A propósito dos eclesiásticos, escreve: "Por um lado, o responsável por uma Igreja (*vir ecclesiasticus*) deve deixar-se crucificar para o mundo, com a mortificação da carne, e por outro, aceitar a decisão da ordem eclesiástica, quando provém da vontade de Deus, de se dedicar ao governo com humildade, ainda que não quisesse" (*Sententiarum liber*, III, 33, 1).

E pouco adiante, como se lembrando das resistências à eleição episcopal dos grandes personagens, de Ambrósio de Milão a Gregório Magno, faz referências às suas próprias resistências iniciais: "Os homens de Deus (*sancti viri*) não desejam de modo algum se dedicar às coisas seculares e gemem quando por um misterioso desígnio de Deus se veem carregados de certas responsabilidades. Eles fazem de tudo para escapar a elas, mas aceitam aquilo a que gostariam de fugir e fazem o que gostariam de evitar. Com efeito, entram no segredo do coração e lá dentro procuram entender o que pede a misteriosa vontade de Deus. E quando se dão conta de que devem se submeter aos desígnios de Deus, dobram o pescoço do coração sob o jugo da decisão divina" (*Sententiarum liber*, III, 33, 3).

Ao mesmo tempo, pode nos ser valioso conhecer a importância dada naqueles tempos à vida ativa, não menos importante que a vida contemplativa e da qual é necessária uma premissa: "Aqueles que procuram atingir o repouso da contemplação devem treinar primeiro no estádio da vida ativa; assim, livres das escórias do pecado, serão capazes de exibir o coração puro que, único, permite ver a Deus […]. A via média, composta de uma e de outra forma de vida, é normalmente mais útil para resolver as tensões que muitas vezes são aguçadas pela escolha de um só gênero de vida e são mais bem harmonizadas por uma alternância das duas formas. [...] O Salvador Jesus nos oferece o exemplo da vida ativa quando, durante o dia, se dedicava a oferecer sinais e milagres na cidade, mas mostrou a vida contemplativa quando se retirava para o monte e ali pernoitava entregue à oração. [...] Por isso, o servo de Deus, imitando a Cristo, dedique-se à contemplação sem se negar à vida ativa. Comportar-se diferentemente não seria certo. Com efeito, como se deve amar a Deus com a contemplação, assim se deve amar o próximo com a ação. É impossível, portanto, viver sem a presença simultânea de uma e de outra forma de vida, nem é possível amar se não se faz experiência quer de uma, quer de outra" (*Differentiarum Libri* II, 34, 133-135).

À mesma área cultural de Isidoro pertence Martinho de Braga, em Portugal (c. 520-579/580), aonde chegou de terras distantes. Com efeito, como Martinho de Tours (vol. I, cap. 5, item 29.4), ele nasceu na Panônia (Hungria) e fez uma viagem até a Palestina; decidiu, então, ser monge itinerante à maneira da espiritualidade do monaquismo irlandês e foi para a Galícia, à qual pertencia o norte de Portugal, as Astúrias e León, para converter os habitantes dessas terras, os suevos. Tendo se tornado bispo em Braga (561-572), educou no cristianismo aquela região; Gregório de Tours, na *História dos francos*, lembra que na formação cultural ele não estava atrás de ninguém. Realizou assim uma poderosa síntese entre o Evangelho e o pensamento clássico, sobretudo o de Sêneca, do qual tomou os ensinamentos em muitas obras catequéticas e morais: *De correctione rusticorum*; *Formula Vitae honestae* (ou *De quattuor virtutibus* ou *Seneca de copia verborum*); *De Ira*; *De Paupertate*; *De Universalibus et Praedicabilibus*.

Para o ambiente anglo-saxão, temos de mencionar pelo menos Davi, bispo de Gales († c. 589). Embora as notícias sobre ele sejam muito incertas, em sua época e para sua região teve fama igual à de Patrício na Irlanda (cap. 1, item 2.2). Ao lado dele, temos Agostinho de Canterbury (c. 534-604), fundador da Igreja da Inglaterra, pois batizou seu rei, Etelberto, em 1º de junho de 597, coroando a ação missionária de Gregório Magno (item 9.5).

Na Irlanda, distinguem-se *Columba* e Columbano. O primeiro (521-597) foi abade de Iona (Escócia), de onde facilitou a irradiação do monaquismo por toda a Inglaterra, e se tornou o grande evangelizador da Irlanda. São Columbano (cap. 1, item 3.4), por sua vez (530/540-615), seguindo o ideal tipicamente irlandês da *peregrinatio pro Christo* (fazer-se peregrino por Cristo), deixou a Irlanda para empreender com doze companheiros uma obra missionária no continente europeu, levando a ele seu estilo peculiar, um pouco diferente do estilo beneditino, porque obrigava o monge a se exercitar todos os dias também no campo cultural: "Uma vez que todos os dias é preciso que nos alimentemos, igualmente para crescer todos os dias é preciso orar, trabalhar, ler". Daí a presença em cada mosteiro de um ou mais *scriptoria*, com a biblioteca anexa, para que os monges pudessem ler, copiar e difundir a cultura, porque "se o homem fizer bom uso das faculdades inatas em sua alma, então será semelhante a Deus" (Columbano, *Instruções* XI, 1).

Para completar esse giro de horizonte, que compreende também o Oriente, convém mencionar Sofrônio (c. 550-638), chamado "o sofista", por sua sabedoria, bispo de Jerusalém enquanto campeava o poder dos árabes; em 637, durante o assédio do califa Omar (cap. 2, item 8.1), negociou a salvação da população da Cidade Santa, confirmando assim a ação de suplência, na ausência da autoridade civil, que os bispos se viram obrigados a desempenhar com frequência cada vez maior.

Enfim, é nosso dever fazer referência a pelo menos uma das grandes mulheres daquela época, **Radegunda** (518-587), rainha dos francos, considerada "mãe da pátria" pelos franceses, à qual se deveria juntar a sogra, Santa Clotilde (c. 475-545), esposa do rei Clóvis (cap. 1, item 2.1). Radegunda, esposa do rei Clotário e verdadeira missionária do cristianismo em suas terras, fundou igrejas, mosteiros e hospedagens para os pobres e peregrinos; enfim, retirou-se para o mosteiro de Tours, para onde já tinha se retirado Clotilde, e depois passou para o de Saix; aí dedicou-se ao cuidado dos leprosos, continuando a fazê-lo no mosteiro de Poitiers, para onde enfim se transferiu, assistida espiritualmente por Venâncio Fortunato. Radegunda ajuda a compreender a importância que tinham as mulheres também na Idade Média e a caridade que caracterizava a vida da Igreja daqueles tempos, junto a um apaixonado amor pela cultura.

Portanto, a ação de Gregório Magno não foi isolada. Seu estilo foi o da Igreja de seu tempo, caracterizado por empenho missionário (Agostinho, *Columba*, Columbano), amor pela vida comum e cenobítica (Bento, Radegunda), empenho social (Radegunda, Sofrônio), zelo pastoral ou "*ars artium*, a arte das artes", como o definiu o próprio Gregório, sintetizando-o nas palavras conclusivas de sua *Regra Pastoral*: "Quando nos comprazemos por ter atingido muitas virtudes, é bom refletir sobre as próprias insuficiências e se humilhar; em vez de considerar o bem realizado, é preciso considerar o que se deixou de fazer" (Gregório Magno, *Regra Pastoral*, IV, LXV).

11. Igrejas batismais, freguesias e igrejas particulares

1. Justamente nos séculos VI-VII define-se uma **complexa estruturação eclesial** caracterizada por igrejas batismais e particulares e pela difusão dos mosteiros. A propósito, convém lembrar que no tempo de Diocleciano e de Constantino o Império romano estava dividido em províncias (imperiais e senatoriais). Para dar um exemplo, a Itália era uma só província, embora as regiões setentrionais constituíssem uma região à parte chamada *Gallia Cisalpina*. A atual Península Ibérica estava dividida em quatro províncias: *Gallaecia et Asturia, Terraconensis, Lusitania, Baetica*, que se estendia também para a África, além do estreito de Gibraltar. Com o tempo, houve subdivisões em províncias menores e se chegou a cem *províncias*, que foram reunidas por Diocleciano em doze *dioceses*, agrupadas por sua vez em quatro grandes *prefeituras*. As dioceses, portanto, eram grandes regiões que compreendiam diversas províncias subdivididas internamente em *municipia* e *curiae*. Essa linguagem civil, essa subdivisão administrativa, não podia (ou não conseguia) traduzir a peculiaridade da Igreja. Assim o atesta o cânon sexto do Concílio de Niceia, que decreta que seja mantida a autoridade de Alexandria sobre as províncias do Egito, da Líbia e da Pentápole, segundo "o antigo costume", derrogando os limites civis alterados. Assim como para Antioquia e "as outras províncias", devem-se manter os "privilégios" presumivelmente ligados à situação anterior à criação de novas províncias, e essa disciplina foi confirmada no Concílio de Constantinopla (cân. 6: COD, 8-9).

Originariamente a Igreja assumiu a jurisdição e as denominações civis; por isso, rapidamente "diocesano" indicou um habitante de uma diocese, um *civis romanus*, não um *christianus*. Daí — para indicar o *civis credente* — a utilização de um termo sinonímico: do grego *paroikos* latinizado em *parochianus*, que indicava um "*morar por pouco*", um "morar perto", como atestam as cartas de Pedro (1Pd 1,17 e 2,11) e de Paulo (Fl 3,20-21; Ef 2,12-20), que falam do cristão como um "peregrino" (*paroikos*) que não tem morada estável neste mundo, porque a caminho da verdadeira casa, o Céu. A afirmação do cristão como "peregrino" ou "paroquiano" fixou-se na tradição cristã, como lembra também uma joia do testemunho cristão, a *Carta a Diogneto*. Portanto, em suas origens o termo "paróquia" não indicava as estruturas nem o território, mas a comunidade dos crentes. Nessa acepção, paróquia passou a indicar qualquer comunidade eclesial, estivesse ela presente em um *municipium*, em uma província, em uma diocese.

A estruturação das dioceses e das **paroikiae** foi acompanhada de modo cada vez mais vivo pela difusão do cristianismo no campo, no *pagus*, onde sobreviviam os cultos antigos, precisamente pagãos, ou seja, próprios dos *pagi* ou dos *vici*, das aldeias ou fazendas no campo (*in pago*), onde a autoridade estatal não chegava, pelo respeito devido à propriedade particular.

2. "'Adora-se a Cristo somente nas grandes cidades'. Assim Endelechi descreve a situação da Gália no fim do século IV, mas dos testemunhos indiretos que possuímos, também a Itália setentrional apresenta um quadro muito semelhante" (cit. in Andenna, 123). **A difusão do cristianismo das cidades para o campo** levou à constituição de presenças estáveis nas comunidades dos pequenos aglomerados, que hoje chamaríamos de aldeias, fazendas, vilas.

A consolidação da oração local (na fazenda ou na aldeia) levou a identificar uma referência local, que no início podia ser o chefe de família ou o catequista (num termo atual). Decerto esse responsável pela oração comum e pela vida cristã dos irmãos é um *paroikos*, que ressalta o valor espiritual e pastoral de sua figura. Era esse responsável que mantinha os contatos com a comunidade (*paroikia*) citadina e com o bispo (*paroikos, episcopus*), que é e continua sendo o pastor, o sacerdote e o supervisor da comunidade *in toto* e *in solido*, e também da que nasceu no campo por irradiação da cidade. O bispo, portanto, era o centro e o coração da comunidade que se estendera para além do âmbito citadino, que no caso de envio de missionário por parte do bispo, quer no caso de novas comunidades nascidas localmente. O mesmo termo — *paroikia* — foi usado pelas partes da comunidade cristã que se reuniam nas igrejas subsidiárias, inicialmente difundidas nas cidades maiores (por exemplo, em Roma em ou Milão).

Era a consequência do crescimento da comunidade cristã; quando uma igreja (entendida como edifício) não era suficiente para acolher o povo de Deus ou quando as distâncias (mesmo dentro da cidade) eram excessivas, nasciam outros edifícios sagrados para o encontro orante da comunidade. Em todo caso, são *paroikiae, paroeciae* (com metátese latinizante) e cada uma dessas comunidades litúrgicas era parte da única comunidade cristã local, da única *parrocchia*, reunida em torno do bispo ou *paroikos* por antonomásia: todos os fiéis eram *paroikoi* da *paroikia*, reunidos em torno do *paroikos episcopos*.

Às comunidades locais ou pequenas paróquias ou paróquias porcionárias aplicavam-se os critérios da paróquia que é a comunidade dos crentes que vivem na cidade, e, em sentido amplo, da paróquia que é a que hoje chamaríamos de diocese, ou seja, da comunidade cristã formada pelos *cives*, os cidadãos, e pelos habitantes de fora dos muros, no campo, em torno da *urbs* e que por ela é controlada. Poder-se-ia assim afirmar que nesse caso a paróquia é a diocese formada pela cidade e pelo território suburbano.

A partir do século IV houve uma transformação por dois motivos complementares entre si: a evangelização e a paganização (no sentido técnico do desenvolvimento dos *pagi*). Era o período em que o cristianismo tendia a se afirmar como religião do Império a partir do decreto de Teodósio, anterior ao edito de Tessalônica, de 380 (vol. I, cap. 4, item 18.4), quando o cristianismo niceno na forma romana foi declarado religião do Império, depois com o mais decisivo de 24 de fevereiro de 391, quando os cultos pagãos foram proibidos no Império.

Para os habitantes do *vicus*, assim como para os das *villae*, não era fácil dirigir-se regularmente (semanalmente) à celebração eucarística da paróquia, a comunidade citadina. Foi inevitável os crentes da aldeia se organizarem para orar e, portanto, formarem também eles uma *paroikia* de crentes que mantinha os contatos com a *paroikia* citadina ou episcopal; muitas vezes acontecia de o bispo enviar um presbítero para aquela comunidade para animar a oração, manter a catequese, expressar a comunhão, seguir seus desenvolvimentos. Normalmente esses presbíteros eram escolhidos entre os que tinham vida comum com o bispo, que participavam de perto da sua solicitude pastoral e, portanto, exprimiam também sua presença; assim, começaram a celebrar a eucaristia no local, em nome e por encargo do bispo, enquanto na cidade episcopal eram administrados outros sacramentos percebidos como expressão do pertencimento eclesial: o batismo, a confirmação e a reconciliação.

Com o tempo, o presbítero enviado começou a se estabelecer no lugar, edificando uma moradia, uma casa para si e para os colaboradores no ministério, aplicando a essa *domus* e à aldeia os critérios da comunidade cristã citadina da qual provinha: também essa comunidade era paróquia, e o presbítero era pároco, sem obviamente tomar o lugar do bispo. A prova disso já se tem no concílio de Ancira (Ankara) de 314, quando foi rejeitada a instituição dos *corepiscopi*, ou bispos do campo, que se reportavam ao bispo da cidade. Os *corepiscopi* (que não podiam ordenar nem diáconos nem padres, mas apenas administrar as ordens menores) não deslancharam, pois a comunidade não queria e nem devia se fragmentar, evidenciando desse modo que o campo continuava na cidade.

O presbítero (ou o grupo de presbíteros) empenhado na missão nos *municipia* e nos *vici* dedicava-se ao povo de Deus que vivia no campo. Dito em latim: aqueles presbíteros se dedicavam *plebi Dei* (cuja tradução literária é precisamente "ao povo de Deus", enquanto a expressão "povo de Deus" é o equivalente a *plebs Dei*), e a moradia deles ou a igreja a que então os crentes dispersos nas aldeias menores faziam referência permanente, a casa ou a igreja, era a *domus* ou *ecclesia plebis* (casa ou igreja do povo) ou, usando o adjetivo, era *domus* ou *ecclesia plebana*. Era, portanto, a freguesia: é a primeira realidade eclesial local nascida fora da cidade. É bom que se diga logo — à luz do que foi dito até aqui — que a freguesia não era senão uma *paroikia*, porque o termo originário, o ponto de partida, era a *paroikia*, a comunidade cristã que hoje chamaríamos de *diocese*.

Paroikia exprime o pertencimento eclesial que se aplica em cada situação; freguesia indica a divisão geográfica, a identificação jurídica de uma parte da paróquia, que é a comunidade cristã ou diocese (por comodidade, convém agora assumir esse termo); os fiéis da cidade são *cives paroikoi*, ao passo que os do campo são *plebs paroikia*.

A forma da Igreja da freguesia já está presente — pelo menos na alta Itália — entre os séculos IV e V; por exemplo, na diocese de Milão, já são indicadas como bem consolidadas (graças à existência de pelo menos um destes elementos: santo titular, batistério, igreja, hierarquia, necrópole cristã) as de Angera, Arcisate, Arsago, Brivio, Cannobio, Casorate, Corbetta, Gorgonzola, Lecco, Missaglia, Monza, Nerviano, Parabiago, Porlezza, Rho, Seveso, Varese (cf. Colombo, 2809-2813): todas distantes do centro da diocese (Milão) e localizadas nas vias de comunicação mais movimentadas naquela época. Provavelmente a difusão delas foi devida também ao êxodo da cidade para o campo provocado pelos constantes saques ligados às migrações dos povos bárbaros: com frequência, a população abandonava a cidade para se transferir para lugares mais escondidos e, sob certos aspectos, mais seguros, como os *castra* militares (por exemplo, Castelseprio, perto de Varese) ou como fez o bispo de Milão, Honorato (560-571), que, ao chegar a Alboino (569), se refugiou em

Gênova; somente depois de quase oitenta anos é que o bispo João Bono (641-659) voltou a residir em Milão.

Desde os primeiros tempos a freguesia se tornou um centro de formação cultural de não pouca importância, porque a ela devia estar anexa uma *schola* para todos os rapazes e jovens, como diz o cânon primeiro do concílio de Vaison (5 de novembro de 529): "Todos os padres que exercem seu ministério nas paróquias, seguindo o uso que ao que nos consta vige muito oportunamente em toda a Itália, acolham na própria casa os leitores mais jovens, que sejam até solteiros; ao educá-los espiritualmente como bons pais, esforcem-se por lhes ensinar os salmos, fazê-los se aplicarem ao estudo dos textos sagrados e de instruí-los na lei do Senhor. Preparar-se-ão assim sucessores dignos e obterão de Deus o prêmio eterno. E quando esses jovens atingirem a maioridade, se algum deles, dada a fraqueza da carne, se casar, não lhe seja negada a possibilidade de se casar" (cit. in Coradazzi, 57). Portanto, um valioso serviço educativo bem enraizado na Itália e que se procurou difundir também em outras regiões, nas quais, porém, a incidência das freguesias foi menor.

Não é fácil delinear com segurança de dados o surgimento e o desenvolvimento dessas realidades missionárias e pastorais; como dissemos, a existência comprovada de algumas freguesias é atestada já entre os séculos IV e V, embora o nome ocorra explicitamente pela primeira vez — pelo menos na área milanesa — em um documento de 21 de setembro de 846, com o qual Eremberto faz uma doação à igreja de Leggiuno (Varese), dedicada aos santos Siro, Primo e Feliciano, citando "um sacerdote e um diácono com três ou quatro homens, todos *de plebe Sancti Stephani sita Legituno*" (cit. in Colombo, 2807).

A vida da freguesia retomou a da diocese citadina; o pároco organizou a própria casa como a casa episcopal, pois vivia com outros presbíteros ou ministros sagrados empenhados como ele, e se chamavam entre si de *fratres*. A fraternidade dos ministros da freguesia era uma união pelo ministério e pela missão; por um lado, viviam de maneira itinerante dentro da freguesia, e por outro, tinham compromisso em turnos semanais de serviço na igreja da povoação paroquiana. Essa vida comum era vivida mediante a comunhão dos bens (embora o preboste pudesse dispor *pro anima* de um terço dos bens das rendas da igreja) e a convivência para os serviços comuns em um único edifício, em torno do qual surgiam as *domus* [casas] de cada canônico e a hospedaria.

Essa fraternidade para a missão era confiada pelo bispo ao *rector* ou *praepositus* ou *praepositus domus plebis* ou *plebanus*, que coordenava a vida comum segundo um estilo regular, canônico. Por isso, facilmente eram chamados de *canônicos*, à semelhança daqueles que na cidade viviam com o bispo a serviço da catedral. Não por acaso em um sínodo em Pavia (850) os bispos da *Langobardia* estabeleceram que "como o bispo era o chefe da igreja matriz diocesana, assim os arciprestes eram postos como chefes das freguesias" (cit. in Andenna, 135).

Com efeito, o chefe da *freguesia* (chamado preboste ou arcipreste ou padre), justamente por essa relação com o bispo, quase reproduzia suas prerrogativas: referia ao bispo a conduta do clero a ele submetido, visitava as famílias da freguesia para verificar se os genitores educavam os filhos na fé e para identificar os pecadores públicos e encaminhá-los, persuadidos a fazer penitência, ao bispo para a reconciliação. Com referência a esse último sacramento, observe-se que a centralidade do bispo durou por muito tempo, uma vez que, por exemplo, ainda em 1199, os habitantes da freguesia de Morimondo iam com o pároco deles ao arcebispo para receber a penitência de seus pecados; temos vestígios disso na permanência ainda hoje da proposta de uma liturgia penitencial específica para a Quarta-feira santa.

Por outra parte, a igreja da freguesia, embora assumindo *in loco* as funções e as tarefas da igreja catedral na cidade, não a substituiu em razão da constante fidelidade à tradição eclesial que via no bispo o centro de unidade e o princípio de comunhão, já afirmada com clareza no cânon 77 do concílio de Elvira (300-306), na Península Ibérica, que diz: "Se um diácono que governa uma plebe batiza sem a (permissão do) bispo e do presbítero, o bispo deve completar (o rito) com a bênção (= confirmação). Se esses batizados morrem antes (da confirmação), estão justificados" (cit. in Mansi, II, 18). E esse princípio continuou em vigor nos séculos seguintes, mesmo quando a freguesia foi progressivamente estendendo a própria ação sacramental junto com a importância cada vez maior no campo caritativo, educativo (ou cultural) e pastoral.

Na igreja da freguesia, portanto, originariamente se celebrava a eucaristia, enquanto o batismo era conferido somente como concessão extraordinária do bispo; todavia, bem cedo construíram-se batistérios rurais, de modo a não obrigar os batizandos a irem até a cidade. Nunca, porém, se administrou a confirmação, que permaneceu estritamente reservada ao bispo, justamente para significar o vínculo com a única comunidade real dos crentes, a da *paroikia* que tinha como *parokus* o bispo residente na cidade, na igreja catedral, termo que substituiu o anterior de igreja matriz ou mãe.

Por sua vez, as próprias freguesias tornaram-se igrejas matrizes, justamente porque exerceram as mesmas funções da igreja do bispo: da freguesia se partia para seguir pelas outras aldeias (*vici*) e nos primeiros tempos se voltava à freguesia. O presbítero ou o ministro encarregado da *cura animarum* de uma aldeia ou de uma comunidade ao redor da freguesia foi chamado de *curatus*, e a casa de oração do *vicus* (aldeia) se chamava *ecclesia ruralis* ou *ecclesia curata* ou *curatia*, nome que depois identificou a casa na qual o ministro da freguesia começou a residir permanentemente.

A igreja da freguesia ou matriz ou *subiecta* ou *praeposita* assumiu uma condição de progressiva autonomia. Consequentemente, assim se tornaram as subsidiárias das freguesias, até pela dificuldade dos deslocamentos (*per vias valde arduas*) e pela "excessiva distância" (*ob nimiam distantiam*) da igreja preposta. Esse processo foi ocorrendo gradualmente e atingiu seu ápice, pelo menos para as igrejas citadinas, entre os séculos XII e XIII (cap. 7, item 28.1 e Inserção 1 – *As associações do clero diocesano no desenvolvimento das paróquias e da* cura animarum). É por esse motivo que habitualmente se afirma que "no fim do século XII quase por toda parte a Europa se tornou uma terra de paróquias", entendendo-se com isso igrejas autônomas espalhadas pelo território (cit. in Palestra, 49).

Todavia, a freguesia permaneceu juridicamente sujeita ao bispo: dá testemunho disso o direito que ele tinha de confirmar a eleição do arcipreste ou preboste indicado pelo clero da freguesia com o consentimento do povo, segundo a prática normal das eleições eclesiásticas, após se verificar que o eleito era idôneo, como decretou o sínodo de Pavia de 850. Além disso, o mesmo sínodo de Pavia confirmou que o preboste não podia preparar o crisma nem consagrar as virgens nem reconciliar os penitentes, pois eram tarefas de exclusiva competência do bispo. Mais: o sínodo estabelecia que o padre, com o seu clero canônical, se preocupasse com a catequese, a celebração litúrgica, a assistência aos pobres, emprestando sem praticar a usura nem especular sobre os bens da igreja, dos mosteiros e hospitais.

3. Diferente do exposto até aqui foi o que aconteceu com o **latifúndio**, que escapava ao controle direto da autoridade imperial. Assiste-se então à transferência de muitas pessoas ainda ligadas a cultos pagãos (que com frequência pertencem à classe senatorial ou dos cavaleiros) para suas propriedades no campo. A tendência de se estabelecer nos latifúndios se acentuará também pelo fenômeno conexo do monaquismo. Pensemos, por exemplo, em Basílio de Cesareia, que viveu monasticamente em suas imensas propriedades e, enquanto pôde, as administrou como tais (vol. I, cap. 5, item 29.2).

O latifundiário era senhor *in toto* de suas terras, ou seja, dispunha não somente do solo, mas também dos produtos e dos animais que ali pastavam, bem como das pessoas que ali habitavam e que estavam ligadas por um pacto de reciprocidade, à semelhança dos *clientes* ou dos *libertos*. O latifundiário, portanto, possuía como propriedade particular tudo o que estava presente em seu latifúndio. Nada ali podia entrar sem seu explícito consentimento ou permissão; nada que não tivesse sido permitido por ele estava fora de seu direito ou controle. Por sua devoção ou por comodidade de seus arrendatários, o senhor das terras podia construir uma igreja, na qual se reunia a comunidade cristã local daquela região do campo. Também essa comunidade era paróquia, mas, diferentemente da igreja da freguesia, que dependia diretamente do bispo, **a igreja rural ou própria** pertencia ao senhor das terras, embora para a celebração eucarística dependesse do bispo ou de seu representante local, o padre.

Bem cedo tornou-se natural o senhor propor que naquela igreja rural e própria (porque de sua propriedade) residisse de modo estável um *sacerdos*, um ministro, um *paroikos* provisório; o *paroikos* de uma igreja própria é de fato um hóspede, ali está somente para as celebrações e usa do que não é seu, mas que lhe é concedido por benevolência — talvez interessada — do senhor do lugar, principalmente quando o ministro sagrado era indicado ou apresentado ao bispo pelo próprio dono que o escolhia entre seus servos. Por isso, imediatamente se estabeleceu que um servo se tornava livre com a ordenação sacerdotal e com uma dotação suficiente para viver. Assim, o proprietário tinha de constituir um *beneficium* para o presbítero encarregado da igreja de sua propriedade (ou própria). Por outra parte, o edifício permanecia de propriedade do senhor local, que assumia o cuidado dele, ficando por isso com parte das ofertas feitas pelos fiéis ao presbítero já livre, mas que celebrava em sua igreja.

A consequência foi a necessidade de determinar com justiça o uso dos bens ligados a uma igreja, subtraindo-os à eventual avareza do proprietário. Progressivamente impôs-se a norma de que essas igrejas erigidas por particulares com a permissão do bispo local, que deveria providenciar o envio de um presbítero, fossem também, sob o ponto de vista formal, de propriedade do bispo (concílio de Orléans de 541), que tinha o direito de convocar o clero das igrejas próprias para o sínodo anual, para verificar a pregação e a administração dos sacramentos, subordinando a esse exame a entrega do crisma para as celebrações do novo ano.

Um último **destaque de caráter terminológico** a respeito da palavra "paróquia": a utilização dessa palavra para indicar uma diocese, pelo menos nos primeiros séculos da Idade Média, é testemunhada pelas próprias reformas carolíngias. Basta citar as capitulares de Carlos Magno de 769, que decreta que todos os anos o bispo seja solícito na visita à paróquia para ensinar e confirmar seu povo, recomendação reforçada pelas capitulares de Pavia de 876.

4. À paróquia estava ligada a prática das **décimas**, cujo nome lembra a tradição hebraica de dar aos levitas a décima parte das rendas; uma tradição própria também do âmbito civil, pois no Império romano todo agricultor devia entregar ao erário um décimo da sua colheita. Nas comunidades cristãs, a décima era inicialmente constituída por uma oferta livre, depois fortemente recomendada — por exemplo, por Cassiano (c. 360-435) — e obrigatória para os bispos, que deviam recolhê-la e distribuí-la aos pobres (Cesário de Arles, 502-542), e, enfim, imposta a todos os fiéis que a pudessem dar, sob pena de excomunhão (concílio de Macon, 585), até que Carlos Magno a tornou obrigatória também sob o ponto de vista civil (779).

As décimas foram estabelecidas rigorosamente não só para afirmar a liberdade da Igreja e de seus ministros, mas também porque exprimiam um aspecto inalienável e insubstituível da comunidade cristã: o da caridade. Com efeito, as décimas tinham uma distribuição cuidadosa, fixa e obrigatória desde os tempos do papa Simplício, que em 475 estabeleceu que elas fossem divididas em quatro partes: para o bispo, para os pobres e peregrinos, para os clérigos e para a manutenção do edifício. A atenção aos pobres foi constantemente confirmada, tanto que Carlos Magno impôs às paróquias e aos curatos (igrejas dependentes das freguesias, que podem ser comparadas às atuais paróquias da área rural) que tivessem um registro, uma matrícula dos pobres e dos necessitados de ajuda, para que não se perdesse a lembrança deles e para que se pudesse controlar qual ajuda seria efetivamente dada.

A essa cota de caridade eram obrigados: o cura — ou seja, o responsável pelo curato — em relação aos padres que viviam com ele, seus curas; o pároco em relação aos fiéis de sua freguesia; o bispo em relação aos fiéis de sua igreja. Infelizmente, o fato de essa norma ter sido confirmada constantemente nos sínodos locais indica que nem sempre era observada; assim, no sínodo milanês de 864 foram tomadas providências para que não fossem desviados de sua finalidade original os bens pertencentes às igrejas ou às xenodoquias [hospedarias] ou hospitais que normalmente surgiam junto dos mosteiros e das freguesias e que acolhiam gratuitamente peregrinos e estrangeiros (xenodoquia) ou idosos e doentes, órfãos (hospedaria). Por outro lado, a contínua confirmação do dever da caridade por parte dos sínodos confirma que a norma estava fortemente enraizada, como confirma o elogio fúnebre de Paulo Diácono para Ansa, mulher de Desidério, o último rei dos longobardos: "Põe-te tranquilo a caminhar, peregrino. [...] Com a segurança da ajuda dela não terás de temer ferro nem assassínio nem frio nem intempéries, nas densas trevas da noite. Ela também te preparou teto e alimento" (cit. in Belloni Zecchinelli-Belloni, 12).

Bibliografia

Fontes

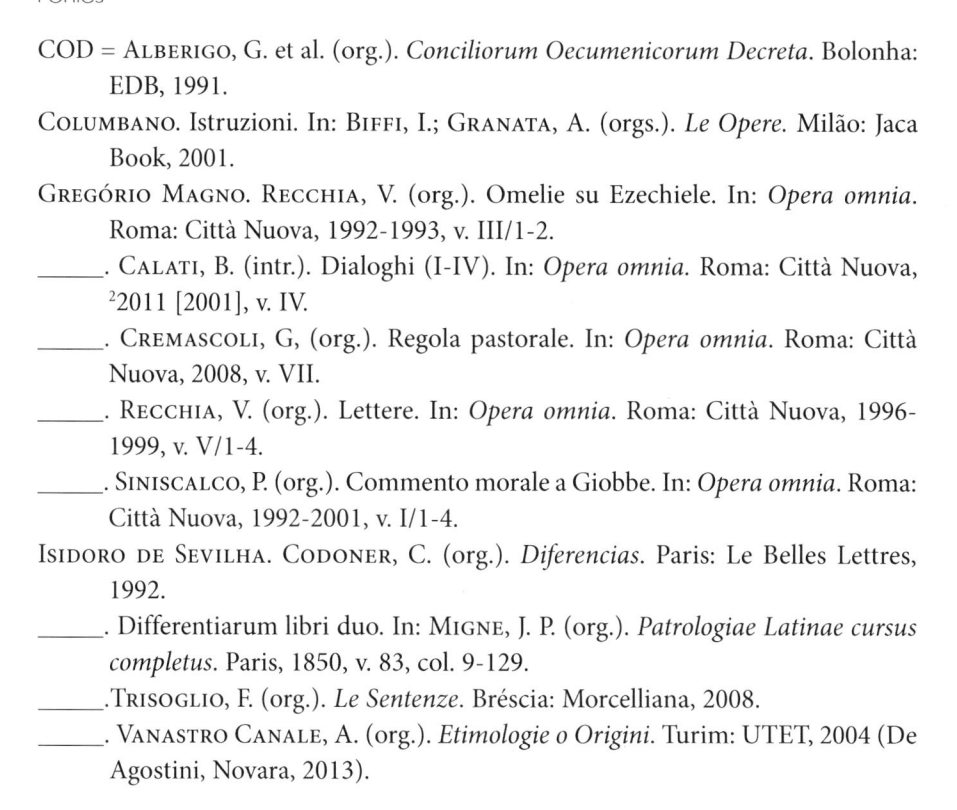

COD = ALBERIGO, G. et al. (org.). *Conciliorum Oecumenicorum Decreta*. Bolonha: EDB, 1991.

COLUMBANO. Istruzioni. In: BIFFI, I.; GRANATA, A. (orgs.). *Le Opere*. Milão: Jaca Book, 2001.

GREGÓRIO MAGNO. RECCHIA, V. (org.). Omelie su Ezechiele. In: *Opera omnia*. Roma: Città Nuova, 1992-1993, v. III/1-2.

_____. CALATI, B. (intr.). Dialoghi (I-IV). In: *Opera omnia*. Roma: Città Nuova, ²2011 [2001], v. IV.

_____. CREMASCOLI, G, (org.). Regola pastorale. In: *Opera omnia*. Roma: Città Nuova, 2008, v. VII.

_____. RECCHIA, V. (org.). Lettere. In: *Opera omnia*. Roma: Città Nuova, 1996-1999, v. V/1-4.

_____. SINISCALCO, P. (org.). Commento morale a Giobbe. In: *Opera omnia*. Roma: Città Nuova, 1992-2001, v. I/1-4.

ISIDORO DE SEVILHA. CODONER, C. (org.). *Diferencias*. Paris: Le Belles Lettres, 1992.

_____. Differentiarum libri duo. In: MIGNE, J. P. (org.). *Patrologiae Latinae cursus completus*. Paris, 1850, v. 83, col. 9-129.

_____.TRISOGLIO, F. (org.). *Le Sentenze*. Bréscia: Morcelliana, 2008.

_____. VANASTRO CANALE, A. (org.). *Etimologie o Origini*. Turim: UTET, 2004 (De Agostini, Novara, 2013).

MANSI, J. D. *Sacrorum Conciliorum Nova et Amplissima Collectio*. Florença-Veneza, 1759-1798. Reimpressão e continuação Lion-Paris, 1899-1927 (reimpressão anastática Graz, 1960-1961).

Estudos

ANDENNA, G. Le istituzioni ecclesiastiche locali dal V al X secolo. In: CAPRIOLI, A.; RIMOLDI, A.; VACCARO, L. (orgs.). *Diocesi di Milano*. 1 (*Storia Religiosa della Lombardia*. 9). Roma-Gazzada (Varese): La Scuola-Fondazione Ambrosiana Paolo VI, 1990, v. 1, 123-142.

BASSANELLI SOMMARIVA, G.; TAROZZI, S. (orgs.). *Ravenna Capitale. Uno sguardo ad Occidente. Romani e Goti — Isidoro di Siviglia*. Santarcangelo di Romagna (Rimini): Maggiolini, 2012.

BELLONI ZECCHINELLI, M.; BELLONI, L. *Hospitales e xenodochi: mercanti e pellegrini dal Lario al Ceresio*. Menaggio (Como): Attilio Sampietro Editore, 1997.

BOESCH GAJANO, S. *Gregorio Magno. Alle origini del Medioevo*. Roma: Viella, 2004.

CARDINI, F. *La società medievale*. Milão: Jaca Book, 2012.

COLOMBO, G. Pieve. In: *Dizionario della Chiesa Ambrosiana*. Milão: NED, 1992, v. 5, 2807-2818.

CORADAZZI, G. *La Pieve*. Bréscia: Piero Polesini Editore, 1980.

CREMASCOLI, G.; DEGL'INNOCENTI, A. *Enciclopedia gregoriana*. Florença: Sismel Edizioni del Galluzzo, 2008.

DE LUBAC, H. *Esegesi medievale. I quattro sensi della Scrittura*. Roma: Paoline, 1962.

DÍAZ Y DÍAZ, M. C. *Enciclopedismo e sapere cristiano tra tardo-antico e alto Medioevo*. Milão: Jaca Book, 1999.

GANDOLFO, E. *Gregorio Magno, Servo dei Servi di Dio*. Cidade do Vaticano: Libreria Editrice Vaticana, 1998.

La conversione al Cristianesimo nell'Europa dell'Alto Medioevo (= *Settimane di studi sull'Alto Medioevo, XIV, 1966*). Espoleto, 1967.

LEONARDI, C. (org.). *Gregorio Magno e le origini dell'Europa. Atti del Convegno Internazionale. Firenze, 13-17 maggio 2006*. Florença: Sismel Edizioni del Galluzzo, 2014.

MARKUS, R. A. *Gregorio Magno e il suo mondo*. Milão: Vita e Pensiero, 2001.

MASCANZONI, L. *Pievi e parrocchie in Italia. Saggio di bibliografia storica*. Bolonha: La Fotocroma Emiliana, 1988-1989, 2 vol.

PALESTRA, A. Ricerche sulla vita comune del clero in alcune pievi milanesi del secolo XII. In: *La vita comune del clero nei secoli XI e XII. Atti della Settimana di studio. Mendola, settembre 1959*. Milão: Vita e Pensiero, 1962, v. 2, 142-149.

capítulo quarto
O Ocidente nos séculos VIII-X

12. Em relação ao Oriente: a iconoclastia

1. A iconoclastia atormentou a Igreja bizantina por todo o século VIII e também durante o século IX. Suas origens podem ser ligadas à chegada de **Leão III, o Isáurico (717-741)**, ao trono, enquanto Constantinopla era assediada desde 718 pelos árabes (cap. 2, item 8.1) e a Sicília se proclamava independente de Bizâncio. Leão III derrotou os árabes e se empenhou em dar mais gordura às finanças estatais, impondo novas taxas também às Igrejas, inclusive às dos territórios bizantinos da península italiana, entre elas a romana; isso suscitou resistências e revoltas até por parte dos bispos e do papa, sinal de quão distante era agora sentido o Império do Oriente. Por outro lado, o imperador precisava de paz e unidade e se via na necessidade de reprimir qualquer autonomia ou diferença excessiva, inclusive a religiosa, pois muitas vezes dela dependia também a lealdade no campo social e em tempos de guerra. Portanto, em 722 Leão III voltou a obrigar os judeus a se submeterem ao batismo, e os maniqueus, ao catolicismo, obtendo na realidade conversões muitas vezes puramente formais.

A unidade religiosa também era um problema vivo entre os árabes, pois naqueles mesmos anos o califa Omar ben Abdel Arif (c. 682-720) ordenou que fossem queimadas e destruídas as imagens da cruz. Seguindo seu exemplo, em 722/723 seu sucessor, o califa Jazid II (720-724), fez remover todos os ícones dos edifícios de culto, inclusive a representação de qualquer ser vivo.

O imperador Leão III o imitou. Provavelmente não queria dar motivos aos próprios adversários, aos que propendiam para o senhor árabe mais que para o bizantino. Em outras palavras, era um modo de frear a propaganda hostil dos árabes e dos judeus e favorecer a conversão de maniqueus e paulicianos que viviam na Armênia e na Ásia Menor, contrários ao uso das imagens. Por outra parte, essa manobra podia ser um modo de atingir os mosteiros que tiravam homens do exército, da administração, da agricultura, que possuíam imensos latifúndios isentos de impostos e que, enfim, tinham o monopólio das imagens sagradas, cujo culto não estava isento de formas objetivas de idolatria por parte do povo.

O **debate** era **vivo** também entre os teólogos, **tanto no âmbito cristão, como no muçulmano**, como confirma **João Damasceno** (676-749) em seu *Contra os difamadores das imagens*: "Outrora Deus nunca fora representado em imagem, sendo incorpóreo e sem aspecto. Mas como Deus foi agora visto na carne e viveu entre os homens, eu represento o que é visível em Deus. Não venero a matéria, mas o criador da matéria que se fez matéria por mim e se dignou habitar na matéria e operar minha salvação por meio da matéria. Por isso, não deixarei de venerar a matéria por meio da qual chegou a salvação até mim. Mas não a venero absolutamente como Deus! Como poderia ser Deus aquilo que recebeu a existência a partir do não ser? […] Mas venero e respeito também todo o resto da matéria que me proporcionou a salvação, porquanto plena de energias e de graças santas. Não é talvez matéria o lenho da cruz três vezes bem-aventurada? E a tinta e o livro santíssimo dos Evangelhos não são matéria? O altar salvífico que nos dá o pão de vida não é matéria? […] E, antes de tudo, não são matéria a carne e o sangue do meu Senhor? Deves suprimir o caráter sagrado de tudo isso ou deves conceder à tradição da Igreja a veneração das imagens de Deus e dos amigos de Deus que são santificados pelo nome que carregam e que, por essa razão, têm a graça do Espírito Santo habitando neles. Não ofendas, pois, a matéria: ela não é desprezível, porque nada do que Deus fez é desprezível" (cit. in Damasceno, *Defesa das imagens sagradas*, I, 16).

2. O gesto simbólico do **início da guerra contra as imagens sagradas** ocorreu em 726, quando Leão III ordenou a remoção da imagem do Cristo Pantocrator colocada no portal do palácio imperial de Chalke, substituindo-a por uma cruz semelhante à descrita no sonho de Constantino. A multidão se sublevou e matou o funcionário que tinha executado a ordem imperial, enquanto a frota da Hélade levantou âncoras, partindo para Constantinopla a fim de depor o imperador. Leão III reprimiu com extrema dureza as desordens populares e a tentativa de revolta e procurou envolver tanto o patriarca Germano (715-730) quanto o papa Gregório II (715-731), apoiado também pela adesão de alguns bispos à sua iniciativa, como Teodósio de Éfeso, Tomás de Claudiópolis (a atual Bolu, na Turquia) e Constantino de Nacolia, na Frígia. O patriarca Germano escreveu aos três bispos e esclareceu a questão: "Permitimos a produção de ícones pintados com cera e em cores para não perverter a perfeição do culto divino. De fato, não fazemos nem ícone nem reproduções nem nenhuma figura. Até as nobres cores dos santos anjos não podem conhecer plenamente ou indagar a divindade. Agora, porém, o unigênito Filho que está no seio do Pai — pois quis retirar da sentença de morte sua própria criatura, segundo o conselho do Pai e do Espírito Santo — decidiu benignamente fazer-se homem. Ele se tornou participante da nossa carne e sangue, semelhante a nós em tudo, exceto no pecado, como diz o grande apóstolo. Por essa razão, representamos em imagens seus traços humanos, assim como ele aparecia como homem segundo a carne e não segundo a sua invisível e incompreensível divindade. Isso porque somos levados a representar o que é próprio da nossa fé, ou seja, que Cristo não se fez homem somente de modo aparente, como uma sombra [...], mas real e de verdade perfeito em tudo, exceto no pecado que o Inimigo semeou em nós. Em razão dessa inabalável fé em Cristo, representamos a expressão da sua santa carne nos ícones e a elas tributamos honra, inclinando-nos diante delas com a devida reverência, porque mediante elas nos reportamos à sua encarnação vivificadora e indizível" (cit. in Mansi, 13, 101).

Leão III pôs na prisão quem escreveu essas reflexões, ou seja, o patriarca Germano, e decretou a condenação do papa à morte. Em torno do pontífice uniram-se os romanos e os longobardos; Gregório II endereçou ao imperador Leão uma nobre (e ao mesmo tempo ameaçadora) resposta: "Os dogmas da Igreja são de competência não dos imperadores, mas dos bispos, e devem ser definidos com segurança. Por isso, os bispos são prepostos às Igrejas, ficando estranhos aos negócios públicos; igualmente os imperadores devem se abster dos negócios eclesiásticos e se ocupar do que lhes foi confiado. Mas o parecer dos imperadores movidos pelo amor de Cristo constitui uma só força com o dos pios bispos, quando a missão deles se cumpre na paz e na caridade" (cit. in Mansi, 12, 59).

Entretanto, no Ocidente a aliança de Gregório II com os longobardos não se mostrou segura, pois Liutprando, para submeter os ducados longobardos de Espoleto e Benevento, ocupou em 728 o castelo de Sutri (item 13.1). Somente diante das reações que esse gesto suscitou é que o restituiu pouco depois a "São Pedro e São Paulo", ou melhor, prometeu solenemente sobre o túmulo de São Pedro não agredir mais o papado. Depois Liutprando ameaçou ocupar os *patrimonia* papais da Sicília e da Sardenha, que sempre tinham servido como celeiro para as necessidades e a caridade da Igreja romana.

Todavia, Leão III não se rendeu e em 17 de janeiro de 730 publicou um novo edito que impunha a destruição das imagens sagradas; tentou ainda fazê-lo ser ratificado pelo patriarca Germano, que preferiu abdicar e foi substituído (22 de janeiro de 730) por Anastásio (730-754), secretário pessoal do imperador. Ele, todavia, não foi reconhecido pelo papa: isso levou a um novo cisma entre as duas Igrejas. O patriarca Anastásio apressou-se em publicar um decreto contra as imagens, assinado também pelo imperador. Com esse decreto dá-se tradicionalmente início à **primeira fase da iconoclastia** (730-775), que no Oriente teve as características de uma verdadeira perseguição.

Parecia que o Ocidente estava inicialmente mais disponível à colaboração, porque o novo papa, Gregório III (731-741), era sírio e enviou logo um representante a Constantinopla, preso assim que desembarcou na Sicília. A resposta do papa a esse ato foi imediata: convocou um sínodo romano para o dia 1º de novembro de 731, do qual participaram noventa e cinco bispos, os quais decretaram a ortodoxia do culto das imagens e condenaram aqueles que o impediam — portanto, implicitamente, o imperador e o patriarca; como se verá, foi nesses anos que, por um lado, o papado começou a dar os primeiros passos para a aliança com os francos, pedindo ajuda a Carlos Martelo, poderoso mordomo do palácio dos merovíngios, contra os longobardos (item 13.1), e, por outro lado, promoveu a ação missionária de Bonifácio nos territórios alemães (item 16.1). Em honra dos santos, o sínodo romano propôs a instituição da festa de Todos os Santos, que foi depois fixada por Gregório IV (827-844).

Leão III respondeu com uma tentativa (fracassada) de invasão, confiscando as propriedades da Igreja romana na Calábria e na Sicília, e, atribuindo ao patriarcado de Constantinopla a Itália meridional, a Sicília e o Ilírico, estabeleceu as bases de um contraste que seria revigorado na época da missão entre os eslavos de Cirilo e de Metódio (863-885) (item 17.2).

Em 741 subiu ao trono imperial **Constantino V Coprônimo (741-775)**. Seu sobrenome (que significa: "seu nome é esterco") revela o desprezo pelo qual foi cercado. Ele **retomou com fúria a iconoclastia**, conseguindo dobrar seu clero, apesar de uma tentativa de golpe de Estado por parte do cunhado,

Artavasde, estrategista da guarnição da Armênia apoiado pelos iconódulos e pelo próprio patriarca Anastásio, que o coroou e restabeleceu o culto das imagens, excomungando Constantino V. Este, porém, retomou o poder depois de dezesseis meses, vingando-se duramente contra o cunhado e seus filhos e impondo que o patriarca Anastásio condenasse o culto das imagens. Constantino V gabava-se de saber teologia e escreveu um tratado teológico — que não chegou até nós — em defesa da sua política iconoclasta, difundindo seu pensamento no Oriente, enquanto no Ocidente o papa Zacarias (741-752) assinava a paz de Terni com Liutprando (742), fazia ungir Pepino, o Breve, como novo soberano dos francos (751) (item 13.2), e provavelmente sua chancelaria elaborava o *Constitutum Constantini* (ver Inserção 1 – Constitutum Constantini: *explicação e análise crítica do documento*).

Em 10 de fevereiro de 754, Constantino V inaugurou o concílio de Hiereia (ou Hieria), pequena cidade situada na margem asiática do Bósforo, do qual participaram trezentos e trinta e oito bispos orientais, sem os patriarcas, inclusive o de Constantinopla, Anastásio, morto alguns dias antes. Escravos da vontade de Constantino, os bispos reconheceram que os imperadores eram "iguais aos apóstolos, dotados de poder do Espírito Santo, não só para tornar melhor e instruir o gênero humano, mas também para confutar a heresia diabólica" e decretaram: "Se alguém procura delimitar com cores materiais em efígies humanas a irrestrita essência e subsistência de Deus pelo fato de ter se encarnado e não o reconhece como Deus, ele que mesmo depois da Encarnação continua igualmente ilimitado, seja anátema". E ainda: "Seja anátema quem se aplica a fixar o aspecto dos santos em ícones inanimados e mudos com cores materiais, porque tais imagens não trazem proveito algum — produzi-las é uma ideia insensata e um expediente diabólico —, em vez de reproduzir em si mesmos, como ícones vivos, as virtudes dos santos, as quais foram por eles transmitidas por escrito, sendo assim estimulados a um zelo igual ao deles" (cit. in Mansi, 13, 672).

A aplicação dos decretos conciliares estava delegada à autoridade civil. Enquanto as quatro sedes patriarcais (Roma, Alexandria, Antioquia, Jerusalém) rejeitavam as decisões do concílio, nas terras submetidas a Bizâncio estourou uma feroz perseguição: os afrescos nas igrejas foram substituídos por árvores, animais e pássaros; no lugar dos ícones dos santos foram pintadas cenas de jogos do hipódromo; foram sequestrados e destruídos os ícones guardados nos mosteiros (muitos deles foram transformados em casernas ou em termas ou outros edifícios públicos); os monges que se opunham foram decapitados, usando seus próprios ícones como cepo, enquanto aos iconógrafos foram amputadas as mãos. E a mesma sorte terrível estava reservada aos funcionários que não aplicavam os decretos iconoclastas.

3. Com a morte de Constantino V (14 de setembro de 775), seu filho, **Leão IV (775-780)**, chamado o Cazar, porque filho da cázara Irene, diminuiu a pressão iconoclasta, chegando os historiadores a falar de uma **primeira restauração da iconodulia**. A proteção dada às imagens sagradas acentuou-se quando o imperador Leão IV morreu, talvez assassinado (8 de setembro de 780), deixando um filho de nove anos, Constantino VI (780-797), confiado à guarda e depois à **regência da imperatriz viúva Irene** (c. 752-803), **decididamente iconódula**.

Os inícios da sua regência não foram fáceis: primeiro, teve de evitar um golpe de Estado por parte dos quatro irmãos do falecido Leão IV, e depois resistir aos abássidas — a nova dinastia dos califas árabes que reinou de 750 a 1258 — que ocupavam a margem do Bósforo diante de Constantinopla (781). Ela procurou devolver a paz religiosa e, segundo o uso já estabelecido, exigiu a demissão do patriarca Paulo IV (780-784). Ele era um tíbio iconoclasta (outros historiadores dizem que foi ele que se demitiu espontaneamente); a imperatriz o substituiu pelo fiel Tarásio (784-806), que fora seu secretário e ainda era leigo, respeitado por sua cultura, preparação teológica e sutileza política. O papa Adriano I (772-795) reconheceu-o *sub condicione*.

Com a ajuda de Tarásio, Irene convocou um concílio a ser instalado em Constantinopla em 1º de agosto de 786, mas a cerimônia de abertura, já adiada para 17 de agosto, foi interrompida pela irrupção na assembleia conciliar dos soldados fiéis a Constantino V Coprônimo, acolhidos pelos gritos de alegria por parte dos bispos iconoclastas. A imperatriz sabiamente suspendeu o concílio e enviou as tropas rebeldes para a Ásia Menor, a fim de combater contra os árabes, substituindo-as por outras mais fiéis provenientes da Trácia. Vendo-se mais segura, Irene convocou de novo o **concílio em Niceia** (24 de setembro-23 de outubro de 787), considerado ecumênico pela Igreja, do qual participaram trezentos e sessenta e sete bispos, os quais rejeitaram os decretos de Hieria; aceitaram a distinção já proposta por João Damasceno entre *latria* (ou adoração), que pode ser dirigida somente para Deus, e *dulia ou proskynesis* (ou veneração), que se pode ter em relação a uma imagem, a fim de se dirigir àquele que ela representa.

Infelizmente a tradução latina dos decretos conciliares, pelo menos a que foi aceita nos *Libri Carolini* (de 789-791), que confundia os termos adoração e veneração, foi ocasião para Carlos Magno rejeitar também os decretos do Niceno II. Todavia, foram defendidos contra Carlos Magno pelo papa Adriano I (772-795), cujos legados tinham presidido o concílio. Não se deve esquecer que Carlos Magno recorreu à arma da tradução defeituosa para continuar na polêmica com a corte de Bizâncio, que rejeitava suas ambições imperiais, contestando a aliança matrimonial proposta por Carlos em 782 a Irene, quando tinha oferecido a mão da filha Rotrude ao imperador ainda criança, o qual já tinha sido proposto como esposo (aos sete anos) de Maria de Paflagônia.

Em 788, porém, Constantino VI esquivou-se da hegemonia da mãe Irene e praticou uma política totalmente contrária, tornando-se logo inimigo de todos: rompeu as negociações matrimoniais com Carlos e o matrimônio já combinado com Maria de Paflagônia e se casou com a mulher que amava, Teódota, coroando-a como imperatriz, e ganhando, assim, a hostilidade do clero e dos monges; tornou-se malquisto também pelo exército, com uma série de derrotas militares que o levaram a se enfurecer contra suas próprias tropas e seus comandantes. Antes que tudo fosse por água abaixo, sua mãe interveio; mandou cegar o filho em 15 de agosto de 797 e retomou o governo, assumindo o título imperial no masculino: *basileus* e não *basilissa*. Era a primeira mulher a reinar como *basileus*, a ponto de se discutir sobre a validade do título, afirmando alguns que o trono estava vacante, um ótimo motivo em vista das ambições imperiais de Carlos Magno (item 14.2).

4. O reino de Irene (considerada santa pela Igreja oriental) foi efêmero, uma vez que em 802 foi deposta e exilada na ilha de Lesbos — onde morreu em 9 de agosto de 803 — por Nicéforo, o Logóteta (802-811), homem indubitavelmente capacitado que retomou a política iconoclasta, realizando a **segunda fase da iconoclastia (802-843)**, embora pareça que tenha se limitado a combater os excessos dos monges. O imperador tomou medidas para mudar o patriarca, elegendo Nicéforo, um eremita leigo (806-815), e proibiu que esse fato fosse comunicado a Roma, prolongando assim a ruptura entre as duas Igrejas. O imperador Nicéforo caiu vítima dos búlgaros em 811 e foi substituído por Miguel Rangabé (811-813), um fraco, logo deposto e preso em um mosteiro pelo duro Leão V, o Armênio (813-820), iconoclasta convicto. Ele convocou um concílio em Constantinopla para a Páscoa de 815: o Concílio de Niceia II foi condenado; foram repropostos os decretos de Hieria de 754; foi novamente ordenada a destruição das imagens sagradas, embora se admitindo que as imagens não deviam ser consideradas ídolos. Leão V impôs à força as decisões desse seu concílio, reprimindo duramente as revoltas populares apoiadas pelos monges, entre os quais se destacou Teodoro, o Estudita (758-826), e obrigando à demissão o patriarca Nicéforo, substituindo-o por um cortesão, Teódoto I Cassiteras (815-821).

Leão V acabou como seus predecessores: na noite de Natal de 820, foi assassinado durante a missa em Santa Sofia pelo antigo companheiro de armas, Miguel II (820-829), que proibiu que se discutisse ainda sobre os ícones; a questão revelava agora ter cessado. Houve ainda alguns sobressaltos, como a retomada da iconoclastia sob o filho de Miguel II, Teófilo (829-842), a qual, porém, tinha sobretudo o aspecto de perseguição política do poder dos monges.

Quem novamente **restaurou** o **culto das imagens** foi uma mulher, Teodora (c. 815-867), esposa de Teófilo, que governou o Império pelo filho Miguel III (842-867), que subiu ao trono com três anos de idade. Teodora depôs o patriarca iconoclasta João, o Gramático (837-843), e o substituiu por Metódio (843-847), perseguido pelo marido de Teodora. Depois disso, em março de 843 houve um sínodo em Constantinopla, no qual o culto das imagens foi restabelecido e, para lembrar esse evento, foi instituída uma festa a ser realizada no primeiro domingo da Quaresma, a "Festa da Ortodoxia"; todavia, internamente aos iconódulos, houve uma divisão entre quem desejasse medidas punitivas exemplares contra os *lapsi* e os que visassem a uma pacificação geral mediante o perdão. As atas desse sínodo não foram enviadas a Roma para aprovação: provavelmente era uma resposta polêmica aos *Libri Carolini* e ao sínodo de Estrasburgo de 794, que tinha condenado o sínodo de Niceia II.

De fato, o **retorno da ortodoxia** em toda a Igreja marcou outro ponto de **divisão entre as duas Igrejas** irmãs. Depois de poucos anos, os episódios de Fócio (item 17.1) mostrariam o efeito perverso dessa falta de comunicação, sinal de efetiva falta de comunhão.

13. A escolha do papado

1. Durante a guerra contra os bizantinos, em 728, o rei dos longobardos, Liutprando (712-744), tinha ocupado os castelos de Cuma e de Sutri, dos quais podia controlar tanto seus inimigos como as vias de comunicação para Roma. Persuadido pelo papa Gregório II (715-731), **Liutprando restituiu o castelo de Sutri**, mas o fez **doando-o aos santos Pedro e Paulo**, de acordo com a mentalidade bárbara, que abominava a ideia de cessão, equivalente à derrota; desse modo, o rei longobardo estava convencido de firmar um pacto com os santos apóstolos, também isso alinhado com o realismo típico da espiritualidade bárbara. Os duques rebeldes tinham sido derrotados, mas se sublevaram em 739; assim, Liutprando voltou a ocupar quatro praças-fortes estratégicas (Amélia, Orte, Bomarzo, Bieda) que podiam lhe permitir controlar tanto os duques como a própria Roma.

Consciente de que a proteção dos longobardos podia se tornar condicionamento, o novo papa, Gregório III (731-741), que já se opusera ao imperador Leão III a propósito da iconoclastia (item 12.2) e que tivera parte importante na missão desempenhada por Bonifácio nos territórios alemães (item 16.1), dirigiu-se ao poderoso mordomo do palácio — no início, o título correspondia à função de superintendente do palácio do rei, mas com o tempo esse papel foi ganhando importância, a ponto de exercer de fato o poder — dos reis merovíngios, Carlos Martelo (c. 690-741), que se limitou a procurar convencer Liutprando a desistir de seus propósitos. Consequentemente, o papa acentuou sua benevolência ao duque de Espoleto, com evidente contrariedade da monarquia longobarda.

A reconciliação ocorreu com o novo papa, Zacarias (741-752), que teve de enfrentar também as consequências dos confiscos bizantinos dos territórios da Sicília e da Calábria relativas à controvérsia iconoclasta. Mais que o predecessor, o novo papa se preocupou em construir um patrimônio fundiário em torno de Roma para permitir o abastecimento. Fazia parte dessa política a paz com os longobardos, e, assim, na primavera de 742, ele assinou a paz de Terni, com a qual Liutprando dava, segundo a fórmula já usada antes, aos santos Pedro e Paulo tanto os quatro castelos como os territórios (*patrimonia*) da Sabina, Narni, Osimo, Ancona e Numana, comprometendo-se a uma paz de vinte anos com Roma.

Era decerto o sinal do poder conseguido pelo papado e de seu prestígio; com efeito, no ano seguinte Zacarias, invocado como mediador pelo exarca de Ravena, Eutíquio, e pelos bispos do Exarcado, obteve de Liutprando a entrega (ou restituição) do território do Exarcado, e em 749 convenceu o novo rei, Ratchis, a suspender o assédio de Perúgia e cessar o bloqueio das provisões de Roma, escolha que o soberano pagou: em julho de 749 foi deposto pela assembleia dos duques longobardos e substituído por seu irmão Astolfo (749-756), que logo conquistou Ravena (751), pondo fim ao Exarcado bizantino e se apresentando como novo senhor da Itália, com pretensões também sobre Roma.

2. Entretanto, nos reinos dos francos a situação ia evoluindo em dois âmbitos que se intersectavam: em 747, por um lado, por influência também de São Bonifácio (672-754) (item 16.1), os bispos da Austrásia e da Nêustria alinharam-se à ortodoxia romana e se reconheceram dependentes do patriarcado romano; por outro, **Pepino, o Breve** (741-768), dirigiu-se ao papa com uma carta na qual perguntava se estava certo continuar a chamar de rei quem de fato não o era. Era a premissa do golpe de estado com que sua família, que havia tempo governava efetivamente o reino, substituiu a dinastia dos merovíngios. O papa Zacarias só respondeu em 751, declarando *"per auctoritatem apostolicam"* que era melhor que se chamasse de rei quem exerce o poder; portanto, convidou os bispos e os grandes do reino franco a eleger Pepino, que se dispôs a depor Quilperico (ou Quilderico) III, último rei merovíngio (743-751), e a se fazer ungir — segundo o costume dos godos, que retomava o bíblico da unção real em nome de Deus — rei pelo próprio São Bonifácio, que era legado papal.

Era a primeira vez que um papa intervinha de modo tão radical no âmbito político e dava posse de um reino, indo ao mesmo tempo ao encontro das aspirações de Pepino. Esse último via em sua consagração real um poder ministerial, sacramental, sagrado, como se o *regum* fosse uma modalidade do *sacerdotium*. Contudo, um problema continuava: podia valer a unção de Pepino também para os filhos, visto que os sacramentos não são hereditários?

A favor de Pepino na solução dessa questão foram os fatos, uma vez que o novo papa, Estêvão II (752-757), recém-eleito, se viu diante do novo rei dos longobardos, Astolfo, junto aos muros de Roma. Pensou, então, em apelar ao imperador de Bizâncio, reconhecendo implicitamente a autoridade dele também sobre o Ocidente. Naquele momento, porém, reinava no Oriente o iconoclasta Constantino V Coprônimo (item 12.2); o papa Estêvão foi então para Pavia, com o objetivo de negociar com Astolfo, que decerto cometeu um erro político de avaliação: suas excessivas pretensões levaram o pontífice a partir para a França.

Também lá os colóquios não foram inicialmente fáceis, pois entre os francos havia um forte partido filo-longobardo comandado pelo irmão de Pepino, Carlomano, que se fizera monge em Montecassino. Em todo caso, desse encontro nasceu a **Promissio carisiaca**, ou tratado de Quierzy-sur-Oise (754): Pepino comprometia-se a proteger a Igreja e o papa, a forçar o rei longobardo a restituir as terras do Exarcado, ao passo que o papa concedia a Pepino e a seus filhos o título de *patricius romanorum*; comprometia-se a consagrar rei os dois filhos de Pepino, Carlos e Carlomano, e convidava os grandes da França a eleger sempre como rei deles um dos descendentes de Pepino. Graças a essas decisões, nascia a dinastia dos carolíngios. Foi estabelecido também em Quierzy que seriam destinados ao papa a Córsega, o Exarcado (inclusive Veneza e Ístria), Espoleto, Benevento e o território ao sul da linha Luni-Monselice, de modo a fechar ao norte os domínios dos longobardos e bloquear a tendência de se unir aos dois ducados de Espoleto e Benevento.

No ano seguinte (755), Pepino desceu pela Itália, derrotou Astolfo e, com a paz de Pavia, obrigou-o a dar à Igreja de Roma (*beato Petro sanctaeque Dei Ecclesiae reipublicae Romanorum*) o Exarcado e a Pentápole (Rimini, Pesaro, Fano, Senigallia e Ancona).

Mal Pepino voltara à França, Astolfo retomou as hostilidades e assediou Roma; de novo, o papa apelou ao rei franco com uma carta em que se identificava com Pedro, cujo corpo repousa com certeza em Roma: "Eu, Pedro, apóstolo de Deus, exorto-te e esconjuro-te, como se estivesse vivo na carne diante de ti [...]. Salva e liberta a Igreja — a mim confiada por Deus — das mãos de seus perseguidores, os longobardos, a fim de que não seja profanado meu corpo que por Jesus Cristo nosso Senhor sofreu os tormentos do martírio, nem a minha casa, onde ele, por vontade de Deus, repousa, nem seja o meu povo dilacerado e reduzido a pedaços por aquele povo dos longobardos sobre o qual pesa a infâmia do perjúrio e que manifestamente viola os preceitos divinos" (MGH, *Epistulae*, 3, 964).

Pepino desceu de novo pela Itália; derrotou Astolfo em Susa, depois em Pavia, e rejeitou o pedido do imperador de Bizâncio de lhe restituir as terras do Exarcado, com a motivação de que ele, Pepino, tinha descido à Itália para aceitar o pedido de Pedro e de que ao apóstolo teria entregue aquelas terras. Como lembra o *Liber Pontificalis* (registro produzido no ambiente romano, no qual estão reunidas as biografias dos papas), o rei franco pôs sobre o altar da Confissão de Pedro as chaves dos territórios compreendidos entre os Apeninos e o Mar, Forli e Senigallia: unidos ao ducado de Roma, formavam realmente uma espécie de Estado, embora menor do que o descrito nas doações anteriores. Todavia, todos esses territórios pertenciam a São Pedro, representado por seu vigário, o *Petrus praesens*, o papa, e não eram um patrimônio pessoal do homem que desempenhava a função de papa, o qual, portanto, não podia deles dispor a seu bel-prazer, não podia aliená-los, mas somente administrá-los e guardá-los.

Nesse contexto, para responder à necessidade de justificar juridicamente o exercício da administração das terras que foram sendo acumuladas no Patrimônio de São Pedro e nas doações a Pedro e Paulo, justificava-se o recurso ao *Constitutum Constantini* ou *Doação de Constantino* (ver Inserção 1 – Constitutum Constantini: *explicação e análise crítica do documento*).

3. Com a morte do papa Estêvão II, seu sucessor foi seu irmão Paulo I (757-767). Essa era uma prática insólita que mostra o apetite das famílias romanas pelo *patrimonium*, embora Paulo I tenha sido canonizado pela fama de sua caridade. Decerto ele teve uma altíssima consciência do seu papel, definindo-se como "o mediador entre Deus e os homens, o procurador de almas"; empenhou-se com todas as forças nesse ideal, consumindo seu pontificado em defender o Patrimônio de São Pedro das ambições do longobardo Desidério e de Bizâncio e, ao mesmo tempo, em fugir aos condicionamentos das famílias romanas, as quais, com a morte do papa Paulo I, se encheram de coragem, pretendendo ter maior peso na eleição do novo pontífice. Disso se aproveitou o aventureiro Teodoro (ou Totone), duque de Nepi, que impôs como papa seu irmão Constantino (767-768). Contra ele se levantou o *primicerius* da Igreja romana, Cristóforo, que recorreu ao longobardo Desidério, o qual respondeu prontamente depondo Constantino, mas elegendo um candidato seu, o monge Filipe. Novamente Cristóforo a ele se opôs e, tendo convocado no fórum o clero e os notáveis leigos e militares de Roma, fez proclamar como papa uma criatura sua, um presbítero de origem siciliana, mas morador de Roma havia muitos anos, Estêvão III (768-772), que deu início a seu pontificado da pior maneira, ou seja, fazendo cegar Constantino e levá-lo preso a um mosteiro.

Nesses mesmos meses morria Pepino, o Breve, e o reino foi repartido entre seus dois filhos: a Carlos (742-814), as regiões atlânticas, e a Carlomano (751-771), as centrais e mediterrâneas. Disso se aproveitou o longobardo Desidério, que persuadiu o fraco papa a lhe entregar o *primicerius* Cristóforo, contra o qual se vingou ferozmente, e a se pôr sob sua proteção. Desidério parecia então vencedor, quando em 4 de dezembro de 771 morreu repentinamente Carlomano. Carlos repudiou a filha de Desidério e invadiu os territórios de seu irmão falecido, obrigando a viúva e os filhos a se refugiarem junto do rei longobardo.

Entretanto, **Adriano I** (772-795) subia ao trono de Pedro. O novo papa não se dobrou à pretensão do rei longobardo, que lhe tinha pedido ungir rei a seus sobrinhos, os filhos de Carlomano; quando Desidério assediou Roma, o papa Adriano pediu ajuda a Carlos, que desceu à Itália (773) e assediou Pavia. Durante as festas pascais, Carlos quis ir a Roma, onde foi acolhido com as honras reservadas ao exarca imperial. Ele, porém, não quis morar no *palatium* como hóspede do papa, obrigado aos relativos deveres, mas preferiu residir no *ospitium* dos peregrinos. Era um modo de acentuar sua independência ou de não ofender os bizantinos com os quais negociava o matrimônio da filha Rotrude com Constantino VI? Como já havia feito seu pai, Carlos pôs sobre o altar da Confissão a doação fixada em Quierzy, ou seja, a *Promissio carisiaca* (item 13.2). O gesto enfatizou a sacralidade, mas também a formalidade do dom, pois na realidade aquela doação não teve aplicação real. Em todo caso, o papa Adriano levou a sério a doação do Exarcado. Assim, a partir daquele momento, os documentos pontifícios começaram a ser datados segundo os anos de pontificado — acentuando, portanto, a dignidade soberana do papado — e não mais com a datação imperial.

De Roma, Carlos retornou a Pavia, conquistando-a em 7 de julho de 787; enquanto Adelchis, filho de Desidério, fugia para território bizantino, o próprio Desidério foi levado prisioneiro para Corbie, e Carlos assumiu o título de rei dos longobardos. Agora era indicado como *Carolus gratia Dei rex Francorum et Longobardorum atque Patricius Romanorum* (Carlos, por graça de Deus rei dos francos, dos longobardos e patrício dos romanos).

14. A época de Carlos Magno

1. Em 778 **Carlos** já havia sofrido a derrota de Roncesvales por uma força expedicionária berbere (15 de agosto), que naquele momento interrompeu suas intenções expansionistas na Península Ibérica. Quase contemporaneamente ele estava envolvido na guerra contra os saxões, começada em 772 e

concluída somente em 804, com fases alternadas, durante a qual — provavelmente em 785 — tinha emanado a *Capitulatio de partibus Saxoniae*, que entre outras coisas dizia: "Se por desprezo da religião cristã alguém não respeitar o santo jejum quaresmal e comer carne, seja condenado à morte; mas o sacerdote deve considerar se às vezes poderá ter acontecido a alguém ter comido carne por necessidade. Se alguém não batizado entre os saxões se esconder entre os seus e recusar receber o batismo e quiser permanecer pagão, seja condenado à morte" (MGH, *Capitularia regum Francorum*, 2, 68-70).

A *Capitulatio* foi decretada no contexto da extenuante guerra pontuada pelas contínuas rebeliões dos saxões; ao impor o batismo sob pena de morte, visava à homologação daquelas populações, segundo o projeto de unificação cultural, civil e religiosa perseguido por Carlos. A mesma sorte tocou aos bávaros, que Carlos submeteu em 786, e aos ávaros, derrotados em 796, quando o príncipe Tundun foi batizado em Aachen (Aquisgrana), tendo como padrinho o próprio Carlos. Em 798 Carlos voltou a ajudar os rebeldes sarracenos de Saragoça contra Al Hakam, e em 801 conquistou Barcelona, dando estabilidade ao Marquesado espanhol.

Enquanto isso, ia se realizando o **renascimento carolíngio**, obtido com uma política de unificação e centralização no âmbito litúrgico, cultural e monástico-canônico. A unificação cultural ocorreu com as escolas palatinas ou monásticas, impostas com a *Admonitio generalis* de 23 de março de 789: "Formem-se escolas de jovens instruídos. Em cada mosteiro e bispado submetam-se a cuidadosos aperfeiçoamentos os Salmos, as notas, o canto, os cálculos matemáticos, a gramática e os livros católicos. [...] E não permitais que vossos alunos, lendo ou escrevendo, alterem o texto; se for necessário escrever um evangelho, um saltério, um missal, que a tarefa seja confiada a homens maduros que se dediquem a isso com toda diligência" (MGH, *Capitularia regum Francorum*, 1, 72). Animadores desse renascimento cultural foram homens como Paulo Diácono (720-799), Alcuíno de York (735-804), Paulino de Aquileia (c. 750-802), Angilberto de Saint-Riquier (c. 750-814), Teodulfo de Orléans (c. 760-821), Eginardo (c. 775-840), reunidos na famosa *Schola Palatina* de Aachen, um centro de excelência que difundiu um método de estudo uniforme, baseado na leitura da Bíblia, no estudo dos Padres e dos filósofos antigos e das artes liberais, de modo especial o *trivium* (dialética, retórica, gramática).

O fruto valioso dessa atividade cultural para a própria civilização europeia é atestado pelas palavras entusiasmadas da carta *De litteris colendis*, escrita por Carlos Magno a Baugulfo, abade de Fulda (780-800), que tem, porém, características de uma carta circular válida para todo o reino: "Os bispados e mosteiros que por vontade de Deus foram confiados à nossa guia devem, além da observância da regra e da prática da santa religião, preocupar-se para que seja ensinado aos que por dom de Deus são capazes de aprender, e segundo a capacidade de cada qual, o exercício das letras, a fim de que, como a regra dá ordem e ornamento aos costumes, igualmente o compromisso de ensinar e de aprender as letras faça a mesma coisa para a língua; e aqueles que querem agradar a Deus vivendo retamente não sejam negligentes em agradar a ele, também falando retamente. [...] Exorto-vos não somente a não negligenciar os estudos, mas, ao contrário, a empenhar-vos em cultivá-los, com humildade, entenda-se, e com a intenção de agradar a Deus [...]. Para essa tarefa sejam escolhidos homens que unam à vontade e à capacidade de aprender o desejo de instruir a outros. [...] Faze com que sejam enviadas cópias desta carta a todos os bispos vossos sufragâneos e a todos os mosteiros, se quiseres ser benquisto diante de nós" (*Encyclica de litteris colendis*. In: MGH, *Leges*, 1, 52-53).

A unificação litúrgica aconteceu com a retomada e a difusão dos rituais de Roma, e por isso o ideal da *romanitas* se fundiu com o da *christianitas*.

A unificação espiritual ocorreu mediante a recuperação da sabedoria e da antropologia greco-romanas, que exprimiam confiança nas capacidades do ser humano, que assim consegue se aproximar de Deus com a razão, embora de modo imperfeito, e combater as paixões, pois é chamado à divinização (*theosis*). Esse itinerário espiritual, de que foi intérprete Bento de Aniane (750-821), aplicou-se aos monges com uma atualização aos novos tempos da *Regra* de Bento (cap. 1, item 3.3), renovando seu equilíbrio entre ação e contemplação; e se referiu também ao clero secular, ao qual foi pedido um caminho de formação com um programa de estudo e uma verificação igualmente pontual antes da ordenação, como testemunha a maioria dos pontos examinados pelas *Capitulares* de 803: "No palácio do rei foi decidido que os sacerdotes não sejam ordenados antes de serem examinados. 1. Pergunto-vos, ó sacerdotes, de que modo credes para manter a fé católica e de que modo conheceis e compreendeis o símbolo apostólico e a oração do Senhor. 2. De que modo conheceis e compreendeis os cânones que vos dizem respeito. 3. De que modo conheceis e compreendeis o penitencial. 4. De que modo conheceis e compreendeis a missa que celebrais segundo o ritual romano. 5. De que modo podeis ler o Evangelho e ensiná-lo a outros inexperientes. 6. De que modo compreendeis as homilias dos Padres ortodoxos e sabeis ensiná-las a outros. 7. De que modo conheceis o ofício divino que deve ser recitado segundo o rito romano nas solenidades estabelecidas. 8. De que modo conheceis e compreendeis o rito do batismo. 9. Pergunto-vos, ó canônicos, se viveis segundo os cânones ou não. 10. A vós, portanto, abades, pergunto se conheceis e compreendeis a regra e se aqueles que estão submetidos à vossa direção vivem segundo a regra de São Bento ou não, e quantos deles conhecem e compreendem a regra. 11. Pergunto também aos leigos de que modo conhecem e compreendem a lei que lhes diz respeito. 12. Que cada qual envie seu filho a aprender latim e que nisso permaneça com a máxima atenção até que chegue a ser bem instruído" (MGH, *Capitularia regum Francorum*, 1, 234).

Já tendo sido conselheiro de Carlos, o abade Bento de Aniane permaneceu também ao lado do filho dele, Luís, o Pio, conseguindo graças a **duas dietas ocorridas em Aachen** (grandes assembleias presididas pelo próprio imperador) em 816 e 817 introduzir a adoção de regras específicas para os monges e os canônicos, de modo que cada uma das duas ordens fosse reconhecível com base em um específico estilo de vida. A forma única de vida escolhida pelos monges foi a adoção da *Regra* de Bento de Núrsia; o imperador a impôs a todos os mosteiros do Império (embora no reino itálico tenha sido introduzida de modo difuso somente alguns decênios mais tarde). Para a vida canônica foi aprovada uma regra conhecida pelo nome de "regra de Aachen" ou também "*Institutio canonicorum*", na qual, com base em hábitos anteriores, eram impostos aos canônicos a recitação em comum do ofício, como comum eram também o refeitório e o dormitório.

O renascimento carolíngio refluiu sobre o próprio Carlos, que Alcuíno definiu "*novus David, rex et sacerdos*"; não por acaso o papa Leão III (795-816), precisamente a partir de 798, começou a datar seus documentos, apondo ao lado do ano de pontificado o do reino de Carlos, como ocorria outrora com os imperadores bizantinos. Além disso, no contexto do renascimento carolíngio, foi remodelada a organização eclesiástica de muitos territórios ocidentais, como se verá no capítulo seguinte (cap. 5, item 18.6).

2. Mal fora eleito, **o papa Leão III (795-816)** enviou a Carlos, oficialmente *patricius romanus*, as atas de sua eleição para que as retificasse, como se fizera antes em relação ao imperador de Bizâncio. Junto com sua comunicação, enviou também ao rei franco as chaves da Confissão da basílica de São Pedro e o estandarte da cidade de Roma, invocando o envio de um embaixador, ao qual os romanos jurariam fidelidade e submissão. Provavelmente Leão III não se sentia seguro: sabia ter chegado ao papado não tanto por sua nobreza (era de origens humildes) quanto por suas capacidades, inclusive a de hábil mediador, demonstradas nos longos anos de serviço em Roma. Sua eleição não fora unânime e não faltaram vozes que colocavam em dúvida sua honestidade e probidade; por isso, dirigiu-se logo a Carlos, a quem era sinceramente afeiçoado.

O clima de tensão em relação ao papa explodiu em 25 de abril de 799, quando o pontífice, indo em um cortejo em direção a São Pedro, foi apeado do cavalo e agredido com a intenção de cegá-lo e lhe arrancar a língua. Com muito custo, conseguiu se salvar, refugiando-se no mosteiro de Santo Erasmo no Célio. Enquanto isso, saques e tumultos se espalhavam por Roma, sinal de que a população estava contente com o atentado e que Leão III não era benquisto. Tendo se refugiado em Espoleto, o papa pediu ajuda a Carlos e foi ter com ele em Paderborn. Teve então de se desculpar pelas acusações de adultério e de perjúrio que os notáveis de Roma tinham transmitido ao próprio Carlos. Não sabemos muito mais que isso, porque já então se afirmava que *prima Sedes non iudicatur a quoquam* (a Sede apostólica não pode ser julgada por ninguém); assim, os resultados da inquirição foram logo queimados por Alcuíno, justamente para evitar que se pudesse instituir um processo formal contra o papa.

Carlos não demonstrou ter pressa de resolver a questão e continuou sua viagem pela Europa, enviando o papa de volta a Roma, escoltado por tropas e bispos francos, em vista do sínodo do qual ele próprio haveria de participar. O rei dos francos e dos longobardos foi a Roma somente no fim de novembro do ano seguinte (800), recebido já fora da cidade com sumas honrarias. Foram necessárias três semanas para chegar a um acordo sobre a forma da inquirição, pois o papa não podia nem queria sofrer um processo que prejudicasse a liberdade e a independência do papado em relação a qualquer autoridade humana. Para resolver a questão, recorreu-se ao direito germânico, que garantia ao acusado (neste caso, o papa) a tarefa de se defender depois de jurar dizer a verdade, a menos que os acusadores se levantassem contra o acusado, demonstrando que ele tinha mentido. Assim ocorreu no dia 23 de dezembro de 800: o papa subiu ao ambão e leu a declaração na qual afirmava que *sponte* (de sua espontânea vontade), não solicitado nem constrangido por ninguém — pois *pontifex a nemine iudicatur* (o pontífice da Igreja romana não pode ser julgado por ninguém) (MGH, *Concilia Aevi Karolini*, 2, 1, 226) —, desejava jurar, invocando Deus como testemunha, que os crimes de que era acusado ele não os havia cometido nem tinha ordenado que se cometessem. Terminada a declaração espontânea do papa, ninguém se levantou para contradizê-lo; portanto, a verdade de Leão III ficou sendo a única afirmada e, não tendo sido contestada por ninguém, foi aceita antes que tivesse início o processo formal, o qual consequentemente não aconteceu.

Antes do início (ou talvez na conclusão) dessa cerimônia, dois monges entraram no recinto, entregando a Carlos as chaves do Santo Sepulcro e de Jerusalém, que na realidade estavam firmes nas mãos dos muçulmanos; com essa entrega, Carlos se tornava de fato o protetor da cristandade.

Dois dias depois, no dia de Natal, que, segundo o calendário romano, era também o primeiro dia do novo ano e do novo século, Carlos foi a São Pedro; enquanto ele orava junto à *Confissão*, **o papa lhe pôs uma coroa na cabeça**, ao mesmo tempo em que o povo o aclamava três vezes, de acordo com o ritual das coroações imperiais bizantinas; depois disso, o papa o ungiu junto com seu filho e se prostrou diante do novo imperador, para a costumeira *adoratio* imperial, imitado por todos os dignitários presentes. Quanto à responsabilidade da iniciativa de chegar à coroação, o debate entre os historiadores na metade do século passado foi muito acirrado; todavia, é difícil acreditar que Carlos não tivesse sido informado e que o papa tenha tido uma inspiração repentina ao ver o soberano recolhido em oração, de cabeça baixa, como narra Eginardo na *Vida* de Carlos (MGH, *Scriptores*, 2, 458).

Foi um ato muito simbólico, quer pelo gesto da coroação, quer pela data e pelo lugar. Ao coroar Carlos, o papa exerceu o direito que lhe era concedido pelo *Constitutum Constantini*, do qual se confirmam nos fatos a existência e a aplicação; pôde fazê-lo porque formalmente o trono imperial estava vacante, por estar ocupado ilegitimamente por uma mulher (ou seja, a imperatriz Irene: ver item 12.3). A coroação naquela data de começo de um novo século, o IX, evocava o início de uma nova era, da qual Carlos seria o astro. O gesto da *proskynesis* de Leão III permaneceu isolado, pois nenhum outro papa se prostrou diante de um imperador.

Poucos dias depois da coroação de Carlos, encerrou-se também o contencioso sobre o papa Leão: existindo um só e válido juramento, o do papa, o novo imperador concluiu que os acusadores do papa tinham mentido e fomentado as desordens na Urbe e os condenou à morte, comutando — por intercessão do pontífice — a pena em exílio em alguns conventos Além dos Alpes.

O que ocorreu em Roma por ocasião da coroação de Carlos provocou outra **ferida na comunhão entre as duas Igrejas**. Irene protestou energicamente e nunca reconheceu o título de Carlos; e quando, em 806, foi eleito o novo patriarca de Constantinopla, Nicéforo, o imperador, também ele de nome Nicéforo, proibiu o envio da carta de comunhão ao papa. A reconciliação se deu somente em 812, mas é preciso reconhecer que então o tempo das rupturas era mais longo do que o da comunhão.

3. Embora Carlos tenha se tornado imperador, a unidade ideal do domínio carolíngio estava inevitavelmente enfraquecida pela mentalidade bárbara, segundo a qual a herança do pai devia ser dividida igualmente entre os filhos. Assim, em 817 o filho de Carlos, Luís, o Pio, com a *Ordinatio imperii*, associou a si na dignidade imperial seu filho primogênito Lotário, atribuindo a ele a turbulenta Itália. Uma vez que Lotário era o *imperador*, os dois irmãos menores, Pepino, nomeado rei da Aquitânia, e Ludovico, chamado depois de *o Germânico*, eleito rei da Baviera, tiveram de lhe jurar obediência. Em 818, Luís, o Pio, decidiu tornar a se casar com uma bávara, Judite, de quem em 823 nasceu Carlos, chamado depois de *o Calvo*; consequentemente, em 829 procedeu-se a uma **nova divisão do Império**, e Lotário, que se opusera a isso, foi privado do título imperial e relegado a um mosteiro na Itália. Ali permaneceu poucos meses; depois marchou contra seu pai, obrigando-o, em 830, a abdicar.

Então Luís, o Pio, apoiou-se em seus outros dois filhos — Pepino e Ludovico II, o Germânico —, ampliou os reinos deles e, de novo, declarou Lotário deposto, mas os dois irmãos contestaram a atribuição dos territórios a Carlos, o Calvo, e assim Luís, o Pio, teve de guerrear também contra eles, derrotando primeiro Ludovico II, o Germânico, e depois Pepino de Aquitânia; enfim, atribuiu o reino a Carlos. Foi uma jogada infeliz, pois os três irmãos maiores (Lotário, Pepino e Ludovico II, o Germânico) se coligaram contra o pequeno Carlos e contra o pai deles; assim, em 30 de junho de 833, em Rothfeld, perto de Colmar (chamado depois *Campo da mentira*), na vigília do embate decisivo, Luís, o Pio, foi abandonado por todos, inclusive por príncipes e bispos; entregou-se a seus filhos maiores e, três meses depois (1º de outubro de 833), abdicou; Lotário foi reconhecido como único imperador, enquanto Judite foi mandada para a Itália, e Carlos, o Calvo, foi trancado em um mosteiro. Os três irmãos, porém, reintegraram Luís, o Pio, na dignidade imperial, em 1º de março de 834; a guerra de família continuou e se prolongou além da morte de Ludovico (20 de junho de 840), até o *tratado de Verdun* (agosto de 843).

O Império do Ocidente, portanto, já mostrava os primeiros sinais de queda, ao passo que no Oriente se estabelecia uma nova questão: os povos eslavos que faziam pressão na Europa central. Também a eles era preciso anunciar o Evangelho. Como? Surgia uma nova missão para a Igreja.

Inserção 1
Constitutum Constantini:
explicação e análise crítica do documento

Sobre o *Constitutum Constantini* ou *Doação de Constantino*, conservado em abundância nas Decretais do Pseudo-Isidoro (século IX), existe hoje o valioso livro de Giovanni Maria Vian, *La donazione di Costantino*, que é o principal ponto de referência para os estudos em língua italiana. Pode-se afirmar que a *Doação de Constantino* é uma "verdadeira falsidade" ou uma "falsa verdade". O jogo linguístico lembra que não temos de abordar esse texto com a mentalidade moderna e com sua crítica talvez ideológica: é necessário que nos ponhamos diante da *Doação*, procurando conhecê-la antes de julgá-la, compreender sua gênese, suas motivações, seu conteúdo.

O documento apresenta-se como um *constitutum*, ou seja, um decreto do imperador Constantino que doa ao papa Silvestre e a seus sucessores, como vigários de Cristo e de São Pedro, "poder, glória, dignidade, força e honras imperiais" e a primazia "quer sobre as principais sedes de Antioquia, Constantinopla, Jerusalém, quer sobre todas as igrejas de Deus existentes sobre a terra". Portanto, atribui ao papa os territórios do Latrão, enchendo de dons a homônima basílica, e "todas as províncias, lugares, cidades de Roma e da Itália, e das regiões ocidentais", enquanto ele se transferiria para Bizâncio, para governar as regiões orientais do Império.

A *Doação* teve sua provável gênese no século VIII, quando o Oriente estava ocupado com a diatribe sobre os ícones e com as seculares guerras de defesa das fronteiras orientais, e era agredido pelo tumultuoso sucesso dos árabes, que professavam sua nova, embora pouco conhecida, religião. De um lado, o Ocidente estava em tensão com o Oriente, precisamente por causa da polêmica sobre os ícones, e de outro, via a consolidação da presença dos antigos povos bárbaros, agora estabelecidos e organizados em realidades políticas com todas as ambições de domínio e de poder que os acompanhavam. Neste contexto, é inegável a força adquirida pelos francos graças a alguns mordomos de palácio particularmente capazes (Carlos Martelo, Pepino, o Breve), ao passo que na Itália fazia tempo estavam instalados os vários clãs longobardos, que tinham ocupado, embora de modo não homogêneo, boa parte do território da península, como que rodeando o território romano, justamente enquanto se atenuava a ligação entre os domínios bizantinos e o Império do Oriente.

Nessa situação de fraqueza, era preciso suprir a ausência do poder civil, provendo em particular à alimentação da população, à defesa das invasões, à organização prática da vida; no fundo, era a mesma suplência que tiveram de assumir muitos bispos na península italiana naquela época de tribulação. Nesta obra de suplência — não de substituição — do papel do governo imperial, que comportava também a defesa da população, inseriu-se o particular costume bárbaro que deu forte legitimação ao papel de suplência do papado, e isso fez tradicionalmente remontar à *doação de Sutri* efetuada por Liutprando em 728 aos santos Pedro e Paulo (item 13.1).

Essa e outras doações tornaram-se cada vez mais numerosas, e pouco a pouco deixaram mais extenso o âmbito de exercício da suplência pontifícia, que foi se sobrecarregando de compromissos cada vez maiores: do exercício da justiça à conservação da ordem, à administração cotidiana, ao cuidado das vias de comunicação, à defesa armada do território, com a consequente necessidade de confiar encargos, nomear para postos de responsabilidade reservados juridicamente ao imperador ou a seus representantes cada vez mais indecisos ou incapazes. O ápice da atribuição dessas dignidades e funções foi certamente a coroação imperial de Carlos, efetivamente precedida pela mudança da dinastia real na França dos merovíngios aos carolíngios.

Em que se fundamentava essa autoridade? Quão legítima ela era? Quanto não podia ser contestada, como de fato muitas vezes acontecia? Neste contexto é que se situa o *Constitutum*, um documento que reflete o modo tradicional naquele tempo de fundamentar juridicamente um direito, ou seja, segundo a modalidade do direito consuetudinário (como ainda hoje ocorre em não poucas nações). Na prática, era necessário um instrumento jurídico que desse fundamento à ação de suplência do pontífice, e esse instrumento jurídico devia ser intocável, não contestável por ninguém. Daí o primeiro elemento: escrever nos registros papais (uma espécie de coleção dos atos pontifícios) um documento que contivesse precisamente o fundamento da autoridade que o pontífice usava. Naquele tempo, a inscrição dos registros era também uma espécie de declaração, a expressão de um pensamento, sua teorização. O valor jurídico desse documento registrado dependia da própria aceitação que se fazia dele. Normalmente, bastava que fosse registrado e comunicado a outros, e que eles não o contestassem quando era aplicado, ou o inscrevessem, por sua vez, nos registros deles.

Era preciso levar em consideração outro elemento: a inapelabilidade. Ninguém podia contestar um documento apelando para uma autoridade superior. Junto com esse princípio jurídico havia o da respeitabilidade, ou seja, um documento é tão mais importante quanto mais importante é a pessoa a quem é atribuído. No que diz respeito ao *Constitutum*, que autoridade é maior que a de Constantino? A quem apelar acima de Constantino, ou seja, acima da máxima autoridade civil que ele representava? Em outras palavras, sentia-se a necessidade de fundamentar juridicamente o exercício do poder no âmbito temporal, remetendo a uma autoridade acima da qual não havia outra, precisamente o primeiro dos imperadores cristãos. Se a respeitabilidade do documento fosse aceita, geraria jurisdição; e é o que ocorreu: foi elaborado um documento jurídico atribuído a Constantino, conferindo assim máxima respeitabilidade a seu conteúdo.

O documento apresentava erros evidentes no plano histórico: *in primis*, a atribuição de honras à Igreja romana — concedidas *de per si* não por Constantino, mas por Teodósio (vol. I, cap. 4, item 18.4) —, como se deduz do próprio *Constitutum*, que põe nos lábios de Constantino, dirigindo-se ao papa Silvestre, as seguintes afirmações: "Quanto é possível ao nosso terreno e imperial poder, decidimos honrar sua sacrossanta Igreja romana com a devida veneração e exaltar gloriosamente, mais do que nosso Império e nosso trono terreno, a santíssima sede de São Pedro, atribuindo-lhes poder, glória, dignidade, força e honras imperiais". Também se relacionam somente três sedes patriarcais (Antioquia, Constantinopla e Jerusalém), ao passo que falta a sede de Alexandria que, por ocasião da redação do documento, tinha caído nas mãos dos árabes.

O *Constitutum* é um texto preciso, pontual, quase pedante, mas assim devia ser na tradição jurídica que o havia gerado, e que também hoje é conservada pela legislação ou pelos contratos normais, segundo o axioma: *quod lex vult, dicit, quod non vult, tacet* (o que a lei quer, ela o diz, sobre o que não quer, cala-se). Portanto, era importante — e assim sempre foi na Idade Média — listar tudo o que fazia parte do exercício de uma tarefa, pois o que não aparecia era por isso mesmo concedido, porquanto na circunstância epocal em que o documento foi elaborado era necessário evitar vazios jurídicos que podiam dar azo a contestações.

Como conclusão, o *Constitutum Constantini* foi redigido por peritos tabeliães que conheciam bem os fundamentos jurídicos da época, de modo que o papa, a única autoridade capaz naquele momento de cuidar do povo, pudesse fazê-lo na plenitude de seus deveres, bem como de seus direitos; o que ali estava escrito era não somente o que lhe competia, mas também o que devia cumprir para ser fiel ao mandato recebido.

O *Constitutum* parece não ter sido muito usado depois do período carolíngio, permanecendo quase como fundamento formal da jurisdição papal, tanto que se voltou a discutir sobre ele no tempo do imperador Otão III (996-1002), que contestou sua autenticidade, para afirmar o fundamento das próprias intervenções de reforma do Império com o apoio do clero. Pouco tempo depois, a ele apelou o papa Leão IX (1048-1054) em apoio de sua ação de reforma eclesial. O documento foi sucessivamente inserido no *Decretum Gratiani* (ver cap. 7, item 29.4); a ele apelou o papa Alexandre VI (1492-1503) para justificar sua intervenção na divisão do Novo Mundo entre Espanha e Portugal (bula *Inter coetera*, de 4 de maio de 1493 [cf. vol. III, cap. 2, item 8.1]), pois a rigorosa demonstração da sua inautenticidade feita por Lorenzo Valla em 1440 (*De falso et ementita Constantini donatione declamatio*) foi publicada somente em 1517 no âmbito alemão e enquanto tinha início a Reforma protestante, tanto assim que em 1599 o texto de Valla foi posto no *Índice dos livros proibidos*. Tudo isso, embora Ludovico Ariosto (1474-1533), em *Orlando Furioso* (canto 34, oitava 80), e Nicolau de Cusa, humanista e cardeal (1401-1464) (vol. III, cap. 1, item 4.2), tivessem expresso fortes dúvidas e perplexidades a respeito daquele texto. Mais recentemente vieram as calmas palavras de Frederico Chabod, que tratou do assunto em suas *Lezioni di metodo storico* (Roma-Bari, Laterza, 1969), pacificando os ânimos: "Se hoje ninguém poderia mais sonhar em atribuir realmente a Constantino a *Donatio*, o *Constitutum* conserva igualmente uma importância de primeiríssima ordem para a história das relações entre o Estado e a Igreja na Alta Idade Média, no sentido de que o documento fabricado em uma época posterior à do papa Silvestre e de Constantino, provavelmente na segunda metade do século VIII, é valiosa revelação das aspirações e dos entendimentos políticos da própria Igreja em certa fase de seu desenvolvimento, é testemunho seguro do crescente poder e autoridade do papado, que a certo ponto pode, portanto, exigir para si a plena paridade com o poder político. De nada serve para a história do século IV, mas serve muitíssimo para a do século VIII" (p. 77). Por último, nesse caminho historiográfico vem o estudo de Giovanni Maria Vian com uma conclusão que deve ser tida como referência: "A doação de Constantino tem quase treze séculos de história e há um milênio é posta em dúvida, detestada, discutida, e agora de fato desaparecida. Permanece paradoxalmente um fato: se hoje o papa de Roma tem uma autoridade mundial reconhecida não apenas no plano político, mas também no plano moral, sob o ponto de vista histórico isso se deve em parte justamente ao falso documento atribuído ao primeiro grande soberano cristão" (cit. in Vian, 226).

Nota bibliográfica

ANTONAZZI, G. *Lorenzo Valla e la polemica sulla donazione di Costantino con testi inediti dei secoli XV-XVII*. Roma: Edizioni di Storia e Letteratura, 1985.

CIAMPANI, M. *La storicità della donazione di Costantino*. Roma: Nuova Cultura, 2005.

PETRUCCI, E. I rapporti tra le redazioni latine e greche del Costituto di Costantino. In: _____. *Ecclesiologia e politica. Momenti di storia del papato medievale*. Roma: Carocci, 2001, 1-110.

VIAN, G. M. *La donazione di Costantino*. Bolonha: il Mulino, 2004.

15. A evangelização a oeste: do domínio muçulmano à *reconquista* de Pedro I de Aragão

1. Em 708, Witiza, rei dos visigodos, já havia rejeitado a tentativa de Musa ibn Nusayr, *wali* (governador) da África setentrional (ou Ifríquia), de invadir a Península Ibérica; ele morreu pouco depois, deixando o trono ao filho, Ágila II, que em 710, porém, foi deposto pela assembleia dos nobres visigodos e substituído por Roderico (ou Rodrigo). Ágila II reagiu, pedindo justamente a ajuda de Musa ibn Nusayr, que encarregou desse empreendimento Tarik ibn Ziyad († c. 720), emir da Mauritânia, que aspirava ampliar o próprio poder contra seu superior. Assim, em 30 de abril de 711, Tarik desembarcou na Península Ibérica com sete mil homens e, derrotando rapidamente Rodrigo em Xeres de la Frontera (19-26 de julho de 711), com o apoio de Ágila II, de seu clã e de algumas tribos hebraicas, transformou sua incursão em uma marcha triunfal: Sevilha, Córdoba, Málaga, Toledo caíram em suas mãos quase sem resistência e até mesmo com a colaboração de muitos nobres locais, os quais pensavam assim se emanciparem do poder do soberano; somente Mérida resistiu por mais de um ano.

Tendo percebido que fora um erro apoiar Tarik, Ágila II fugiu para a parte setentrional da Península Ibérica, ao passo que Musa ibn Nusayr, também temeroso do excessivo sucesso de Tarik, desembarcou na Espanha em 712, exigiu que Tarik lhe entregasse as terras conquistadas e continuou a conquista; enquanto Roderico era capturado e morto (713), e Ágila II se declarava vassalo do califa de Damasco, Musa conquistou Saragoça e Lérida (714), Tarragona (716), Barcelona (718) e Narbona (721).

Musa ibn Nusayr não impôs a conversão forçada ao islã, mas aplicou a chamada "Carta de Omar" (segundo califa depois de Maomé), que valia também para os judeus e continha não poucas proibições e obrigações para os *dimmi* (ou *dhimmi*), literalmente "os protegidos", ou seja, os súditos não muçulmanos. Eles não podiam construir nem reformar igrejas, conventos e eremitérios; não podiam manifestar nem pregar a própria religião, sendo-lhes proibido fazer procissões e mostrar cruzes ou bíblias em público; não podiam testemunhar contra um muçulmano nem se defender se a acusação fosse feita por um muçulmano; não podiam casar com uma mulher muçulmana nem ter casas mais altas do que as dos muçulmanos; não podiam portar armas nem vender bebidas fermentadas. Além disso, eram obrigados a hospedar gratuitamente, por ao menos três dias, qualquer muçulmano e se vestir de modo que fossem reconhecidos (portando um pedaço de tecido azul se cristãos, ou amarelo, se judeus).

Os sucessos de Musa ibn Nusayr deixaram desconfiado o califa Al Walid I (705-715), que o chamou a Damasco, temendo o nascimento de um califado ibérico. Essa incerteza também por parte dos árabes acarretou alternância nos acontecimentos. Assim, Pelayo (ou Pelágio) de Fáfila, que tinha se refugiado com os sobreviventes de Roderico na região das Astúrias, conseguiu dispersar os árabes em Alcama (718), mas pouco depois foi derrotado, de modo que os muçulmanos conseguiram ocupar Barcelona e Narbona, fundando diversos emirados ibéricos e realizando uma série de incursões também no território franco, fazendo pilhagens preferivelmente dos tesouros das igrejas (são memoráveis os de Tours e de Bordeaux) até o combate de Poitiers (732) contra as tropas guiadas por Carlos Martelo. A batalha tornou-se lendária, porque contribuiu para frear o expansionismo árabe na Europa, todavia sem interromper os assaltos via mar (cap. 2, item 8.1 e cap. 5, item 18.1).

Com efeito, Pelayo voltara a guerrear contra os invasores, derrotando-os em Covadonga em 722, ano que foi assumido como data simbólica do **início da *reconquista***. Sua obra foi retomada por seu genro, Alfonso I (739-757), que em 750 completou a libertação da Galícia, enquanto prosseguia a islamização da península, sobretudo depois que, em 753, Abd al Rahman I (731-788), que fugira ao massacre da família imperial Omíada por parte dos abássidas, tinha se refugiado em Andaluzia (nome árabe da Península Ibérica), fazendo de Córdoba sua capital, enriquecendo-a com obras de arte — como a *Grande Mesquita*, construída onde surgia a catedral de São Vicente —, e dividindo a cidade em quarteirões ou guetos, segundo o pertencimento religioso.

Na obra de *reconquista*, um lugar especial cabe a Alfonso II, *o Casto* (791-842), que se fez ungir rei segundo a tradição ritual goda, estabeleceu sua residência na antiga capital, Oviedo, pôs de novo em vigor a antiga *lex visigotorum* e realizou uma administração semelhante à franca, apoiando-se em *comites* e *judices* e construindo uma série de castelos defensivos na parte oriental do reino (daí o nome *Castela*). Alfonso II deu um ar de religiosidade a seu empreendimento, iniciando a construção do *Santuário de Compostela*, para ali guardar as relíquias de São Tiago, encontradas, segundo a tradição, por um eremita local em 814. As vitórias contra os invasores foram atribuídas à proteção de São Tiago e o espírito étnico-religioso tornou-se a característica dessa luta;

por isso o termo "reconquista" tem duplo valor: tanto de reocupação territorial, como de retorno à religião cristã.

2. De fato, não se pode esquecer de que ao lado das operações militares e políticas houve uma intensa **atividade religiosa e missionária**. Sinal paradoxal dela é a **questão do adocionismo**, que atormentou a Igreja das Astúrias. Por volta de 780, certo Migécio começou a interpretar a Trindade de uma maneira que lembrava Sabélio: ensinava uma tríplice manifestação de Deus em Davi (o Pai), em Jesus Cristo (o Filho) e em Paulo (o Espírito Santo). De outro lado, deve-se acrescentar que contemporaneamente a essas tensões teológicas houve um período de máximo esplendor de Córdoba, que não deixou indiferentes os cristãos, pois houve várias conversões ao islã. Ao contrário, muitos outros cristãos tornaram-se cada vez mais corajosos e decididos em testemunhar sua fé.

Entre 850 e 859, os cristãos se ocuparam cada vez mais de discussões públicas sobre a divindade de Jesus e a humanidade de Maomé, embora soubessem que arriscavam a vida, como o presbítero Abôndio, que, por ter pregado, foi jogado aos cães para ser estraçalhado, ou como o monge Isaac, que, tendo saído do mosteiro para pregar, foi preso e em seguida convidou o juiz que o condenava à morte a se converter (851); semelhante destino tiveram Nunila e Alodia, nascidas de pai muçulmano e mãe cristã, que, flagradas em oração, foram decapitadas por se recusarem a abjurar a própria fé.

Os bispos procuraram impedir essa oposição que lembrava a procura do martírio dos antigos cristãos, mas o povo admirava os intrépidos: preferia-os com sua coragem ao comportamento prudente dos bispos, que, em 852, se dobraram a um sínodo convocado pelo emir de Córdoba para condenar esses comportamentos extremos. O sinal de apoio da população a quem se expunha a favor do cristianismo ocorreu em 859, quando foi preso o presbítero Eulógio de Toledo, acusado de ter ocultado uma mulher que se convertera ao cristianismo e de publicar obras contra Maomé (*Memoriale sanctorum* [851-856] e *Liber apologeticus martyrum* [857]). O povo de Toledo, cidade de maioria cristã, elegeu Eulógio como bispo da cidade, mas o emir ordenou a decapitação dele antes de sua ordenação episcopal (11 de março de 859).

Com a inutilidade do pedido de ajuda aos francos, os ibéricos, sob Alfonso III, o Grande (866-910), começaram a deixar os montes das Astúrias, chegando a incorporar os marquesados de León e de Castela, tanto que o reino das Astúrias mudou o nome para reino de León, enquanto a mesma coisa ocorria com o condado de Aragão e o principado de Pamplona, que se fundiram em 905 com o reino de Navarra, criando assim uma faixa setentrional da Península Ibérica completamente independente. Isso era favorecido também pela decadência do emirado de Córdoba: os *mugaid* (cristãos que tinham se convertido) se rebelaram, e um deles, Omar ibn Assun, criou um reino independente na Espanha meridional, retornando ao cristianismo em 899. Mas também este reino meridional foi efêmero: o emir de Córdoba, Abd ar Rahman III (912-961), conseguiu retomar o controle do emirado, elevou-o a califado (929) e, aproveitando-se das contínuas divisões entre os cristãos, tomou de novo Toledo (932) e as regiões meridionais.

A obra de reconquista árabe foi continuada depois dele pelo mordomo do palácio, Mohammed ibn Abi Amir (976-1002), chamado *Al Mansur, o Vitorioso*: León, Pamplona, Barcelona e o próprio santuário de Compostela caíram em suas mãos e foram destruídos. Todavia, os árabes viam-se afligidos pelas mesmas lutas internas dos cristãos, de modo que, depois das vitórias de Al Mansur, seu filho Abd ar Rahman fez-se adotar pelo califa Hisham II (976-1009), mas os outros pretendentes deram início a uma nova guerra entre árabes que levou ao desmembramento do califado em *taifas*, ou pequenos principados.

Era preciso unificar os cristãos, e assim o fez Sancho III de Navarra, *El Major* (1004-1035), que conseguiu submeter também Aragão e Castela. Inteligentemente, Sancho III apoiou uma reconquista missionária da Península Ibérica: convidou os missionários do mundo carolíngio, preferindo os que vinham do mosteiro reformado de Cluny (cap. 6, itens 24.1-3); apoiou de novo as peregrinações a Santiago de Compostela, que se tornou a terceira etapa de penitência da Europa ao lado de outras duas cidades situadas *in finis terrae*, Roma e Jerusalém. Infelizmente, Sancho III recaiu na mentalidade bárbara por ocasião de sua morte, dividindo o reino entre seus três filhos, que deram origem a três novas dinastias reais: a de Castela-León, a de Navarra e a de Aragão.

A retomada se deu quando Ferdinando I de Castela (1035-1065) anexou a si o reino de León e estendeu sua influência, embora geralmente se limitando a exigir dos *taifas* um tributo como sinal de submissão. A obra de Ferdinando foi continuada pelo filho Alfonso IV, o Valoroso (1065-1109), que conquistou Toledo em 1085 e Valência em 1094. Na verdade, tanto Ferdinando I como Alfonso VI devem muitíssimo à ação de Rodrigo Diaz de Bivbar, chamado de *el Cid Campeador* (1033-1099), imortalizado na literatura espanhola, que pediu ao papa que lhe enviasse o estandarte de São Pedro; com ele conduziu as tropas e conseguiu vitórias incríveis, como a de 1085 — quando Alfonso VI (1065-1109) reconquistou Toledo e se proclamou imperador das duas religiões — e a épica, de 19 de novembro de 1096, em Alcázar, quando Pedro I de Aragão triunfou sobre os muçulmanos, justamente enquanto no Oriente acontecia o que é indicado como a primeira cruzada (cap. 9, item 37.2).

16. A evangelização ao norte entre os séculos VIII e IX

1. Também para o **norte da Europa** houve nesses dois séculos um renovado **impulso missionário** tanto para a Inglaterra como para a Dinamarca e a Escandinávia.

No que diz respeito à Inglaterra, lembramos que depois do empreendimento de Gregório Magno e dos quarenta monges, guiados por Agostinho de Canterbury (cap. 3, item 9.5), a evangelização foi retomada em 678 por Vilfrido, bispo de York (c. 634-709), que se entregou à conversão de Sussex e de Wight, depois de ter sido deposto e preso na Irlanda por doze anos com o discípulo Villibrordo. Em 690, Villibrordo (658-739) partiu para o continente europeu com onze companheiros; chegou a Roma (692), para onde voltou mais tarde para ser consagrado bispo (695) e iniciar a missão não muito longa, mas importante, de Utrecht.

Nos mesmos anos, em Wessex, nascia Winfrido ou Bonifácio (672/673-754) que, oferecido na infância como oblato ao mosteiro de Exter, retomou o espírito missionário próprio do monaquismo de suas terras e decidiu se tornar missionário entre os saxões. Com alguns companheiros, em 716 partiu para a Frísia (atualmente, Holanda). Essa primeira missão fracassou, mas Winfrido não se resignou e, tendo ido a Roma, foi encarregado pelo papa Gregório II (715-731) de pregar o Evangelho entre os povos da Germânia (é bom lembrar que esse papa esteve envolvido em questões de grande relevância, como a primeira fase da iconoclastia [item 12.2] e a doação do castelo de Sutri feita por Liutprando [item 13.1]); em 722, o papa o consagrou bispo "para a Germânia", mudando seu nome para Bonifácio. Em sua ação, Bonifácio teve o apoio tanto de Carlos Martelo, que em 723 lhe confiou a missão na Assia, como do papa Gregório III (731-741). Este, que por sua vez tinha firmado uma aliança com Carlos Martelo (item 13.1), conferiu a Bonifácio o pálio e lhe deu o título de metropolita das terras à direita do Reno (excluídos os alamanos e os bávaros);

além disso, apesar da oposição dos bispos francos, nomeou-o como seu legado na Germânia (item 13.2). Nasceram assim as dioceses de Regensburg, Freising, Salisburgo, Passau. O Evangelho continuou a ser difundido até o martírio de Bonifácio em Utrecht (754) e além, pois em 741 foram fundadas as dioceses de Eichstätt e de Würzburg, e em 744 foi fundado o mosteiro de Fulda, centro da missão na Germânia. É bom que se faça aqui uma referência a Pirmino, que trabalhou no mesmo período de Bonifácio, especialmente por ter fundado o mosteiro de Reichenau (724), e depois outros (até sua morte, em 753), de modo a consolidar a evangelização entre a Alsácia, a Suíça e a Baviera, ligando cada vez mais esses territórios ao reino franco.

Ao lado de Bonifácio, devemos nos lembrar de seu amigo Daniel, bispo de Winchester († 745), que se relacionava também com Beda, o Venerável (672/673-735), a quem forneceu matéria para a *História eclesiástica*. Temos algumas cartas dele endereçadas a Bonifácio que nos mostram a metodologia missionária do século VIII. Daniel sugere a Bonifácio uma espécie de diálogo, de confronto baseado na razão, seja no que diz respeito ao maior bom senso do Deus cristão, seja pelo predomínio numérico dos crentes em relação aos pagãos: "E o mundo — pergunta-se — sempre existiu? Se teve início, quem o criou? [...] Se disserem que jamais tivera início, é preciso lhes mostrar que isso é impossível, perguntar-lhes quem o governou antes dos deuses, como eles fizeram para o subjugar e qual é a origem do primeiro deus? [...] Tudo isso, e muitas outras coisas que seria muito longo enumerar, deve ser exposto com doçura e moderação, não com o tom de controvérsia apaixonada e irritante. [...] Deve-se insistir sobre esse ponto: que os cristãos constituem quase a humanidade inteira e que, ao contrário, os que permaneceram fiéis ao antigo erro não são senão uma pequena minoria" (MGH, *Epistulae*, 3, 272-273).

Em resumo, trata-se de uma evangelização que, embora feita "com doçura e moderação", era mais severa que a de Gregório, voltada a valorizar todo elemento possível da tradição religiosa pagã (cap. 3, item 9.5).

2. De qualquer forma, embora com muitas dificuldades, a evangelização continuou, sustentada também por princípios ideais que encontramos, por exemplo, na *Admonitio ad omnes regni ordines*, em que se afirmava que todos deviam contribuir para o bem do Império, cada qual desenvolvendo o próprio *ministerium*, que para os eclesiásticos era o da palavra, do exemplo, do cuidado das igrejas, do culto, do ensinamento. Esse apelo, que sob certos aspectos tornou privilégio da Igreja a formação do espírito (ou seja, alma e mente), era indício e fruto do renovado empenho missionário em difundir a mensagem evangélica, que teve em primeiro plano Vala ou Wala (755-836), abade do mosteiro de Corbie. Ele transmitiu seu zelo aos monges; em especial, distinguiu-se Oscar (Ansgar, Anscário), que, junto com outros companheiros, dedicou-se à missão entre os saxões e povos do norte: em 804 foi fundado o arcebispado de Brema.

Em 826, em Mogúncia, fruto dessa dedicação foi o batismo de Harald, pretendente ao trono da Dinamarca, que compreendia em seus territórios também a Islândia e a Groelândia. Não foi uma missão feliz, porque um ano depois de seu batismo Harald foi expulso da Dinamarca; assim, Ansgar ou Oscar (801-865), que o tinha acompanhado em sua viagem de retorno à pátria, dedicou-se à missão na Escandinávia, conseguindo maiores resultados, pois na Suécia tanto o rei Bjorn como depois o rei Olavo lhe concederam permissão de pregar o Evangelho. Mas também aí o sucesso teve pouca duração, e muitos obstáculos, uma vez que os normandos começaram a efetuar incursões pela Europa setentrional, chegando com seus saques até Hamburgo, diocese fundada apenas em 831 e da qual Ansgar fora eleito primeiro bispo. Seja como for, precisamente a partir de Hamburgo, no século XI, de modo especial durante o longo episcopado de Adalberto (1043-1072), é que aconteceram novas iniciativas para revigorar a organização eclesiástica entre os povos nórdicos; isso ocorreu com sucesso na Dinamarca, ao passo que na Noruega e na Suécia o desenvolvimento eclesial foi condicionado por uma série de complicações.

17. A evangelização a leste: Cirilo e Metódio; a separação do Oriente; a China

1. O retorno da iconodulia não cessou a tensão em Constantinopla, causada por uma divisão entre os iconódulos: os zelantes queriam penas exemplares contra os *lapsi*, ao passo que os moderados propunham um perdão geral e pacificador (item 12.4). Esses últimos reportavam-se ao novo patriarca Metódio, o qual, porém, morreu em 847. O candidato natural à sucessão era o moderado Gregório Asbesta, arcebispo de Siracusa, que, com a permissão da imperatriz Teodora, propôs como homem de compromisso entre as duas facções Inácio, abade do mosteiro de *Estudio* e filho de Miguel I, o imperador deposto por

Leão V, que tinha mandado castrar os filhos. Com esse ato, Teodora queria ir ao encontro até de seus antigos inimigos. Contra toda expectativa, Inácio se mostrou intolerante, chegando a excomungar o arcebispo Gregório Asbesta, que apelou a Roma. Era um gesto insólito naquele tempo. Inácio escreveu ao papa Leão IV (847-855), pedindo-lhe que ratificasse sua decisão e oferecendo-lhe o pálio. Era um gesto ainda mais inusitado, uma vez que é o papa de Roma quem envia o pálio como sinal de comunhão. De fato, o papa recusou o pálio e não confirmou a eleição de Inácio nem a excomunhão de Gregório Asbesta, pedindo a Inácio que lhe enviasse um representante de confiança para se defender das acusações que o arcebispo de Siracusa tinha lançado contra ele.

Por sua vez, o patriarca recusou-se a se submeter às petições de Leão IV e preferiu esperar o novo papa, Bento III (855-858), sobre o qual tinham se avolumado sombras desde o início do pontificado, pois em sua eleição havia se contraposto um antipapa, Anastásio, chamado de *o Bibliotecário*, que encarcerou seu antagonista, libertado depois pela população. O papa Bento confirmou as petições do predecessor em relação ao patriarca Inácio, mas infelizmente faltava-lhe o prestígio necessário para dar eficácia à decisão.

O impasse foi superado de modo inesperado em 856, quando o imperador Miguel III, o *Ébrio* (842-867), alcançada a maioridade e com o apoio do tio materno, Cesare Barda, mandou matar o primeiro ministro Theoktistos, prendeu no mosteiro sua mãe e se preparou para se desvencilhar do incômodo patriarca Inácio, que, com a acusação (não sem fundamento) de ter participado de uma conjuração contra o imperador, foi obrigado a se demitir em 858; no sínodo, foi substituído por unanimidade (e, portanto, também com os votos dos *inacianos*) por **Fócio** (810-891), um dos maiores patriarcas bizantinos do século IX. Fócio era sobrinho-neto do patriarca Tarásio, que tinha colaborado com a imperatriz Irene na primeira fase da iconodulia (item 12.3); seus pais tinham sido exilados pela fidelidade à veneração das imagens, recebendo o título de "confessores". Além disso, Fócio era prefeito da chancelaria imperial, estimado por sua cultura, inteligência e capacidade. Ainda era leigo, e em seis dias (saltando os normais intervalos temporais) recebeu todas as ordens sagradas. *De per si*, sua ordenação episcopal ocorreu em um clima de conciliação, visto que celebraram o arcebispo Gregório Asbesta e dois bispos seguidores de Inácio; todavia, logo depois, este último excomungou Fócio e declarou inválida a eleição. Por sua vez, Fócio excomungou Inácio, declarando também inválida a eleição do outro, e com o imperador dirigiu-se ao papa, para que confirmasse sua nomeação.

Naquela época, a sede petrina era ocupada por Nicolau I (858-866), que tinha altíssima consciência da dignidade pontifícia; com efeito, afirmava que ela era "*summa et plena et absoluta*", fundamentando-se provavelmente nas chamadas *Decretais Pseudoisidorianas* (cap. 5, item 18.2), as quais atribuíam ao papa uma autoridade superior à dos bispos, dos sínodos e dos concílios. Com essa consciência, Nicolau I não teve medo de colidir nem com o imperador do Ocidente nem com as poderosas famílias romanas ou italianas. Com uma intervenção inusitada para a tradição, o papa enviou dois legados a Constantinopla para que examinassem toda a questão das eleições patriarcais e lhe dessem retorno. Eles, porém, participaram do sínodo de Constantinopla (861) e, em nome do papa, decretaram inválida a eleição de Inácio, o qual, apelando para sua dignidade de sucessor dos apóstolos André e João, rejeitou a sentença dos legados papais.

Entretanto, Fócio se empenhava com energia em sua tarefa pastoral e acolheu — por sugestão do imperador Miguel III — o pedido de Ratislav, príncipe da Grande Morávia, para que lhe fossem enviados um bispo e um mestre para instruírem seu povo na fé cristã, usando não a língua franca, mas a eslava. Evidentemente era uma jogada política: Ratislav queria se subtrair ao controle de Ludovico II, o Germânico, que por reação se aliou aos búlgaros do rei Bóris. Nesta delicada situação, de um lado Fócio enviou os dois irmãos Constantino-Cirilo e Metódio (862) (item 17.2), enquanto, de outro, o papa, desiludido com o imperador que se recusava a lhe dar de novo a jurisdição eclesiástica sobre o Ilírico, no sínodo romano de 863 inverteu a sentença de seus legados, declarou Fócio *usurpador* e suspendeu os presbíteros ordenados por Fócio e por Gregório Asbesta: foi o caos pastoral.

A situação complicou-se em 864, quando o rei dos búlgaros, Bóris, foi batizado pelo patriarca Fócio e teve como padrinho o imperador Miguel; por outro lado, para estruturar a Igreja búlgara e constituir uma hierarquia eclesiástica nacional, em 866 Bóris dirigiu-se primeiro a Constantinopla, e depois, diante das incertezas de Fócio, a Roma. Nicolau I enviou imediatamente dois bispos munidos com um escrito não muito feliz, os *Responsa ad consulta Bulgarorum*, em que, com estilo literário de polêmica, caracterizado por violentas acusações, negava à sede bizantina o caráter patriarcal e criticava, chegando a ridicularizar, os ritos orientais com pesadas insinuações sobre o matrimônio dos padres.

A essa altura, Fócio rompeu o silêncio e, em 867, escreveu aos outros três patriarcas orientais, convidando todos os bispos a um concílio em Constantinopla, respondendo ponto por ponto as acusações de Roma, criticando o celibato eclesiástico, as fórmulas sacramentais dos latinos e sua tradição de separar a confirmação do batismo, e aludiu às novidades introduzidas no "Símbolo" sobre a processão do Espírito Santo. A referência era ao fato de que no Ocidente teria sido introduzido no "Símbolo" chamado niceno-constantinopolitano (vol. I, cap. 5, Inserção 1 – *Símbolos e cânones de Niceia e de Constantinopla*) o termo *Filioque*, que passou a ser usado na Península Ibérica no fim do século VI e foi difundido no Império franco nos inícios do século IX. Embora reconhecendo a ortodoxia do acréscimo e seu útil esclarecimento, o papa Leão III (795-816) considerou-a inoportuna por respeito aos gregos; com efeito, começou a ser adotada em Roma somente a partir de 1014. Infelizmente, o Concílio de Constantinopla (867) convocado por Fócio tomou decisões extremas e depôs o papa, declarando-o "herético e devastador da vinha do Senhor". O triunfo de Fócio durou pouco: em 23 de setembro de 867, Basílio, o Macedônio (867-886), assassinou Miguel III, proclamou-se único imperador, e, como habitualmente ocorria, o patriarca sofreu as consequências disso, de modo que Fócio foi obrigado a abdicar e Basílio reintroduziu Inácio no patriarcado.

O novo papa, Adriano II (867-872) — mais adiante se verá que ele tinha consagrado Metódio como bispo para os eslavos — ratificou a escolha imperial contra Fócio no sínodo romano de outubro de 869 e declarou que Fócio, se arrependido, poderia ser readmitido na comunhão eclesial somente como leigo, enquanto todos os clérigos ordenados por ele foram destituídos. No concílio realizado em Constantinopla entre 869 e 870, reconhecido como VIII concílio ecumênico na tradição ocidental (mas não na oriental), Fócio e a maior parte de seus seguidores foram condenados, com o reconhecimento de Inácio como patriarca. Isso gerou o caos pastoral na Igreja de Constantinopla. Poucos meses depois, chegou a Constantinopla uma legação búlgara enviada pelo rei para perguntar a que patriarcado pertencia a Bulgária. A pergunta era capciosa: o papa se recusara a nomear como arcebispo um candidato proposto por Bóris, ao passo que Inácio, patriarca de Constantinopla, se dispôs a consagrar José como primeiro patriarca búlgaro. O papa João VIII (872-882) solicitou inutilmente a restituição da Bulgária à Santa Sé. Por outro lado, nem esse papa podia ter muita autoridade moral; embora tenha confirmado o efêmero Império de Carlos, o Calvo, fazendo valer a própria autoridade diante da do imperador, e tenha procurado se impor aos metropolitas e arcebispos no Ocidente (cap. 5, item 18.4), estava agora muito envolvido nas lutas entre as famílias romanas (às quais ele próprio pertencia). De sua parte, a aristocracia romana não se mostrou inferior, se é verdade o citado pelos *Anais* de Fulda, segundo os quais João VIII teria sido o primeiro papa morto não por perseguição, mas por envenenamento causado por seus mais íntimos colaboradores (cap. 5, itens 18.4 e 18.6).

Entretanto, Inácio via-se constrangido pelas dificuldades que lhe criava a penúria de clero, consequência do afastamento dos sacerdotes ordenados por Fócio e pela impressão de humilhação e de cessão à vontade de Roma. Afinal, o próprio imperador Basílio chamou Fócio de volta do exílio (873), oficialmente como preceptor do herdeiro do trono. Assim, quando Inácio morreu em 23 de novembro de 877, Fócio, quase naturalmente, retornou à sede patriarcal; um sínodo por ele organizado (879-880), considerado pela Igreja greco-ortodoxa como o oitavo concílio ecumênico, confirmou esta situação e "rejeitou as conclusões do concílio anterior" (cit. in Jedin, 54), considerado ecumênico pela tradição ocidental. Dada essa conjuntura, procurou-se um compromisso de honra que permitisse o retorno à comunhão entre as duas Igrejas; na prática, o papa não pretendeu a retratação de Fócio; este último explicou que a indicação da Bulgária não dependia do patriarca, mas do imperador. O compromisso era arte do papa João VIII, que naquele mesmo período enviou a Svatoplok, príncipe da Grande Morávia, a infeliz bula *Industriae tuae*, que, como se verá mais adiante, penalizava a missão de Metódio entre os eslavos (item 17.2). Quanto a Fócio, ele estava destinado à desgraça: em 886, o novo imperador, Leão VI, *o Filósofo* ou *o Sábio* (886-912), depôs seu antigo preceptor e o substituiu pelo próprio irmão, Estêvão (887-893), de apenas dezesseis anos, que o papa Estêvão V (885-891) não reconheceu, nem tampouco o fez o papa Formoso (891-896), aprofundando assim o sulco entre as duas Igrejas.

2. Os irmãos **Cirilo e Metódio** nasceram em uma distinta família, se não nobre, de funcionários imperiais (*drungários*) de Tessalônica, onde habitavam grupos consistentes de eslavos, com os quais decerto estiveram em contato e dos quais aprenderam língua e cultura. Metódio (seu nome de monge, pois o de batismo era Miguel), depois de ter desempenhado cargos administrativos por uma dezena de anos na região nordeste do Império, foi enviado como aconte a um território compreendido entre a Bulgária e os Balcãs; posteriormente entrou para o mosteiro *Polychron*, no monte Olimpo, tornando-se hegúmeno (superior, responsável). Constantino (Cirilo), tendo morrido seu pai quando ele tinha catorze anos, foi enviado para a escola superior imperial de Constantinopla, teve como mestre o próprio Fócio e entrou a serviço do patriarcado, tornando-se "bibliotecário e secretário" na basílica de Santa Sofia. Com esse título e como consultor eclesiástico, participou de diversas legações imperiais; foram particularmente úteis para ele as legações entre os sarracenos em 851 e entre os cazares em 860, durante a qual teria encontrado as relíquias do papa Clemente, que uma antiga tradição dizia ter sido martirizado no mar Negro, por volta do ano 100.

Pouco depois do retorno dessa missão (862), chegou da parte de Ratislav, príncipe da Grande Morávia, o pedido ao imperador para que enviasse um bispo e um mestre que instruíssem seu povo na fé cristã utilizando a língua eslava (item 17.1). Nos poucos meses que antecederam a partida, Constantino, tendo convencido o irmão a acompanhá-lo, entregou-se à preparação dos textos a serem usados para a missão, em particular a Bíblia e os textos litúrgicos. Já aí se mostrou o estilo que os dois irmãos teriam usado: não tendo os eslavos uma escritura, elaboraram uma que fosse precisamente eslava, usando como base provavelmente os sinais criptográficos da estenografia da chancelaria imperial (a escrita glagolítica, que depois se tornou a cirílica), e elaboraram uma liturgia que não fosse bizantina, embora retomando a de João Crisóstomo.

Mas outras dificuldades os esperavam, pois os dois missionários foram considerados intrusos em um território que a diocese de Salisburgo considerava própria, justamente nos anos em que — como é sabido (item 17.1) — as relações entre Fócio e o papa estavam em máxima tensão (em 867, o papa Adriano II depôs Fócio) e o imperador Ludovico II, o Germânico, declarava guerra a Ratislav. As acusações aos dois irmãos concentraram-se nos aspectos litúrgicos: não era lícito usar na liturgia uma língua fora das postas sobre a cruz de Jesus (grego, latim e hebraico). Seja em razão dessas acusações (que desembocavam na de heresia), seja devido às acusações de violação das fronteiras patriarcais, seja para proceder à consagração sacerdotal de seus discípulos, apresentando-os ao patriarca legítimo, os dois irmãos foram a Veneza, provavelmente para embarcar em direção a Constantinopla, mas, talvez por terem percebido que as regiões por eles evangelizadas estavam sob a jurisdição romana, dirigiram-se a Roma.

O papa Adriano II acolheu-os cordialmente e os manteve consigo por mais de um ano. Afinal, tendo conseguido como presente as relíquias de São Clemente, o papa aprovou os livros em língua eslava e fez consagrar sacerdotes os discípulos dos dois irmãos. Com a morte de Constantino em 14 de fevereiro de 869, depois de ter-se tornado monge com o nome de Cirilo, o papa consagrou pessoalmente Metódio como "bispo para os eslavos". Metódio retornou à sua terra, que agora era sua diocese, com uma carta do pontífice para os príncipes da Grande Morávia e da Panônia, em que se elogiava a obra dos irmãos missionários, mas que apresentava também uma estranha norma, indício das dificuldades de aceitar seu novo modo de evangelização: as leituras da missa deveriam ser lidas primeiro em latim e depois em eslavo.

Metódio voltava à Grande Morávia precisamente quando Svatoplok se rebelava contra seu tio Ratislav, aliando-se a Ludovico II, o Germânico, que — talvez para contentar os bispos de Salisburgo, Passau e Regensburg — mandou prender e processar Metódio; somente depois de dois anos e meio é que o novo papa, João VIII, obteve sua libertação. Foi uma vitória pírrica, porque o papa mandou Metódio de volta à Panônia, mas proibiu-o de celebrar em língua eslava. Teve início uma longa e dolorosa polêmica, até que em 880 Metódio voltou a Roma para se defender perante o papa, que permitiu o uso da liturgia eslava com a infeliz bula *Industriae tuae*, endereçada em junho de 880 a Svatoplok: o papa elogiava Metódio, mas enquanto lhe renovava o "privilégio" do arcebispado, não especificava se no futuro poderia passar a seus sucessores o governo episcopal.

Aliás, a carta era até contraditória no que diz respeito ao uso da língua na liturgia, pois o papa reconhecia "o que o filósofo Constantino (Cirilo) escrevera em eslavo como louvor de Deus" e ordenava "que os fatos e as palavras de Nosso Senhor Jesus Cristo fossem enunciados nessa língua"; declarava que "nada se opõe" à utilização do eslavo para cantar a missa e para outras celebrações litúrgicas, mas "ordena(va)" (*iubemus*) que "por motivo de maior honra do Evangelho, seja lido em latim e depois na língua eslava, para aqueles que não compreendem o latim". Para acentuar a preferência a ser dada ao latim, acrescentava que "se tu — a carta é endereçada a Svatoplok — e teus nobres preferis ouvir a missa em latim, ordenamos que para vós a missa seja celebrada em latim" (*Magnae Moraviae Fontes Historici*, 3, Brno, 1969, 197-208). Em outras palavras, confiava-se à vontade do novo rei, inimigo declarado de Metódio, a decisão de permitir ou não o uso da liturgia em língua eslava. É o provável sinal da astúcia de Svatoplok e da falta de informações reais à disposição do papa que, efetivamente, estava muito mais preocupado com os assaltos dos árabes e com as intrigas das famílias romanas, as quais o envenenaram.

No entanto, mais infeliz ainda foi a nomeação, contida na mesma bula papal, de um franco-alemão, Wiching, como bispo da Grande Morávia e sufragâneo de Metódio, notoriamente em desacordo com ele.

Metódio morreu na Quarta-feira Santa, 6 de abril de 885, depois de ter escolhido como sucessor Gorazd, um eslavo com boa cultura latina, para significar que ele havia fundado uma Igreja nova, em comunhão com Roma e filha da terra em que fora implantada.

Imediatamente, Wiching dirigiu-se ao novo papa, Estêvão V (885-891), que anulou a nomeação de Gorazd e o indicou como sucessor de Metódio; além disso, proibiu, sob pena de excomunhão, a liturgia eslava, encarregando os príncipes morávios de cumprir a sentença: "Que ninguém de agora em diante tenha a presunção de celebrar a Missa ou outros ofícios litúrgicos na língua eslava, como ousou fazer Metódio, apesar de seu juramento de desistir, no tempo de nosso predecessor João. Todavia, se alguma pessoa competente na língua eslava puder explicar o santíssimo Evangelho e as epístolas dos apóstolos para a edificação dos que não entendem a leitura em latim, nós o permitimos e até o aprovamos e o louvamos" (MGH, *Epistulae*, 7, 353-356).

Era o fim de uma experiência. Em meio a essas tensões, talvez não se pudesse conseguir mais, mas essa restrição latina certamente pesou nos séculos seguintes. Os ânimos ficaram ainda mais amargurados pelo comportamento cruel de Wiching, que expulsou os discípulos gregos e macedônios de Metódio, vendendo parte deles como escravos. Os expulsos encontraram hospitalidade na Bulgária, os demais foram resgatados por Constantinopla, que os agregou ao próprio clero.

Bóris da Bulgária viu aí a ocasião esperada para criar uma hierarquia nacional que não dependesse nem de Roma nem de Constantinopla. Assim, as tradições cirilo-metodianas sobreviveram sobretudo por obra de Clemente de Ocrida (na atual Macedônia), que se tornou o primeiro bispo eslavo da Bulgária; daí, a tradição eclesiástica cirilo-metodiana espalhou-se pela Sérvia, Valáquia, Moldávia (atual Romênia) e pelo principado de Kiev, estendendo-se a toda a Rússia (cap. 5, item 19.1). Era a semente da "Terceira Roma". Aí, com efeito, em 988/989 ocorreu o batismo do rei Vladimir (958-1015), venerado como santo, que quis fazer da sua capital Kiev uma nova Constantinopla; não é por acaso que a catedral (erigida em 1037) foi dedicada à "Divina Sabedoria", como a igreja catedral da *Aghia Sophia* (que em grego quer dizer precisamente "Santa Sabedoria") de Constantinopla.

3. Não se sabe a época em que **o cristianismo** chegou **à China**; escavações arqueológicas recentes situam-na nos séculos VI-VII. A fonte primária para o conhecimento da difusão do cristianismo no Extremo Oriente é a "Estela de Xian", uma pedra negra com dois metros e oitenta de altura, com largura de um metro, erigida em 781 no mosteiro nestoriano de Si-Ngan-fu e encontrada em 1623 (ou 1625) em Xi'an, em Shaanxi, e escrita pelo presbítero Ling-Tsing (em siríaco: Adão), indicado como "corepíscopo e papa da China". Ela diz respeito a um Símbolo da fé adaptado com elementos locais. A estela, que contém mil setecentos e oitenta caracteres chineses e setenta palavras siríacas, é encimada por uma cruz que, porém, se apoia em uma nuvem (que é também um símbolo do taoísmo) e em uma flor de lótus (símbolo budista) e não leva o nome de "Cristo", mas usa o termo "Messias". Ela foi enterrada, mas não destruída, quando o imperador Wu Zong (814-846) da dinastia Tang proibiu as religiões semelhantes ao budismo e foi conservada com amor e várias vezes copiada, como se deduz de um texto chinês do século X (esse texto é a resposta mais fundamentada às insinuações de Voltaire, que acusou os jesuítas de tê-la escrito e inventado para justificar a "colonização" missionária deles). Os caracteres ideogramáticos que estão em cima dela e lhe dão o título são solenes, pois dizem: "Memorial da propagação na China da religião da luz vinda de Daqing".

É por esta estela que sabemos que em 635 o imperador Tang T'ai Tsong (629-649) recebeu o bispo Alouben, da Igreja siro-oriental, que lhe apresentou o Evangelho. O imperador fez traduzir os Evangelhos e outros textos da Escritura e se convenceu da verdade do cristianismo, publicando em 638 (enquanto Jerusalém caía nas mãos dos muçulmanos) um edito de liberdade para sua pregação, pelo fato de ele apresentar um rosto "misteriosamente espiritual" de Deus, que enviou Jesus Cristo, "Radioso Venerável Messias", que nos salva pela "imersão na água e no Espírito, graças à qual o homem é lavado das vaidades e purificado, encontrando assim sua pureza e seu candor".

A estela não é menos valiosa para se saber como o Evangelho se difundiu naquelas regiões distantes, pois oferece a seguinte descrição dos cristãos, de traços nitidamente monásticos: "Em suas cerimônias voltam-se para leste e avançam rapidamente no caminho da vida e da glória. […] Não têm consigo homens nem mulheres como escravos; e consideram no mesmo plano em dignidade gente nobre e gente de origens humildes. Não amontoam tesouros, nem riquezas, e dão com sua vida um exemplo de pobreza e renúncia. Completam seus jejuns com o isolamento e com a meditação; tornam segura sua disciplina mediante a quietude e a vigilância. Sete vezes ao dia se juntam para a oração e o louvor, invocando a divina proteção sobre os vivos e os mortos. Uma vez a cada sete dias celebram o culto, purificando assim seu coração e retornando à sua (originária) pureza. [...] Esse Caminho verdadeiro e imutável é transcendente e difícil de definir com um nome; todavia, sua ação eficaz se manifesta de modo tão luminoso que, esforçando-nos por defini-la, a chamaremos com o nome de religião da Luz".

Daí a conclusão, a permissão para praticar seu culto: "[...] Depois de ter examinado seus principais e mais importantes elementos, chegamos à conclusão de que eles se referem a tudo o que é mais importante na vida. Em sua linguagem não há expressões complexas. Seus princípios são tão simples que ficam como o peixe ficaria, ainda que a rede (da linguagem) fosse esquecida. Essa doutrina é salutar para toda criatura e ajuda a todos os homens. Por isso, essa doutrina é digna de ter livre curso em todo o Celeste Império" (*La via della Luce. Stele di Xi'an*).

O cristianismo difundiu-se com rapidez também na China: entre 635 e 845 foram construídas igrejas em mais de cem cidades e se começou a tradução da Bíblia para o chinês. Quando no século IX o já mencionado imperador Wu Zong ordenou a supressão do budismo e do cristianismo (que lhe foi equiparado), também ali a semente fora lançada.

Bibliografia

Fontes

MGH = *Monumenta Germaniae Historica, Capitularia regum Francorum*. Hanover, 1984, v. 1; *Monumenta Germaniae Historica, Capitularia regum Francorum*. Hanover, 1980-1984, v. 2; *Monumenta Germaniae Historica, Concilia Aevi Karolini*. Hanover, 1906-1908; *Moumenta Germaniae Historica, Epistulae*. Berlim, 1892, v. 3; *Monumenta Germaniae Historica, Epistulae*. Berlim: 1828, v. 7; *Monumenta Germaniae Historica, Leges*. Hanover, 1835, v. 1; *Monumenta Germaniae Historica, Scriptores*. Berlim, 1878, v. 2.

DAMASCENO, João. *Difesa delle immagini sacre. Discorsi apologetici contro coloro che calunniano le sante immagini*. Roma: Città Nuova, 1997.

MANSI, J. D. *Sacrorum Conciliorum Nova et Amplissima Collectio*. Florença-Veneza, 1759-1798, 31 vol. Reimpressão e continuação Lion, 1899-1927 (reimpressão anastática Graz, 1960-1961).

NICOLINI-ZANI, M. (intr., trad. e notas). *La via della Luce. Stele di Xi'an. Inno di lode e di invocazione alle tre Maestà della religione della Luce*. Mosteiro de Bose: Qiqaion, 2001.

Estudos

ALBERTONI, G. *L'Italia carolingia*. Roma: NIS, 1997.
BARBERO, A. *Carlo Magno. Un padre dell'Europa*. Bari: Laterza, 2004.
BECHER, M. *Carlo Magno*. Bolonha: il Mulino, 2000.
BELTING, H. *Il culto delle immagini. Storia dell'icona dall'età imperiale al tardo medioevo*. Roma: Carocci, 2004.
BORDONE, R.; SERGI, G. *Dieci secoli di Medioevo*. Turim: Einaudi, 2009.
CARDINI, F. *Carlomagno, un padre della patria europea*. Milão: Bompiani, 2002.
DIEHL, C. *I grandi problemi della storia bizantina*. Bari: Laterza, 1997.
FOGLIADINI, E. *L'immagine negata. Il concilio di Hieria e la formalizzazione ecclesiale dell'iconoclasmo*. Milão: Jaca Book, 2013.
GALLINA, M. *Bisanzio. Storia di un impero (secoli IV-XIII)*. Roma: Carocci, 2010.
GRIVEC, F. *Santi Cirillo e Metodio. Apostoli degli Slavi e Compatroni d'Europa*. Roma: 1984.
HALLENCREUTZ, C. F. Dalla missione di Ansgar alla formazione delle diocesi nordiche nel XII secolo. In: CITTERIO, F.; VACCARO, L. (orgs.). *Storia religiosa dei popoli nordici*. Milão-Gazzada: Centro Ambrosiano-Fondazione Ambrosiana Paolo VI, 1995, v. 2: Europa ricerche, 29-56.
JEDIN, H. *Breve storia dei Concili*. Roma-Bréscia: Herder-Morcelliana, [7]1986.
LAURENTIN, R. *Cina e Cristianesimo al di là delle occasioni mancate*. Roma: Città Nuova, 1981.
MACCARRONE, M. (org.). *Il primato del Vescovo di Roma nel primo millennio. Ricerche e Testimonianze. Atti del Symposium Storico-Teologico. Roma, 9-13 ottobre 1989*. Cidade do Vaticano: Libreria Editrice Vaticana, 1991, v. 4: Atti e Documenti.
MENESTRINA, G. (org.). *Fozio. Tra crisi ecclesiale e magistero letterario*. Bréscia: Morcelliana, 2000.
PERI, V.; FERRARI, M. *Da oriente a occidente: le chiese cristiane dall'impero romano all'Europa moderna*. Pádua: Antenore, 2002, v. 1-2.
TABACCO, G. *La relazione fra i concetti di potere universale e di potere spritimale nella tradizione cristiana fino al secolo XIV*. Florença: University Press, 2011.
VODOPIVEC, J. *I santi fratelli Cirillo e Metodio compatroni d'Europa. Anello culturale tra l'Oriente e l'Occidente*. Roma: Pontificia Università Urbaniana, 1985, v. 20: Studia Urbaniana.

capítulo quinto
A Igreja imperial, da época dos Otões à Reforma do século XI

18. O século da crise entre Oriente e Ocidente

1. Outrora férteis e populosas, as áreas rurais são reduzidas à desolação, e nos mosteiros silencia-se a oração; nas palavras angustiadas do monge Bento de Santo André, do Soratte, reflete-se a ruína de um século inteiro, o século X. O *Chronicon* do monge da Sabina, composto em um latim impreciso e incorreto, mas eficaz e rico de informações, narra a desalentadora situação daquele tempo que a historiografia do passado não hesitou em indicar como **século da crise** ou "época de ferro".

Na verdade, a paisagem apocalíptica evocada por Bento alude sobretudo aos nefastos efeitos dos assentamentos sarracenos na costa da Itália meridional, às numerosas e indestrutíveis fortalezas das quais os piratas muçulmanos partiam para efetuar reiterados e devastadores saques (cap. 2, item 8.1 e cap. 4, item 15.1). Assim se decretara a ruína de antigos e prestigiosos mosteiros: San Vincenzo al Volturno (881) e Farfa (898) foram totalmente saqueados; em Montecassino, depois de um assédio que durou anos, forçaram-se as portas das muralhas e o abade Bertário caiu trucidado diante do altar de San Martino (883). Segundo uma difundida tradição, todavia hoje posta em dúvida, os sarracenos, no norte da Itália, saindo da Provença pelo vale de Susa, tinham semeado destruição até o cenóbio da Novalesa (906).

Sem que o próprio monge do Soratte o soubesse, à fúria dos sarracenos acrescentavam-se as incursões de outros povos. Os vikings, hábeis e ferozes marinheiros (conhecidos também como normandos, os povos do norte), tinham flagelado repetidas vezes a costa setentrional do continente, e na segunda metade do século IX, subindo os grandes rios, tinham submetido a assédio Paris, Tréveris, Colônia, Liège e Aachen; depois chegaram ao Mediterrâneo para saquear Nîmes e Arles, Pisa e Fiesole. Em 899 foi a vez dos húngaros, uma população de cepo asiático em movimento para oeste, os quais tinham devastado a planície emiliana e o cenóbio de Nonantola, para depois se aventurarem até o Piemonte. Também não faltou violência e ganância por parte dos próprios cristãos: na narrativa de Bento, denuncia-se que os campos do Lácio estavam em ruínas e que as ricas abadias, a própria Roma e sua Igreja eram objeto de uma obra de sistemática rapina por parte daqueles que deviam honrá-las.

Portanto, o quadro desolador que se vê nas páginas dos cronistas da época pode ser aceito como elemento distintivo do clima de decadência com o qual tradicionalmente se pintou o século X, irreversivelmente marcado pelo fim do Império carolíngio (cap. 4, item 14.3), pelas lutas das grandes famílias aristocráticas europeias e pelas diversas forças locais, pelas tramas da aristocracia romana, pelos costumes dissolutos de muitos membros do clero, pelas devastações praticadas pelos húngaros (item 20.1), pelas invasões dos sarracenos e dos normandos (Inserção 2 – *A Europa entre castelos e instituições vassalares*).

Precisamente no mesmo período, a essa desastrada situação serve de contraponto **uma novidade**: trata-se do tímido surgimento de novos e grandes quadros políticos, origem das nações europeias da Alta Idade Média. Enquanto o Império carolíngio se desagrega já no final do século IX, ganham vida os reinos dos teutões (a futura Germânia), da Itália, da Borgonha, da Provença e dos francos do Ocidente (a futura França); na Bretanha, forma-se o reino da Inglaterra; além dos Pirineus persiste a Marca hispânica, primitivo núcleo da desforra cristã contra a Espanha árabe (cap. 4, item 15). É uma realidade mal delineada que apenas nos permite perceber a agregação dessas jovens nações em entidades políticas. Nelas age como força viva e assídua a presença da Igreja, e em particular a de Roma, fator incontestável dos processos históricos da época, como um núcleo central da Europa em formação.

2. Ainda na metade do século IX o quadro não parecia particularmente sombrio, pois a Igreja ocidental tinha estabelecido uma profícua, embora nem sempre linear, relação de recíproco apoio com o Império dos francos (cap. 4, item 14); além disso, a Igreja oriental, que saíra do aflito período da luta iconoclasta (cap. 4, item 12), tinha atingido o pleno desenvolvimento do próprio pensamento teológico e tinha estabelecido com as estruturas oficiais do Império do Oriente uma estreita colaboração, o que — como emerge dos episódios expostos no capítulo anterior — muitas vezes significou um pesado condicionamento exercido pelo poder político no âmbito eclesial e religioso. Ambas as Igrejas estavam amplamente empenhadas em uma ação missionária de amplo leque, que em especial para a Igreja de Bizâncio coincidia com a obra de evangelização das populações balcânicas e russas (cap. 4, item 17.2), finalmente liberadas "dos demônios e das orgias tradicionais" (como tinha afirmado o patriarca Fócio).

No ano de 858 começava em Roma **o pontificado de Nicolau I** (858-867), certamente um dos mais significativos do último período carolíngio (cap. 4, item 17.1). Filho de um eminente funcionário romano, amante da cultura literária, o novo papa foi consagrado com menos de quarenta anos, na presença do imperador Ludovico II, o Germânico. Nicolau era um apoiador convicto do primado romano; em uma carta enviada ao imperador bizantino Miguel III, teve ocasião de confirmar que o papa era obrigado a assumir a responsabilidade de todas as igrejas, responsabilidade que o próprio Cristo, e não as leis dos homens, tinha lhe confiado. Não se tratava de meras afirmações de princípio; ele pôs em prática instrumentos jurídicos e culturais capazes de perseguir e realizar tal afirmação.

Nesse longo processo, assumiram particular relevância **as decretais do Pseudo-Isidoro**. Tratava-se de uma coleção de cartas, cânones e textos jurídicos que — julgava-se — remontavam em grande parte aos papas da época antiga. Eram, porém, produto de hábeis falsificadores da metade do século IX que atribuíram sua paternidade a um fictício Isidoro Mercador (a descoberta posterior do modo como tinham se formado esses textos favoreceu a escolha do nome dessa coleção: *Decretais Pseudoisidorianas* ou *Falsas decretais*). A esse grupo juntou-se também o *Constitutum Constantini*, ou doação de Constantino, com o qual o imperador, ao transferir a própria capital para Bizâncio, teria deixado o Ocidente inteiro como doação ao papa; esse documento foi considerado válido em várias ocasiões no decurso dos séculos, mas também foi visto com desconfiança ou esquecido até que o humanista Lorenzo Valla demonstrou a falsidade dele nos anos quarenta do século XV (cap. 4, Inserção 1 - Constitutum Constantini: *explicação e análise crítica do documento*). As *Falsas decretais* foram, porém, repetidamente utilizadas pela Igreja romana, contribuindo inicialmente para confirmar o papel ativo do papa na defesa dos direitos dos bispos, em contraste com a autoridade dos metropolitas, dos sínodos provinciais e do poder secular, constituindo-se, portanto, como um fator determinante no processo de revigoramento do prestígio da sede romana.

Não é possível estabelecer se o papa Nicolau I tinha consciência da verdadeira natureza dessas *Decretais*; o certo é que, com a colaboração do culto cardeal-padre Anastásio *Bibliothecarius*, soube dar vida a exegeses talvez tendenciosas, mas voltadas a pôr a Igreja de Roma no centro da vida eclesial de sua época.

3. A defesa decidida da afirmação do primado do papa sobre a Igreja e as Igrejas, sobre as sedes episcopais e as deliberações sinodais emergiu também no **confronto com a Igreja do Oriente**. O pretexto foi dado — como foi mostrado no capítulo anterior (cap. 4, itens 17.1-2) — por problemas relativos à ação dos missionários na Bulgária-Croácia, uma vez que depois das missões de Cirilo e de Metódio nos anos sessenta do século IX, que tinham favorecido a conversão dos búlgaros, o rei Bóris I tinha apresentado algumas questões a Roma. Nicolau respondeu e interveio na organização eclesiástica do reino, fazendo uma espécie de invasão de áreas e pondo assim definitivamente em crise as já precárias relações com o patriarca Fócio, um dos maiores eruditos da época, homem de ponta da ortodoxia moderada e que se tornou guia da Igreja de Constantinopla depois da destituição de seu antecessor, Inácio, um asceta inflexível, defensor de uma ortodoxia rigorista. Nessas circunstâncias houve tensões relevantes entre Roma e Bizâncio sobre questões litúrgicas e temas de doutrina.

Se por fim se restabeleceu a comunhão entre as duas partes, o embate entre Fócio e Nicolau tinha feito emergir e exposto as diferenças entre a Igreja romana e a bizantina. Além das questões dos ritos e do pensamento teológico, bem como dos problemas ligados à ação dos missionários, tinham surgido duas concepções eclesiológicas diferentes e conflitantes: a do primado romano, em via de elaboração e afirmação, e a da Pentarquia, sob orientação do imperador. No século seguinte, essas concepções acabariam por se chocar, deixando clara a bifurcação que vinha separando as Igrejas do Oriente das do Ocidente.

4. O papado de Nicolau tinha deixado heranças nada fáceis, sobretudo para a cidade de Roma; mas o de **João VIII** (872-882), que durou uma dezena de anos e decerto foi o mais significativo naquele fim de século, também se apresentava como problemático (cap. 4, item 17.1). Tendo se tornado pontífice, o enérgico arquidiácono tinha obtido a revogação da *Constituição* de Lotário por parte do imperador Carlos, o Calvo, conseguindo desse modo desvincular da confirmação do imperador a prática da eleição do bispo de Roma. Idêntica determinação tinha mostrado nas relações com os metropolitas, tanto que para esse pontificado e para o de Nicolau I, Yves Congar tinha cunhado a expressão "monarquia pastoral". No ano 878, João VIII tinha feito críticas explícitas aos arcebispos que ordenavam sem esperar a entrega do pálio por Roma; a entrega do símbolo litúrgico honorífico de origem bizantina — que no Ocidente era conferido somente pelo papa, com algumas exceções — desde o fim do século VIII tinha de fato assumido também um valor de confirmação por parte de Roma, reflexo de uma convicção que ia ganhando espaço, ou seja, que a autoridade dos metropolitas fosse emprestada pelo papa. Assim, quando em 882 João VIII procedeu à ordenação do bispo de Genebra, *Aptadus*, demonstrou claro desinteresse pela recusa apresentada pelo arcebispo de Vienne, que em um primeiro momento nem mesmo quis participar da ordenação. Também a nomeação de Rostagno, o arcebispo de Arles, como seu próprio vigário (que também podia parecer uma restauração das prerrogativas da antiga Igreja), acabava por robustecer as firmes convicções do papa.

O provável cruel assassinato de João VIII, ocorrido no mesmo ano, abriu para o papado uma sombria temporada, marcada pela fraqueza e pelo localismo; a deposição de Carlos, o Gordo (887), impotente para enfrentar as intrigas dos grandes vassalos e as incursões dos normandos, marcou pouco depois um momento de crise irreversível. Totalmente desprovida de tutela contra as ambições e as prepotências da aristocracia citadina, a Igreja romana perdeu gradualmente a capacidade de exercer uma função de guia em relação ao episcopado europeu, como ao contrário ocorrera durante a época carolíngia.

A reconstrução historiográfica tradicional dos atormentados decênios que se seguiram a esses episódios utilizava com frequência a ideia de uma crise total que teria atingido homens e instituições, apresentando uma sucessão orgânica de episódios negativos, escandida por alguns momentos tópicos: às fraudes e à avidez de riqueza e de poder por parte de um grupo de funcionários da cúria papal, sinal de uma irrefreável degradação moral, seguia-se a organização do processo cadavérico ao papa Formoso; eram então relacionados pontífices fracos e à mercê dos eventos; apresentava-se, enfim, a progressiva afirmação do *senator et consul* Teofilato, chefe da dinastia dos condes de Túsculo, que manteve Roma sob o próprio controle por alguns decênios, entre indubitáveis sucessos políticos, ações violentas e episódios de grave imoralidade.

Essa sucessão perfeitamente concatenada de eventos negativos decerto não pode ser considerada uma reconstrução totalmente fantasiosa ou possivelmente errada; trata-se, todavia, de uma interpretação redutiva de processos complexos e não certamente legíveis somente segundo a categoria de uma irreversível crise moral que teria atingido os ambientes papais e as pessoas que teriam sido eleitas para a direção da Igreja romana. Pode-se observar que também em outros períodos o papado fora objeto de eleições contestadas e combatidas entre facções, que em outras muitas ocasiões na Igreja de Roma assumiram funcionários corruptos, ou seja, que em outros períodos também houve momentos de tensões e de degradação.

No entanto, a crise do século X apresenta características peculiares: antes de tudo, é a **crise do sistema carolíngio**. Em poucos anos, o Império tornou-se pura realidade nominal e perdeu toda capacidade de uma eficaz intervenção político-militar; faltou um quadro político-administrativo bem definido, garantia de um enquadramento geral da sociedade; reduziram-se até o aniquilamento as potencialidades de uma sólida política eclesiástica e o apoio do poder imperial às perspectivas universais do papado.

5. Nesse contexto, a **aristocracia romana** conseguiu tornar-se árbitra da eleição papal e dela se aproveitou para amplas usurpações do patrimônio fundiário eclesiástico. Roma parecia empobrecida e despovoada; na sede pontifícia sucederam-se em um arco temporal relativamente curto (887-962) vinte e um pontífices, quase todos responsáveis pela degradação a que submeteram a dignidade de sua função.

Entre os numerosos episódios relativos a esse período, o mais célebre é o processo contra o **papa Formoso** (891-896), instaurado por seu sucessor Estêvão VI, em 897. Objeto de acusação porque em vida tinha aceitado — em contraste com os cânones de Niceia — sua eleição como bispo de Roma, embora ainda fosse titular de outra diocese, Formoso teve seu corpo exumado e, revestido dos hábitos pontificais, foi processado, condenado e lançado ao Tibre. Em seguida, também Estêvão foi encarcerado e depois estrangulado na prisão. No início do século seguinte, o papa Leão V (903) foi aprisionado por seu contendente Cristóvão, e depois ambos foram mortos por seu sucessor Sérgio III (904-911), parente dos condes de Túsculo.

Essa família da aristocracia romana dominava a cena da Urbe desde o tempo de seu fundador, o senador **Teofilato**, o qual tinha associado a si a filha Marósia, descrita por algumas fontes da época (não totalmente isentas de suspeita) como uma mulher dissoluta, capaz de ações imorais e reprováveis. Certamente iniciativa não faltava a Marósia: estreitou relações com Alberico de Espoleto, um poderoso em ascendência no panorama da aristocracia italiana; tornou-se, talvez, amante do papa Sérgio III; depois, contraiu matrimônio de forte poder político com Guido de Toscana, meio-irmão de Hugo de Provença (item 20.1), que havia alguns anos tinha conseguido a coroa de rei da Itália à custa de outros, embora aguerridos, contendentes. Este último, com a ajuda de milícias toscanas, pôs Roma sob assédio até a conquista do palácio do Latrão; o papa João X (914-928) foi feito prisioneiro e sufocado com um travesseiro. A propósito desse acontecimento, o monge Bento do Soratte observa que Roma tinha caído "*in manu feminine*".

Depois, para fortalecer o próprio poder, Marósia decidiu casar-se com Hugo de Provença; o matrimônio foi celebrado em Roma em 932 pelo papa João XI (931-936), filho da nobre senhora, da qual Hugo esperava também receber a coroa imperial. Mas Alberico, "príncipe e senador dos Romanos" e irmão do papa, suscitou uma revolta popular que pôs Hugo em fuga e lhe garantiu um longo período de governo. Descendente de Teofilato e de Marósia, apto para o comando, Alberico foi aos poucos sendo descrito como um tirano ou um impávido cavalheiro e um governante sagaz, capaz de subtrair Roma às pretensões de reis e de poderosos e de restabelecer na cidade uma vida ordenada e produtiva. Ele tinha sabido fechar as portas da cidade a Hugo e a Otão, pretendentes ao título imperial; havia escolhido homens dignos do papado, tinha intervindo nas questões locais, trazendo à cidade ordem e paz. Conseguiu, enfim, fazer eleger papa o próprio filho, Otaviano, reunindo em uma só pessoa o exercício do poder temporal e espiritual. Otaviano, que foi o primeiro dos pontífices romanos a assumir um novo nome, o de João XII (955-964), viveu de modo dissoluto, arrastando novamente o papado a níveis de profunda indignidade. Todavia, a ele se deve também a consagração de um novo imperador, Otão I (item 20.1), que logo iniciaria uma profunda transformação da fisionomia e da história dos papas e de toda a Igreja.

Os numerosos escândalos que se seguiram nesse período não anularam completamente o prestígio do papado, devido à usual distinção que se fazia entre o ofício do papa e sua pessoa (e, portanto, sua eventual indignidade).

Além disso, a Igreja de Roma e seu bispo podiam contar com um poderoso instrumento de comunicação; com efeito, os papas gozavam do valioso apoio de uma eficiente chancelaria que acompanhava e sustentava o compromisso e as necessidades de governo. Como um instrumento de poder em uma sociedade que pouco conhecia o uso da escrita e das instituições jurídicas, mas das quais acabava por depender, a chancelaria papal estruturava-se em papéis que tinham sido definidos desde os tempos de Gregório Magno (cap. 3, item 9.3): ao *bibliothecarius* juntava-se o *cancellarius*, o *scriniarius* e os *notarii*, cada um deles com competências e ofícios distintos e definidos. Tratava-se de um grupo de funcionários dotados de capacidades operativas e de comprovada cultura jurídica que compunham uma estrutura funcional capaz de garantir eficaz continuidade e segura operacionalidade à administração pontifícia.

6. A grande construção política forjada pelos francos no século IX era constituída por um conjunto de distritos territoriais — condados, marquesados e ducados — que Carlos e Luís, o Pio, tinham remodelado no clima favorável da "renascença carolíngia" (cap. 4, item 14.1). A organização eclesiástica do território também foi remodelada, com o objetivo de fazer coincidir as circunstâncias eclesiásticas com as do Império (como já acontecera na Antiguidade tardia). Dentro desse sistema, no vértice de agrupamentos de circunscrições situados em cidades tradicionalmente importantes ou em sedes historicamente relevantes eram postos os metropolitas, em torno dos quais se reuniam ordenadamente os bispos sufragâneos.

Na Igreja carolíngia, **os bispos** constituíam a cúpula da Igreja local; pertenciam quase sempre à classe nobre, estreitamente ligados — em virtude dos laços de parentesco — às famílias da grande aristocracia. Bispos e nobres vassalos formavam, portanto, a estrutura axial do Império: aos nobres-guerreiros a tarefa de administrar marquesados e condados, garantindo o exercício militar próprio de sua condição; aos bispos, além do compromisso missionário, era designada a tarefa de assegurar a firmeza das estruturas diocesanas em torno do imperador. As funções desempenhadas pelo episcopado e pela aristocracia vassalar encontravam um ponto de convergência na figura do soberano, que era o sinal da unidade entre o século e o sagrado, entre a classe dos guerreiros e dos sacerdotes.

Os bispos em plena época franca exerciam as funções próprias da *potestas ordinis* (concessão da ordenação sacerdotal, preparação do sagrado crisma, consagração de altares e de igrejas, administração da crisma); além disso, competia-lhes a tarefa da pregação e o exercício da justiça eclesiástica. Em suas funções, cada prelado era ajudado pelo clero da catedral, na qual se distinguiam as dignidades do arquidiácono (empenhado na administração do patrimônio e na assistência aos pobres) e do arcipreste (cujas tarefas estavam estreitamente ligadas à celebração da liturgia).

Além disso, os bispos eram considerados *literatos* (homens peritos em tradições culturais e competentes na escrita); em um mundo substancialmente composto por *iletrados*, parecia natural envolvê-los em funções próprias da chancelaria imperial e na produção de documentos jurídicos, expressão da ação de governo do soberano. Investidos por Carlos, o Calvo, em 876 em Pavia, com o *missatico* (direito de visita, inspeção e controle de determinado território) para toda a diocese, agiram como detentores de fato dos direitos legados sobretudo à cidade de sua sede, direitos que se estendiam ao âmbito dos muros e um pouco mais além. Também por estímulo de concessões feitas pelos reis da Itália durante os primeiros decênios do século seguinte, os prelados viram seus direitos se ampliarem, o que certamente criou uma defasagem jurisdicional entre os âmbitos espiritual e temporal, com prejuízo do edifício construído pelos carolíngios, mas que permitiu ao episcopado possibilidades inéditas de ação, até pela profunda ligação muitas vezes estabelecida com as comunidades citadinas.

A progressiva conscientização que o episcopado adquiriu sobre o próprio papel não ajudou na aceitação pacífica das intervenções do papado, que, de forma direta ou mediante a ação dos vigários, visava, de modo ainda embrionário, a um controle sobre a rede dos episcopados europeus. Ainda na época carolíngia, é conhecida a resistência contra o vigário papal Ansegiso por parte dos metropolitas de Além dos Alpes, guiados pelo determinado e hábil Incmaro, eminente arcebispo de Reims (845-882). Este último, em uma famosa *Epístola* contestou a legitimidade da ação dos legados papais e exaltou o papel dos metropolitas; confirmou a autoridade dos cânones conciliares em oposição à utilização das *Falsas decretais*, as quais tinham se tornado um instrumento de consistente força jurídica nas mãos dos papas.

Todavia, na perspectiva romana ia se afirmando cada vez mais a convicção de que os papas podiam intervir legitimamente nas sedes episcopais e proceder à transferência dos bispos de uma sede para outra, até em oposição ao princípio da intransferibilidade, próprio da legislação conciliar. A ação dos pontífices romanos e do papa João VIII (882-892) (cap. 4, itens 17.1-2 e item 18.4 deste capítulo) pretendia principalmente infundir vigor no vacilante Império carolíngio; confirmava-se assim o papel universal da Igreja romana, reportando-se à fundação apostólica e evidenciando a importância da investidura efetuada por Cristo ao apóstolo Pedro. Além disso, João VIII pensou em dar novo impulso à própria função também por meio da referência da Roma de seu tempo à Roma da tradição pagã e clássica e a seu passado imperial. Como se viu, tentativas destinadas a sofrer trágica interrupção.

Tendo faltado o apoio fundamental do Império, tendo entrado em crise as articulações vitais do sistema, as igrejas episcopais espalhadas pelo território europeu deram vida a um novo modelo episcopal, bem mais autônomo e decisório do que o que tinha caracterizado a ação dos antecessores.

7. O episcopado ocidental soube desenvolver uma ligação vital com as **realidades citadinas** — nos lugares em que as cidades tinham sobrevivido — e acabou constituindo sua mais relevante expressão.

Em 904, em Piacenza, um amplo grupo de habitantes da cidade (trinta e cinco clérigos e vinte e seis leigos) constituiu o corpo eleitoral para a eleição do novo prelado. Em Milão, cidade ciosa das próprias prerrogativas e das próprias tradições, a escolha do novo bispo foi por muito tempo orientada pelos ordinários da igreja catedral, expressão, por sua vez, do contexto citadino. Também na cidade ambrosiana, o bispo, que jamais tinha obtido as funções de conde, era considerado a mais alta autoridade espiritual, capaz de compreender e partilhar projetos e aspirações elaboradas naquele ambiente, enquanto crescia seu prestígio de metropolita em relação às outras dioceses lombardas. Aliás, entre os séculos IX e X foram raros em Milão os casos de arcebispos estranhos ao ambiente milanês.

Mais enraizados no contexto social urbano do que os oficiais públicos de origem carolíngia, os bispos partilhavam a sorte de suas cidades: quando, em 924, os húngaros queimaram Pavia, o conde estava ausente, e o bispo morreu nas chamas; graças à ação do próprio pastor, em 937 Asti se defendeu dos sarracenos.

Além do compromisso militar e da construção de obras arquitetônicas em defesa da cidade (como em Bergamo e em Cremona, onde no início do século X os prelados assumiram o cargo da edificação da muralha), podia competir aos bispos o cuidado de aspectos da vida civil, como os problemas de pesos e medidas. Em 945, o bispo Pedro de Mântua favoreceu o estabelecimento de uma liga monetária com outras cidades da planície.

Além disso, os bispos viam-se no vértice das **circunscrições diocesanas**, uma realidade nada estática e até sujeita a profundas transformações durante a Alta Idade Média. Desde a Idade Antiga tardia, a Igreja estava dividida também em **províncias**, lideradas por metropolitas (que a partir do século X assumiram preferencialmente o nome de arcebispos), os quais tinham funções de controle sobre os bispos da província (bispos sufragâneos): as diferentes circunscrições territoriais tendiam a coincidir com as circunscrições administrativas em que estava dividido o Império (cap. 3, item 11.1).

No reino da Itália, ao norte, a partir do século V, existiam três grandes províncias eclesiásticas (Milão, Aquileia e Ravena), enquanto nas regiões centrais e meridionais da península as numerosas e circunscritas sedes episcopais encontravam-se quase todas em direta relação com Roma. Durante os primeiros séculos da época medieval, o território dos francos ocidentais contava com dez sedes arquiepiscopais: sete na Borgonha, duas na Inglaterra e Hungria, uma na Polônia. No reino da Germânia, contavam-se as sedes de Mogúncia, Tréveris, Colônia, Hamburgo e Salisburgo, às quais, a partir de 968, se juntou Magdeburgo, a pedido de Otão I.

O centro de cada diocese era a igreja catedral (à qual se juntava a residência do bispo e dos cônegos, a escola catedral); na zona rural surgiam as freguesias (igrejas batismais), às quais se conectavam os oratórios; onde o sistema de freguesias era mais raro surgiam as paróquias rurais (cap. 3, item 11 e cap. 7, item 28.1).

Para nos limitar à península italiana, devemos observar que com frequência foram os reis da Itália ou os papas que intervieram e determinaram a sorte dos episcopados e assentamentos a eles ligados: em 928, Concórdia foi agregada a Aquileia por iniciativa do rei Hugo de Provença; em 969, o papa João XIII (965-972) decidia, embora no âmbito de um sínodo, unir a Asti a cidade de Alba, que fora devastada pelos sarracenos, a ponto de o bispo titular não ter rendas suficientes para viver.

Enfim, ao episcopado ficou a difícil tarefa de projetar, sustentar e guiar a evangelização das regiões só superficialmente tocadas pela religião cristã, em particular os países nórdicos da Escandinávia e das áreas eslavas do leste europeu (cap. 4, itens 16.2 e 17.2). A partir dos anos sessenta do século X, abriram-se à evangelização latino-católica a Polônia, a Boêmia, a Morávia e a Panônia (cap. 9, item 38).

19. A Igreja do Oriente e o cisma de 1054

1. Terminado o tempo convulso do iconoclasmo (cap. 4, item 12), um sínodo convocado em Constantinopla proclamou solenemente, em 11 de março de 843, a legitimidade do culto das imagens e decretou o triunfo da ortodoxia. A partir daquele momento, esse evento seria comemorado no primeiro domingo da Quaresma como *Festa da ortodoxia* e se enraizaria profundamente na consciência da cristandade bizantina, que manteve essa festa até nossos dias. Diminuíra a urgência de defender o Estado bizantino da ameaçadora pressão islâmica em suas fronteiras orientais e se superara o clima que tinha imposto o controle do imperador sobre todos os aspectos da vida social (e eclesiástica); a própria Igreja de Bizâncio havia rechaçado um tanto apressadamente o iconoclasmo no âmbito da heresia docetista e do maniqueísmo. Em vez disso, uma nova importância era atribuída ao papel das imagens, pois o ícone assumia a tarefa inédita de exibir o valor da encarnação, da realidade tangível que mostrava a real humanidade do Corpo de Cristo (uma realidade que, na verdade, os iconoclastas jamais tinham contestado).

Em suas formas aparentemente elementares, mas fruto de uma refinada visão pictórica, o ícone constituía-se como síntese entre a dimensão celeste e o mundo terreno, sinal antecipador da transfiguração do cosmo nos últimos tempos. Foram, portanto, imponentes o florescimento e a difusão das imagens — representando Cristo, a Virgem, os santos — que recobriram as paredes das igrejas e foram utilizadas para constituir uma espécie de separação entre os fiéis e a abside: a iconóstase sobre a qual pousava o olhar dos fiéis e à qual se endereçavam os gestos rituais de veneração e oração.

Contemporaneamente, **o cristianismo oriental** manifestou suas potencialidades, empenhando-se em uma ampla ação missionária endereçada às **populações eslavas**. Eram dois os principais centros de interesse: o reino dos búlgaros e os russos organizados no principado de Kiev (cap. 4, item 17.2). Foi um processo delicado e complicado, marcado por prisões, por renascimento de cultos pagãos, por concorrência de missões dirigidas por ocidentais. A partir da metade do século IX, as campanhas missionárias assumiram características mais decididas, apoiadas também por intenções e projetos políticos. Com efeito, a conversão das aristocracias eslavas e búlgaras, graças ao clero dependente do patriarcado de Constantinopla, podia significar um enquadramento religioso eficaz das populações balcânicas e, ao mesmo tempo, uma obra de absorção cultural, pressuposto necessário para estabelecer naquelas terras uma influência política segura.

Aos propósitos de expansão de Bizâncio na área balcânica correspondia a vontade dos príncipes eslavos de se constituírem como legítimos soberanos das populações, progressivamente subtraídas às incertas organizações tribais e postas em estruturas estatais mais sólidas; nesses projetos, a conversão ao cristianismo garantia ao rei uma nova legitimidade, sancionando seu poder sagrado e o papel de mediador de uma nova ordem social.

A estreita conexão entre sagrado e profano, entre sinceras (e inegáveis) aspirações espirituais e mais convenientes cálculos políticos, constitui um nó inextricável da atividade missionária entre as nações eslavas. É uma conexão que se reflete no comportamento dos novos reis eslavos, explícitos em exigir o envio de missionários, mas também preocupados com as consequências políticas de tais atividades e, portanto, frequentemente propensos a pedir ajuda às Igrejas e aos patriarcados mais distantes — entre eles à Igreja romana — por temor de uma influência política direta de Bizâncio. Em contrapartida, houve quem tivesse um comportamento oposto, como Ratislav (Rostislau), príncipe da Grande Morávia, que se dirigiu a Constantinopla, dando início à missão de Cirilo e Metódio; paradoxalmente, essa missão levou à adesão da nação morávia ao catolicismo romano (cap. 4, itens 17.1-2).

O fracasso da missão ortodoxa entre os povos da Morávia foi momentaneamente compensado por resultados conseguidos na Bulgária, onde, em 865, o *khan* Bóris tinha recebido o batismo de um bispo grego, com a explícita proteção do imperador, que lhe tinha manifestado particular reconhecimento a respeito de sua soberania e do prestígio do arcebispado. Mas depois de ter oscilado entre Roma e Constantinopla, Bóris conseguiu criar uma hierarquia nacional, independentemente das duas grandes Igrejas (cap. 4, item 17.2).

Na região dos Balcãs norte-ocidentais, antigamente chamada de *Ilírico*, a penetração de missionários orientais favoreceu a adesão da Sérvia ao cristianismo bizantino, ao passo que foi decididamente majoritária a presença do episcopado latino na Croácia. Assim, aconteceu que a região que poderia ter se tornado lugar de encontro e de integração entre os mundos grego e romano tornou-se uma fronteira bem definida entre as duas realidades, então a caminho de uma nítida separação.

Durante o século IX houve enfim a conversão das populações do principado de Kiev, fruto do encontro entre os varangianos procedentes da

Escandinávia e as populações eslavas locais. Também neste caso, tratou-se de um processo lento e controverso, mas decisivo. A força sugestiva e os esplendores da pomposa liturgia bizantina concorreram notavelmente para conquistar a fé do povo dessas novas nações. Além disso, os numerosos episcopados surgidos na Rus' de Kiev favoreceram a implantação de igrejas e de mosteiros; com eles difundiram-se as tradicionais obras de caridade, que contribuíram não pouco para facilitar formas de autêntica conversão e para abrir a Constantinopla vastos espaços e impensadas regiões de evangelização, embora o cristianismo da Rus' tenha adquirido cada vez mais características próprias, até chegar à constituição de uma Igreja ortodoxa russa autônoma em 1448 (vol. III, cap. 1, item 2.3 e cap. 7, item 29.3).

2. O que aconteceu por ocasião da complexa evangelização das regiões eslavas contribuiu para confirmar o papel assumido pelo **patriarcado de Constantinopla** no Oriente. Com efeito, se durante algum tempo os poderes sacerdotais do patriarca e os reais do imperador, teorizados no *Epanagogé* (um pequeno códice de leis que remontam ao fim do século IX), eram concebidos como realidades distintas e gozavam de substancial autonomia, no século X as cúpulas do patriarcado trabalharam por uma ação decisiva também no plano político.

As carreiras eclesiásticas, como e mais que as públicas, garantiam de fato às classes aristocráticas elevados horizontes culturais e possibilidades de comando em níveis eminentes. O alto clero da capital gozava de um órgão representativo próprio no *synodos endemousa* (sínodo permanente); o patriarca exprimia a ampla autoridade jurídica e legislativa de governo da Igreja — da deposição de bispos indignos à legislação matrimonial —, chegando a ações mais específicas de administração patrimonial. Também os oficiantes em Santa Sofia, a catedral de Constantinopla, gozavam de um papel e de prestígio particulares.

Nessa situação, porém, tendiam a se debilitar a vida religiosa, a piedade pessoal e a preparação do clero e, como já ocorrera no passado, insinuavam-se na Igreja bizantina o nepotismo e a simonia. No fim do século X, porém, houve um **florescimento monástico** concentrado na região do **monte Athos**, impulsionado pela enérgica vontade de Santo Atanásio (920-c. 1003). De fato, difundiram-se numerosos mosteiros como *lauras* (ou seja, pequenas habitações próximas com um espaço central para os encontros comuns), organizados segundo suas indicações. Tais comunidades eram dirigidas por um superior (o hegúmeno), coadjuvado por monges anciãos, e eram caracterizadas por severo isolamento e vasta autonomia (também do patriarcado), ascetismo reservado e forte dimensão monárquica (o hegúmeno podia escolher o próprio sucessor); não eram encorajadas, tampouco obstaculizadas, formas mais austeras de eremitismo. Essas comunidades, exemplares pelo rigor da espiritualidade monástica, conheceram notável desenvolvimento, mas, tendo se tornado destinatárias de doações e privilégios, acumularam uma grande riqueza que atenuou algumas durezas da vida dos monges e ofuscou a obrigação do trabalho manual, explicitamente desejado por Atanásio como meio de ascese e exercício de virtudes.

Tendo chegado a altíssimos níveis de esplendor e de prestígio, a Igreja bizantina parecia assim onerada por conformismo e torpor espiritual; sua liturgia era esplêndida, mas formal; seu episcopado era formado por altos dignitários, mas fraco sob o ponto de vista espiritual; os teólogos, cultos e refinados, tinham elaborado uma teologia sofisticada, mas decididamente abstrata. Sua estrutura era repetidamente percorrida e abalada por correntes heterodoxas. Difíceis eram também as relações com Roma, que, aos olhos dos bizantinos, propensos a conservar a tradição da pentarquia, se mostrava excessivamente tendente a impor a própria autoridade sobre toda a Igreja.

3. O processo de separação cultural, as controvérsias de natureza religiosa presentes havia muito entre as duas Igrejas acentuaram-se e se exacerbaram em meados do século XI, sob o estímulo da desconfiança e das suspeitas do patriarca **Miguel Cerulário**, o qual temia que o imperador bizantino aceitasse uma união com a Igreja de Roma por conveniências políticas, acabando por determinar menor autonomia do patriarcado.

Cerulário, de temperamento impetuoso e características autoritárias, até mesmo convencido de que a *Doação de Constantino* dizia respeito à própria sede episcopal, temendo uma penalizadora marginalização política, deu início a uma violenta campanha antirromana. Decidiu autonomamente fechar as igrejas de rito latino presentes em Constantinopla, enquanto sucediam-se atos de vandalismo contra elas. Nesse ínterim, o arcebispo da Bulgária tinha enviado a Roma uma carta em que se condenavam algumas práticas litúrgicas latinas, entre elas o uso de pão ázimo e do jejum em dia de sábado.

O papa Leão IX (1049-1054) — que promovera uma série de medidas para renovar o papado e a Igreja (item 20.6) — estabeleceu então o envio de legados a Constantinopla sob a guia de um de seus principais colaboradores, o cardeal **Humberto de Silva Cândida**. A tarefa dos legados papais era indagar sobre as medidas tomadas contra as igrejas latinas na capital bizantina e responder às acusações movidas à Igreja romana. Ao chegarem a Bizâncio, os legados foram recebidos com grandes honras pelo imperador, e de modo um tanto frio pelo patriarca; apesar dos diferentes auspícios, a permanência deles na cidade não levou a nenhum compromisso. Entre os contendores parecia haver pouca intenção de se chegar a um acordo.

O pouco conciliador Humberto de Silva Cândida, que já havia notificado à Igreja grega mais de noventa heresias, decidiu, depois de ter abundantemente alimentado as polêmicas, abandonar Constantinopla em julho de 1054. Os legados papais partiram depois de ter depositado sobre o altar de Santa Sofia a solene carta de excomunhão do patriarca e seus colaboradores. O anátema, endereçado ao "pseudopatriarca" Cerulário, estigmatizava duramente a doutrina grega sobre a processão do Espírito Santo, mas atingia também o matrimônio dos padres e outros legítimos usos do clero grego.

Tendo convocado um sínodo, o patriarca considerou a iniciativa dos legados uma revolta contra toda a Igreja ortodoxa e procedeu à excomunhão dos enviados do papa e dos apoiadores deles. Leão IX jamais chegou ao conhecimento dela: morreu alguns meses antes, em abril de 1054.

A cristandade daquele tempo não percebeu como uma virada de época o que acontecera; tratava-se de um cisma parcial, que não tinha envolvido a totalidade das Igrejas orientais; também as excomunhões recíprocas tendiam a atingir especificamente algumas pessoas. A ruptura era grave, mas teria podido não ser definitiva. O desdobrar dos acontecimentos históricos seguintes, vida espiritual, usos litúrgicos diferentes e as diversas concepções a respeito do papel da Igreja romana, acabaram por torná-la irremediável, apesar de dois atos oficiais de união realizados por ocasião dos Concílios de Lião II (1274) (cap. 8, item 32.3) e de Florença (1439) (vol. III, cap. 1, item 2.3).

20. A época dos Otões e a reforma imperial

1. Em Aachen, no ano de 936, **Otão da Saxônia**, filho do duque Henrique, recebia a coroa da Germânia: tinha vinte e quatro anos, e reinaria até 973. Animado por uma concepção do poder que fundia o elemento público com o consenso das grandes famílias aristocráticas, tinha se empenhado em uma profunda revisão da estrutura política de seu domínio, substituindo, onde lhe fora possível, os funcionários do *Regnum* por parentes e aliados; além disso, tinha procurado favorecer o progressivo processo de unificação do reino da Germânia — chamado também dos francos orientais —, então composto por cinco ducados principais (Saxônia, Francônia, Suábia, Baviera e Lorena).

Naqueles primeiros dificílimos anos, o soberano germânico conseguiu vencer as revoltas dos duques da Lorena, Francônia e Baviera e organizar um sólido consenso em torno de si. Sua posição revigorou-se também pelos resultados obtidos no campo militar, graças às repetidas vitórias sobre os húngaros que devastavam as terras alemãs, até que, em 955, em Lechfeld, obteve uma vitória definitiva, anulando o perigo de novas incursões.

Gozando de plena liberdade na escolha de abades e bispos, que em geral pertenciam às famílias que lhe eram fiéis, Otão os revestiu de funções públicas e espirituais. Utilizou-os assim para o governo de cidades e condados da nação alemã, favorecendo seu papel de senhores territoriais capazes de convocar e comandar contingentes armados. Igualmente, foi o mesmo soberano que pretendeu dos bispos uma reforma no campo religioso, com a intenção de combater certo relaxamento dos costumes que se espalhou entre o clero e nos mosteiros da Europa, o qual na Alemanha parecia menos grave do que se verificava em outros países.

As dioceses de Mogúncia e de Magdeburgo tornaram-se os centros de uma vasta ação missionária dirigida às populações eslavas e apoiada pelo próprio Otão, que pretendia estender sua autoridade também àquelas regiões. Tendo como modelo a corte carolíngia (cap. 4, item 14.1), metade da corte de Otão tornou-se de doutores e teólogos, entre os quais o bispo Liutprando de Cremona, que escreveu um panegírico do soberano alemão, o *Liber de rebus gestis Ottonis Magni imperatoris*; entre as grandes abadias, em particular no mosteiro de Fulda (na atual Assia) e no de São Galo (hoje Suíça), reacendeu-se forte empenho cultural.

Em meados de 951, o rei da Germânia atravessou os Alpes para levar socorro a Adelaide, viúva de Lotário (o filho de Hugo de Provença: item 18.5), ameaçada pelas manobras de Berengário II, marquês de Ivrea, o qual tinha cingido a cabeça com a coroa da Itália e estava produzindo uma progressiva desestabilização política na área setentrional da península. Otão casou-se com Adelaide, exigiu um ato de submissão por parte dos feudos itálicos e do próprio

Berengário, que cedeu temporariamente à vontade do soberano alemão, mas depois persistiu nas tramas e manobras políticas que havia tempo perseguia. Tendo descido novamente à Itália com um forte exército em agosto de 961, o rei da Germânia fez Berengário prisioneiro, assumiu a coroa do reino da Itália e dirigiu-se a Roma para receber a coroa imperial do papa João XII (fevereiro de 962) (item 18.5).

Por parte do novo imperador, ao rito da unção e da consagração celebrado em São Pedro correspondeu à assinatura de um *pactum* com o papa, tendo como modelo os *pacta* carolíngios anteriores: o *Privilégio otoniano* (***privilegium Othonis***) renovou ao pontífice as doações (na verdade utópicas) já concedidas no tempo de Pepino e de Carlos Magno (cap. 4, item 13.2 e item 14), estendeu o território sob controle direto da Igreja de Roma e assegurou ao sucessor de Pedro a própria proteção. Na última parte do documento restabelecia-se a constituição de Lotário do ano 824, na qual se previa que a eleição do papa seria livre, confiada ao clero e ao povo romano, mas que o pontífice escolhido deveria receber a aprovação do imperador (ou de seus legados) e jurar-lhe fidelidade.

Surpreso com a determinada iniciativa de Otão, João XII começou a tramar para se libertar do embaraçoso protetor. Mas o imperador não perdeu tempo: no outono de 963 voltou novamente à Urbe, da qual o jovem papa tinha fugido precipitadamente, e convocou um sínodo solene. O pontífice fugitivo foi acusado de conduta imoral e de traição, foi decretada sua deposição e, após dois dias, foi eleito como papa o *protoscrinario* da Igreja romana, que assumiu o nome de Leão VIII (963-965). A resposta vingativa e a tentativa de João XII de se instalar novamente na Urbe foram prontamente sufocadas por Otão, que, tendo voltado novamente a Roma, obrigou-o à fuga para os montes da Campanha, onde em poucos meses passou a viver de expedientes e teve uma morte indecorosa.

Coube ao imperador, juntamente com o papa Leão VIII, depor o antipapa — que no entrementes fora eleito pelos romanos —, depois de lhe ter quebrado na cabeça, com gesto explícito e teatral, o báculo (curiosamente, parece ser essa a primeira citação de um pastoral em uso pelo bispo de Roma).

O pontífice reinante, sobre cuja nomeação há dúvidas de legitimidade, atribuiu ao soberano saxão e a seus sucessores o direito de eleição do papa e dos bispos e sancionou a obrigação de consagração somente depois do ato de investidura. Esse cânon será integrado na coleção de textos jurídicos seguinte promovida por Graciano na primeira metade do século XII (cap. 7, item 29.4).

2. Otão era animado pela forte ambição de uma ***renovatio imperii*** concebida como imitação pontual da realeza carolíngia, tanto que não por acaso seus contemporâneos identificaram na cerimônia de coroação de 962 uma restauração do Império de Carlos Magno na perspectiva de uma colaboração real entre o papado e o Império. A cultura eclesiástica a fez própria e consagrou o poder de Otão com grande solenidade: a capa, a mitra e a coroa utilizadas para a coroação retomavam os elementos próprios do manto do sumo sacerdote em Jerusalém. Também a coroa imperial (uma manufatura provavelmente encomendada por Otão em um momento seguinte à sua coroação e hoje conservada em Viena) revelava em sua estrutura, nas decorações de esmalte, na disposição e na escolha das pedras preciosas, os símbolos de uma precisa concepção da realeza e se propunha como síntese visível da história da salvação. Em especial, três esmaltes representavam modelos próprios da realeza veterotestamentária: Davi, Salomão e Ezequias. O primeiro é considerado o exemplo do rei santo e forte na guerra, o segundo, do rei justo e sábio, o terceiro, do rei temente a Deus. A cartela que os dois primeiros soberanos portam tem forma de M (talvez uma referência a Melquisedeque, o bíblico rei e sacerdote). O quarto esmalte representa um Cristo Pantocrator no trono com o escrito ditado pela Sabedoria: "*Per me reges regnant*" ("Os reis reinam graças a mim"). As cento e quarenta e quatro pedras (não por acaso múltiplo de doze) que a ornam remetem ao número das tribos de Israel e dos apóstolos.

Graças à elaboração teórica oferecida pela cultura eclesiástica, o imperador tornava-se assim *rex et sacerdos*, imagem viva do Ungido do Senhor, até adquirir no reinado seguinte, de Conrado II (1024-1039), a qualificação de *vicarius Christi*. No conúbio entre reino e sacerdócio sob a guia do soberano, na consciência da importância da tradição cultural cristã, na inspiração do universalismo de Roma, o Império tinha identificado os elementos da própria especificidade cultural e política.

Fatores novos e tradicionais interagiam na ação do soberano alemão. A crise da organização estatal carolíngia tinha favorecido o surgimento de um policentrismo de poderes que somente agora eram coordenados por uma autoridade régia, ponto de referência de uma vasta unidade territorial (tratava-se, com efeito, de um Império renovado que assumia de modo cada vez mais determinante a qualificação de "germânico"). A partir de Otão, a ligação entre soberanos alemães e a sede de Pedro repropôs-se como indivisível, com base na convicção de que aos imperadores era atribuída como tarefa primária a missão de protetores da cristandade e de Roma. A colaboração era sancionada por um texto antigo e venerável, a carta do papa Gelásio ao imperador Atanásio em 494: "São dois, imperador augusto, os princípios pelos quais o mundo é governado: a sagrada autoridade dos pontífices e o poder real" (cap. 2, item 4.2). Portanto, se Cristo tinha sido ao mesmo tempo rei e sacerdote, agora que o sacerdócio e a realeza eram distintos, um e outro eram chamados a cooperar para o bem comum e a salvação de todos.

No entanto, as reações do mundo alemão não foram totalmente favoráveis à perspectiva que ia se firmando: alguns clérigos cultos da corte viram aí um risco insidioso, ao qual tentaram em vão opor um empenho totalmente ligado à realidade germânica e à fronteira oriental. Os atormentados episódios romanos de Otão I e sucessores teriam mostrado que tais preocupações não eram infundadas. De 966 a 972, o imperador permaneceu na Itália. Depois de ter feito coroar imperador o próprio filho, Otão II, começou a se interessar pelas terras meridionais controladas pelos bizantinos. Uma infeliz campanha militar convenceu-o a entabular negociações com os imperadores do Oriente, procurando o reconhecimento do próprio título por parte deles. Conseguiu afinal o resultado de concordar com as núpcias entre o filho Otão II e a princesa bizantina Teófanes, que teria dado como dote territórios bizantinos da Itália meridional.

3. Em 980, Otão II chegou a Roma com a intenção de dirigir uma campanha militar contra os sarracenos. O resultado infeliz do embate não o desanimou; procurou reorganizar as próprias forças, mas a morte o colheu repentinamente três anos depois. Tinha vinte e oito anos, deixou um herdeiro, o pequeno **Otão III**, que seria criado pela mãe e pela enérgica avó Adelaide.

Liberado da tutela aos dezesseis anos, Otão III reuniu a herança paterna e se ocupou em tornar plenamente operantes as orientações político-culturais que já tinham se manifestado na época do primeiro Otão, marido de sua avó Adelaide. Convencido do **caráter universal do Império**, procurou dar conteúdos efetivos à teoria da colaboração recíproca e concorde entre sacerdócio e reino, propondo essa realidade como garantia de paz e de justiça para toda a humanidade, guia terrena para a eterna salvação de todos os homens.

Nomeou como pontífice o capelão da corte e seu parente (Gregório V, 996-999); com a morte precoce de Gregório, apoiou a eleição de um dos homens mais cultos da época, seu mestre, Gerberto de Aurillac, que quis, com forte valor simbólico, assumir o nome de Silvestre II (999-1003). Otão e Silvestre dedicaram-se ao projeto da reafirmação do papel político e religioso de Roma, uma cidade bem diferente da Roma do passado e agora reduzida às dimensões de um aglomerado de poucas dezenas de milhares de habitantes. Na alta perspectiva ideal do soberano e do papa, a Urbe estava no centro de um mundo situado sob a égide imperial, na aliança harmônica entre os dois sumos poderes. Nesse desígnio coloca-se também o convite aos jovens reinos da Hungria e da Polônia para que fizessem parte da órbita da *res publica christiana*.

Nos diplomas imperiais são recorrentes as expressões que enaltecem a liberdade e a segurança que se pretende garantir à Igreja, ao poder do povo romano, à prosperidade e à força do Império; os colaboradores do imperador e do papa dirigem-se a eles como a "dois astros" que iluminam e purificam a terra, "de modo que um sirva com o ferro, e o outro faça ressoar a palavra". O jovem Otão era animado por um sincero sentimento religioso que ilumina em particular a última parte do seu breve reino: em 1001, num diploma mandado redigir por Leão, bispo de Vercelli e seu colaborador, o imperador reafirmava que na realidade Roma era *caput mundi* e que se devia considerar a Igreja romana como mãe de todas as Igrejas; assim, depois de ter denunciado como falsa a doação de Constantino, dava a São Pedro, por amor do papa Silvestre II, oito condados da Pentápole.

Mas as elites germânicas não se interessavam pela política romana do imperador, ou a viam com suspeita, e a ela opunham a necessidade de uma sólida aliança entre saxões e francos por um empenho em relação às populações da Europa oriental. Nas queixas do eremita Bruno de Querfart, destinado a perecer mártir entre os prussianos e que censurava o amigo Otão, *religionis amator*, porque tinha descuidado muito da pátria alemã, preconiza-se o enfraquecimento do nobre e visionário projeto da política imperial. O desencadeamento das forças locais romanas, a imprevista rebelião a que deram vida, decretaram seu fim; de nada valeram as agitadas manobras diplomáticas para uma retomada da cidade ingrata e rebelde. Derrotado, Otão morria no fim de janeiro de 1002, aos vinte e dois anos de idade, deixando uma herança importante.

Imaginado e cultivado pelo jovem soberano, o universalismo cristão do Império tinha revelado a insuficiência das forças alemãs no empenho que as envolvia do Báltico ao Mediterrâneo. Com efeito, a historiografia ressaltou quanto o último rei dos saxões, **Henrique II**, tinha predileção por uma ação atenta em constituir sólida base de poder na Alemanha e num controle das passagens alpinas. Além disso, ele desenvolveu um verdadeiro sistema de Igreja imperial, avocando a si a nomeação de bispos para sedes episcopais, que depois onerou (como muitos mosteiros) com a obrigação da hospitalidade.

Embora com a atenuação das idealidades religiosas que tinham animado as ações de Otão III, também Henrique II teve consciência de que o prestígio do soberano alemão estava agora estreitamente vinculado ao controle do Reino itálico e à coroa imperial. A coroação de 1014 levou-o à cena de uma Roma novamente dominada pelas famílias locais e, em particular, pela poderosa dinastia dos condes de Túsculo, que havia um século disputavam com os soberanos alemães o controle da nomeação do pontífice. Resolvida pelo menos temporariamente a situação romana, Henrique convocou sínodos, animado pela sincera vontade de perseguir objetivos de reforma do clero: entre os mais eficazes, a reforma de Pavia em 1022, que afirmou o dever do celibato dos clérigos desde o subdiaconato e se preocupou em tutelar o patrimônio das Igrejas. O imperador morreu em 1024; mais de um século depois ele seria canonizado pelo papa Eugênio III (1145-1153), que teria idealizado sua figura.

Inserção 1

Bispos, mas não condes

O controle exercido por Otão I e sucessores sobre as eleições dos papas pareceu à historiografia do início do século XX emblemático da ação de governo que o soberano alemão teria praticado na península: com a intenção de conter as autonomias dos condados, teria difusamente investido os bispos das cidades italianas com as funções e os poderes próprios da função de conde.

Nos manuais, ainda hoje é difusa a convicção de que a ação de Otão I na Itália distingue-se pela ampla utilização dos "bispos-condes", com a vantagem de evitar a transmissão hereditária dos mesmos poderes (os bispos não podiam ter filhos legítimos) e de garantir desse modo a estrutura do reino.

O êxito desse conceito tem raízes na simplicidade de uma ideia que tem o valor de ser facilmente intuída e a capacidade (o defeito) de resistir no tempo aos progressos e às diversificações que a pesquisa historiográfica produziu nesse campo.

Em 1961, numa articulada intervenção, Eugênio Dupré-Theseider, retomando e desenvolvendo também as intuições de outros historiadores, já propunha uma releitura bem diferente da política filoepiscopal dos Otões na Itália. Lembrando que as concessões relativas às prerrogativas dos condes efetuadas por Otão aos bispos eram decididamente exíguas (cinco ao todo, endereçadas aos prelados de Parma, Reggio Emilia, Asti, Novara e Cremona), negava que nos reis alemães houvesse a real intenção de transformar os bispos em condes, concedendo-lhes os poderes banais (os poderes coercitivos próprios da realeza); além disso, pensava que os prelados tivessem tirado de outra fonte o progressivo controle sobre o condado, graças também aos desdobramentos da administração da justiça e dos poderes de constrição a ela ligados (conceitos expressos pelos termos *iurisdictio* e *districtio*).

São observações derivadas e específicas do trabalho das sucessivas gerações de historiadores: de Vito Fumagalli, que lançou luz até sobre aspectos antiepiscopais da política otoniana, a Friedrich Prinz e Giovanni Tabacco, que preferiram ressaltar o nexo na Alta Idade Média entre classe militar e bispos e a sucessiva transformação dos prelados em senhores territoriais.

De fato, para a Itália, o primeiro testemunho da expressão "bispo-conde" (dirigida ao bispo de Arezzo) é bem tardia: remonta com efeito a 1059; além disso, preferir-se-ia ler tal epíteto como sinal da falta em todo o reino itálico de uma presença eficaz de dinastias de condes de origem carolíngia.

Também no ambiente alpino, onde o bispo exerce um controle empírico em nome do rei, não parecem identificáveis elementos capazes de corroborar a ideia de que a relação entre soberano e eclesiásticos possa ser definida como relação entre um oficial público e seu superior. Em 960, por exemplo, Otão I tinha estendido a autoridade de Ildeboldo, bispo de Coira, ao vale Bregaglia, mas a intenção parece ser a de atribuir o *Septimer pass* — um dos desfiladeiros utilizados para a ligação entre as terras italianas e as alemãs — a mãos confiáveis.

A política otoniana em relação aos bispos conheceu, pois, modalidades diferentes: em algumas regiões (como a Emília), os Otões se esforçaram por restituir dignidade e força às dinastias dos condes; em outras (como no Piemonte, onde os poderes do bispo já tinham se firmado), reconheceram amplos direitos aos bispos sobre os condados nos quais se encontravam as cidades episcopais, de modo a favorecer seu papel de aliados contra os poderes locais.

Fora do contexto italiano — um exemplo significativo é o da diocese de Lausana — veem-se casos nos quais o rei concede rendas (proventos oriundos de tributos) em vez de exercício de um poder; é o caso das circunscrições eclesiásticas empobrecidas pelo ataque dos húngaros ou pelos saques dos sarracenos, às quais os reis concediam todos os *regalia*, de modo a favorecer sua consistente retomada econômica.

Delineia-se desse modo — recordou-o, faz alguns anos, Giuseppe Sergi em uma eficaz síntese — uma rica casuística, ligada a um mundo episcopal amplo e disforme, com o qual a dinastia saxã soube eficazmente se relacionar, sem a necessidade de constantemente investir os bispos de poderes públicos.

Nota bibliográfica

FUMAGALLI, V. Vescovi e conti nell'Emilia occidentale da Berengario a Ottone I. *Studi medievali* 14 (1973), 137-204.
PRINZ, F. *Clero e guerra nell'alto medioevo*. Turim: Einaudi, 1994.
SERGI, G. Poteri temporali del vescovo: il problema storiografico. In: FRANCESCONI, G. (org.). *Vescovo e città nell'alto Medioevo: quadri generali e realtà toscane*. Convegno internazionale di studi. Pistoia: Centro italiano studi di storia e d'arte, 2001, 1-16.
TABACCO, G. *Sperimentazioni del potere nell'alto Medioevo*. Turim: Einaudi, 1993.
THESEIDER, E. D. Vescovi e città nell'Italia precomunale. In: *Vescovi e diocesi in Italia nel Medioevo (sec. IX-XIII). Atti del secondo convegno di storia della Chiesa in Italia. Roma, 5-9 settembre 1961*. Pádua: Editrice Antenore, 1964, 55-109.

4. O forte incremento demográfico que afetou a Europa nos séculos XI e XII tinha favorecido no campo a **multiplicação das capelas e das igrejas, muitas vezes de fundação leiga** (*Eigenkirchen*, ou seja, "igrejas próprias"). Essas fundações tendiam a incorporar os direitos próprios da freguesia, tradicional centro de administração dos sacramentos e de coleta dos dízimos eclesiásticos (cap. 3, item 11). As *Eigenkirchen* exercem de fato a faculdade de arrecadação da taxação eclesiástica, a qual cabia por direito ao *dominus* fundador e podia ser alienada com a própria igreja.

A esse fenômeno junta-se ainda a estreita relação entre senhores (donos de patrimônios e às vezes também funcionários públicos) e igrejas episcopais ou grandes mosteiros, que se viram imersos num complexo entrelaçamento de interesses políticos e econômicos. O mesmo quadro político-institucional mostrava as profundas transformações que afetaram reinos, ducados, marquesados e condados, transformando-os de institutos de organização pública em centros de poder e de hegemonia pelas ambições dos numerosos e ramificados grupos de parentes.

A historiografia da primeira metade do século XX insistiu fortemente nessa imagem de Igreja absorvida no **sistema feudal** e caída em poder dos leigos, os quais a teriam arrastado para um estado de corrupção e degradação moral. Nessa ótica, as pontas emergentes da decadência geral da solidez da fé e do costume seriam as relevantes práticas simoníacas (o termo **simonia**, que alude à história de Simão Mago citada nos *Atos dos Apóstolos* 8,9-24, indica a prática da compra e venda de cargos eclesiásticos) e a progressiva imoralidade de um clero entregue à consistente venalidade e a comportamentos luxuriosos. Este fenômeno é indicado com o termo **nicolaísmo** (talvez derivado do diácono Nicolau, que, segundo Irineu, teria sido chefe de uma seita herética de costumes dissolutos), que corresponderia ao difuso desprezo que o clero tinha pelo celibato. A propósito desta última acusação, é oportuno observar que o celibato, embora indicado como condição mais oportuna pelos Padres da Igreja e por cânones conciliares, não era amplamente praticado; antes, parecia muito robusta também no Ocidente a tradição de um clero legitimamente casado. Mais que se revelar discutível sob o perfil moral, a escolha alimentava outro problema, o da dispersão dos patrimônios eclesiásticos, destinados como herança pelos sacerdotes aos próprios filhos.

Também a simonia, que, aliás, estava presente nas instituições eclesiásticas e marcou alguns hábitos dos poderosos daquele tempo, não foi simplesmente aceita como um dado de fato, mas questionou a consciência dos homens do século XI e em diferentes ocasiões gerou até reflexões e posicionamentos.

Todavia, somente a reflexão historiográfica mais recente é que permitiu enquadrar melhor esses fenômenos, definir e compreender seu alcance como componente estrutural daquela sociedade. Assim, estabeleceu-se que nos séculos IX-XI a Igreja se encontrava necessariamente imersa em todos os aspectos feudais que constituíam a sociedade civil, e que, por sua vez, a civilização feudal estava permeada de cristianismo. Com efeito, os bispos e os grande abades provinham das classes dos maiores feudos, inclinados por sua própria posição social ao uso de armas e à ação de governo.

A partir de meados do século X, os Otões na Germânia e na Itália, retomando a política dos carolíngios, reforçaram a inserção do alto clero no sistema institucional dos reinos; na França, o fenômeno, embora assumindo diferentes conotações, pois os bispos e os abades subtraíam-se ao controle direto da monarquia, enraizou-se em âmbitos mais estritamente regionais e locais. Algumas grandes famílias na Itália setentrional (é o caso dos da Besate, que tiveram bispos em Piacenza, Ravena, Lucca, Turim, Bréscia e Milão) ou na França meridional (em Narbona e em Albi) testemunham que também nos níveis dos feudos médios os interesses de poderosos e ramificados grupos com parentesco entre si voltavam-se para os âmbitos de poder eclesiástico como complemento necessário ou estímulo para o controle de um território. A aristocracia reivindicava e introduzia nessas instituições uma espiritualidade frequentemente elitista, em coerência com as próprias origens. O risco evidente foi o de que as entidades eclesiásticas envolvidas por esse sistema se tornassem um privilégio direto das famílias aristocráticas.

Que tal evento comportasse sempre e necessariamente um empobrecimento moral e uma degradação dos homens que atuavam nesse contexto é, todavia, um assunto não demonstrado, como o exemplo da *Reichskirche* pode sugerir (ver mais adiante).

A mistura entre origem, posição social e ofício eclesiástico, própria da chamada Igreja feudal, tornou-se também manifestamente evidente no caso do monaquismo reformado, e em particular o de Cluny (cap. 6, itens 24.1-3). Com efeito, nesse âmbito específico concentrou-se forte afluxo de personagens e grupos inteiros de parentes e clientela, formou-se e se difundiu uma espiritualidade fortemente caracterizada pela origem social dos monges, deu-se vida a amplas irmandades de oração que, pela forte presença de leigos, teriam podido constituir um mero condicionamento da vida claustral. Ao contrário, o monaquismo "reformado" — a partir justamente de Cluny — representou o motor de uma difundida reforma da Igreja feudal; foi exemplar a vida de muitos desses monges e seu modo de sentir e agir foi profunda e sinceramente religioso.

Se o monaquismo desses séculos também pode ser considerado um dos fatores de desestruturação do sistema tradicional de organização das circunscrições eclesiásticas — pois, ao expressar a tendência de adquirir igrejas e mosteiros privados, criou regiões de isenção em relação ao ordinário diocesano —, há de se observar que o clero que oficiava nas igrejas privadas (*Eigenkirchen*), progressivamente absorvidas pelos sistemas monásticos, viu-se obrigado a uma rígida disciplina e a uma intensa vida espiritual; estimulado à prática da pureza da vida e ao exercício da oração, constituiu-se como um dos mais idôneos para o exercício da cura de almas.

A sacralização do poder régio (e imperial) e o instituto da igreja privada foram, portanto, dois elementos que favoreceram a intromissão dos leigos na instituição eclesiástica e geraram uma inegável mistura entre âmbito temporal e âmbito espiritual, entre sagrado e profano, mas ao mesmo tempo constituíram também um dos fatores que levou à reforma do tecido eclesial do novo milênio.

5. O vínculo entre Roma e o reino da Germânia se revigorou com a eleição de **Henrique III** (1039-1056). Com efeito, o imperador tinha assumido o patriciado romano que, associando-o estreitamente à cidade, permitia-lhe um controle mais direto sobre a eleição papal. Não se tratava somente de um cálculo político; o novo soberano estava fortemente convencido da dimensão sagrada e sacerdotal da realeza, tanto que na cerimônia de investidura dos bispos habitualmente conferia junto com o báculo também o anel, símbolo das núpcias espirituais entre o novo bispo e a Igreja.

Henrique III trabalhou muito para a afirmação da paz religiosa, não se contentando com declarações formais. No sínodo de Constança, de 1043, do altar da catedral anunciou a seus inimigos o perdão e convidou os que estavam presentes a fazer isso. Em Tréveris [Trier], comportou-se de modo semelhante, promovendo uma comovente cerimônia de reconciliação com os húngaros que tinham se rebelado contra Pedro Orseolo, legítimo sucessor do rei Estêvão.

Ao contrário do que havia feito Henrique II, privilegiou nas abadias a passagem da dependência do ordinário diocesano para a dependência direta do imperador, dada a oportunidade oferecida pelos recursos econômicos dos cenóbios, mas ao mesmo tempo interessado sinceramente na reforma da vida monástica e convencido de que a proteção concedida seria a melhor garantia de liberdade.

Quando em 1046 voltou a própria atenção para a Igreja de Roma, nela encontrou três papas, cada um deles representante das diversas facções e expressão da luta existente entre as famílias romanas. Nos sínodos de Roma e de Sutri os depôs ou os convenceu a se demitirem. No lugar deles nomeou Suitgero, bispo de Bamberg, que assumiu o nome de Clemente II. No Natal do mesmo ano, Clemente II consagrou e coroou Henrique III como imperador. Este último, consciente da necessidade de libertar o papado dos vínculos e interesses da aristocracia romana, tinha demonstrado a clara intenção de intervir também nas questões internas da Igreja, recorrendo ao *privilegium Othonis* (item 20.1). Ele agiu de modo que não se nomeassem papas de origem italiana; depois de Clemente, escolheu Dâmaso II (Poppo, bispo de Bressanone), Leão IX (Bruno, bispo de Toul, parente dos condes da Alsácia) e Vítor II (Gebehard, bispo de Eichstätt).

Para evitar contestações, o imperador mandou para o exílio em Colônia o papa deposto Gregório VI (1045-1046), que foi acompanhado também por um clérigo de nome Hildebrando (o futuro papa Gregório VII), então um desconhecido, mas testemunha que se lembrava daqueles eventos e dos sínodos de Roma e de Sutri.

Nesses decênios, um acentuado desenvolvimento tinha marcado a Igreja na Germânia, constituída por sólida rede de bispados e mosteiros ligados ao soberano, sustentada pelas alianças familiares, fundamentada em propriedades fundiárias e beneficiada por várias imunidades, elementos que a tornaram também um sistema eficaz de controle sobre o território. Para identificar sua peculiaridade, a historiografia cunhou a feliz e quase intraduzível expressão **Reichskirche**, a "Igreja do reino", a herdeira direta da estreita ligação entre *Regnum* e *Sacerdotium* realizada entre os séculos IX e XI, sancionada também nos cânones da época (como testemunha a obra de Burcardo de Worms, falecido em 1025).

Nessa Igreja, as mais ricas e importantes sedes episcopais eram, havia muito, apanágio das aristocracias, segundo um costume que para o rei constituía a possibilidade de um controle eficaz e de um uso potencial dos grandes recursos por elas garantidos. Assim, Otão I tinha nomeado Egberto, seu capelão e conselheiro, como bispo de Tréveris; e seu porta-espada Anfriso, como bispo de Utrecht. A família Ardenne, fortemente fiel à dinastia saxã, controlou por um século os bispados de Verdun, Metz e Tréveris.

Não limitada apenas ao território alemão, a *Reichskirche* estendia-se também a importantes sedes episcopais italianas, como Aquileia e Ravena, nas quais se destaca no século XI uma notável presença de bispos de origens bávaras, difundidos também em outros bispados da Itália setentrional, de Trieste a Pádua, Verona, Vicenza e Mântua.

Até pela ação decidida e sinceramente caracterizada por motivações religiosas sob o estímulo de Henrique III, foi precisamente essa "Igreja do reino" que realizou um controle eficaz sobre as instituições eclesiásticas, dando início a uma séria luta contra a simonia.

A ação do imperador não se limitou à Alemanha, mas atingiu a península italiana e, segundo uma comprovada prática, afetou diretamente Roma e a escolha do candidato à sede de Pedro. Todavia, Henrique III não se limitou a nomear papas qualificados, mas apoiou a ação de reforma. Em colaboração com o imperador, o papa Clemente II (1046-1047), que na escolha do nome já indicava um desejo de retorno à Igreja das origens, em um sínodo de 1047 ameaçou com o anátema quem vendesse os cargos eclesiásticos e condenou a quarenta dias de penitência os padres que se fizessem consagrar por um simoníaco. Embora permanecessem naquele momento como afirmações de princípio, essas decisões indicavam uma rota precisa; tendia-se com efeito a afirmar a indiscutível necessidade do acordo comum entre o papa e o imperador. Roma e *Regnum* em colaboração e em apoio recíproco exaltavam a própria dimensão universal.

6. Foi exemplar nesse sentido a figura do **papa Leão IX** (1048-1053), já bispo de Toul e parente da família imperial. Bruno de Toul, que tinha dado ótimas provas na obra de reforma apoiada pelo Império, entrou em Roma vestindo o hábito dos peregrinos, depois de ter declarado que só aceitaria a nomeação se os romanos o elegessem bispo. No concílio de Reims de 1049 (fora do âmbito de jurisdição imperial), defendeu o princípio da necessidade da eleição eclesiástica, embora sem querer constituir uma frente de oposição ao imperador, coisa que lhe era totalmente estranha; no mesmo concílio foi afirmada a legitimidade do título *apostolicus* para o papa, porquanto sucessor dos apóstolos Pedro e Paulo; condenou-se a simonia, em meio aos protestos do clero da França, mas com o apoio do abade Hugo de Cluny (cap. 6, item 24.2).

Esta foi a primeira de uma longa série de sínodos queridos por Leão IX para afirmar a universalidade do papado romano. Seguindo o modelo da ação dos imperadores na *Reichskirche*, o pontífice atravessou a Europa em numerosas e repetidas viagens com a intenção de afirmar o próprio poder sobre toda a Igreja; presidiu diversos concílios a respeito do problema do matrimônio dos clérigos e das práticas simoníacas. Com efeito, era grande sua preocupação com as ordenações simoníacas, que ele considerava obstacularizarem a ação do Espírito Santo e corromperem a relação de Cristo com a Igreja; por isso, sempre que possível, passou a ordenar novamente bispos e clero simoníacos, sinceramente preocupado com a salvação do povo cristão.

A ação do papa estimulou a reflexão teológica sobre os problemas ligados às ordenações simoníacas, a qual oscilou entre posições rigoristas que invocam sua invalidez (é o caso do *Adversus simoníacos*, de Humberto de Silva Cândida) e posições mais equilibradas e teologicamente válidas, como a que assumiu alguns anos depois em seu *Liber gratissimus* Pedro Damião (cap. 6, item 24.5), um eremita culto, nomeado cardeal (1057) e chamado a colaborar com os papas.

Para facilitar uma forma mesmo inicial de governo da Igreja, o papa Leão IX decidiu reforçar o instituto dos legados pontifícios; além disso, favoreceu a nomeação cardinalícia de eclesiásticos não diretamente pertencentes ao clero romano, mas animados pelos mesmos ideais de reforma que moviam o pontífice. Provavelmente sem ter plena consciência do processo iniciado e das consequências que dele derivariam, esteve na origem de uma transformação radical do papel do **clero-cardeal**, que o livrou dos compromissos litúrgicos anteriores ligados às dioceses suburbicárias e às igrejas de Roma, para envolvê-lo mais diretamente no governo da Igreja. Tratava-se de um grupo bem numeroso: sete eram os cardeais-bispos titulares das sete dioceses suburbicárias (Palestrina, Velletri, Óstia, Albano, Túsculo, Porto, Silva Cândida); vinte e quatro, os cardeais-padres (titulares das antigas igrejas situadas dentro dos muros da cidade); e dezoito, os subdiáconos (que antigamente supervisionavam funções caritativas para os necessitados da população).

O papa se cercou de válidos colaboradores, provindos especialmente da Igreja de Lorena, chamados e incardinados na diocese de Roma, os quais, mesmo depois de sua morte precoce, prosseguiriam sua obra. Entre eles estavam: Humberto, do mosteiro de Moyenmoutier, a partir de 1050 cardeal de Silva Cândida; Frederico, arquidiácono de Liège, a partir de 1051 chanceler da Igreja romana, e depois papa com o nome de Estêvão IX; Hugo, o Cândido, do mosteiro de Rémiremont, cardeal-padre; e o clérigo Hildebrando, proveniente das fileiras da Igreja de Roma, o qual, depois de ter estado no exílio com Gregório VI, parece que teria acompanhado Bruno em sua primeira entrada em Roma. O papa o consagrou subdiácono e lhe confiou a administração do mosteiro de São Paulo. Leão IX procurou introduzir nas Igrejas maiores da Europa a instituição do clero cardeal, como ocorreu na Igreja de Besançon, fazendo com que a Igreja de Roma se tornasse um modelo e um exemplo para todas as Igrejas da Europa.

A reflexão dos colaboradores reformistas do papa concentrou-se na questão do primado do bispo de Roma, que se julgava derivado do primado de Pedro. Essa convicção emergia também do *Decretum* de Burcardo (que remontava à metade dos anos vinte do século XI), que reunia textos das *Falsas decretais* (item 18.2). Era só um ponto de partida que necessitava de bem mais profundas contribuições teológicas; a ação seguinte do Pontificado (o termo em sua acepção institucional formou-se precisamente nesse período) levaria tais intuições à maturação. Também em suas cartas, o papa demonstra uma concepção do próprio papel como centro dinâmico e ponto de convergência para toda a Igreja e para a hierarquia eclesiástica. Estava se realizando uma união entre a teologia do primado e os ideais de reforma; em especial, foi progressivamente se ampliando a convicção de que uma verdadeira reforma da Igreja seria possível somente com a afirmação do primado romano, não mais apenas no plano teórico, mas também sob o perfil institucional.

Fortemente enraizado na Igreja da qual era bispo, apesar de longos períodos de ausência, Leão IX teve de enfrentar o problema da violenta iniciativa militar dos normandos, que estavam construindo um novo reino no sul da Itália. Com fraco apoio do imperador, que mostrava pouco interesse pelas terras do sul da Itália, o papa teve uma pesada derrota militar infligida por Roberto de Altavilla (o Guiscardo); em 1053 em Civitate os normandos aniquilaram as tropas pontifícias. Prisioneiro do exército inimigo, o papa foi obrigado a aceitar a homenagem de Guiscardo. Desse modo, o príncipe normando conseguira encontrar a legitimidade de que tinha necessidade, mas o próprio papado também tiraria vantagem dessa ligação no futuro.

Enfraquecido fisicamente e provado pelos últimos acontecimentos, Leão IX morria em Roma em abril de 1054. Pouco antes — mas essa notícia jamais chegou ao papa — procedia-se em Constantinopla à excomunhão recíproca entre as duas Igrejas (item 18.3). Depois de longa série de negociações, o sucessor de Leão IX foi Gebehard de Dollnstein-Hirschberg, bispo de Eichstätt e chanceler de Henrique III, com o nome de Vítor II (1055-1057). Envolvido nos acontecimentos do Império com a morte de Henrique em 1056, o novo pontífice conseguiu com habilidade assegurar a sucessão do futuro Henrique IV e garantir a regência da mãe.

7. Obrigados a preservar o papado das manobras dos condes de Túsculo que voltavam a dominar Roma, os componentes do chamado partido reformador tiveram, depois da morte de Vítor II, de procurar um forte aliado e agir rapidamente. Em 1507 foi nomeado Frederico de Lorena, irmão natural de Godofredo de Lorena, marquês da Toscana. Segundo o costume, o novo papa Estêvão IX (1057-1058) enviou o subdiácono Hildebrando à Germânia para explicar o que acontecera e obter a aprovação do rei.

Mas foi com **Nicolau II** (1059-1061), já bispo de Florença, que se reiniciou com mais intensidade o processo de reforma da Igreja e de revigoramento da figura do papa. No sínodo da Páscoa de 1059, celebrado em São João de Latrão, foi emanado — escrito com a contribuição determinante de Pedro Damião — um *Decretum* em que se distinguiam os critérios para a **eleição do papa** dos critérios que valiam para a eleição dos bispos. Publicado com a bula *In nomine Domini* (13 de abril de 1059), esse texto pretendia constituir uma legalização da eleição ocorrida (com efeito, Nicolau II fora eleito pelos cardeais-bispos, mas longe de Roma) e garantir o processo para as futuras.

O decreto de Nicolau (ao lado do autêntico existe outra versão que se considera falsificada na parte das cláusulas de tutela da intervenção imperial) explicita as regras para a eleição do pontífice, a definição do momento em que a eleição é aperfeiçoada e o papel dos cardeais durante o período de sede vacante. No texto (cf. Ehler-Morral, 53-54), esclarece-se "que, quando o pontífice desta universal Igreja romana morre, primeiro os cardeais-bispos decidam entre si, com a mais atenta consideração, depois chamem os cardeais clérigos; e, do mesmo modo, associem a si o resto do clero e o povo, para chegar à nova eleição", com a explícita recomendação de que "para evitar que a triste chaga da avidez de ganho não tenha nenhuma oportunidade de se infiltrar, sejam os religiosos a conduzir a eleição do futuro pontífice, e todos os outros os sigam".

A eleição previa três fases sucessivas: as consultas e a escolha expressas pelos cardeais-bispos, depois a associação dos outros cardeais e, enfim, a participação do clero e do povo romano. É evidente o papel fundamental exercido pelo grupo dos cardeais-bispos, comparados plenamente aos metropolitas. Cabia a eles reunir-se e eleger o futuro papa também fora de Roma, no caso de haver impedimentos capazes de comprometer a liberdade dos eleitores. O decreto esclarecia — com forte inovação — que o papa eleito possuiria imediatamente todos os poderes do seu cargo, independentemente da tomada de posse da sede romana, e que, enquanto a sede estivesse vacante, a Igreja romana se encontraria onde estivessem os cardeais-bispos. Esses princípios levaram progressivamente ao abrandamento da ligação do papa e dos cardeais-bispos com a cidade de Roma.

Um inciso do decreto "*salvo debito honore et reverentia dilecti filii nostri Henrici*" ("salvo a devida consideração e reverência do nosso filho amado, Henrique") alude de modo talvez ambíguo ao papel do rei da Germânia e futuro imperador: segundo uma primeira interpretação, tratar-se-ia de um direito concedido explicitamente de tanto em tanto pelo papa, mas, segundo outra, não apresentaria reservas de aprovação por parte da sede romana ao papel do imperador.

Ressaltando o aspecto hierárquico da autoridade da Igreja e reduzindo drasticamente o corpo eleitoral, o decreto parecia poder finalmente resolver os problemas que tinham dificultado e condicionado a eleição dos pontífices nos últimos dois séculos, pois subtraía a eleição ao poder leigo e impunha as premissas para evitar os condicionamentos ligados à incontrolável situação romana. Se nos decênios seguintes o decreto não foi sempre aplicado de modo completo, a redução do eleitorado ativo somente ao grupo, primeiro dos cardeais-bispos e depois de todos os cardeais, ficou como um importante princípio adquirido na definição da chamada monarquia pontifícia.

Durante seu pontificado, Nicolau fez uma segunda escolha importante: dirigiu-se aos normandos para se proteger da nobreza romana. Concedeu a Roberto Guiscardo o título de "duque da Puglia, Calábria e, no futuro, com a ajuda de Deus e de São Pedro, rei da Sicília", legitimando a ação e a construção política que tinha realizado; desse modo, o papa identificou novos protetores, úteis para contrabalançar a tutela germânica. Estavam sendo criadas as premissas para os futuros e imprevisíveis acontecimentos.

Inserção 2
A Europa entre castelos e instituições vassalares

No imaginário coletivo da época romântica, o castelo representa o símbolo da civilização medieval, sugestivo solar e forte instrumento de poder que os "senhores feudais" utilizaram para controle de seus "súditos" nos campos ao redor; diferentemente do que aconteceria nas cidades, onde se elaboraram formas políticas novas de autogoverno, promotoras de progresso social e econômico.

São sobretudo os estudos de Mario Del Treppo sobre a abadia de São Vicente, em Volturno, e os de Gabriella Rossetti (depois reunidos na coletânea *Formas de poder e estrutura social na Itália na Idade Média*) que pouco além de meados do século passado corrigem as perspectivas da historiografia romântica e de inícios do século XX, mostrando o surgimento dos castelos não somente em uma ótica de defesa militar e de controle do território, mas considerando-os sobretudo centros ativos de coágulo das dinâmicas do povoamento e da vida econômica das diferentes regiões europeias na época pós-carolíngia. No mesmo sentido, move-se a exemplar pesquisa de Pierre Toubert dedicada ao encastelamento do Lácio medieval entre os séculos IX e XII, fenômeno que comportou para aqueles territórios uma autêntica revolução da paisagem agrária e do povoamento.

Às pesquisas de Aldo Settia deve-se, porém, a valorização do papel de defesa militar exercido pelo castelo, o estudo das diversas fases edilícias que transformam as rudimentares fortificações dos séculos VIII-IX, muitas vezes erigidas inicialmente com madeira e aproveitando a morfologia do terreno, em um complexo sistema de edifícios, muros e torres em pedra a partir do século XII. Entre os séculos IX e X, a aparente segurança do Ocidente fora efetivamente posta em crise pelas repetidas e contínuas pressões exercidas pelas populações externas (sarracenos, vikings e húngaros); a este fenômeno às vezes a historiografia atribuiu a definição de "segundas invasões", mas na realidade a analogia com as migrações de povos entre os séculos IV e VI é apenas aparente (vejam-se a propósito as observações de Aldo Settia).

A emergência durou mais de um século. Ao sul, os sarracenos (árabes) provenientes do Magreb islâmico dominavam o mar Mediterrâneo desde o século IX, procedendo a incursões sobre a costa da Itália meridional. Em 902 os árabes tinham completado a conquista da Sicília. Outros bandos de salteadores, talvez de origem basca, depredavam o território do baixo Ródano, estabelecendo pelo final do século IX uma base estável em *Frascineto*, na Costa Azul, em função do controle direto das vias internas até as passagens alpinas.

Na Europa do norte, as populações escandinavas (dinamarqueses, norugueses, suecos), chamadas também de homens do norte ou normandos, com os *drácares* (navios ágeis, de fundo chato), saqueavam a costa setentrional da Europa e das ilhas britânicas, subindo em profundezas os cursos dos rios navegáveis. As invasões iniciais logo se estabilizaram com resgates coletivos assistidos; algumas dessas populações souberam, porém, criar assentamentos comerciais (como os varangianos em Novgorod e em Kiev, que estão na origem da formação de alguns principados russos).

Das estepes asiáticas, no fim do século IX os húngaros (uma população de língua ugro-fínica), sob a guia de Arpad, chegaram à Panônia. A planície danubiana tornou-se o lugar de partida para suas rápidas incursões a cavalo nas terras do Império. Foram até a Saxônia, a Lorena e a planície paduana, onde saquearam Pavia em 924. Derrotados em Lechfel em 955 por Otão I (item 20.1), firmaram a paz com os soberanos alemães e se sedentarizaram até sua completa cristianização.

Na ausência de um poder central forte, os castelos eram, portanto, o sinal de uma militarização generalizada do território; constituíram-se como centros efetivamente capazes de repelir os ataques das populações externas, além de impor uma organização legislativa pública. Durante o século X, enquanto o perigo das invasões diminuía, o processo de encastelamento não se interrompeu; os novos senhores não deixaram de utilizar as próprias fortalezas para impor e conservar um controle eficaz do território e para o exercício remunerativo dos poderes que tinham sido prerrogativa do rei.

A este propósito, para descrever as relações de poder entre os homens que a nova situação comportava, seria preciso utilizar mais que o termo feudalismo (que é um sistema circunscrito às elites), o de *senhorio*. O senhor acaba por exercer uma soma de prerrogativas (submissão pessoal, poderes públicos normalmente exercidos pelos oficiais régios, *bannum*), outrora próprias da função pública, e de gozar de uma gestão patrimonial (*dominium*) e dinástica sobre uma área territorial bem definida, assumindo as competências antigamente delegadas ao conde. Essas transformações sinteticamente citadas aqui foram estudadas várias vezes no contexto italiano por Giovanni Tabacco e, mais recentemente, por Giuseppe Sergi.

Afirmaram-se por isso grandes donos leigos e eclesiásticos capazes de impor o próprio comando às populações rurais. A documentação privada registra a mudança em ação, mostrando que alguns termos atribuíveis inicialmente a organizações públicas (*honor, ius, iurisdictio*) se aplicam nos séculos centrais da Idade Média a porções circunscritas de um território e se juntam aos direitos da posse de um único senhor.

Os castelos de família tornam-se o fulcro do novo poder (não mais derivado de âmbitos públicos de origem citadina e não mais delegado pelo rei), um poder exercido por novas dinastias de marqueses e de condes que no século XI acabam por não serem mais capazes de distinguir entre castelos erigidos sobre propriedade de família e castelos recebidos em confiança pelo fato de eles serem oficiais públicos.

Chega-se assim a uma profunda transformação das relações sociais que comporta a submissão dos camponeses aos senhores; com a construção do *districtus*, desaparece a distinção entre escravizados e homens livres, pois todos se fundamentam na categoria dos *rustici*. A formação do senhorio rural submete estes últimos a costumes vexatórios que serão contidos, com dificuldade, somente no século XII, quando se afirmarão as *consuetudines loci*, que poderão constituir uma forma de equilíbrio entre governantes e governados.

Obviamente, tais processos não são unívocos nem se realizam de maneira uniforme em toda a Europa: por exemplo, a afirmação generalizada do senhorio rural encontra um freio no reino da França, com o controle exercido pelo rei nos territórios de Paris e Orléans e pelos condes e duques nas outras regiões; um enquadramento do fenômeno nas estruturas públicas foi mantido também na Germânia. Muito mais desagregada e complexa mostra-se a situação no reino da Itália, no qual a forte difusão do senhorio local tornou difícil a constituição de principados territoriais.

De fato, na Itália permaneciam numerosas clientelas militares de *potentes* que ofereciam o serviço militar em troca de *beneficia* (uma espécie de redistribuição de proventos econômicos). Com o *Edictum de beneficiis*, em 1037 Conrado II fez distinção entre os *seniores* (bispos e abades, marqueses e condes) e os *milites* (e esses, por sua vez, em *maiores* e *minores*, capitães e vassalos), garantindo, porém, a todos o direito hereditário dos benefícios e destruindo assim a tradicional relação entre homenagem vassalar e *beneficium* a favor deste último.

No fim do século XI, os juristas procuraram definir melhor uma hierarquia do poder, atribuindo uma função unificadora às instituições vassalar-beneficiárias no quadro dos poderes públicos. Definiram legítima a detenção de um comitê, de um condado, de um ducado ou de um senhorio somente se entregue como feudo (*beneficium*) pelo imperador.

Procuraram assim ligar de forma beneficiária ao imperador o pulular autônomo de poderes públicos e realizaram uma definitiva assimilação entre líderes de tradição pública e líderes de tradição feudal.

Nota bibliográfica

CASTELNUOVO, G.; VARANINI, G. M. BORDONE, R. (org.). *Le aristocrazie dai signori rurali al patriziato*. Bari-Roma: Laterza, 2004.

ROSSETTI, G. Formazione e caratteri delle signorie di castello e dei poteri territoriali dei vescovi sulle città della Langobardia del secolo X. *Aevum* 48 (1974), 1-67; *Aevum* 49 (1975), 243-309.

SETTIA, A. Castelli, popolamento e guerra. In: *La storia. I grandi problemi dal Medioevo all'Età contemporanea*. Turim: UTET, 1988, 117-143.

TABACCO, G. *Dai re ai signori. Forme di trasmissione del potere nel Medioevo*. Turim: Bollati Boringhieri, 2000.

TOUBERT, P. *Dalla terra ai castelli. Paesaggio, agricoltura e poteri nell'Italia medievale*. Turim: Einaudi, 1995.

_____. *Les structures du Latium méridional et la Sabine du IXe à la fine du XIIe siècle*. Roma: École Française de Rome, 1973.

21. Provas de autonomia na época gregoriana

1. A evocação da *libertas ecclesiae* tornara-se uma espécie de palavra de ordem do **movimento reformador** do século XI, cada vez mais orientado a considerar determinante a luta contra a simonia (o termo ampliara-se e compreendia toda forma de investidura leiga); uma luta que depois se estenderia também às relações concubinárias do clero, contestando em um segundo momento também as conjugais, como acontecera em Milão com o advento da pataria.

A **pataria** nascera no território de Varese pouco depois da metade do século por meio da pregação de Arialdo, um diácono do clero decumano [clero em serviço nas diversas igrejas da cidade. Clero de qualquer grau, que não do alto clero, em geral de origem popular, N. do T.], que alertava os eclesiásticos para que reconhecessem os próprios erros e vissem a necessidade de corrigi-los. Seu forte apelo aos ideais evangélicos de pobreza e castidade encontrou boa recepção entre os leigos, sobretudo entre os médios e pequenos proprietários agrícolas sensíveis à polêmica contra as riquezas do clero, mas recebeu nítida recusa por parte dos sacerdotes. Tendo ido para Milão, retomou a pregação, insistindo em uma rígida coerência entre a doutrina professada e a vida vivida, referindo-se à necessidade de proibir as núpcias dos clérigos ou as convivências irregulares; obteve amplo sucesso. Depois de ter encontrado o pontífice, acrescentou ao primeiro núcleo de sua pregação a total condenação da simonia. Nasceu daí uma luta violenta em Milão entre partidários das reformas propugnadas pelos patarinos e seus opositores, entre os quais estava o próprio arcebispo Guido de Velate (1045-1072). O heterogêneo movimento patarino (com efeito, ele reunia *milites* e clérigos ao lado de homens de baixa condição social) unira-se ao movimento reformador de orientação romana e se tornara sua expressão também na rica e tradicionalista cidade de Milão.

O **papa Alexandre II** (1061-1073), que conhecia bem a situação milanesa, pois ele próprio provinha do clero ambrosiano, concedeu a insígnia de São Pedro ao chefe patarino Erlembaldo (1063) e, sob pressão dos próprios patarinos, chegou a excomungar o arcebispo Guido (1066), que também era o prelado que o havia ordenado sacerdote. Essa iniciativa provocou irritadas e violentas reações nos ambientes milaneses preocupados em defender a própria autonomia e a tradição ambrosiana, chegando-se assim à eliminação física dos chefes do movimento patarino, como o diácono Arialdo, depois canonizado.

A pataria tinha mostrado, porém, que a Igreja de Roma podia constituir um ponto eficaz de referência para uma profunda ação de reforma; além disso, tinha oferecido a Roma o pretexto para se ocupar da antiga e poderosa Igreja ambrosiana, naqueles anos ligada à Igreja imperial. O papa tinha agido com base em claras intenções de governo; também a legação enviada a Milão mostrou sua indiscutível força, reflexo de uma afirmação do primado da sede apostólica que assumia contornos cada vez mais claros. A pataria milanesa tinha aberto uma estrada para a centralização romana. Aconteceu de modo idêntico em Florença com a luta iniciada pelos eremitas valombrosianos (cap. 6, item 24.5) contra o bispo Pedro Mezzabarba, acusado de simonia. Um deles, Pedro Ígneo (que depois foi nomeado cardeal), apoiou com resultados positivos a prova de fogo e obrigou o bispo a renunciar à própria cátedra.

Homem prudente, mas decidido, o papa se serviu do grupo romano de reformadores para enviar legados a toda a Europa, consolidar assim o prestígio da autoridade do papado e, ao mesmo tempo, continuar a ampla luta contra a simonia.

Alexandre II morreu em 1073, poucos meses depois de ter ordenado como arcebispo de Ravena Guiberto (Wiberto), já chanceler imperial; em Roma sucedia-lhe o homem que havia decênios participava pessoalmente da atividade de reforma e que fora determinante nas eleições dos últimos pontífices: o arquidiácono Hildebrando, que assumiu o programático nome de Gregório VII (em clara referência ao papa Gregório VI, que em 1046 ele tinha acompanhado ao exílio: item 20.5).

2. De família certamente toscana, proveniente de um lugar (*de oppido Raovaco*) ainda hoje de localização incerta (a tradicional denominação de Soana é tardia), Hildebrando teve a oportunidade de se formar em Roma e de ser chamado por Leão IX para o grupo de seus colaboradores (item 20.6) como *oeconomus* e cardeal-subdiácono, e depois como reitor da abadia de São Paulo. Aí provavelmente fixou sua própria residência até a eleição pontifícia e maturou grande amor pela vida monástica. Como os outros reformadores, teve oportunidade de conhecer a situação europeia, uma vez que esteve repetidamente presente na França na qualidade de legado para presidir sínodos e intervir em casos de bispos simoníacos.

Em 1073, **Gregório VII** foi aclamado diretamente pelo povo romano e se tornou papa em contraste com o processo previsto pelo *Decretum* de Nicolau II (item 20.7): "De repente, quando o citado papa senhor nosso era conduzido para a sepultura na igreja do Salvador, surgiu grande tumulto no meio do povo; as pessoas, agitadas, lançaram-se sobre mim como loucos, sem deixar nenhuma possibilidade de falar, de tomar uma decisão e, com violência, me levaram para o lugar do regimento apostólico, para o qual sou de longe desigual" (*Gregorii VII Registrum*. In: Caspar, E. [org.]. MGH, *Epistolae selectae*, 2, Munique, 1978, I, 3). Com essas palavras, o novo papa explicava a inevitabilidade da própria eleição, escrevendo sobre isso a Guiberto, arcebispo de Ravena e representante da Igreja imperial na Itália, o mais perigoso de seus opositores. A narrativa dos acontecimentos se ressentia de um difuso lugar comum e é improvável que Hildebrando tivesse a ilusão de que o culto destinatário de seu escrito pudesse acreditar nele sem reservas. É difícil, portanto, avaliar o real alcance daquelas expressões: tratava-se talvez de um modo de pôr o arcebispo de Ravena diante de um fato consumado. De fato, o papa fora eleito sem acordo preliminar dos cardeais e sem ter consultado o rei da Germânia: à luz dos fatos, talvez inútil a primeira afirmação, e ponto de viva polêmica a segunda, quando em poucos anos se chegará ao embate com o episcopado alemão.

Nos primeiros meses do pontificado, o pontífice já havia traçado as linhas mestras da sua ação: reivindicava o direito de conferir, na única forma possível, o Império [o poder absoluto]; lembrava que a Igreja romana, viva pelo sangue dos mártires, devia estar pronta para o martírio; desejava a concórdia entre os dois poderes, reivindicando para si o espiritual. Também a chancelaria imperial não escondia as posições da *Reichskirche* e lembrava que Henrique IV era ministro de Deus no ministério do reino e *vicarius Christi*, assim como o papa o era no sacerdócio. Essas eram, aparentemente, afirmações de princípio, mas logo revelariam toda sua sólida substância ao se proporem como objeto de uma contestação radical.

Todavia, no início Gregório VII foi absorvido pela questão normanda (até chegar a excomungar Roberto Guiscardo) e pensou em lançar um apelo às armas contra os incômodos vizinhos; ele teve também a preocupação de prestar ajuda ao Império do Oriente, ameaçado pelos turcos. Nesse ínterim, acontecia a guerra de Henrique IV contra os saxões rebeldes; o rei, ainda no início do conflito, tinha solicitado a mediação do papa, que decidiu enviar legados. Tendo chegado à Germânia depois de terem atravessado os Alpes num rigoroso inverno, levantaram a questão de um sínodo que verificasse a condição das Igrejas alemãs e a adesão delas aos princípios de reforma. Os bispos transalpinos recusaram-se, lembrando que uma intervenção naquele âmbito específico caberia ao metropolita deles, o arcebispo de Mogúncia. Lietmaro, bispo de Brema, dando uma versão própria dos fatos, evocaria a esse propósito a insolência dos legados e a falta de confiabilidade de Gregório VII com um juízo mordaz: "*Periculosus homo vult iubere quae vult episcopis ut villicis suis*" ("Esse homem perigoso quer mandar o que quer aos bispos, como se fossem camponeses a serviço dele". *Briefsammlungen der Zeit Heinrichs IV*. In: Erdmann, C.; Fickermann, N. [orgs.]. MGH, *Briefe der deutschen Kaiserzeit* 5, Weimar, 1950, n. 15).

O papa, todavia, parecia ter intenção de continuar uma colaboração eficaz com os bispos em vista de uma profunda reforma da Igreja. Em particular, no sínodo realizado em Roma em 1074 tinha feito decretar o afastamento dos padres concubinários de todo ministério, e sobretudo da celebração da missa, ao passo que em uma perspectiva de moderação evitou pronunciamentos sobre a natureza dos sacramentos por eles celebrados. A pretensão do pontífice — quando, carregando as tintas, escrevia: "As outras virtudes nada valem sem a castidade, do mesmo modo, aliás, que a castidade sem as outras virtudes" — era, de qualquer forma, alta: pedia-se aos padres que vivessem como virgens, mas no mundo, em uma situação mais difícil que a vivida pelos monges entre os muros do cenóbio.

No entanto, a aplicação desses decretos encontrou fortes resistências em muitos países da Europa; foi decisiva sobretudo a oposição do clero alemão, avesso a aceitar as deliberações de uma assembleia presidida por legados. A reação irritada dos bispos da Alemanha indicava no papa um homem de intenções insanas, pois pretendia obrigar com violência os homens a viverem como anjos; muitos clérigos declararam que prefeririam deixar o sacerdócio, mas não a esposa; perguntava-se, além disso, quem tinha conferido ao papa o poder de interferir e mudar a tradição.

Novamente reunido na Quaresma de 1075, o sínodo reformador romano não deu maior valor às resistências encontradas e renovou os decretos contra o clero simoníaco e concubinário; confirmou as condenações contra soberanos (entre os quais Roberto Guiscardo) e um elevado número de bispos (como Lietmaro de Brema e Henrique de Espira); sob pena de excomunhão, proibiu à autoridade leiga "doar" um bispado; os metropolitas foram ameaçados de deposição no caso de consagrarem bispos eleitos segundo modalidades simoníacas (falta o texto desse último decreto, mas é reconstituível por uma epístola de Gregório VII, de 1077).

Inicialmente Henrique IV não levantou objeções de princípio; preocupou-se, porém, em reforçar a *Reichskirche* na Itália, nomeando bispos fiéis a ele (é o caso de Tedaldo em Milão, e dos dois bispos de Fermo e Espoleto). No Natal, enquanto celebrava a missa na basílica de Santa Maria Maior, o papa foi repentinamente preso por Cêncio, filho do prefeito da Urbe; foi libertado na manhã seguinte pela população romana em alvoroço. Tratava-se de um gesto isolado, mas era indício de um clima tenso e agitado na própria cidade de Roma, enquanto permaneciam abertos os problemas tornados claros com a corte alemã. Com efeito, em 24 de janeiro de 1076, os bispos do *Regnum* reunidos em Worms na presença do rei pediam a "Hildebrando" (a alcunha era propositalmente escolhida e indicava a vontade dos bispos alemães de não reconhecer a validade de sua eleição) que renunciasse ao papado e lhe recusavam obediência, pois havia semeado a discórdia na Igreja.

3. Gregório VII reagiu rapidamente: em fevereiro de 1076 **um sínodo lateranense aprovava a deposição e a excomunhão do rei,** sancionadas pelo papa, que se aventurava a desobrigar os vassalos do juramento de fidelidade. O mesmo sínodo decretava suspensões e excomunhões contra os prelados defensores do rei, ou seja, Siegfried, arcebispo de Mogúncia, os bispos lombardos e muitos bispos da área francesa e alemã.

No outono, uma ampla assembleia do reino convidou Henrique IV a se retratar e procurar uma conciliação com o papa. Para evitar que se verificasse um entendimento entre os príncipes da Germânia e o papa, com grave dano para a dinastia sálica, o rei procurou se encontrar com Gregório na Itália. O papa tinha se refugiado em Canossa, um castelo bem municiado dos Apeninos emilianos de propriedade da condessa Matilde, herdeira de uma poderosa estirpe de marqueses e sua fiel aliada. O rei Henrique lá chegou em 25 de janeiro de 1077. Por três dias descalço e em hábito de penitente, pediu o perdão do papa; enfim o obteve também graças à mediação de Hugo, abade de Cluny, e depois de ter assinado um juramento no qual aceitava a arbitragem do papa e lhe assegurava o próprio apoio no conflito com os bispos alemães.

Henrique conseguira ganhar tempo: recuperou a efetiva autoridade sobre o reino, mas temporizou por muito tempo, evitando chegar ao *colloquium* exigido pelo pontífice e preparado por legados de prestígio, como Pedro Ígneo, cardeal-bispo de Albano, e Ulderico, bispo de Pádua. Em 1080 era lançada uma segunda excomunhão contra Henrique IV.

Também o arcebispo de Ravena, Guiberto (Wibert) fora atingido por idêntica medida; com efeito, ele tinha decididamente se alinhado com Henrique. Abalizado expoente da *Reichskirche*, o prelado foi então eleito papa num sínodo imperial realizado em Bressanone no mesmo ano, e assumiu o nome de Clemente III. Considerado por muito tempo um personagem de segundo plano, fortemente condicionado pelas lúcidas e desinibidas capacidades políticas de Henrique IV, sua figura é hoje moderadamente reavaliada. De fato, Guiberto era um culto expoente do clero favorável a uma reforma da Igreja que, porém, devia se realizar com a tutela imperial; com efeito, fora o chanceler do rei para a Itália. Tendo se tornado arcebispo no antigo Exarcado, conseguiu estabelecer um eficaz controle sobre o território de Ravena, que constituiu sua real base de poder. Consagrado papa, apesar do apoio da corte alemã e dos reis da Inglaterra e da Hungria, seu papel tornar-se-á progressivamente marginal e irá declinando até a morte, ocorrida em setembro de 1100.

Foram atribuídos a Guiberto muitos textos da literatura polêmica, contrária a Gregório, escritos nesses anos, entre os quais o *Privilegium minus* e a *Defensio Heinrici IV regis*. Considera-se hoje, porém, que se trate de obras redigidas pela chancelaria imperial durante o debate e as polêmicas realizados no período da luta das investiduras. Essa florescente produção está reunida na edição crítica dos *Libelli de lite*: ela apresenta um horizonte sobretudo político que destaca as relações entre o poder imperial e o pontifício, deixando perceber uma série bem ampla e matizada de posicionamentos por parte de teólogos e intelectuais da época, inclusive sobre o tema da simonia e do celibato do clero (de Humberto de Moyenmoutier, Hermano de Metz, Manegold de Lautenbach às distinções de âmbito entre poder espiritual e poder político elaboradas por Wazon de Liège).

Enquanto Henrique IV dava posse em Roma a Clemente III, Gregório VII, abandonado por muitos cardeais e entrincheirado no castelo Sant'Angelo, era salvo por Roberto Guiscardo. Por causa do saque ao qual os normandos submeteram a cidade, Roma não era mais segura para o papa. Gregório era obrigado a se transferir sob a proteção de Guiscardo: morreria no exílio em Salerno, em maio do ano seguinte, 1085. No leito de morte, teria pronunciado uma frase que depois se tornou famosa: "*Dilexi iustitiam et odio habui iniquitatem, propterea morior in exilio*" ("Amei a justiça e odiei a iniquidade; por isso morro no exílio", cit. in Borino, *Note gregoriane per la storia di Gregorio VII e della Riforma gregoriana. 7. Storicità delle ultime parole di Gregorio VII*, in "Studi Gregoriani" V [1956] 403-411). Palavras que revelam no velho papa a nobre concepção do programa de reforma e a consciência da falência de suas altas expectativas.

4. Uma marcada e **inovadora concepção eclesiológica e política** emerge dos escritos que Gregório VII produziu durante seu pontificado; é a mesma que move sua ação sempre determinada e que revela, mais que uma específica preparação canônica, sua estatura de pastor e político.

Entre os documentos do pontífice, suscitou sempre grande interesse uma coleção de vinte e sete proposições, inerentes às prerrogativas da Igreja de Roma, reunidas em seu *Registro de cartas* sob o título de **Dictatus papae**. A história do texto é desde sempre problemática: sua origem poderia remontar a uma coleção de cânones sobre os privilégios da Igreja romana que Hildebrando, quando era ainda arquidiácono, tinha pedido que Pedro Damião preparasse. A referência ao poder do papa de depor os bispos ausentes de um sínodo poderia, porém, fazer adiar essa coleção para a Quaresma de 1074.

Também a natureza dos *Dictatus* se revela de difícil interpretação. Segundo a tese de Sackur, depois retomada por Borino, tratar-se-ia simplesmente do índice de uma breve coleção canônica sobre os direitos e as prerrogativas do papa.

Com efeito, as diversas ideias expressas pelos *Dictatus* já eram conhecidas pelos reformadores; o que é novo é o conjunto das diversas proposições que parecem se apresentar como um inusitado, mas muito eficaz, projeto de ação. Ao mesmo tempo, pelo fato de terem sido inseridas no Registro do papa, essas vinte e sete proposições mostram a consciência que Gregório VII tinha sobre a complexidade e o papel fundamental que o bispo de Roma era chamado a desempenhar na Igreja e no mundo.

No texto que possuímos não existe uma ordem sistemática. A primeira proposição, exprimindo a ideia de que a Igreja de Roma foi fundada por Deus, encontra sua lógica consequência (a impossibilidade de incorrer em erros) somente na proposição XXII: "*Quod Romana Ecclesia numquam erravit nec in perpetuum scriptura testante errabit*". Além disso, afirma-se que por isso o papa não pode ser julgado por nenhum poder (XIX: "*Quod a nemine ipse iudicari debeat*"), que é o único a ter uma jurisdição universal (II: "*Quod solus Romanus pontifex iure dicatur universalis*") e a poder criar um novo direito (VII). O elenco dos privilégios de honra é apresentado de modo descontínuo das proposições II a XXIII. Do papa destaca-se a universalidade da sua ação, que diz respeito também ao âmbito temporal; tanto que a proposição XII estabelece que ele pode depor o imperador ("*Quod illi liceat imperatores deponere*") e, consequentemente, liberar os súditos do vínculo de fidelidade ("*Quod a fidelitate iniquorum subiectos potes absolvere*", XXVII).

Delineia-se nessa série de sintéticas e secas proposições uma imagem de Igreja como uma sociedade única, guiada por um só chefe, escolhido por colaboradores cultos e preparados (os cardeais). Ele goza do poder de impor censuras e de nomear os bispos, de agir no interesse da *libertas Ecclesiae* sem que ninguém possa criticar com fundamento suas ações.

Algumas dessas convicções são repropostas também no texto da **excomunhão** cominada **a Henrique IV** durante o sínodo quaresmal de 1076. O texto (cf. tradução *Das Register Gregors VII*, 2, 1), fortemente sugestivo, comunica com grande eficácia a convicção de uma ordem que transcende as coisas do mundo e se apresenta como um apelo direto de Gregório ao apóstolo Pedro, de quem o papa é vigário: "Bem-aventurado Pedro, príncipe dos apóstolos, presta piedosa atenção a nós e escuta a mim, teu servo que nutriste desde a infância e libertaste até hoje das mãos dos iníquos que me odiaram e me odeiam por minha fidelidade a ti. Tu me és testemunha e também a senhora minha, mãe de Deus, e o bem-aventurado Paulo, teu irmão entre todos os santos, de que a tua santa Igreja romana foi quem me conduziu, a mim que não o queria, até seu comando e de que eu não desejei subir à tua sede para praticar rapinas".

Ao interpelar diretamente Pedro, santo tutelar da sua Igreja, o papa lembra que crescera na Igreja romana desde a mais tenra infância; depois o chama como testemunha para refutar as acusações de ambição e de desejo de poder movidas por seus antagonistas.

Gregório está consciente de que goza da mesma autoridade de Pedro, pois o próprio príncipe dos apóstolos foi quem a concedeu a ele ("E a mim, por tua graça, foi conferido por Deus o poder de ligar e de desligar no céu e na terra"); por isso, pode proibir ao rei Henrique, filho do imperador Henrique "que se insurgiu contra a tua Igreja com inaudita soberba", o poder de governar o reino da Germânia e o da Itália, e ao mesmo tempo de libertar todos os cristãos do vínculo de fidelidade ao rei. A intenção de Gregório VII é clara: levar o antagonista a uma situação de debilidade política, obrigá-lo a combater contra os irrequietos vassalos e grandes do reino, mostrar sua vulnerabilidade. "E uma vez que como cristão desprezou a obediência e não voltou a Deus, a quem ele abandonou quando se tornou parte dos excomungados e desprezou as advertências que mandei para sua salvação — tu me és testemunha disso — quando se separou da tua Igreja na tentativa de dividi-la, eu, fazendo tuas vezes, ligo-o com o vínculo do anátema e, confiando em ti, ligo-o de modo que as pessoas saibam e tenham a prova de que tu és Pedro e de que acima da tua pedra o Filho do Deus vivo edificou a sua Igreja e as portas do Inferno não prevalecerão contra ela" (cf. *Das Register Gregors VII*, 2, 1). O papa chegou assim ao golpe definitivo, a sanção da excomunhão, que o solene *explicit* parece projetar em uma luta metafísica entre a Igreja e os poderes do mal.

O texto todo gira em torno da decidida convicção de que ao vigário de Pedro foi conferido o poder de desligar e ligar no céu e na terra, e que esse poder não se detém sequer diante do rei: com efeito, relendo as histórias de toda a humanidade, escreverá ao bispo de Metz que a dignidade real é somente "uma dignidade criada pelos homens, que, ademais, não conheciam a Deus".

Entre os prelados transalpinos, é ainda **Hermano, bispo de Metz**, o mais fiel à reforma, o destinatário de uma carta datada de 25 de agosto de 1076 que abre um viés inédito na própria reflexão do papa Gregório VII. No clima inflamado da excomunhão de Henrique IV e dos dramáticos aspectos a ela conexos, enquanto se delineiam em ambas as frentes dois partidos — o dos gregorianos e o dos fiéis ao rei — internamente diversificados e ramificados, com posições variegadas e atenuadas, Gregório se interroga sobre a possibilidade por parte do papa de excomungar o rei. A resposta que se dá é afirmativa: com efeito, lembra que Cristo confiou a Pedro suas ovelhas (*"pasce oves meas"*, "apascenta as minhas ovelhas") e que, portanto, ninguém escapou a essa autoridade, nem mesmo os reis, os quais, postos na grei da qual o papa é o pastor, descem desse modo ao nível de todos os demais homens.

Justamente a propósito desse escrito foi observado que o pensamento do papa assume, mais que o tradicional e já em outras ocasiões lembrado enfoque gelasiano (cap. 2, item 4.2), uma imprevista inspiração de matriz agostiniana, uma vez que afirma que a dignidade temporal gerada pela soberba humana difere profundamente da espiritual, querida pela misericórdia divina. Por isso, ressalta que *"Illa vanam gloriam incessanter captat, haec ad celestem vitam semper aspirat"* ("a primeira é atraída incessantemente pela vanglória, a outra aspira sempre ao céu"). Desse modo, Gregório VII poderia parecer teorizar não a subordinação do poder temporal ao poder espiritual, mas a incompatibilidade, a impossibilidade de colaboração por parte dos dois poderes; isso seria confirmado também pela comparação que une os soberanos ao chumbo, e os sacerdotes ao ouro. A condição dos sacerdotes, portanto, é uma condição de privilégio, mas também de solidão: nesse contexto, a voz do papa é a voz de Deus; por isso, somente à Igreja caberá conduzir os homens "do reino servil e transeunte ao reino da verdadeira liberdade e eternidade" (cf. Caspar, E. [org.]. MGH, *Epistolae selectae*, 2: *Gregorii VII Registrum*. Munique, 1978, 8, 21).

Portanto, na epístola ao bispo de Metz, Gregório VII não estaria em defesa de uma despótica teocracia, mas afirmaria com decisão que, se o papa é evidentemente superior a todos os outros homens — seja qual for sua posição social, mesmo a de rei e até a de imperador —, então ele pertence a outra esfera, e por isso se torna o único e legítimo dispensador da salvação.

Essa problemática carta carrega consigo talvez a mais resoluta afirmação de que a colaboração entre Igreja e Império entrara radicalmente em crise, tornara-se impossível e que chegara ao fim uma época. Cabia agora à Igreja, à Igreja romana em particular, iniciar outra.

5. Depois da morte de Gregório VII e o breve pontificado de Vítor III (Desidério, abade de Montecassino), em março de 1088 chegou-se à eleição de um novo papa, Odo de Châtillon, já monge e prior em Cluny, que assumiu o nome de **Urbano II**. Entre os eleitores do novo papa, era relevante a presença dos adeptos do partido reformador, apoiado também por Matilde de Canossa, que teria desejado continuar o embate com Henrique IV e com o antipapa

Clemente III. Mas o terreno italiano se apresentava suspeito para ambos os contendentes e a própria Roma escapara ao controle deles.

O novo papa evitou um desentendimento direto e optou por uma tática mais flexível. Confortado pelo conhecimento da situação europeia que o período transcorrido em Cluny lhe havia proporcionado, ampliou o campo de confronto sobre as investiduras às Igrejas da França e da Inglaterra, dando início a novos e mais amplos confrontos, mas obtendo o redimensionamento do papel do episcopado do *Regnum*; agiu ao mesmo tempo em favor de uma reconciliação com o clero alemão; investiu na dignidade de legado papal o conde Ruggero, o novo verdadeiro príncipe da Sicília (retomando as diretivas da já consolidada atenção política ao mundo normando). Durante o concílio de Clermont em 1095, a ele é atribuída a exortação aos cavaleiros cristãos para se organizarem para uma peregrinação armada em defesa da cristandade oriental e da Terra Santa: sinal do papel que o papado tendia a assumir em relação à cristandade ocidental (cap. 9, item 37.2). Apesar das dificuldades, Urbano II não quis abandonar Roma e combateu para recuperar seu controle; assim como soube agir dentro da Igreja, aperfeiçoando as armas teóricas postas em prática por Gregório VII e utilizando em especial o princípio da *dispensa*, ou seja, da capacidade própria do pontífice de assumir decisões derrogando normas para enfrentar situações excepcionais.

Seu sucessor, **Pascoal II** (1099-1118), ocupado por sua vez com a frente militar pelo controle da Urbe (por ocasião de sua eleição, a ponte e o castelo Sant'Angelo estavam nas mãos dos guibertistas), conseguiu enfim expulsar de Roma o antipapa Clemente III. O novo rei da Germânia, Henrique V, filho rebelde de Henrique IV, em fevereiro de 1111 chegou a Sutri para firmar com o papa um acordo surpreendente: o rei renunciaria à investidura dos eclesiásticos se fossem restituídos ao *Regnum* os direitos reais e as propriedades nas quais os eclesiásticos tinham sido investidos. As ambiguidades presentes no acordo, sua própria inexequibilidade, bem como a recusa do episcopado do *Regnum* fizeram fracassar as possibilidades de entendimento. O papa viu-se prisioneiro de Henrique V, foi obrigado a coroá-lo imperador e a firmar o acordo de Sette Fratte, que continha o consentimento à prática das investiduras, em aberta contradição com o que fora rigorosamente afirmado e defendido por seus predecessores.

Mas Pascoal II tinha se mostrado um político obstinado e também realista: de fato, o acordo continha até boas garantias para a Sede romana e mostrava aceitar as novas orientações a respeito das investiduras, porque pospunha a consagração à investidura, evitando que um leigo procedesse à atribuição de bens e direitos a uma pessoa consagrada. O papa fechou com um compromisso também a questão das investiduras nos reinos da França e da Inglaterra. Quando foi obrigado a negar o acordo de Sette Fratte e se submeter a um público percurso penitencial, Pascoal II encontrou uma maneira de pedir perdão por ter errado como *homem*, não como *papa*. Confirmava assim que acima de sua natureza estava a sua condição, a qual o tornava em todo caso o verdadeiro árbitro do sagrado e o autêntico avalista da legitimidade.

Em poucos anos chegou-se enfim a um compromisso entre as partes, o qual leva o nome de **concordata de Worms** (1122). Trata-se de um acordo firmado entre o imperador Henrique V e o papa Calisto II que tende a regulamentar as eleições dos bispos e dos abades nos mosteiros imperiais. Convencionava-se em particular que no reino da Germânia as eleições seriam realizadas na presença do rei ou de um emissário seu; ele não entregaria mais ao eleito o pastoral e o anel, mas um cetro, símbolo do poder temporal e dos deveres do bispo para com o imperador. Nos reinos da Itália e da Borgonha, essa mesma cerimônia seria feita somente depois da consagração eclesiástica realizada pelo papa ou por seus representantes.

6. Os eventos do século XI constituíram uma reviravolta de evidente significado histórico. Também os contemporâneos perceberam seu alcance, embora tenha prevalecido neles a ideia de que tivesse se verificado uma profunda crise, quer no plano da sociedade, quer no da Igreja.

No período da luta das investiduras, foi radicalmente posta em discussão uma eclesiologia fundamentalmente unitária, na qual o poder temporal confiado aos leigos e o poder espiritual exercido pelos eclesiásticos eram um todo indistinto, realizável de diferentes modos. A morte de Henrique III pode ser considerada o início da crise desse sistema, seja pelo vazio de poder político que se criou, seja pela nova posição que a Igreja tinha assumido, declarando como sua prerrogativa exclusiva a luta contra a simonia.

A ação de Gregório VII constituiu o primeiro de uma série de pontos de ruptura: com ele — e com os papas que foram seus sucessores imediatos — puseram-se as premissas para uma subversão das posições tradicionais que regulavam as relações entre o Império e a Igreja (e que constituíam uma consolidada concepção do mundo). Em meados do século XI, as instituições tinham sido e ainda eram um dos âmbitos específicos de ocupação e expressão das aristocracias e oligarquias da Europa. Ainda com Henrique III, o rei que cumpre a ordem divina graças à dimensão sagrada da realeza, os bispos estavam ligados ao soberano por vínculos de parentesco ou de alianças familiares. Mas na época carolíngia era mais sólida a formação cultural deles e era diferente o mecanismo de seleção, certamente mais cônsono com a dignidade da função. Além disso, as intervenções do imperador tinham se voltado a tornar eficaz o papel do *sacerdotium* no reino e na *societas christiana*, mas tinham também alimentado uma inicial e nova autoconsciência papal.

O bispo de Roma, como avalista da coroa imperial e ponto de equilíbrio entre as famílias romanas, com a contribuição determinante dos homens da *Reichskirche*, assumiu mais convicta dimensão universal e se pôs como eixo central da vida da Igreja. A centralidade do papa tinha se exercido na utilização, se não na criação, de novos instrumentos e realidades, como o papel assumido pelo clero-cardeal, o grupo de íntimos e competentes colaboradores do papa, o instituto dos legados, cuja utilização progressiva e difusa constitui e constituirá um dos mais eficazes instrumentos de governo da Igreja universal e, ao mesmo tempo, um elemento específico da monarquia papal.

Em pouco menos de cinquenta anos, de Canossa (quando Igreja e mundo não tinham ainda sido concebidos como duas realidades distintas) a Worms (quando esse processo de distinção pode se considerar substancialmente iniciado), realiza-se uma profunda modificação que tende a redefinir quem seria verdadeiramente o *caput* do *corpus Christi*, em que Igreja e mundo são uma única realidade; Gregório não poderia senão responder que o imperador é simplesmente *caput laicorum* com modificação semântica de absoluta ênfase com relação às qualificações tradicionais (*caput Ecclesiae*, *vicarius Christi*) utilizadas por Henrique III. Se para os soberanos sálicos o imperador era a expressão do sagrado, nos últimos decênios do século XI tal expressão será apresentada pelos papas romanos como sua prerrogativa.

O denso confronto que se seguiu nos primeiros posicionamentos e nas afirmações de Gregório VII obrigou os contendentes a produzir e revigorar as armas teóricas em defesa das próprias posições e das próprias convicções, sinal de que o objeto da contenda se apresentava à reflexão deles como inevitavelmente novo, talvez imprevisto, a ser decerto avaliado e concebido em sua dimensão de novidade.

O tema da luta das investiduras (uma expressão muito difundida nos manuais para identificar a especificidade desse período) apresentou-se explicitamente só na época que se seguiu a Gregório. Sobretudo durante os papados de Urbano II e de Pascoal II é que se delineará como fundamental a questão das investiduras, ou seja, o problema da homenagem feudal aos leigos, que para Gregório VII ainda não constituía problema se fosse feita em obediência às indicações do papa.

Mediante um processo nada linear, brotou daí uma reforma não programada; ou melhor, impuseram-se diversas reformas, diversas interpretações do problema comum que, combinando até dialeticamente entre si, deram vida a uma situação inédita.

Os resultados do debate teórico e as específicas contingências históricas ofereceram uma nova imagem de Igreja, da qual o primado romano era elemento essencial. Mas mudou também a imagem da sociedade. De fato, a tradicional tripartição da sociedade entre monges, clérigos e leigos (na qual os monges eram o modelo de perfeição, via privilegiada para a salvação) foi substituída pelo conhecido esquema de Adalberão de Laon, com a identificação dos *oratores, bellatores, laboratores* (ou seja, daqueles que se dedicavam à oração, à guerra, ao trabalho). Trata-se de uma imagem de sociedade diferente das anteriores, na qual os clérigos, com decidido posicionamento referente ao próprio papel, desempenham uma função de guia com explícitas funções espirituais, culturais e pastorais.

Privando o imperador da dimensão sagrada que até então o tinha caracterizado, os teóricos da reforma favoreceram o surgimento de uma nova concepção do poder político, em sentido mais autônomo e leigo. A Igreja tinha contribuído no lançamento dos germes de um dos aspectos mais originais do pensamento político do Ocidente cristão, que depois passaria por uma evolução na era moderna mediante um percurso lento e não linear (como testemunham os aspectos sagrados atribuídos aos reis da França e aos soberanos habsbúrgicos até todo o século XVII: vol. III, cap. 5, item 20); mas a orientação parecia agora traçada.

Bibliografia

Fontes

DÜMMLER, E. et al. (orgs.). Libelli de lite imperatorum et pontificum. In: *Monumenta Germaniae Historica*. Hanover, 1891-1897, v. 1-3.

EHLER, S. Z.; MORRAL, J. B. *Chiesa e Stato attraverso i secoli*. Milão: Vita e Pensiero, 1958.

Gregorii VII Registrum. In: CASPAR, E. (org.). *Epistolae selectae*. 1 e 2. In: *Monumenta Germaniae Historica*. Munique, 1978.

Estudos

ARNALDI, G.; MICCOLI, G. (orgs.). *Chiesa e potere politico*. Turim: Einaudi, 1986.

BISCHOFF, G.; TOCK, B.-M. (orgs.). *Léon IX et son temps*. Turhnout: Brepols, 2006.

BORINO, G. B. Un'ipotesi sul "Dictatus papae" di Gregorio VII. *Atti e memorie della Deputazione di storia patria per le province di Romagna* 67 (1946), 237-252.

CANTARELLA, G. M. Dalle Chiese alla monarchia papale. In: _____ (org.). *Chiesa, chiese, movimenti ereticali*. Roma-Bari: Laterza, 2001, 5-79.

CAPITANI, O. *Tradizione e interpretazione: dialettiche ecclesiologiche del secolo XI*. Roma: Jouvence, 1990.

Chiesa e mondo feudale nei secoli X-XII. Atti della dodicesima Settimana internazionale di Studio. Milão: Vita e Pensiero, 1995.

Chiesi locali e Chiesi regionali nell'alto medioevo. Atti delle Settimane di studio, 61. Espoleto, 2014.

FEDALTO, G. *Le Chiese d'Oriente*. Milão: Jaca Book, 2010-2011, v. 1-2.

FRANCESCONI, G. (org.). *Vescovo e città nell'alto medioevo: quadri generali e realtà toscane*. Pistoia: Società pistoiese di storia patria, 2001.

FUMAGALLI, V. Il potere civile dei vescovi italiani. In: *I poteri temporali dei vescovi in Italia e in Germania*. Bolonha: il Mulino, 1979, 77-86.

GALLINA, M. Ortodossia e eterodossia. In: FILORAMO, G.; MENOZZI, D. (orgs.). *Storia del cristianesimo. Il Medioevo*. Roma-Bari: Laterza, 1997, 109-218.

JASPER, D. *Das Papstwahldkret von 1059. Überlieferung und Textgestalt*. Sigmaringen: J. Thorbecke, 1986.

LEONARDI, C. Il secolo del cambiamento. In: *Medioevo latino. La cultura dell'Europa cristiana*. Florença: SISMEL, Edizioni del Galluzzo, 2004, 405-414.

PERI, V. *La Grande Chiesa bizantina. L'ambito ecclesiale dell'ortodossia*. Bréscia, 1981.

PRINZ, F. *Clero e guerra nell'alto Medioevo*. Turim: Einaudi, 1994.

Riforma o restaurazione? La cristianità nel passagio dal primo al secondo millennio: persistenze e novità. Atti del XXVI convegno di studi avellaniti. Negarine di S. Pietro in Cariano (Verona): Gabrielli editore, 2006.

SACKUR, E. Der "Dictatus papae" und die Canonessammlung des Deusdedit. *Neues Archiv der Gesellschaft für alteredeutsche Geschichtkunde* 18 (1893), 135-153.

STICKLER, A. M. et al. (orgs.). La riforma gregoriana e l'Europa. Congresso internazionale. Salerno 20-25 maggio 1985. In: *Studi gregoriani*. Roma: Libreria ateneo salesiano, 1989, v. 13.

Tabacco, G. *Sperimentazioni del potere nell'alto medioevo.* Turim: Einaudi, 1993.

Theseider, E. D. Vescovi e città nell'Italia precomunale. In: *Vescovi e diocesi in Italia nel Medioevo (sec. IX-XIII). Atti II del convegno de la storia della Chiesa in Italia. Roma, 5-9 settembre 1961.* Pádua: Editrice Antenore, 1964, 55-109.

Violante, C. *"Chiesa feudale" e riforme in Occidente (sec. X-XII).* Espoleto: Centro italiano di studi sull'Alto Medioevo, 1999.

_____. *Ricerche sulle istituzioni ecclesiastiche dell'Italia centro-settentrionale nel medioevo.* Palermo: Accademia nazionale di Scienze, Lettere ed Arti, 1986.

Weinfurter, S. *Canossa. Il disincanto del mondo.* Bolonha: il Mulino, 2014 [tit. or. *Canossa. Die Entzauberung der Welt.* Munique: C. H. Beck, 2006].

capítulo sexto
Reformas básicas e reformas de cúpula entre os séculos XII e XIII

22. Os primeiros concílios de Latrão, o papado, o Império

1. Desde o século XII celebram-se no Ocidente **os concílios** que a tradição católica considera serem os primeiros **ecumênicos**, depois dos da Idade Antiga e tardo-antiga; às assembleias episcopais em geral realizadas sob a guia do imperador — do Concílio de Niceia de 325 ao de Constantinopla IV nos anos 869-870 (cap. 4, item 17.1) —, associavam-se agora as assembleias da cristandade ocidental sob a guia do papa. Com efeito, somente no século XII é que a Igreja romana, que saíra vitoriosa das lutas das investiduras, conseguiu a autoridade necessária para uma convocação que pudesse ser chamada de universal. Essas assembleias, às quais estão presentes sobretudo representantes da cristandade ocidental (na época, aos bispos se juntam abades, cônegos dos capítulos das catedrais, enviados das monarquias europeias, expoentes do mundo das universidades), diferenciam-se dos primeiros concílios ecumênicos por uma predominante concepção da fé como *doctrina* e *veritas*, pela centralidade que o direito canônico assumiu (uma centralidade desconhecida no primeiro milênio), pela arbitrariedade no convite de participação que o papa aplicou em relação ao episcopado.

Desde o século IX, nas nações europeias havia concílios gerais que afetavam diversas províncias eclesiásticas; nessas assembleias discutiam-se problemas de caráter disciplinar, pastoral e organizativo. Certamente importante, por exemplo, foi o concílio romano de 1059 (papa Nicolau II), que, no decreto sobre a eleição papal, retirava do imperador sua designação e a solicitava para o colégio cardinalício (cap. 5, item 20.7). A partir do século XII firmou-se, porém, a convicção de que somente os concílios gerais presididos pelo pontífice romano ou por um legado, ou promovidos por iniciativa deles, é que poderiam elaborar novas leis, depor bispos, canonizar santos, exprimir e assumir decisões válidas para toda a Igreja.

Logo depois da concordata de Worms (1122), o papa Calisto II quis celebrar na basílica de São João de Latrão um concílio que confirmasse o que fora estabelecido no acordo com o imperador e procedesse à deliberação de uma série de problemas que a luta das investiduras tinha evidenciado (**Lateranense I**, 18-27 de março de 1123). Havia muito tempo não era realizada uma assembleia de tão vastas proporções (eram talvez trezentos, mais provavelmente duzentos os bispos participantes, todos provenientes da Igreja ocidental). O concílio foi realizado em um salão contíguo à basílica lateranense, sob a direção do próprio pontífice; as atas das sessões não chegaram até nós, mas foram conservados dezessete cânones elaborados na assembleia (COD, 190-194), uma parte dos que integraram o *Decretum Gratiani* (mais abaixo, item 22.4 e cap. 7, item 29.4), obtendo assim uma rápida divulgação no âmbito das coleções canônicas.

No concílio foram codificados os decretos constitutivos da reforma gregoriana e se considerou o problema das investiduras que a concordata de Worms do ano anterior já havia resolvido, pelo menos em parte, para os territórios do Império. Tratou-se também da consagração dos bispos, na tentativa de reforçar o poder deles. O cânon 3 estabeleceu que "*nullus in episcopum nisi canonice electum consecret*" ("Ninguém consagre um bispo se não tiver sido eleito segundo as regras canônicas"); o cânon 2 — reforçando o cânon 5 de Niceia — ordenou que não fosse aceito por nenhum bispo quem tivesse sido excomungado. Segundo o cânon 4, o bispo é obrigado a governar pessoalmente a diocese, com particular atenção à designação dos encargos para a *cura animarum* e para a distribuição dos recursos econômicos. A questão dos bens eclesiásticos é retomada também no cânon 8, no qual se decidiu que "*omnium negotiorum ecclesiasticorum curam episcopus habeat et ea velut Deo contemplante dispenset*" ("o bispo tenha o devido cuidado com todos os negócios eclesiásticos e que os administre como se Deus estivesse vendo": COD, 191). No cânon 16 deixou-se claro que para o exercício do ministério sacerdotal e da *cura animarum* os monges deveriam obter a permissão do prelado da diocese em que estava o mosteiro.

Além disso, foram condenados o concubinato do clero e a simonia; concedeu-se a indulgência plenária aos que fossem à Terra Santa para defender

Jerusalém e combater os infiéis. No mesmo contexto, foram analisados problemas jurídico-institucionais; Adalberão, arcebispo de Brema-Hamburgo, foi investido dos direitos metropolitanos sobre toda a Escandinávia, considerada terra de missão (cap. 4, item 16.2 e cap. 9, item 38.2); foi adiada a decisão de agregar a Córsega à diocese de Gênova.

O concílio representou um ato de confiança em relação ao episcopado, do qual se exigiu a colaboração ativa na condução da Igreja. Nesse sentido, o Lateranense I pode ser considerado conclusivo de uma época; fora superado o tempo das numerosas intervenções dos papas reformadores no âmbito das dioceses, frequentemente em antítese com os bispos que se opunham à ação deles. Junto com outras forças vivas provenientes do clero e do monaquismo, os prelados tornavam-se os principais colaboradores dos pontífices para a *reformatio ecclesiae* (reforma da Igreja).

2. A luta das investiduras tinha, portanto, permitido aos papas adquirir um efetivo predomínio sobre a Igreja do Ocidente. Não eram estranhas a esse êxito a longa prática de governo a que tinham sido incentivados, bem como os recursos institucionais elaborados no embate com os imperadores (entre esses expedientes devem ser levados em conta o *collegium* dos cardeais e a utilização cada vez mais sistemática dos legados papais); outra relevante contribuição à função do bispo de Roma era oferecida pela reflexão publicística e canônica. No início do século XII, porém, não fora possível ainda aos papas construir uma sólida base de poder local, uma vez que era fraco o senhorio direto sobre a Urbe e sobre seu território (fato que para o papado representava uma fraqueza intrínseca).

Aliás, as famílias aristocráticas romanas não tinham desistido da antiga política voltada para o condicionamento da eleição papal, com a inclusão regular de seus membros no grupo dos cardeais. Com a morte de Calisto II em 1124, verificou-se um primeiro desentendimento no colégio cardinalício entre a facção dos Pierleoni e a dos Frangipane; isso ocorreu novamente em 1130, quando poucas horas depois da escolha feita por dezesseis cardeais ligados aos Frangipane — que expressaram a preferência deles por Gregório Papareschi (**Inocêncio II**) — opôs-se a deliberação de catorze membros do colégio cardinalício favoráveis à eleição do cardeal Pietro Pierleoni, então monge de Cluny e colaborador do papa Pascoal II (que assumiu o nome de **Anacleto II**). Pierleoni podia contar com sólidas alianças romanas (sua família, antes de religião judia, tinha apoiado com ajuda financeira o papado reformador) e com o apoio do episcopado meridional. Papareschi, porém, era apoiado pelo chanceler Aimerico, originário da Borgonha, e pelo próprio Bernardo de Claraval (itens 24.6-7), o abade cisterciense respeitado e admirado pelo mundo ocidental, capaz de arrasadora e persuasiva pregação (não usou de moderação, dirigindo-se a Anacleto II, ao protestar com veemência contra um "papa judeu"), capaz de arrastar para o lado de Inocêncio II a Igreja da França, Cluny e o imperador Lotário.

Considerando bem, o **cisma** esboçado em 1130 era apenas do colégio cardinalício, mas acabou por envolver toda a Igreja europeia; a nomeação do papa constituía agora uma questão que superava o ambiente romano e a eventual intervenção do imperador, para se ampliar para os reinos e os povos da Europa. Ao mesmo tempo, tinham se fortificado os vínculos entre a Igreja de Roma e o reino da França, como foi enfatizado em 1131 durante a coroação de Luís VII, celebrada em Reims e realizada por Inocêncio II com o óleo santo que uma tradição do século IX declarava ter descido do céu por ocasião do batismo de Clóvis.

Foram anos (1130-1138) em que a literatura libelista deu vida a uma nova e intensa temporada de confrontos e de disputas. Em especial, discutiu-se por muito tempo sobre o problema que o cisma tinha evidenciado, ou seja, sobre os critérios — na verdade, ainda muito genéricos — que tinham moldado a eleição papal, os quais se tornaram problemáticos pela divisão que se verificara no grupo dos cardeais. A referência à *sanior pars* (a parte mais sadia) que se opunha à *maior pars* (a parte maior) foi objeto de longo debate, que levou a esclarecer melhor no âmbito jurídico as normas dirimentes desse aspecto da vida da Igreja. O cisma terminou somente com a morte de Anacleto II, porquanto seu direto sucessor, Vítor IV, renunciou ao pontificado em 29 de maio de 1138.

3. O papa Inocêncio II decidiu convocar um novo concílio (**Lateranense II**) com o objetivo de favorecer a união entre o clero que tinha aderido às diferentes obediências e com a intenção de confirmar a plena afirmação da autoridade pontifícia. A assembleia teve uma participação numerosa de bispos (cerca de mil — segundo Otão de Freising, historiador, aliás muito escrupuloso —, dos quais apenas um tinha vindo do Oriente, o patriarca latino de Antioquia). Teve início na Quaresma de 1139, dia 2 de abril, e se encerrou antes do dia 17 do mesmo mês. Também não temos as atas desse concílio, mas somente relatórios e o texto de trinta cânones aprovados (COD, 197-203).

Um dos assuntos mais importantes tratados pelos padres conciliares dizia respeito à conduta moral do clero. Com efeito, o cânon 6 proíbe a coabitação com uma mulher como esposa ou concubina a partir do subdiaconato (é a primeira vez que a proibição de um concílio geral vale também para essa ordem); veda-se, portanto, ouvir missa celebrada pelo sacerdote que se saiba viver com tal mulher (cân. 7). Além disso — este é um fato de grande importância —, declara-se que a união conjugal dos eclesiásticos é também inválida, além de ilícita. Veda-se a hereditariedade dos benefícios eclesiásticos, que devem ser confiados a pessoas sábias, que sejam capazes de administrá-los bem (cân. 16). Estabelece-se que os filhos de eclesiásticos não podem se tornar padres, a menos que tenham optado pela vida canônica ou cenobítica (cân. 21). No cânon 17 são condenados os matrimônios entre consanguíneos: "*Sane coniunctiones consaguineorum omnino fieri prohibemus*" ("proibimos decididamente as uniões matrimoniais entre consanguíneos": COD, 201).

Assume um caráter nitidamente pastoral o cânon 22 sobre o sacramento da penitência: os padres são aconselhados a não conceder a absolvição a quem não se arrepende de todos os próprios pecados ou não evita as ocasiões que levem novamente a pecar.

O cânon 28 sobre a eleição dos bispos consagra um sistema que se impusera por quase um século: da nomeação — segundo o antigo costume — que se deixava ao clero e ao povo passou-se à eleição realizada junto ao capítulo da catedral; a assembleia dos eleitores era composta também pelos abades da diocese.

Enfim, de grande significado é o cânon 23, voltado a identificar como heréticos aqueles que, sob o pretexto da autêntica fé, não reconhecem como válidos e desprezam "*Domini corporis et sanguinis sacramentum, baptisma puerorum, sacerdotium et ceteros ecclesiasticos ordines, et legitimarum [...] foedera nuptiarum*" ("a eucaristia, o batismo de crianças, os sacramentos da ordem e do matrimônio"). Conclui o cânon: "*pellimus ab ecclesia Dei et damnamus et per potestates exteras coerceri praecipimus*" ("expulsamo-los da Igreja e os condenamos e ordenamos que sejam submetidos ao braço secular": COD, 202).

De fato, é esse o período em que se desenvolvem correntes heréticas (em particular a dos cátaros [cap. 7, item 30.3], uma verdadeira Igreja alternativa à católica, difundida sobretudo na Itália setentrional e na França meridional e caracterizada por uma visão teológica profundamente dualista) ou movimentos que oscilam entre heterodoxia e ortodoxia, em profunda polêmica com a Cúria romana, viciada, segundo os pertencentes a esses grupos, em excessivo fiscalismo e muito distante das exigências mais vivas do corpo da Igreja. Os contestadores — como já ocorrera na época da pataria (cap. 5, item 21.1) —, na rispidez da polêmica, chegavam facilmente a discutir a validade dos sacramentos administrados por sacerdotes indignos, para depois se aventurar a negar a própria ideia de sacramento. Segundo um certo **monge Henrique**, provavelmente de origem francesa (cap. 7, item 30.2), tinha de ser rejeitada a validade do batismo administrado às crianças, pois em sua interpretação a base era o texto de Marcos: "*Qui crediderit et baptizatus fuerit salvus erit, qui vero non crediderit condemnabitur*" ("Quem acreditar e for batizado será salvo, quem não acreditar será condenado": Mc 16,16); portanto, não tendo as crianças consciência para crer, o batismo conferido a elas não teria nenhum valor; por outro lado, se Cristo tinha posto como condição para entrar no reino dos céus a de se tornar como as crianças, isso significa que as crianças não tinham pecado original. Além disso, ele negava o valor da hierarquia eclesiástica, a qual, por culpas próprias, teria perdido o carisma original, e defendia que a verdadeira Igreja era constituída pelos fiéis que vivem santamente os preceitos da Escritura. O pensamento de Henrique, caracterizado por evidentes exigências espiritualistas e evangélicas (e um dos mais altos no âmbito da heresia medieval), exerceu grande influência sobre Valdo (cap. 7, item 30.3) e sua pregação.

A medida tomada pelo concílio não foi suficiente para bloquear a difusão desse nem de outros movimentos heréticos, nem mesmo para impedir seus desdobramentos; todavia, revela um decidido posicionamento da Igreja, sinal de ter havido percepção e consciência da gravidade que o fenômeno da heresia já tinha assumido (cap. 7, itens 30.3-4).

4. Inocêncio II morreu em 1143. Para ressaltar a autoridade da própria posição, tinha utilizado amplamente os símbolos imperiais: seu trono em Santa Maria em Cosmedin fora construído em pórfiro, endossara o barrete frígio nas ocasiões solenes, desejara ser sepultado no sarcófago de pórfiro do imperador Adriano. Desse modo, quisera afirmar — e seus sucessores seguiram esse mesmo modo de pensar — que a Igreja romana era da classe imperial, que ela detinha o *imperium*, o poder por excelência, o mesmo poder que oferecia aos reis no ato da coroação imperial. A autoridade dos papas tendia a se estender e se exercer por toda a Europa; sinal disso era a romanização da liturgia nos territórios ibéricos já submetidos à influência de Cluny e investidos pela *reconquista* cristã (cap. 4, item 15) ou a penetração do cristianismo sob a guia de Roma e seus legados em territórios remotos, como a Islândia, a Escandinávia ou os reinos dos Balcãs durante todo o século XII (cap. 9, item 38). O papado demonstrava, portanto, saber desempenhar uma efetiva função de governo sobre toda a cristandade ocidental.

Contribuiu também para esse processo o desenvolvimento do direito, iniciado pela redação de amplas coleções canônicas, compostas por homens da Cúria na segunda metade do século XI; esses textos concorreram amplamente para consolidar e difundir a concepção do primado pontifício. Entre as diversas coleções, deve ser mencionada a que tem setenta e quatro títulos, ou a de Anselmo de Lucca, que apresenta uma decidida afirmação do primado do papa e da centralidade da Igreja de Roma (ambas provindas em grande parte das *Decretais Pseudoisidorianas*) (cap. 5, item 18.2). Esses materiais convergiram para a obra composta por Graciano, monge camaldulense formado na florescente escola jurídica de Bolonha. Ele escreveu a *Concordia discordantium canonum* (ou seja, o acordo dos cânones discordantes, e depois simplesmente *Decretum*), amplamente difundida entre os anos 1140-1150. O *Decretum Gratiani* representou a primeira sistematização orgânica do **direito canônico** (em paralelo com a sistematização teológica das *Sententiae* de Pedro Lombardo). Essa obra, que não assumiu o valor de um texto normativo vinculante, foi muito estudada e influenciou fortemente as convicções e as perspectivas jurídicas das gerações posteriores (cap. 7, item 29.4).

A reconhecida capacidade jurídica da Cúria romana e a utilização cada vez mais refinada das armas do direito favoreceram o recurso à Sé romana por parte das Igrejas locais para submeter a juízo uma vastíssima série de questões e de controvérsias. A própria Cúria romana tinha desenvolvido uma organização interna ramificada, distinguindo diferentes escritórios para tratar das diversas questões e dotando-se de pessoal preparado, formado nas escolas de direito canônico e romano, entre as quais se destacava a universidade de Bolonha. Mais que um projeto elaborado preventivamente pelos papas, a crescente afirmação da jurisdição pontifícia foi, portanto, a progressiva resposta a uma série de questões e de desafios que provinham da sociedade e dos eventos daquele tempo.

Nesses decênios canalizou-se para a Cúria romana grande afluxo de causas de múltiplas naturezas, muitas vezes caracterizadas por exigências e problemas de natureza mais temporal que espiritual; o número de processos cresceu desmedidamente, pondo em séria dificuldade o aparato curial; disso se deu conta o próprio Bernardo de Claraval, que deixou inquietos os clérigos e os sacerdotes que se ocupavam com essas tarefas a respeito do esquecimento da oração e da meditação, identificando com lucidez o preço da burocratização da Igreja romana (o *De consideratione* endereçado por São Bernardo ao papa Eugênio III situa-se nesse contexto).

5. Em 1155, em Roma, **Frederico I Barbarroxa**, da família Hohenstaufen, era coroado imperador pelo papa Adriano IV. Havia três anos, sua subida ao trono alemão como rei da Alemanha tinha favorecido a pacificação de um reino dividido entre o partido dos guelfos e o dos gibelinos; agora, a coroação imperial permitia que ele agisse com plena autoridade sobre toda a região europeia. Os imperadores que o precederam tinham evitado desentendimentos diretos com o papa, privilegiando uma relação de condescendente colaboração com Roma. Frederico, porém, parecia querer se movimentar em outras direções: com efeito, o jovem soberano pretendia ter de volta as prerrogativas imperiais plenamente, afirmando a autonomia do próprio poder e da própria ação em relação ao papa.

Convicto defensor de uma ideia de realeza derivada da tradição da Alta Idade Média (cap. 4, item 14.1 e cap. 5, item 20.2), na qual o rei era concebido como o *rex iustus*, defensor dos fracos, avalista da paz e da justiça, Frederico ia elaborando com seus conselheiros também novas e amplas perspectivas políticas, com intuito de definir fundamentalmente a legitimidade jurídica de suas ações e seus projetos políticos. De fato, no ambiente da corte cultivava-se havia algum tempo uma reflexão cultural e jurídica fortalecida por doutas referências à cultura bíblica, ao *Decretum* e ao pensamento dos autores clássicos, com o objetivo de definir a natureza dos direitos imperiais. Mas essa definição e o desenvolvimento jurídico que se seguiu basearam-se sobretudo no direito romano descoberto e estudado naqueles anos pelos mestres de estudo de Bolonha, os quais souberam oferecer a Frederico eficazes instrumentos teóricos e práticos de governo; tendo como modelo os antigos imperadores romanos, ele reafirmava assim o próprio papel de monarca universal, autônomo em relação a qualquer outra autoridade, mostrando ao mesmo tempo a convicção de que seu poder derivava diretamente de Deus, sem o auxílio de intermediário.

A reflexão jurídica tinha destacado o caráter transpessoal do senhorio, tinha descoberto e aperfeiçoado novas ideias, como o conceito de *iura regalia* (os direitos estritamente pertencentes ao rei) ou o de *majestade soberana*, favorecendo uma reflexão específica sobre a natureza do poder imperial. Este último problema foi evidenciado durante a dieta de Besançon, em 1157. Naquela ocasião, o chanceler imperial, Rainaldo de Dassel, teve oportunidade de traduzir para a língua alemã uma carta do papa Adriano IV, cujo texto pretendia dar destaque aos méritos do papa em relação ao imperador e prometia que, se ele quisesse reconhecer os pedidos do pontífice, haveria de tirar disso "*maiora beneficia*". Na tradução da ambígua expressão *beneficia*, ele utilizou o correspondente termo "feudo", suscitando — talvez de propósito — a reação violenta dos príncipes presentes, contrários à ideia de uma subordinação do imperador ao papa. À balbúrdia que se seguiu não ficaram indiferentes os legados papais, os quais, por sua vez e de modo capcioso, propuseram aos irritados príncipes alemães e ao próprio Frederico a questão da origem da dignidade imperial, que — lembraram — era concedida pelo papa (afirmando implicitamente que dele provinha e a ele estava subordinada); ainda segundo os delegados, a qualificação de *advocatus* (defensor) da Igreja de Roma, que o fato de ser imperador comportava, não fazia senão reforçar essa interpretação. Também fazia parte da legação o chanceler da Igreja romana, Rolando (futuro Alexandre III), que não devia ser estranho à redação da carta de Adriano IV e que não se deu ao trabalho de esclarecer o equívoco e pacificar os ânimos.

Às argumentações dos legados papais, Barbarroxa opôs o direito dos príncipes de eleger o próprio rei e a já secular aquisição da dignidade imperial por parte das dinastias franco-saxãs, expondo, pelo menos em uma fase inicial, uma justificativa histórico-jurídica, cuja intenção consistia em reduzir o alcance da iniciativa papal. Com relação ao que havia acontecido no tempo da luta das investiduras, a chancelaria imperial mostrou ter aperfeiçoado os próprios instrumentos conceituais, ou seja, a partir daqueles anos foram intencionalmente utilizados nos escritos oficiais expressões como *Sacrum imperium* para identificar a realidade dos impérios carolíngio e saxão e os epítetos de *caesar* e de *Romanorum rex augustus*, para indicar o filho de Frederico, chamado a sucedê-lo com o nome de Henrique VI.

Em especial, a expressão *Sacrum imperium* (que tanta influência teria depois na feliz expressão "Sacro Romano Império") confirmava que a dimensão sagrada era um dos componentes fundamentais do poder imperial. Outros sinais indicam que esse aspecto não foi absolutamente negligenciado pelo círculo dos colaboradores do imperador: logo depois da queda de Milão (1162), o chanceler empreendedor Rainaldo de Dassel assenhoreou-se do que ele considerou serem as relíquias dos Magos, transferindo-as depois para a própria catedral em Colônia. O desenvolvimento do culto dos "santos Reis magos" e a contemporânea santificação e início do culto de Carlos Magno, segundo alguns historiadores, constituiriam — pelo menos no âmbito alemão — um modo eficaz de evidenciar a sacralidade ainda persistente na percepção da realeza própria dos homens do século XII.

Em 1159 Frederico I já tinha convocado uma assembleia de bispos com o objetivo de resolver o cisma papal, ocorrido com a dupla eleição de Alexandre III (malvisto na corte imperial) e de Vítor IV (apoiado por Frederico). O próprio imperador tinha intervindo para estimular uma parte do colégio dos cardeais a apoiar seu candidato e, para justificar essa intervenção (não mais usual depois do que acontecera no fim do século XI), Frederico recorreu à contribuição do culto Otão de Freising, bispo e monge cisterciense (ao qual estava ligado por vínculos de parentesco). Este último, referindo-se a um tema muito conhecido na reflexão teórica da época — o das duas espadas (símbolo dos dois poderes, o temporal e o espiritual) —, expressou com muita clareza na arenga (a parte introdutiva) da carta enviada aos bispos convocados a seguinte ideia: a existência das duas *potestates* (poderes) estava vinculada à obrigação de suplência recíproca. Mas logo os acontecimentos primeiro poriam em crise, e depois remodelariam essa convicção.

No ano anterior (1158), o imperador descera à Itália à frente de um grande exército, e em Roncaglia afirmara o direito próprio à recuperação dos *iura regalia* (os direitos inalienáveis do poder régio: exercício da justiça, cobrança dos impostos, defesa do território) usurpados pelos municípios italianos; emanou então a *Constitutio pacis*, com a qual proibia as ligas entre cidades e as guerras privadas. Mas a resistência dos municípios, antes oculta e depois explícita, apoiada pelo próprio papa Alexandre III, comprometeu-o em uma nova campanha militar. Assediada, Milão capitulou em 1162 e suas muralhas foram destruídas; o papa teve de fugir para o exílio na França. Naquele momento, Frederico era dono da situação.

Os anos setenta do século XII marcaram, porém, o declínio da proeminência de Barbarroxa; a derrota sofrida no campo de batalha de Legnano (1176) e o perigo representado pelas rebeliões dos grandes vassalos do reino da Germânia constituíram para o imperador os sinais da inevitável necessidade de dar início a uma nova temporada política. Para complicar a trama dos acontecimentos, somou-se também Manuel Comneno, *basileus* (imperador) do Império do Oriente, que reconheceu a legitimidade de Alexandre III, procurando distanciar Frederico da política internacional com a intenção de exigir para si a coroa imperial do Ocidente.

A essa altura, abre-se um segundo período da vida de Barbarroxa, quando, delineada a absoluta necessidade de chegar a um compromisso com seus enfurecidos antagonistas — os municípios lombardos e o papa Alexandre III —, ele renunciou ao embate armado e escolheu o caminho da negociação diplomática. A paz estipulada em Veneza em 1177 constituiu o primeiro passo da reconciliação entre o papa e o imperador (diz-se que precisamente em Veneza, impressionado pela solenidade do porte e pelas vestes suntuosas do doge e sua corte, Frederico compreendeu a força das cidades italianas). Demonstrando notável habilidade na condução das negociações, a Cúria romana conseguiu que, na manifestação pública do acordo obtido, Barbarroxa aceitasse depor o manto imperial, prostrar-se diante do papa e beijar-lhe os pés, à espera de que ele o fizesse levantar-se para trocarem o beijo da paz. A trégua entre os dois máximos poderes estava assim selada pela eloquente linguagem dos gestos, aparentemente toda a favor do pontífice; mas ao imperador restava ainda a vantagem do acordo estipulado em Veneza, que abria o caminho para a paz de Constança de 1183. O acordo teria lhe permitido chegar a resultados bem mais eficazes do que os conseguidos com as armas, pois Frederico deu início a uma difícil luta contra a heresia, começou a terceira cruzada (cap. 9, item 37.5) e estipulou a paz com o reino normando da Itália meridional, que foi sancionada pelas núpcias de seu filho Henrique com a herdeira do reino da Sicília, Constança de Altavilla.

Nos mesmos anos (de 1162 a 1170), semelhante contraposição ocorrera no território inglês entre o rei Henrique II e o arcebispo Thomas Becket. A um soberano que intensificara e tornara cada vez mais decisivas as próprias intervenções na Igreja, no contexto mais geral da realização de um efetivo poder sobre o reino da Inglaterra, o arcebispo de Canterbury opôs-se resolutamente, aceitando o exílio (na França encontrou Alexandre III, obrigado, por sua vez, a permanecer por três anos fora da Itália). Tendo voltado à Inglaterra, Thomas Becket foi assassinado na própria catedral pelos sicários do rei.

6. Barbarroxa revelara-se, portanto, um seguro e vigoroso defensor de uma visão da *Christianitas* europeia unida sob a liderança do imperador; mas devia enfrentar homens igualmente decididos em afirmar a hierocracia universal, como os papas Adriano IV (1154-1159) e **Alexandre III** (1159-1181).

Esse último, em especial, revelou-se um tenaz adversário da política imperial iniciada por Frederico I nos anos cinquenta daquele século. Originário de Sena e, segundo algumas crônicas do século XIV, pertencente à família dos Bandinelli, Rolando era um homem de grande cultura jurídica e de notável experiência político-diplomática. Uma antiga tradição historiográfica declara-o docente de direito canônico na universidade de Bolonha; hoje, porém, com base no testemunho do canonista Uguccione, prefere-se pensar que Rolando teria ensinado teologia ("*in cathedra magistrali in divina pagina*"). O jovem clérigo, cônego da catedral de Pisa, teria sido chamado a Roma pelo papa Eugênio III; assumiu aí tarefas de grande destaque, vendo-se envolvido em negociações decisivas, e agiu para fortalecer o entendimento entre Roma e os normandos com o objetivo de contrabalançar a iniciativa de Frederico I. Em 1153 foi eleito chanceler da Igreja romana, função graças à qual coordenava a correspondência diplomática, e, na qualidade de legado do papa, participou pessoalmente da dieta de Besançon de 1157 (item 22.5).

Sua subida ao trono pontifício em 1159, com os votos de quatro dos seis cardeais-bispos, foi fortemente contestada por Barbarroxa, o qual lhe contrapôs os antipapas Vítor IV, depois Pascoal III e, enfim, Calisto III. Na realidade, o imperador não conseguiu impedir que a maior parte da cristandade reconhecesse Alexandre III como pontífice legítimo. Obrigado a ir para o exílio, mas absolutamente decidido a não conceder espaço de manobra aos próprios adversários, em 1162 o papa realizou um sínodo em Tours que teve inegável sucesso, tanto que a legislação aprovada nessa assembleia passou a fazer parte do direito da legislação conciliar e pontifícia do século XII. O concílio tomou decisões importantes, condenando a usura eclesiástica e a assistência aos heréticos, e decretando durante a sessão final a excomunhão de Vítor IV.

As iniciativas de conciliação feitas por Frederico já em 1168 falharam, e somente com a paz de Veneza de 1177 é que se chegou ao acordo entre as duas partes. A essa altura, o imperador abandonou o antipapa Calisto III, restituiu os bens eclesiásticos de que tinha se apropriado e pôs a própria espada à disposição da Igreja de Roma.

Alexandre III decidiu convocar um concílio para sancionar com autoridade o fim da luta com o Império e do cisma. O **III Concílio Lateranense** foi realizado (como os anteriores de 1123 e de 1139) na basílica de Latrão de 5 a

19 de março de 1179, em um clima descontraído, sinal da paz restabelecida. Foi convocado por Alexandre III "para que, segundo o costume dos Padres, muitos promovam e consolidem o bem [...], seja para corrigir os abusos, seja para decidir o que agrada a Deus" (COD, 205), e foi aberto com um sermão de Rufino, bispo de Assis, que exaltava o papel do pontífice e da Igreja romana. Não foram conservadas as atas das assembleias, mas apenas vinte e sete cânones (COD, 211-215), aprovados na última sessão (19 de março), e duas listas incompletas dos participantes. Cerca de trezentos bispos estavam presentes (também alguns orientais, mas de rito latino; somente um era o representante da Igreja grega); a eles se juntou um número impreciso de abades e príncipes.

Para evitar novos cismas semelhantes ao que tinha dividido até pouco tempo antes a cristandade ocidental, definiu-se no primeiro cânon (constituição *Licet de evitanda*), com maior precisão, o que fora estabelecido por Nicolau II (cap. 5, item 20.7) sobre a eleição papal, introduzindo uma relevante novidade: "*ille Romanus pontifex habeatur qui a duabus partibus fuerit electus et receptus*" ("o pontífice romano deve ser eleito com a maioria de dois terços": COD, 211); todos os cardeais estavam habilitados a proceder à eleição, sem diferença alguma entre as diversas ordens.

Foram declaradas nulas as ordenações celebradas pelos antipapas (cân. 2); o cânon 3 prescreveu que ninguém poderia ser eleito bispo antes dos trinta anos; os cânones 10 a 13 regularam a vida dos monges e do clero, penalizando os abusos, como o acúmulo indiscriminado de benefícios eclesiásticos, a prática da simonia e do concubinato; o cânon 18 promoveu medidas a favor do estudo e do ensino, especialmente da teologia (cap. 7, item 29.4), e o cânon 27 decretou medidas muito duras em relação aos heréticos, apresentando-se quase como o prelúdio de uma verdadeira cruzada. Nas decisões assumidas não se conservou, porém, nenhuma referência ao caso de Valdo, o qual tinha se apresentado ao concílio junto com seus companheiros, todos leigos, para pedir a aprovação da tradução da Bíblia em francês, que ele próprio tinha feito, bem como a permissão de pregar. O papa louvou a pobreza deles, mas não concedeu nenhuma permissão a respeito da pregação, remetendo-os a seus respectivos bispos, aos quais caberia tomar uma decisão a respeito (cap. 7, item 30.3).

Os vinte e sete cânones, elaborados segundo claros critérios jurídicos (é provável uma contribuição direta de Alexandre III), tiveram notável difusão e passaram a fazer parte das *Decretais*. Catorze deles, que tratam de assuntos de caráter pastoral, foram acolhidos em muitas *summae pastorales*, compiladas até o fim do século: entre elas, a *Summa* de Pedro Cantor (que tinha participado do concílio) e a *Summa de confessione*, de Pedro de Poitiers.

Todavia, o concílio não conseguiu sanar todas as diferenças de pontos de vista entre o papa e o imperador, nem esse resultado foi atingido pela paz seguinte, de Constança (1183); contrastes e pontos de atrito continuaram abertos, deixando em suspenso questões de princípio: as regalias, a liberdade da Igreja, a relação entre os dois poderes. Os contrastes entre Igreja de Roma e Império pareceram se diluir quando o velho imperador decidiu participar da III cruzada. O gesto comoveu e envolveu o mundo ocidental, mas não foi a solução dos problemas ainda abertos. Os motivos de denso e rude confronto renovaram-se com a política praticada pelo filho de Barbarroxa, Henrique VI.

23. A procura da vida apostólica: os cônegos regulares

1. Entre os séculos XI e XII, os **cônegos regulares** (sacerdotes seculares que adotam uma regra específica) constituem um fenômeno de amplo alcance no âmbito europeu, que exprime bem a aspiração fortemente difundida na sociedade da época à renovação da vida religiosa. Essa exigência, até em razão do estímulo da reflexão desenvolvida pelas escolas de teologia de Paris no fim do século XI e na primeira metade do século XII (cap. 7, itens 29.3-4), procurava não uma ruptura com a tradição anterior (encarnada sobretudo por Cluny: cf. item 24), mas formas de recuperação dos modelos originais. Era forte o apelo à vida apostólica (imaginada como *sequela Christi*), à radicalidade das escolhas que ela impõe, como a pobreza vivida ou a estrita obediência ao Evangelho. Além disso, firmou-se a convicção de que a vida comunitária tinha a finalidade de se manifestar ao mundo e contagiá-lo, e não apenas oferecer a salvação pessoal aos religiosos que compunham cada comunidade.

Por isso, nesse período foram muitas as comunidades clericais (pertencentes a capítulos de catedrais ou a colégios *de freguesias*) que, impulsionadas por uma autêntica necessidade de religiosidade, aderiram a formas de vida comum, considerada o melhor antídoto contra o risco do nicolaísmo. Essas escolhas se inseriam em uma tradição que remontava à época carolíngia, quando tinham se difundido na Europa ocidental normas de vida comum do clero, que depois confluíram na regra de Crodegango, bispo de Metz († 766), autor de uma coleção de hábitos de vida para o clero que se inspirava na regra de

Bento. Para o futuro, impusera-se a chamada **regra de Aquisgrana**, ou também "*institutio canonicorum*", inspirada por Bento de Aniane, o grande reformador monástico do século IX, que, retomando os princípios de hábitos anteriores, impunha aos canônicos a comum recitação do ofício, o uso de um refeitório e de um dormitório comum (cap. 4, item 14.1).

Durante os séculos XI e XII reimpôs-se para muitas realidades canonicais o costume de uma vida comum, com decididas opções para formas de vida comunitária, as quais se reportavam quer à regra de Aquisgrana, quer à de São Bento, e aplicavam de modo mais ou menos rigoroso os ideais de imitação da vida apostólica. Essa última expressão aludia, porém, não mais aos monges que viviam em comum sem possuir nada próprio e que tinham sido considerados até aquele momento a única continuação histórica das modalidades de vida da primitiva comunidade cristã, mas exigia a união de pobreza e pregação itinerante, segundo uma renovada concepção do modelo apostólico que se referia às circunstâncias de vida de Cristo com os apóstolos e dos próprios apóstolos, como são apresentadas no Novo Testamento.

No século XI e na esteira do renovado clima de reforma, essa espécie de regime de vida claustral tendeu a se identificar sobretudo com a chamada **Regra de Santo Agostinho**, expressão com a qual se identificou um grupo de escritos do bispo de Hipona ou a ele atribuídos: um *praeceptum* (um breve texto de indicações de vida) do ano 397 para um grupo de leigos que continha explícita referência à vida da primitiva comunidade apostólica (*anima una, cor unum*: uma única alma, um único coração); uma carta endereçada a uma comunidade de religiosos em dificuldade; uma *ordo monasterii* de uma dúzia de artigos que, fixando um sistema litúrgico específico, dividia o ano em três partes (como acontece na Regra de São Bento); neles se recomendavam o trabalho manual, a obediência, a abstinência e o silêncio.

Atraídos por ideais de vida evangélica, muitos capítulos das catedrais das diversas nações europeias optaram por aderir a essas organizações, de modo que os sacerdotes se obrigavam aos votos de castidade e praticavam a vida comum, às vezes em suas formas mais exigentes (recitação comunitária do ofício, utilização de um único refeitório e de um único dormitório). Diferenciavam-se, porém, dos monges, porquanto não eram obrigados à clausura. As escolhas do clero pela vida comum destacam-se sobretudo nas regiões da Aquitânia e da Provença, da Espanha e da Itália setentrional; na reforma, envolveram-se também comunidades de clérigos que não prestavam serviço nos capítulos das catedrais, mas em igrejas menores, com frequência em *freguesias* ou em paróquias. Essas comunidades foram chamadas de colegiadas.

Inspirada por obrigações de piedade e de virtude, a prática da vida comum previa a obediência ao responsável da comunidade, chamado "decano", "preboste" ou "abade". A espiritualidade sacerdotal empenhada na construção da casa de Deus estava fortemente unida à celebração da missa, centro de todo o dia; punha-se o acento na vida ativa (*cura animarum*), pois se percebia a vida contemplativa como sendo mais adequada às escolhas monásticas. Era importante o estudo dos textos sagrados, que unia o compromisso da oração ao da pregação e do ensino. Aos cônegos regulares competia também a abertura de escolas para a formação das crianças; com o passar do tempo, muitas dessas escolas se tornaram instituições para a formação cultural e teológica superior (cap. 7, item 29.3); ademais, coube aos cônegos regulares a assistência às diversas formas de pobreza presentes no contexto social no qual agiam (com efeito, estabeleceram-se muitas vezes nas proximidades de hospitais; mas ocorreu também que algumas instituições ou associações religiosas nascidas para amparo aos enfermos e aos indigentes se transformaram depois em canônicas regulares: foi o que aconteceu com os hospitalários de Santo Antônio, uma associação de "frades" leigos formados no Delfinado no fim do século XI, que se transformaram em cônegos regulares em 1297).

Os bispos e sobretudo os pontífices romanos aprovaram e favoreceram essas comunidades; nos diferentes sínodos estimularam os cônegos regulares a pôr em comum os próprios bens e a se ocupar com a pregação. O papa Urbano II (1088-1099), proveniente das fileiras do monaquismo cluniacense, reconheceu desde os primeiros anos de seu pontificado a importância dessa forma de vida para a renovação da Igreja.

2. Algumas comunidades atraíram outras, instituindo entre si relações de natureza espiritual ou também institucional que deram vida a novas **ordens canonicais**. Assim teve origem a congregação de São Rufo (Avinhão), iniciada em 1039 e difundida sobretudo no vale do Ródano. A um cônego dessa comunidade, Lietberto, é que se deve a *Expositio in regulam Sancti Augustini*, um comentário à regra de Santo Agostinho, considerado fundamental na tradição canonical: o comentário era constituído por um tratado sobre a caridade para com o próximo e por uma reflexão teológica sobre a vida comum e sobre a pobreza.

Em Paris crescera a congregação de São Vítor, fundada em 1110 por Guilherme de Champeaux, professor da escola de Notre Dame, famosa pela austeridade de vida e pelo valor do ensino ministrado. Na Germânia foram os bispos, entre os quais Otão de Freising (1138-1158) e Conrado de Salisburgo (1106-1147), que apoiaram, nem sempre com sucesso, a difusão das fundações canonicais endereçadas a tarefas de evangelização.

Na península italiana distinguiram-se os cônegos de Santa Maria, em Porto de Ravena, constituídos com base em uma regra escrita por Pietro degli Onesti e aprovada em 1116 por Pascoal II; em Roma estabeleceram-se os cônegos lateranenses, originariamente um grupo de cônegos de São Frediano em Lucca; em Bolonha, os de Santa Maria in Reno, um colegiado surgido nos inícios do século XII junto a uma das portas da cidade; no Piemonte, a congregação de Mortara. Muito conhecida também a congregação hospitalária do Gran San Bernardo, que prestava um serviço fundamental de assistência aos viajantes empenhados em superar o homônimo desfiladeiro alpino.

Um caso particular é o de **Premontré**, fundada na Renânia por **Norberto**, filho do conde de Xanten. Cônego do capítulo de São Vítor em sua cidade natal, e depois capelão de Henrique V, converteu-se às mais severas e autênticas formas de vida religiosa em 1115. Foi ordenado sacerdote e se retirou por algum tempo entre os monges de Siegburg e depois entre os cônegos regulares de Rolduc. Norberto se convenceu da necessidade de praticar rigorosa pobreza, distribuiu os próprios bens aos pobres, tomou o bordão do peregrino e se entregou à vida eremítica; fracassou na tentativa de reforma do presbitério de Xanten. O papa Gelásio II lhe confiou a missão de pregador, à qual ele deu início em 1118; também o papa Calisto II lhe confirmou o ofício da pregação. Além disso, obteve de Bartolomeu, bispo de Laon, a localidade de Premontré, onde deu vida a uma nova comunidade de clérigos. Por influência do monaquismo cisterciense, adotou o hábito de lã grosseira, prescreveu rigoroso silêncio e a prática do trabalho manual; todavia, deu preferência à pregação e ao cuidado pastoral para si e para os próprios confrades. Assim, Norberto tinha dado vida a uma forma de vida religiosa que se baseava no conúbio entre vida eremítico-monástica e espiritualidade canonical. Por isso, adotou a regra de Santo Agostinho e, pelo menos inicialmente, a prática litúrgica prevista pela *Ordo monasterii*. Seus discípulos eram (e continuaram), portanto, cônegos regulares que se empenhavam em praticar modalidades de ascese próprias do monaquismo, fiéis a formas de vida marcadas pela pobreza.

Enquanto se multiplicavam as fundações que se reconheciam obedientes a Premontré (juntaram-se, entre outros, Cappenberg, São Martinho de Laon, São Miguel de Antuérpia), em 1126 Norberto foi nomeado arcebispo de Magdeburgo, uma diocese em cujo território existiam ainda numerosos pagãos. Dedicou-se com grande empenho à atividade missionária, recorrendo para a pregação do Evangelho nos territórios orientais à ajuda de seus cônegos e encorajando a fundação de novos capítulos de cônegos.

Entrementes, e sobretudo depois de sua morte, a redação de costumes próprios e a instituição de um capítulo geral transformaram Premontré e as outras casas em uma verdadeira Ordem religiosa que conheceu rápido sucesso principalmente nas regiões do norte da França, da foz do Sena ao lago Léman (ou de Genebra), e depois em muitos países da Europa, da Polônia à Hungria, à Inglaterra e à Espanha.

24. Eremitismo, Cluny, Cister: os diferentes rostos do monaquismo medieval

1. "Um venerável refúgio de oração": a essa finalidade deveria tender, segundo o testamento de Guilherme de Aquitânia, a nova fundação monástica que em 909 (ou 910) levou o nome de **Cluny**. A grande abadia nasceu em um tempo conturbado, marcado por lutas entre as grandes famílias aristocráticas e pelas invasões dos "novos bárbaros", os sarracenos, os normandos e os húngaros, mas estava destinada a se tornar um dos maiores centros do monaquismo ocidental depois de ter constituído uma rede de dependências que ultrapassou no século XIII mil priorados e mosteiros e de se posicionar como paradigma da vida cenobítica.

Foram dois seus fundadores: Bernone, um enérgico abade reformador, e Guilherme, duque de Aquitânia, poderoso detentor de vastos patrimônios, membro de ponta dos grandes feudos pós-carolíngios (de fato, exercia autoridade sobre diversos condados entre a Languedoc e a Borgonha, dentre os quais Macon). Em seu testamento, Guilherme reivindicava o próprio papel e declarava abertamente, quase com orgulho, a própria *fidelitas* (a lealdade de fiel vassalo), pedindo orações pelo rei Odão, ou seja, pelo conde de Paris que tinha sabido proteger a cidade dos vikings e que por uma dezena de anos também tinha sido rei da França.

O dom do duque correspondia à sua riqueza econômica e à sua elevada condição social: "transmito os seguintes bens, de minha legítima propriedade, do meu senhorio, ao dos santos apóstolos Pedro e Paulo, ou seja, a vila de Cluny com o pátio e a parte de domínio, bem como a capela que aí se encontra em honra de Maria, santa mãe de Deus, e de São Pedro, com tudo o que lhe pertence, ou seja, vilas, capelas, servos e servas, vinhas, campos, prados, bosques, água e cursos d'água, moinhos, vias de acesso e de saída, o que foi colhido ou não, em toda sua integridade". Era uma doação rica, confiada à tutela dos santos apóstolos Pedro e Paulo, aos quais a nova fundação era dedicada. Santos poderosos e eficazes protetores do nascente cenóbio, mas também santos tutelares da Igreja de Roma, a quem o mosteiro devia pagar um tributo: "dez soldos para a iluminação dos túmulos dos Apóstolos". Os fundadores pretendiam assim proteger a nova abadia de eventuais ingerências leigas e dos assaltos a que se davam os poderosos. O fim perseguido era, porém, mais amplo: "Estabeleço com esse dom que em Cluny seja construído um mosteiro de regulares em honra dos santos apóstolos Pedro e Paulo e que aí se reúnam monges que vivam segundo a Regra de São Bento, que os supramencionados bens eles possuam, mantenham, tenham e ordenem; de modo que naquele lugar seja com fidelidade frequentado um venerável refúgio de oração com votos e súplicas e se procure e se deseje a vida celeste com toda vontade e íntimo ardor, e assiduamente sejam elevadas ao Senhor orações, invocações e súplicas, tanto por mim, quanto por todos aqueles de quem acima se fez memória" (cf. *Les plus anciens documents originaux de l'abbaye de Cluny*, n. 4).

Cluny nascia no grande bojo da tradição beneditina, procurando um retorno às origens, ao espírito autêntico da Regra de Bento (cap. 1, item 3.3); da Regra retinha e exaltava sobretudo a importância e o tempo dedicado à oração, enfatizando a prática da vida comunitária ritmada pela celebração, que, com o tempo, se tornará cada vez mais importante até ocupar todo o dia do monge. Particular atenção era dada às almas dos falecidos, pois os monges tributavam uma devoção intensa ao culto da Cruz e à Virgem Maria. Desenvolveram-se assim as cotidianas, solenes e cuidadosas liturgias, que abriam a alma ao céu e representavam o penhor da vitória contra os indomáveis demônios da escuridão e da condenação eterna. Os monges estavam certos de que seu canto orante vencia o espectro da morte; não por acaso Odilo, quinto abade, dará grande destaque ao Dia de finados, fixando-o em dois de novembro.

Em Cluny, a oração e o canto entrelaçavam-se intimamente. O segundo abade, o aristocrático Odo, parco a ponto de se contentar com meia libra de pão e poucas favas por dia, amava a música acima de tudo. Em viagem, cantava e pedia a seus companheiros que cantassem com ele, lembrando que, assim como a música de Davi acalmara o coração do rei Saul, a salmodia expulsaria do coração dos ouvintes todo desejo diabólico. A ele se devem algumas esplêndidas antífonas para a festa de São Martinho. Dois capitéis que restaram após a sistemática destruição do grande complexo abacial de Cluny durante a Revolução Francesa e até os primeiros decênios do século XIX representam com impressionante força plástica essa civilização musical. Entre os instrumentos estão um alaúde, um címbalo, um saltério de seis cordas e um *tintinnabulum*, um dispositivo com pequenos sinos que fora desejado precisamente por Odo, para representar o som da pregação. Na grande e admirável igreja, erguida por vontade do abade Hugo no fim do século XI (a Cluny III dos arqueólogos, hoje quase totalmente desaparecida), ao monge que elevava o olhar para o céu apresentavam-se os diversos gêneros da música: grave, alegre, majestoso, meditativo; e junto a esses símbolos bíblicos, nos quais se podia ler a história do mundo e da salvação e encontrar o sentido da própria função peculiar, o próprio fato de ser ligação entre céu e terra, graças à oração incessante e cuidadosa em cada pormenor.

Os monges orantes tornaram-se autênticos cavaleiros da oração, em perene e vigilante luta contra o Maligno e seus emissários. O dia deles, escandido pela liturgia, já se abria no coração da noite e prosseguia para além do alvorecer, para retornar em pleno dia e até o sol se pôr, fechando-se com a recitação das completas. Segundo o testemunho de um cronista do século XI, Rodolfo, o Glabro: "naqueles cenóbios, do surgir do sol até a hora do almoço celebravam-se continuamente a missa, dado o alto número de monges; e era cerimônia de grande dignidade, pureza e reverência, que constituía um espetáculo mais angélico que humano" (Rodolfo, o Glabro, *Crônicas do ano mil*, l. V, 15). Durante a celebração da missa desabrochavam os longos vocalizos dos tropos sobre melodias tradicionais ou novas e as sequências, prolongamento do júbilo do *Aleluia*, textos musicais de grande riqueza e sinal de intensa criatividade expressiva.

Entre seus frutos, a oração tinha trazido a paz. Os cluniacenses, que pareciam solenes e eminentes aos olhos de seus contemporâneos, deixaram uma marca também para a sociedade em que viviam: colaborando com os bispos, facilitavam a difusão das pazes de Deus (associações de cavaleiros comprometidos com o respeito pelos fracos) e das tréguas de Deus (períodos do ano em que os cavaleiros prometiam não combater).

2. Um dos fatores que constituiu o sucesso da abadia borgonhesa certamente foram os primeiros abades, sobre os quais insistiu, às vezes reelaborando suas características e história, a própria hagiografia cluniacense. Foram decerto personalidades de destaque que garantiram duradoura continuidade de governo a Cluny e aos priorados dependentes, realizada com caridade e firmeza.

O abade **Odo** (sua gestão durou de 927 a 942), homem de aguda sensibilidade, foi um eficaz propagador da reforma monástica de Cluny dos Alpes suíços aos vales da Borgonha. Pedro, o Venerável, escreve que seu antigo predecessor "tinha estabelecido os primeiros fundamentos de Cluny".

Mais calculada foi a ação do aristocrático **Maiolo**, que governou o cenóbio de 954 a 994. Ele continuou a obra de difusão dos costumes cluniacenses (entre os mosteiros visitados devem ser mencionados Saint Germain, em Auxerre, Payerne, Lérins) e procedeu também à fundação de novos cenóbios, como Altdorf, na Alsácia, Santa Maria, em Pavia, Ganagobie, na Provença. Multiplicou as *cellae*, pequenos assentamentos monásticos que não tinham abade, diretamente dependentes da abadia-mãe, Cluny. Chegou-se assim a formar um primeiro organismo institucional, o qual, embora com formas ainda não estabilizadas, envolvia em uma única família monástica assentamentos até muito distantes entre si, unidos pela partilhada obediência ao mesmo estilo de vida. De fato, Maiolo deixou por escrito os primeiros **costumes**, retomando o que Odo já havia deixado.

Seu sucessor, **Odilo**, dirigiu Cluny por cinquenta e cinco anos (994-1049). Natural de Auvergne, de família ilustre, era um homem de pequena estatura, magro e muito enérgico, sóbrio no falar e eficaz organizador. Decidido no comando, mas quando necessário manso e misericordioso, chegou a controlar os mais importantes mosteiros da época na Borgonha, na Provença e na Jura, iniciando uma significativa penetração na Languedoc, na Guascogna e planície paduana, em Navarra e Castela.

Hugo de Semur, sexto abade de Cluny desde 1049, fora repetidamente indicado por Odo como o sucessor ideal. Parente de poderosas famílias, impunha-se por sua alta estatura, nobreza no trato e refinada eloquência; seu senso de autoridade era acompanhado por grande flexibilidade e, em seu longo período como abade (1049-1109), soube se impor como um dos personagens mais importantes de toda a cristandade (como nos dias em que, em janeiro de 1077, favoreceu o encontro entre Gregório VII e Henrique IV em Canossa [cap. 5, item 21.3]).

Cluny continuava sua obra de difusão, influenciando novas reformas na área alemã, onde era mais forte a resistência oposta pelo soberano (mas os monges borgonheses conseguiram igualmente inspirar as reformas de mosteiros importantes, como Hirsau, Hildesheim ou Reichenau); na Lombardia, formaram-se, entre outros, os cenóbios ou as *cellae* de São Tiago de Pontida, São Pedro de Rodengo, São Gabriel, perto de Cremona, São Bento de Polirone, no mantuano (doado em 1077 por Matilde ao papa e por ele a Cluny); na diocese de Milão, São Bento em Portesana (sobre o Adda) e Santa Maria de Calvenzano, além da abadia feminina de Cantu.

Depois de um breve período de crise, impôs-se **Pedro de Montboissier** (1122-1157), originário da Alvérnia, aparentado da família de Hugo de Semur. Pedro, a quem, pelas características afáveis e pelo temperamento caridoso, os próprios contemporâneos definiram como **Venerável**, conseguiu trazer a paz para a *ecclesia* cluniacense; pôs ordem nas finanças do cenóbio, mitigou as regras muito rígidas, soube convidar os confrades para uma vida religiosa mais intensa, aceitou as críticas movidas por Bernardo de Claraval ao monaquismo tradicional, impondo algumas reformas. Inteligente e culto, quis apoiar a tradução do Corão para a língua latina (cap. 2, item 8.2); impôs-se a todos por seu caráter gentil, pela inteligência, lealdade e misericórdia. Pedro — são seus contemporâneos que assim testemunham — sorria sempre, sabia ficar contente e comunicar isso. Era capaz de grande e sincera amizade e era mestre em consolar: fez também essa experiência o filósofo Abelardo (cap. 7, item 29.4), que tinha encontrado em sua delicada companhia a paz inutilmente procurada por toda a vida.

O último grande abade de Cluny gostava muito de estar em silêncio e contemplar o mistério da encarnação, da humanidade que Deus quis assumir para a salvação dos homens ("Não tiveste horror do útero de uma Virgem", meditava). A atenção a esse amor total e sem reservas era seu segredo. Pedro, o Venerável, morreu no inverno de 1156, no dia de Natal. Contam as crônicas monásticas que os confrades que descobriram o seu corpo encontraram-no alvo e diáfano, como se já estivesse transfigurado.

3. Se a dedicação total à oração e a estabilidade de guia assegurada pelos primeiros abades estão entre os componentes essenciais da história de Cluny, uma terceira característica deve ser identificada em sua condição de **mosteiro isento**, uma condição a que chegou no decurso de sua história secular. Com efeito, o testamento de Guilherme de Aquitânia tutelava Cluny das ingerências externas dos leigos, mas não previa nenhuma restrição imediata da autoridade do bispo de Macon, que conservava os próprios direitos a respeito de ordenações, medidas disciplinares e judiciárias. O mosteiro borgonhês encontrava-se, portanto, em uma condição semelhante à dos outros cenóbios europeus; também os papas, até a metade do século X, limitaram-se a confirmar o ato de Guilherme de Aquitânia.

Para Cluny, a relação com Roma revelou-se um recurso fundamental. Em 998, o papa Gregório V concedeu um privilégio que especificava algumas isenções de que podia gozar a abadia, subtraindo-a à jurisdição do ordinário diocesano em relação a consagrações e bênçãos, que foram submetidas diretamente à vontade e às decisões do abade. Pouco depois, em 1024, o papa João XIX, com a intenção de pôr fim às queixas do bispo de Macon, estendeu a isenção a todos os monges de todas as dependências cluniacenses, confirmou ao abade Odilo as concessões efetuadas por seu próprio predecessor e acrescentou a proibição a qualquer autoridade eclesiástica de aplicar sanções aos monges de Cluny. Também em 1049 o papa Leão IX confirmou essas concessões; Gregório VII declarou que sobre Cluny nem mesmo os legados papais teriam jurisdição. Foi definido também o âmbito territorial sobre o qual se exercia a autoridade do abade, ou seja, a abadia e algumas capelas dependentes (é o chamado *banum* sagrado de Cluny).

Mas foi o papa Urbano II, monge cluniacense e promotor da primeira cruzada (cap. 9, item 37.2), quem indicou quais direitos Cluny tinha sobre as paróquias que estavam sujeitas ao cenóbio, confirmando ao abade o poder de escolher o pároco. Esse direito foi confirmado por Pascoal II em 1100, que indicou explicitamente a possibilidade de recorrer à Sé Apostólica caso o bispo se recusasse a aceitar a escolha do abade.

A isenção monástica foi, portanto, a modalidade com a qual os papas pretenderam defender explicitamente Cluny e os priorados dependentes de eventuais intromissões dos bispos, a fim de tutelar a autonomia da vida monástica. A eficácia da isenção não foi, porém, unívoca; a variedade das relações de dependência e a ausência de verdadeira ligação jurídica entre Cluny e a rede das próprias dependências favoreceu com o tempo uma ampla gama de soluções diferentes.

O modelo de Cluny persistia como exemplar para o mundo monástico ocidental, mas não faltaram exemplos de abadias e redes monásticas que delinearam modalidades de vida religiosa e percursos diferentes, como ocorreu em São Vítor de Marselha, Gorze, Hirsau, Siegburg.

Na península italiana, destacou-se a abadia da **Santíssima Trindade de Cava dos Tirrenos** (na parte meridional da península sorrentina), fundada no segundo decênio do século XI e progressivamente ponto de referência para dezenas de fundações monásticas menores, por sua vez centros de vida rural, surgidos no sul da Itália. Desenvolveu-se desse modo a *Ordo cavensis*, protegida pela ajuda da monarquia normanda e dirigida pelo abade de Cava, que diretamente ou mediante oficiais próprios controlava os priorados dependentes e geria seus patrimônios. Cava adotou apenas parcialmente os costumes cluniacenses, apesar de seu fundador, Alfério, ter passado alguns anos na abadia borgonhesa. Na vida religiosa ali praticada visava-se séria observância da Regra de Bento e atividade cultural que constituísse digno apoio à oração. Nos séculos XII e XIII atingiu a máxima expansão, absorvendo também muitos mosteiros gregos e latinos do sul, como Montesacro, no Gargano, ou Monreal, na Sicília.

Centro de uma congregação monástica é **São Benigno de Fruttuaria**, fundada por Guilherme de Volpiano nos inícios do segundo milênio, em uma localidade de Canavese pertencente à sua família. Monge em Cluny e colaborador de Maiolo, arquiteto de talento e exímio escritor de textos litúrgicos, Guilherme optou depois por um caminho autônomo de austero reformador e de fundador de novos centros monásticos. Graças a seu prestígio e à influência de sua família, o monaquismo de Fruttuaria conheceu grande difusão na planície paduana e na área transalpina (entre outros dependentes: São Daniel, de Veneza, São Romano, de Ferrara, São Gêmolo, de Ganna, São Benigno, de Gênova).

Com fortes tendências à vida eremítica, desenvolve-se no sul da Itália **São Miguel da Chiusa**. Surgido no fim do século X, por vontade de um aristocrático proveniente da Alvérnia, e sede de muitos monges originários do Além dos Alpes, o mosteiro encontra-se em um pico que domina o acesso ao Vale de Susa; daí teve origem uma rede de mosteiros dependentes que se estenderam para além da cadeia alpina, nos vales franceses.

4. Uma assembleia imperial e papal (uma espécie de audiência geral endereçada a homens livres) ocorrida em Santo Apolinário, em Classe, em abril de 1001, ao lado de certo número de bispos e de abades relaciona também um forte grupo de **eremitas** entre os mais conhecidos do delta paduano: "*Romualdus abbas et eremita, Guillielmus presbiter et eremita, Iohannes presbiter et eremita et alius Iohannes similiter monachus et eremita, Bonifacio eremita*" (*I placiti del "Regnum Italiae"*, 2/1, 466). Trata-se de personagens conhecidos e influentes, venerados ou respeitados em Ravena, a antiga capital do Exarcado e, naquela época, sede da corte imperial de Otão III (996-1002; cap. 5, item 20.3).

No decurso dos séculos X e XI na Europa ocidental, tinha retomado vigor, caracterizada por fortes traços de íntima religiosidade, a antiga **tradição eremítica** que surgira no Oriente e que de modo especial tinha se desenvolvido no Egito desde os primeiros séculos do cristianismo, quando alguns se retiravam ao deserto para viver uma experiência religiosa na solidão (vol. I, cap. 5, itens 29.2-3 e cap. 1, itens 3.1-2). Os eremitas dos séculos centrais da Idade Média que tomavam como modelo as primeiras experiências pretendiam praticar a penitência e a fuga do mundo e, por isso, escolhiam viver na pobreza em lugares isolados; mas não conseguiram cultivar o completo isolamento. Fascinadas por esses homens austeros e insólitos, pessoas comuns levavam suas ofertas e pediam conselho, forçando-os a reatar os vínculos com a sociedade humana da qual tinham se separado. Muitos deles, sobretudo do início do século XII em diante, entregaram-se à pregação itinerante, fascinados pelos ideais de vida apostólica que tinham se difundido na sociedade ocidental, ou participaram dos mais significativos movimentos da época: estiveram presentes nas cruzadas, deram vida a mosteiros e presbitérios, fundaram hospitais para assistência aos enfermos e peregrinos.

Nas origens do fenômeno eremítico encontram-se com frequência indivíduos isolados — às vezes até dois ou mais — que habitavam celas vizinhas; formava-se assim o núcleo originário de uma espécie de vila eremítica, chamado *laura* na língua grega, termo que corresponde ao latim *vicus* (vila). Uma fundação de tipo *laura* foi gerada por **Romualdo** em Camaldoli, talvez no ano 1023. Embora sob muitos aspectos permanecesse uma figura pouco conhecida — de fato, não possuímos seus escritos —, Romualdo se revelaria determinante para o êxito do eremitismo ocidental (como lembra sua biografia, traçada por outro eremita, Pedro Damião). No fim do século X, depois de cerca de vinte anos gastos entre experiências cenobíticas e eremíticas, ele dá início a uma fecunda atividade de reorganizador de centros eremíticos e monásticos. Ele não é um legislador, e suas recomendações concentram-se em particular sobre a leitura contínua e consciente dos *Salmos*.

É notável o fascínio que esse homem, sua palavra e seu exemplo exercem sobre seus contemporâneos. Se preciso (pelo menos segundo o testemunho de seu biógrafo), ele realmente sabe recorrer a uma pregação que inflama os ânimos e gera novas vocações. A resposta vem sobretudo das classes aristocráticas, que, na ascese duríssima, na obrigação ao trabalho manual e na prática da humildade, procuravam compensar as atitudes e a mentalidade embebidas de violência e o exercício injusto do poder, próprios da sua condição. A eles, em geral reunidos em comunidades numericamente reduzidas, Romualdo oferece formas de vida simples e pobre, juridicamente pouco regulamentadas, mas capazes de suscitar forte autoridade moral.

Entre essas formas de vida, a mais conhecida é certamente **Camaldoli**, nascida nas montanhas do Casentino. Trata-se de uma fundação com o objetivo de garantir a autonomia da vida eremítica e o exercício de uma disciplina específica e coerente com a finalidade perseguida por aquela particular forma de vida. Uma doação feita por Tedaldo de Canossa, bispo de Arezzo em 1027, permite compreender melhor essa realidade: o bispo doou a Pedro eremita e a seus confrades a igreja de São Salvador em Camaldoli, já consagrada alguns anos antes a pedido do mesmo Romualdo, que ele considerava seu pai espiritual. O texto do documento descreve cuidadosamente o lugar: fontes de água pura, um verde planalto, dois riachos que se juntam em um único curso d'água, o caminho que desce dos Apeninos. O prelado lembra que Romualdo escolheu essa localidade porque era adequada "*ad cellulas fratrum heremitarum singillatim in contemplativa vita Deo serventium*" ("às celas dos frades eremitas, dedicados a servir a Deus singularmente na contemplação"). Foram construídas aí a igreja e cinco celas separadas umas das outras "*cum suis tabernaculis*", cada uma destinada a um eremita dedicado à vida contemplativa. Como chefe da pequena comunidade, pôs o eremita Pedro, o mesmo citado na doação.

Junto com a igreja, o bispo doou alguns *mansi* [na Idade Média, *manso* era uma possessão feudal correspondente a uma quantidade de terra suficiente para alimentar uma família. Muitas vezes agrupados em colônias ou coligados, os *mansi* foram ocupados pelos colonos que eram obrigados a devolver parte da cultura ou, em alternativa, servir ao senhor, N. do T.] e alguns dízimos: Tedaldo era encorajado por sincera devoção filial em relação a Romualdo e movido por autêntico desejo de reforma dos costumes eclesiásticos. Assim, procurou oferecer um mínimo de segurança econômica à pequena comunidade, situada "*ad radices Alpium dividentium Tuscian et Romaniam*" ("aos pés dos montes

[Apeninos] que dividem a Toscana da Romanha"), de modo que ela pudesse continuar na valiosa obra de constante oração a Deus, de perseverante testemunho de vida santa. Foi, portanto, o piedoso bispo, devoto a Romualdo, que garantiu a continuidade da vida camaldulense, mais do que tinha realizado a agitação espiritual do seu santo fundador (U. Pasqui, *Documenti per la storia della città di Arezzo nel Medioevo*, 1, Florença, 1889, n. 127).

Ainda em 1039, durante uma visita, o bispo Immone, sucessor de Tedaldo, observa admirado que em Camaldoli os eremitas, inflamados pelo fogo da oração, vivem na contemplação como autênticos homens de Deus. A partir da metade do século XI, o eremitério conheceu inesperada notoriedade: continuaram as doações, até relevantes; em 1073, o bispo de Volterra confiou aos eremitas um mosteiro a ser reformado; também os papas (em particular Alexandre II e Gregório VII) voltaram-se para o eremitério e assumiram sua proteção. São anos fundamentais que põem Camaldoli em uma dimensão mais ampla do que a local e que requerem estrutura jurídica mais acentuada: o prior Rodolfo (1074-1088) fez uma reordenação da comunidade camaldulense com a redação das primeiras constituições (que se alimentam também com as indicações deixadas por Pedro Damião para as próprias comunidades). Não se abrandou o vínculo com a diocese de origem, como atesta o fato de um dos priores, Guido Boccatorta, ter se tornado bispo de Arezzo no início do século XII.

Camaldoli, agora inserida com todo direito tanto na realidade eclesiástica aretina como na mais ampla da reforma da Igreja, teria conhecido no século XIII o sucesso de ampla difusão entre a Itália central, a Sardenha, o Vêneto e a Ístria, em um total de cento e vinte e sete novas fundações e institutos agregados.

5. Com a morte de Romualdo, o movimento eremítico tinha encontrado um ponto de referência em **Pedro Damião**. Também ele, originário de Ravena, era um homem de grande preparação intelectual e de profunda espiritualidade. Prior do eremitério de Santa Cruz em Fonte Avellana (nas faldas do monte Catria, no Apenino úmbrio), dedicou-se a aperfeiçoar a experiência eremítica em austeridade de vida e dedicação ao estudo. Deu vida assim a uma produção de tratados de amplo fôlego teológico, bem como ao primeiro núcleo da biblioteca do eremitério. Nomeado cardeal contra sua vontade, foi obrigado a se envolver profundamente nos episódios da reforma eclesiástica na metade do século XI (cap. 5, itens 20.6-7 e item 21.4), conseguindo enfim retornar à vida eremítica e à comunidade a que pertencia. Fonte Avellana tornou-se o centro de uma

congregação à qual aderiram diversos eremitérios e cenóbios (depois absorvida pela camaldulense no século XVI).

Essas experiências eremíticas particulares não compreendem indivíduos totalmente separados dos próprios semelhantes (essas formas, todavia, estão presentes na Europa também nesse período); trata-se mais de formas associativas realizadas de modo a salvaguardar verdadeiro isolamento de alguns e conjugá-lo com a aspiração à vida anacorética de indivíduos não prontos ainda a suportar todas as durezas dela (como é o caso de Camaldoli, onde o eremitério está conexo a um cenóbio situado mais para o vale, lugar de hospitalidade e última defesa em relação à curiosidade dos visitantes). Existem também abadias inteiras em que a tensão à solidão é deixada ao lugar afastado no qual elas surgem: é o caso de Pomposa, uma espécie de ilha entre o mar Adriático e os dois ramos do delta do Pó, ao norte dos pântanos de Comacchio — cenóbio de certa importância, depois disputado entre o abade de São Salvador de Pavia e o arcebispo de Ravena —, e destinada a se tornar em 1001 uma abadia imperial posta sob a proteção do prelado de Ravena.

Nessas realidades religiosas, nem sempre caracterizadas por regras rigorosas, pode-se diminuir também a *stabilitas* monástica (a obrigação de residir no lugar da comunidade a que se pertence), pois se privilegia o deslocamento à procura de novos desafios ou, por espírito de ascese, inicia-se uma peregrinação, participa-se de uma cruzada ou se dá vida a momentos de pregação e de apostolado às vezes heroicos (Adalberto de Praga, de origem eslava, e Bruno de Querfart, alemão, ambos ligados à casa dos imperadores da Saxônia, depois de amadurecerem os ideais da vida eremítica, morrerão mártires entre os pagãos da Europa oriental).

Por volta do fim do século XI nasce na França meridional uma nova instituição, que conjuga em perfeito equilíbrio a forte propensão à solidão e à oração contemplativa com algumas normas próprias da vida cenobítica. **Bruno de Colônia**, um cônego bem-sucedido, apreciado mestre na prestigiosa escola de Reims, decide por uma radical mudança da própria condição de vida. Com seis companheiros, retira-se para a montanha na região de Grenoble, para dar vida a uma nova fundação: é a **Grande-Chartreuse**, situada no alto de um monte deserto, garantida em seu isolamento pela posição alpestre a cerca de mil metros de altura, com um clima inclemente, circundada por uma faixa de "deserto", de propriedade do mosteiro que serve de proteção ao isolamento querido pelos eremitas. Assim Bruno apresenta a própria escolha: "Esta é aquela

Raquel atraente, de belo aspecto, que Jacó, embora fosse ela menos fecunda de filhos, amou mais do que Lia. Menos numerosos são com efeito os filhos da contemplação em relação aos da ação; todavia, José e Benjamim, mais do que os demais irmãos, são amados pelo pai" (Bruno-Guigo-Antelm, *Epistulae Cartusiane*, 58).

Os monges da Chartreuse [Cartuxa] vivem cada um em uma pequena casa, à qual está anexo um pequeno jardim. Aí passam os dias e as noites em silêncio, em oração e em meditação. Esse tempo, dedicado a intensa oração pessoal com Deus, é interrompido pela celebração de dois ofícios na igreja da comunidade, por atividades de trabalho (entendido não como compromisso para o sustento, mas como elemento de equilíbrio pessoal), pelo consumo de refeições frugais e por breves períodos de sono. Durante o domingo, os eremitas participam de uma liturgia em comum e juntos fazem as refeições no refeitório. A estrutura arquitetônica da fundação articula-se em torno de um claustro para o qual convergem cada uma das celas e os ambientes comuns, como a sala do refeitório e a igreja, a qual serve de elemento divisório e ao mesmo tempo de encontro entre a comunidade eremítica e os fiéis. O eremitismo dos cartuxos qualifica-se precisamente como "claustral": além da tipologia arquitetônica, que repropõe ambientes típicos do cenobitismo ocidental, a experiência querida por São Bruno fundamenta-se em alguns elementos próprios da Regra beneditina, como a obediência ao prior, em sinal de humildade, e a observância da *stabilitas*; pratica-se também o exercício da *discretio* (discernimento), voltada ao banimento de personalismos e excessos ascéticos. Testemunham-no os primeiros costumes, redigidos pelo prior Guigo nos anos 1121-1128.

A continuidade no estilo de vida dos eremitas da *Grande-Chartreuse* foi garantida pelo pequeno número dos que compunham a comunidade (doze é o número ideal, segundo Guigo), pela rigidez com que se observou (e se defendeu) o isolamento (hóspedes não eram aceitos), por um regime de vida frugal. Da primeira fundação formou-se uma congregação, mas as cartuxas foram realidades numérica e socialmente marginais e se difundiram lentamente na Europa: no fim do século XIII são ao todo trinta e nove, inclusive a de Serra, na Calábria; aí em 1101 morrera Bruno, o qual dez anos antes fora chamado a Roma pelo papa Urbano II, onde ficara somente por um ano, para depois se dirigir ao sul da Itália.

Outra forma eremítica diferente é representada pela experiência de **Vallombrosa**, quer pela ênfase cenobítica do estilo de vida, quer pelo ponto de vista arquitetônico estrutural: com efeito, apresenta-se como um grupo de celas circundadas por um muro, o "claustrum" (claustro). Vallombrosa foi fundada por **João Gualberto**, nobre florentino que se tornara monge em São Miniato por volta de 1028. Tendo deixado a vida cenobítica, depois de ter lançado pesadas acusações de simonia contra o bispo e o próprio abade, Gualberto permanecera por algum tempo em Camaldoli, para chegar enfim, entre 1035 e 1036, à solidão de Vallombrosa, nas florestas da região chamada Pratomagno, a trinta quilômetros de Florença. Aí, junto com outros dois solitários e alguns monges que tinham se transferido de São Miniato, funda uma comunidade de inspiração beneditina, isolada do mundo, caracterizada por rígida pobreza: as habitações são pobres cabanas, o estilo de vida é frugal; procura-se, além disso, evitar que os monges se tornem também sacerdotes. Sustentada por mosteiros e personalidades eclesiásticas, Vallombrosa está à frente de uma série de comunidades que adotam, talvez de formas menos ascéticas, seu estilo de vida. Entretanto, os monges de Gualberto se interessam pela reforma eclesiástica e se fazem assim conhecer: Humberto de Silva Cândida vai a Vallombrosa para consagrar o altar da nova igreja; João Gualberto encontra o papa Leão IX e conhece Hildebrando (o futuro Gregório VII), de cujas ideias ele partilha. No momento do embate entre papas e imperadores, os valombrosianos se envolvem diretamente, alinhando-se com a parte do bispo de Roma, e os que entre eles são sacerdotes são enviados aos leigos reformadores para trabalhar e ter sustento. Em Florença, acusarão o bispo de simonia (cap. 5, item 21.1); para sustentar sua acusação, o monge Pedro submeter-se-á com resultado vitorioso à prova do fogo (daí o sobrenome de Pedro Ígneo). É o início de uma rápida difusão de centros valombrosianos sobretudo na Itália centro-setentrional, que no século XIII chegarão a superar uma centena.

6. Muitas das experiências de vida religiosa nascidas na onda da reforma e de mais autêntica adesão ao Evangelho, classificáveis entre as **experiências eremíticas**, tendem depois a **se transformar em comunidades cenobíticas**, assumindo e misturando elementos próprios de ambas as formas de vida, procurando soluções originais para as próprias aspirações religiosas.

Na Lotaríngia, via de ligação entre a Itália setentrional e as passagens alpinas, apresenta-se a figura de Roberto de Arbrissel, filho de um padre, nascido na metade do século XI. Após ter estudado na Bretanha setentrional e em Paris, por quatro anos foi arcipreste na diocese de Rennes; escolheu depois a vida eremítica e em 1096 obteve de Urbano II a permissão de iniciar uma vida de pregador itinerante. Atraiu um elevado número de discípulos provenientes de diversas classes sociais; parou então em Fontevrault, na França ocidental (1101), e deu vida a uma comunidade monástica mista submetida à autoridade de uma abadessa. O ordenamento definitivo, com a aprovação de normas que estabilizavam a experiência iniciada por Roberto e a transformavam em uma realidade institucional, deu-se no fim do século XII.

Outra história significativa é a de Estêvão de Muret († 1124), na origem de uma fundação em Grandmont, na diocese de Limoges, fortemente impregnada de pauperismo, na qual os conversos tinham nítida prioridade sobre os monges. Estêvão tinha declarado aos próprios discípulos: "*Non est alia regula nisi evangelium Christi*" ("Não há outra regra senão o Evangelho de Cristo") (*Liber de doctrina vel Liber Sententiarum seu rationum beati viri Stephani primi patris religionis Grandimontensis*. In: Becquet, V. (org.). *Scriptores ordinis Grandimontensis*. Trunhout, 1968, 3). Também nesse caso o ordenamento legislativo definitivo ocorreu depois da morte do fundador. Ambas as experiências têm em comum vivíssima atenção aos pobres, marginalizados, leprosos, viúvas; a opção pela pobreza torna-se um modo preferencial de viver o Evangelho.

Próximas de Roberto e de Estêvão pelo rigor da vida eremítica e penitencial estão as figuras de João de Matera e de Guilherme de Vercelli, que atuaram na primeira metade do século XII no sul da Itália (uma região na qual estão vivas e difusas também muitas fundações ligadas ao monaquismo grego ou basiliano). Guilherme é um penitente itinerante que se entrega a uma vida anacorética sobre o Monte Vergiliano, perto de Avellino; aí dirigem-se a ele leigos, sacerdotes e talvez também mulheres. Até pela intervenção da autoridade eclesiástica, a liberdade inicial de experimentação das diversas formas de vida religiosa é depois canalizada e orientada para uma organização mais declaradamente cenobítica.

João de Matera, eremita e pregador, entre 1129 e 1130 estabelece-se em Pulsano, perto do Monte Sant'Angelo, no Gargano, em um lugar de sugestiva beleza paisagística; em torno dele forma-se uma comunidade eremítica que depois será centro de uma congregação, com dependências também no norte da Itália. Na ausência de regulamentos escritos deixados pelos fundadores, ambos os grupos de eremitérios e cenóbios aderem a uma regra "anacorética", e depois à beneditina, embora procurando respeitar a aspiração originária à austeridade.

Muitos dos fatores acima indicados (desejo de recuperação da originalidade da Regra de Bento, desejo de vida austera, atenção à pobreza evangélica, fascínio pela vida eremítica) encontram-se também nas origens de **Cister (Cîteaux)**. Por problemas de interpretação apresentados pelos primeiros documentos relativos às origens da história cisterciense, não são totalmente claros os objetivos e as circunstâncias que levaram a essa nova fundação. Tal incerteza está ligada ao comportamento do fundador de Cister, Roberto de Molesmes, nascido em 1028 de uma nobre família da Champanhe, cuja existência e vocação religiosa oscilou entre a vocação eremítica e a cenobítica.

Desejoso de experimentar uma autêntica renovação da vida monástica e religiosa, junto com o prior de Molesmes, Aubry (Alberico), com um monge inglês, Estêvão Harding, que quase certamente tinha conhecido na Itália as experiências eremíticas de Vallombrosa e de Camaldoli, e com um grupo de outros monges, fundou em 21 de março de 1098 um novo mosteiro em uma região desértica e pantanosa no sul de Dijon. O lugar foi denominado *Cistercium* (Cister), pela presença difusa de juncos (*cistels*) e de charcos. Foi, de certo modo, uma secessão efetuada por monges que tinham quebrado o voto de *stabilitas* monástica e apresentavam sua iniciativa como uma espécie de contestação aos costumes do monaquismo tradicional e ao modo como Cluny aplicava a *Regula Benedicti*. A questão foi levada ao tribunal do papa, que encarregou Hugo de Die, arcebispo de Lião, de dirimir a pendência. Em um sínodo de junho de 1099, Hugo de Die convidou Roberto para voltar a Molesmes com os companheiros que assim desejassem, mas confirmou a regularidade da fundação de Cister, que verá depois aprovada novamente sua fundação e sua própria regra por Pascoal II. Entre os monges, somente Roberto voltou atrás, por motivos jamais esclarecidos, de modo que nem o *Exordium parvum* (uma breve crônica das origens escrita vinte anos depois dos fatos) o cita como o primeiro abade de Cister.

Os primeiros tempos não foram nada fáceis pelo caráter áspero da vida anacorética praticada pelos monges, que viviam em alojamentos provisórios, em um espaço inóspito, mantendo-se com intenso trabalho manual. Permaneceu vivo o fervor religioso, mas o terceiro abade Estêvão Harding, preocupado com as dificuldades materiais que encontrava aquela comunidade muito pequena para enfrentar condições tão duras, pensou em transferir o cenóbio para outro lugar. Até que em 1112 **Bernardo** de Fontaine se lhe apresentou com trinta companheiros, pedindo para serem acolhidos naquele mosteiro. A partir daquele momento, Cister muda e tende a se transformar em uma Ordem numerosa que encontra as próprias origens na *Charta caritatis* (a Carta da caridade), redigida e promulgada pelo abade Estêvão em 1119.

O entusiasmo, o impulso missionário, a pregação fervorosa de Bernardo e sua produção literária e teológica favoreceram a difusão do monaquismo cisterciense em toda a Europa. Sua participação nos acontecimentos do século, entre os quais os posicionamentos no cisma papal de 1130 (item 22.2), as numerosas cartas escritas aos príncipes e poderosos do século, a pregação pela segunda cruzada (cap. 9, item 37.5), embora com o reiterado desejo de retorno à paz de seu mosteiro, não fizeram senão incrementar sua notoriedade e a autoridade no seio da Igreja ocidental.

Ele se movimentou com a certeza de que a Igreja, una e santa, guiada pelo papa, era o único poder capaz de salvar os homens; o monaquismo cisterciense, que nascera como fuga do mundo, radicou-se dentro do contexto social da época, pondo-se como símbolo da fugacidade dos bens terrenos e da eternidade do bem prometido por Cristo.

7. Em pouco tempo, brotaram de Cister as abadias-filhas: La Ferté, Pintigny, Claraval e Morimondo. Em 1134 o número das abadias subiu para oitenta; em 1153, com a morte de Bernardo de Claraval, chegou-se a trezentos e quarenta e três; no século XIII as fundações passaram de quinhentas. A rede dos mosteiros se espalhou de modo bem denso na França, mas se difundiu também por todo o continente europeu, chegando a Sicília, Irlanda e Escandinávia, às terras bálticas e à península ibérica.

Nos mosteiros cistercienses desenvolveu-se gradualmente o instituto dos **conversos**, figura já conhecida do mundo monástico, mas que assumiu notável destaque no sistema pensado pelos monges brancos (assim são denominados os cistercienses, devido à cor de seus hábitos). Tratava-se muitas vezes de leigos provenientes de altas classes sociais e do mundo das artes e dos ofícios que decidiam entrar na vida religiosa e levavam consigo competências e preparo profissional. Os conversos se punham à disposição do abade e se empenhavam em viver a castidade, a obediência e a pobreza. Ter preferido a gestão direta dos próprios bens fez com que os conversos fossem chamados diretamente para a administração dos bens organizados em granjas, empresas agrícolas de grande eficiência e de elevada rentabilidade. Os cistercienses confiaram a eles tarefas de administração das propriedades fundiárias, de criação de gado, o cuidado das atividades de manufatura e das transações comerciais, o compromisso amplo e construtivo de canalização das águas, em que os monges cistercienses se distinguiram sobretudo nas planícies francesas e na parte central do vale paduano.

Mas a verdadeira e grande revolução da **Ordem cisterciense** são as novidades organizativas que lhes concedem inegável sucesso. Cister é constituída por uma eficiente rede de abadias, dotadas de autonomia, mas ligadas umas às outras por instrumentos jurídico-institucionais, em particular o **capítulo geral** e o **instituto da visita**. Embora não sendo instituições totalmente desconhecidas das realidades monásticas anteriores, assumem na tradição cisterciense um peso decisivo. Com efeito, prevê-se que a abadia-mãe proceda a uma **visita anual** às abadias-filhas, provendo às necessidades do cenóbio visitado, ao cuidado da disciplina monástica, a um eventual apoio econômico. Cria-se desse modo uma rede de interdependências estreitas e funcionais.

O **capítulo geral**, que se reúne todos os anos, engloba obrigatoriamente todos os abades, admitindo somente as exceções devidas a doença ou a excessiva distância; tem competência sobre a observância da regra e sobre as normas disciplinares, toma as decisões por unanimidade ou com a intervenção dirimente do abade de Cister. O capítulo é, portanto, a instituição que gera as normas para a vida do grupo e que de modo progressivo dá vida ao *ius particulare* cisterciense; do capítulo originam-se normas fixadas em um texto escrito, anualmente modificável e atualizável.

Se a codificação normativa para as mais antigas formas monásticas consistia na transcrição de costumes e de formas de vida religiosa já praticadas, os estatutos elaborados colegialmente nos capítulos gerais e imediatamente fixados em uma norma escrita de valor universal visavam ao futuro das comunidades e pretendiam determinar um costume aplicado de maneira uniforme em cada lugar. Chegava-se assim a criar um sistema normativo novo, fortemente caracterizado por um direito "objetivo".

A adoção de um hábito claro, enquanto o da tradição beneditina e cluniacense era negro, indica a decidida mudança em relação ao passado, ao qual se acrescenta a polêmica sobre Cluny, ou seja, criticam-se seu prestígio e poder senhoril, sua riqueza patrimonial, a grandiosidade da liturgia, a complexidade das construções arquitetônicas, a suntuosidade dos paramentos litúrgicos, para lhes opor a simplicidade da vida cisterciense, voltada ao seguimento da Regra de Bento no modo mais radical (*arctius et perfectius*). Também por essas características, o monaquismo cisterciense permanecerá por muito tempo na Igreja ocidental um modelo de vida religiosa e, em particular, monástica.

Inserção 1
Ordens religiosas

Ordem religiosa é a expressão utilizada hoje para indicar um grupo de religiosos que seguem determinada regra de vida (e que, por isso, qualificamos como "regulares"); essa expressão faz referência ao termo latino *ordo*, cuja área semântica inicial não compreendia essa acepção específica que se definiu e progressivamente se consolidou somente nos últimos séculos da Idade Média e, sobretudo, no período tridentino. A palavra *ordo*, portanto, atravessou uma história secular e se caracterizou por uma estratificação de significados que convém ter presente, a fim de não incorrer em mal-entendidos ou em anacronismos.

De fato, se na civilização latina ela indicava o alinhamento das pedras ou a posição dos fios na trama, e se no direito público romano designava o pertencimento a uma classe social (*ordo senatorius*) ou a uma categoria encarregada de desempenhar uma função religiosa (*ordo sacerdotum*), nas primeiras comunidades cristãs ela foi utilizada para distinguir os diversos graus do clero (sacramento da Ordem).

Na *Regula Benedicti*, o termo *ordo*, utilizado segundo os significados eclesiásticos tradicionais, tende a se referir à organização do ofício divino, e o verbo *ordinare* (próximo da expressão *liber ordinarius*, uma espécie de guia para as cerimônias e os textos litúrgicos) indica a escolha dos salmos a serem recitados segundo uma disposição referida no período da semana e de todo o ano; em uma acepção diferente, o termo *ordo* alude ainda à hierarquia interna do mosteiro ou ao conjunto dos gestos e costumes que regulam a vida interna da comunidade monástica (as *consuetudines*).

Na linguagem culta de alguns teólogos, até o século XI *ordo monasticus* referia-se, além disso, a uma das três ordens presentes na sociedade (as outras eram a ordem leiga, ou seja, o povo, e a ordem clerical); mas convém destacar que a *ordo monasticus* não se apresentava de modo algum como uma realidade homogênea: internamente, existia grande variedade de experiências, ditadas pelos diversos costumes (codificações de usos e ordenamentos litúrgicos). Ao lado da *ordo Casinensis* (os costumes seguidos em Montecassino), encontravam-se, pois, a *ordo diurnus Anianensis* (devida a Bento de Aniane) ou a *ordo Cluniacensis* (referida aos costumes de Cluny). Portanto, na Alta Idade Média, o termo *ordo* não indicava ainda, nem mesmo na linguagem monástica, uma formação juridicamente definida regulada por normas específicas e dotada de um sistema de controle autônomo.

Também na chancelaria papal o termo passou por oscilações semânticas e de utilização. No *Liber diurnus Romanorum pontificum* (uma coletânea de fórmulas utilizadas entre os séculos VII e XI) não se tem vestígio da expressão *ordo monasticus*; porém, no século XII o termo *ordo* é citado com frequência em documentos e nas *Litterae* dos pontífices, às vezes associado ao termo *religio*. Nesse segundo período, ele tende a assumir dois diferentes significados: o primeiro remete ao tipo de vida seguido por uma comunidade (*ordo canonicus* era, por exemplo, uma comunidade de clérigos aos quais se ligava uma observância da regra de Santo Agostinho), ao passo que o segundo é utilizado de modo muito próximo ao sentido moderno de Ordem religiosa, embora não aludindo ainda à observância jurídica de uma regra.

Um caso significativo é constituído por Cluny, considerado por muito tempo — mas de modo impróprio — a primeira Ordem religiosa da história do monaquismo ocidental. Para os dois primeiros séculos de vida de Cluny, a chancelaria papal utilizou termos e expressões estranhas ao conceito de organização centralizada. O agrupamento de priorados e abadias que se remetia à abadia borgonhesa foi definido como *ecclesia Cluniacensis*, ao passo que o termo *ordo* significava a adesão aos costumes em vigor na abadia borgonhesa.

Somente a partir do papa Gregório IX (1227-1241) é que se firmou a expressão "Ordem de São Bento" (ou *monachi nigri Ordinis*, devido à cor do hábito) para indicar o conjunto dos mosteiros beneditinos. No início do século XII, foram os cistercienses que ofereceram um modelo que a Cúria romana procurou estender também às outras famílias religiosas e que consistia na instituição da visita anual e do capítulo, fonte — este último — de uma contínua elaboração normativa. As consequências dessa concepção inovadora influenciaram o significado do vocábulo *ordo*, o qual, graças a um evidente resvalamento semântico, serviu para designar comunidades monásticas que adotavam um estilo de vida de modo uniforme, graças a um sólido sistema jurídico e administrativo.

Superou-se assim o modelo anterior, pelo qual os mosteiros eram independentes ou unidos na pessoa do abade (como ocorrera com Cluny). Entre o fim do século XII e o início do século XIII, as novas famílias religiosas utilizaram o termo *ordo* para indicar o grupo de fundações que se tinham formado em torno de um centro (todavia, sem esquecer seus significados mais antigos). Se a ordem monástica e a ordem canonical tinham sido realidades compostas de casas autônomas, unidas espiritualmente pela observância de uma regra comum e por costumes semelhantes (mas também muito diferentes), agora, com o monaquismo cisterciense, delineava-se um novo modelo institucional.

A partir do IV Concílio Lateranense (1215), o papado esforçou-se por canalizar as diversas fundações para estruturas que se referissem ao modelo cisterciense. Em seguida, as Ordens mendicantes aperfeiçoaram esse modelo, conservando os institutos do superior geral, do capítulo anual, das visitas de inspeção e da legislação que continuamente se atualiza e se aperfeiçoa como instrumento jurídico e institucional; e, ao indicar nos fundadores os próprios modelos e os próprios legisladores, estabeleceram com eles uma continuidade jurídica inovadora.

Nota bibliográfica

DE VOGÜÉ, A. Regola. In: PELLICCIA, G.; ROCCA, G. (orgs.). *Dizionario degli Istituti di perfezione*. Roma: Edizioni Paoline, 1983, v. 7, col. 1410-1434.

DUBOIS, J. Ordo. In: PELLICCIA, G.; ROCCA, G. (orgs.). *Dizionario degli Istituti di perfezione*. Roma: Edizioni Paoline, 1980, v. 6, col. 806-820.

_____. Institutio. In: PELLICCIA, G.; ROCCA, G. (orgs.). *Dizionario degli Istituti di perfezione*. Roma: Edizioni Paoline, 1977, v. 4, col. 1718-1732.

ELM, K. Cosa significa e a qual scopo si studia la storia degli Ordini religiosi? *Benedictina. Rivista di studi benedettini* 49 (2002), 7-19.

LUCIONI, A. Percorsi di istituzionalizzazione negli "ordines" monastici benedettini tra XI e XIII secolo. In: ANDENNA, G. (org.). *Pensiero e sperimentazioni nella "Societas Christiana" (1046-1250). Atti della sedicesima Settimana internazionale di studio. Mendola, 26-31 agosto 2004*. Milão: Vita e Pensiero, 2007, 429-461.

MELVILLE, G. "Diversa sunt monasteria et diversa habent institutiones". Aspetti delle molteplici forme organizzative dei religiosi nel Medioevo. In: ZITO, G. (org.). *Chiesa e società in Sicilia. I secoli XII-XVI*. Turim: SEI, 1995, 323-345.

25. O apogeu do papado medieval: Inocêncio III e o Concílio Lateranense IV

1. Lotário dos Condes de Segni foi eleito papa em 8 de janeiro de 1198 e assumiu o nome de **Inocêncio III**. Tinha trinta e oito anos, pois nascera por volta de 1160 no castelo de Gavignano, perto de Segni, na zona rural romana. Fora rápida sua carreira curial (foi nomeado cardeal aos vinte e sete anos) e intensos seus estudos; depois de ter se dedicado às artes liberais e à teologia em Paris, tinha estudado direito em Bolonha, onde teria conhecido o mais insigne mestre de direito da época, Uguccione. Não existem fontes diretas que o atestem, mas temos uma série de densa correspondência entre o papa e o jurista, cuja obra deixou uma marca significativa nos escritos de Inocêncio III (como se pode observar também por um tratado teológico como o *De missarum mysteriis*).

Homem de vida austera e de profunda religiosidade, Lotário é autor reconhecido de diversas composições que mostram os interesses teóricos do futuro pontífice e que o tornaram rapidamente conhecido no âmbito dos estudos teológicos. Entre eles está o *De miseria humanae conditionis* (que remonta aos anos 1194-1195), dividido em três partes, dedicadas à origem da miséria humana, às maldades da alma e à condição de extrema necessidade do homem no momento da morte. O tratado teve uma boa difusão e exerceu notável influência tanto na cultura eclesiástica (Alexandre de Hales, Bernardino de Sena) como na profana (Petrarca e Chaucer); deveria organizar a primeira parte de um díptico voltado à reflexão sobre a natureza humana que provavelmente não foi concluído. As reflexões mais originais estão na segunda parte e constituem uma pesquisa atenta sobre a alma humana, pela qual se reconhece uma possibilidade de purificação em virtude de uma rigorosa e sincera humildade; além disso, elas mostram a capacidade do futuro pontífice de identificar aspectos inovadores em um tema tradicional, caro sobretudo à reflexão monástica.

Outra obra de Lotário, o *De quadripartita specie nuptiarum*, foi levada a termo na vigília de sua eleição como pontífice. Não teve ampla difusão, mas provavelmente tenha sido sua obra mais original; aborda o tema do matrimônio místico, considerando as núpcias sob quatro formas diferentes: a união entre o homem e a mulher, entre Cristo e sua Igreja, entre Deus e a alma, entre o *Logos* e a natureza humana.

Ao período do pontificado são atribuídos os *Sermões*, reunidos pela primeira vez quando o papa ainda era vivo. Eles tiveram uma fama duradoura e depois foram inseridos como leitura no breviário, ao lado das obras dos Padres da Igreja. Inocêncio III, que tinha as qualidades de grande orador, pronunciou com frequência esses discursos em língua vulgar, integrando pontos de reflexão teórica com assuntos teológicos e, sobretudo, mostrando intensa inspiração humana. Seus contemporâneos admiraram a inteligência de suas argumentações e a eficácia do discurso; Salimbene, lembrando que o papa não gostava de improvisar, define-o *potens in opere et in sermone*; em 1216, uma testemunha ocular em Perúgia atesta que a voz do papa era bem nítida, de modo que era bem entendida por todos, mesmo quando falava em voz baixa. Até seus opositores reconheciam a eficácia de sua habilidade oratória.

Inocêncio III foi o primeiro pontífice a publicar uma antologia de direito canônico (1210) utilizando os próprios registros (a coletânea das atas e, em particular, das decretais emanadas pelo pontífice), que quisera fossem compilados de modo cuidadoso; com base nesses materiais, fez depois redigir uma coleção de textos normativos que integravam o *Decretum Gratiani* (cap.

7, item 29.4). Esses registros representavam uma fonte privilegiada para o conhecimento da atividade de governo desenvolvida pelo papa, sobretudo pela relevante — embora não perfeita — continuidade da série. Conservados ainda hoje no Arquivo Secreto Vaticano, foram e são objeto de intensos estudos, mesmo recentes. Entre os diversos volumes, um papel de destaque é ocupado pelo *Registro vaticano 6*, que reúne grande parte da produção escrita de assunto político (cento e noventa e quatro documentos) referente às relações com o Império e as pretensões territoriais dos papas. Até as miniaturas de algumas páginas oferecem informações inéditas: no *Registro vaticano 5*, em uma carta endereçada à abadia de Subiaco, uma vogal I representa a figura do papa com a mão direita em posição de bênção, e a esquerda segurando um documento; na cabeça do pontífice há uma tiara: trata-se da mais antiga representação de um pontífice ainda em vida adornado com esse símbolo de poder real.

A produção contínua e relevante de cartas e textos de várias naturezas imposta por Inocêncio estimulou profunda modificação da estrutura da chancelaria (cap. 3, item 9.3 e cap. 5, item 18.5), cujo pessoal provinha (segundo um costume em vigor também entre os soberanos) da própria capela do papa. A chancelaria era composta por três cardeais chanceleres, por seis vice-chanceleres e pelos *Scriptores*, que foram dispensados dos deveres litúrgicos para que pudessem se dedicar plenamente à preparação das atas. Tornaram-se assim funcionários de reconhecida profissão e submetidos ao controle de suas ações (justamente nesses anos se estabeleceu o hábito de colocar na dobra do documento a assinatura do copista). Esse pessoal especializado deu vida a um relevante patrimônio de coleções de fórmulas, de textos de cartas e de tratados que contribuíram para consolidar o indiscutível prestígio dos registros produzidos pela cúria pontifícia.

Entre 1194 e 1198 a chancelaria e a *câmara* (escritório com tarefas administrativo-econômicas) tinham sido dirigidas por um só cardeal, Cêncio (depois papa Honório III), o qual tinha precisamente naqueles anos terminado a redação do *Liber Censuum romanae Ecclesiae* — um inventário dos tributos da Igreja de Roma —, que se propunha como um instrumento inovador para a estrutura financeira e fiscal da Cúria. Inocêncio III, que não mantinha boas relações com o velho cardeal, preferiu diferenciar novamente as duas tarefas. Foi depois instituída a *audientia publica*: um procedimento inovador segundo o qual, durante uma sessão pública, o chanceler lia as cartas preparadas pela chancelaria; desse modo, todo aquele que tivesse direito poderia expressar as próprias motivações diante de um *auditor* encarregado de ouvir e com poder de correção dos documentos (por isso, a função do *auditor* foi confiada a importantes canonistas).

O aumento considerável do número de processos apresentados à Cúria romana tornou impossível a discussão de todos eles em Roma; recorreu-se por isso à ampla utilização da jurisdição delegada: fortaleceu-se dessa forma uma nova figura do juiz eclesiástico, capaz de instituir um processo por delegação do pontífice. Além disso, o costume dos juízes delegados constituiu um importante instrumento de difusão do direito canônico de inspiração romana nas diferentes cúrias diocesanas da cristandade latina.

2. Se o papado do século XIII era uma realidade fraca sob o ponto de vida militar, revelava-se, porém, capaz de uma força de absoluta importância no terreno político. A **corte papal tinha assumido uma dimensão internacional**: aí estavam presentes personalidades que provinham de todas as nações do Ocidente, e seus horizontes políticos tinham um alcance europeu; além disso, Roma era o ponto de encontro de notáveis recursos econômicos e constituía o contexto adequado para o papel que agora a figura do papa desempenhava. Atento aos acontecimentos internacionais e muito sensível à afirmação da liberdade e da unidade da Igreja, Inocêncio III estava certo da obrigação própria do papa de intervir em questões temporais *ratione et occasione peccati* (ou seja, de ter de exercer um controle sobre as ações dos homens enquanto pertinentes à moral ou à religião); por isso, mostrou-se convencido da necessidade de intervir nos grandes conflitos que dividiam a cristandade.

Empenhou-se na complicada **questão do trono imperial**, vago pela morte de Henrique VI, filho de Frederico Barbarroxa e pai de Frederico da Suábia, este deixado órfão em tenra idade e privado de tutelas especiais. Embora tenha sido posteriormente nomeado tutor por Constança de Altavilla, mãe do jovem, o papa, depois de ponderada avaliação política, designou com o título imperial Otão de Brunsvique, ao qual impôs a firme condição de fazer distinção entre a coroa imperial e a coroa do reino da Sicília. Todavia, tendo se tornado imperador, Otão IV não foi fiel aos compromissos assumidos; além disso, procurou ocupar territórios das Marcas, da Romanha e da Úmbria, postos sob a tutela papal. A essa altura, o papa o excomungou e o depôs; favoreceu assim a eleição de Frederico como rei da Germânia. Otão não se resignou e o suevo se viu envolvido em um difícil confronto; a questão foi resolvida definitivamente a favor do jovem pupilo do papa somente no campo de batalha de Bouvines em 1214.

Inocêncio III, que se definia *maior dominus de mundo* (o maior senhor do mundo), não se limitou a intervir na sucessão imperial, mas exerceu a própria influência política em um âmbito extremamente amplo. Exerceu fortes pressões sobre Filipe II Augusto, rei da França, que pretendia repudiar sua própria esposa, Ingeborg da Dinamarca, e lhe impôs que a acolhesse de novo. Deu início a um espinhoso confronto com João Sem Terra, rei da Inglaterra, que pretendia escolher autonomamente o arcebispo de Canterbury. A excomunhão dirigida a João, o interdito sobre a ilha e a ameaça de uma invasão por parte dos franceses dobraram o rei, que se declarou vassalo do pontífice. O papa recebeu a homenagem vassalática também dos reis da Bulgária, de Castela, de Navarra e de Portugal (na Península Ibérica, controlou o desenvolvimento das novas instituições eclesiásticas nos territórios arrebatados aos muçulmanos); tornou-se mediador nos dissídios que agitavam os reinos do leste europeu (Boêmia e Hungria) e interveio na sucessão ao trono da Suécia.

3. Inocêncio III não deixou faltar a essas múltiplas intervenções o recurso da reflexão teórica, desenvolvendo a **teologia do primado de Pedro**. Para o papa, a expressão *Christianitas* certamente descrevia a Igreja entendida como associação de todos os cristãos unidos em sua relação com a hierarquia, mas significava também *orbis christianus* (o conjunto dos povos e dos reinos cristãos). Todos os cristãos (toda a *Christianitas*), enquanto pertencentes à Igreja, estavam submetidos à autoridade do papa, o qual se declarava responsável por todas as Igrejas e por todos os fiéis, vértice do mundo cristão.

Assumiu por isso o título de ***vicarius Christi***, a qualificação que em épocas anteriores era aplicada aos bispos ou aos príncipes leigos (cap. 5, item 20.2 e itens 21.2 e 21.6). O primeiro a utilizar esse título, endereçando-o ao papa, fora Pedro Damião, em 1057; depois a fórmula tinha despertado grande atenção na reflexão de Bernardo de Claraval (uma das principais fontes de inspiração do pontífice) no momento da eleição de Eugênio III, em 1145. Inocêncio fez frequente uso dele e orientou a reflexão teológica a considerá-lo de uso exclusivo do pontífice, que continuava a ser o sucessor de Pedro, mas que era também vigário de Jesus Cristo, do qual derivava uma autoridade de origem divina.

Nessa perspectiva, somente ao papa competia a *plenitudo potestatis* (a plenitude do poder), uma expressão que remontava a Leão Magno, mas utilizada constantemente pelos pontífices a partir do fim do século XII, quando ainda estavam em vigor diversas fórmulas para indicar a autoridade da Sé apostólica: *plena potestas, plena auctoritas*. A formulação fora apoiada com entusiasmo por Bernardo de Claraval; Uguccione de Pisa, porém, elaborou sua dimensão jurídica, definindo que a autoridade plena se encontrava apenas no papa, ao passo que ao bispo competia uma autoridade parcial.

Durante o século XII firmara-se a convicção de que no plano legislativo o papa detinha todo o direito "no cofre do seu coração" e de que no plano jurídico ele era "o juiz de todos". As fórmulas elaboradas por Inocêncio e sua chancelaria, fixadas em numerosas cartas enviadas pelo papa à cristandade, impuseram-se depois como definitivas. Nelas se afirmava: "Os apóstolos foram chamados a partilhar o poder, mas Pedro é o único que fora chamado a gozar da *plenitudo*"; "o papa é o vigário daquele cujo reino não tem limites"; "Pedro presidiu todas as coisas de modo pleno e amplo"; "no corpo eclesiástico [...] o sumo pontífice assume a plenitude do poder".

Não foi esquecida tampouco a força comunicativa dos símbolos. Derrubando (como aliás já tinha feito um de seus predecessores, Gregório VII, em 1080) a tradicional simbologia que identificava no sol a figura do imperador, Inocêncio III, quando se aproximava o momento da designação de Otão IV, escreveu ao rei da Inglaterra que o papado era o sol que iluminava com sua luz própria a lua (ou seja, o Império); acrescentou, além disso, que se o Império quisesse brilhar com maior luminosidade, teria de se afastar do sol (como que um convite ao futuro imperador para que se desinteressasse das questões italianas).

Em 1209, pouco antes da coroação imperial, o papa tinha escrito uma carta a Otão IV para confirmar que o acordo entre as duas máximas autoridades constituía a premissa para um bom governo do mundo. Por isso, tinha utilizado a antiga e bem conhecida metáfora das *duo gladii* (duas espadas) que simbolizavam a *auctoritas* e a *potestas* do papa e do imperador (item 22.5). Inocêncio III deslocou notavelmente a vantagem para a pessoa do papa, na qual — sustentava — se alojam ambas as prerrogativas. Conceitos explicitados depois no *Sermo VII*, pronunciado por ocasião da festa de São Silvestre, no qual também fez explícita referência a algumas passagens do *Constitutum Constantini* (cap. 4, Inserção 1 – Constitutum Constantini: *explicação e análise crítica do documento*), onde se descreve a oferta da coroa ao papa Silvestre I e a escolha dele pela tiara. Argumentou que como no Antigo Testamento o sacerdócio de Aarão tinha precedido a unção do primeiro rei, assim competia agora ao papa possuir quer a *pontificalis auctoritas*, quer a *regalis potestas* (cada uma delas expressas pela mitra episcopal e pela tiara). O antigo chapéu de forma cônica e com a ponta arredondada (*phrygium*) tornava-se assim o símbolo do poder temporal detido pelo papa. Posteriormente seu aspecto foi mudado, assumindo a forma de diadema; depois Bonifácio VIII (1294-1303) levaria às últimas consequências esse símbolo, transformando-o de chapéu de tecido branco em um ornamento metálico, que representava três coroas sobrepostas, com a altura de um côvado (a medida utilizada para a construção da arca, segundo o livro do *Gênesis*).

Sob o papado de Inocêncio, deu-se início a trabalhos arquitetônicos e a ciclos pictóricos que evidenciassem, com a força da linguagem icônica, a força do título *vicarius Christi*. Em Tivoli, nos afrescos da capela de São Silvestre, inspirados provavelmente pelo próprio pontífice, o Cristo era simbolizado por Melquisedeque, rei e sacerdote. Na basílica de São Pedro, a restauração do mosaico da abside permitiu que ficasse à vista, com grande grade de bronze dourado, o ponto central, ou seja, a confissão de Pedro; o papa fez que fosse representado ali o próprio matrimônio místico com a Igreja de Roma e deu início a importantes trabalhos de reestruturação, contribuindo para difundir a ideia de que a basílica dedicada ao príncipe dos apóstolos fosse a primeira de toda a cristandade. A progressiva identificação do trono de Carlos, o Calvo, com a "cátedra de Pedro" fora confirmada pelo papa na festa do dia 22 de fevereiro de 1198, quando Inocêncio III ali se assentou, com a admiração de todos.

4. A ação do papa não se limitou a intervenções de alcance europeu nem à sustentação de uma reflexão de forte valor emblemático, mas se ocupou com eficácia do **governo da cidade, dos territórios romanos e da gestão da Igreja**. Fez construir ao sul da basílica de São Pedro, em torno do palácio de Eugênio III, um muro e algumas torres, e ao norte, ao lado do *Mons Scaccorum*, uma série de edifícios para funções administrativas e logísticas, de modo a concentrar ali os escritórios da Cúria e os serviços (cozinha, padaria, cave) que são suportes indispensáveis para o funcionamento de uma corte e de um centro político.

Conhecendo bem a situação romana, sabia que só gozaria de sólida base de poder pessoal se controlasse a cidade. Deu início, portanto, a uma reforma do território romano e do Lácio no âmbito da administração civil; colocou homens de confiança nos escritórios da Cúria, recuperou terras e propriedades de direito pertencentes ao patrimônio de São Pedro e dele subtraídos pelos poderes locais ou pelos imperadores.

O domínio dos papas era uma realidade concernente às regiões centrais da Península, mas seus limites eram tradicionalmente mal definidos e nem sempre legítimos; alguns se apoiavam em documentos confeccionados propositalmente, como acontecera com o *Constitutum Constantini*. Mas Inocêncio III estava convencido de que o dote temporal (a *latitudo temporalium*) recebido pela Igreja romana fora dado diretamente por Constantino a seus predecessores e de que a legitimidade dessas possessões derivava diretamente de Cristo. Na decretal *Per venerabilem*, suposta a analogia entre a eleição imperial e a papal, tinha estabelecido que o papa, enquanto *iudex superior*, possuía um direito indiscutível de exame e exercia a *plenitudo potestatis in temporalibus*, sobretudo no âmbito do Patrimônio de São Pedro. Apoiou-se também no ressentimento das populações em relação aos oficiais do Império que tinham governado mal, exortando os próprios homens a um governo temporal equitativo e justo. Além disso, chegou a oferecer aos arcebispos de Ravena a *protectio beati Petri* (uma tentativa de extensão da influência política de Roma também sobre os territórios do Exarcado, tradicionalmente ligados à monarquia alemã).

A obra do papa, marcada por determinação e lucidez de ação, reconsolidava um senhorio funcional que compreendia parte do Lácio e que se estendia às cidades e às terras da Úmbria, das Marcas e da Romanha (com efeito, julga-se que tenha sido Inocêncio III o verdadeiro criador do Estado pontifício, que foi dividido por ele em cinco províncias). Tratou-se de um sucesso político parcial: mais rápido e duradouro no ducado de Espoleto ou na estratégica cidade de Orvieto, modesto na Romanha, e quase nulo nas terras toscanas dos Canossa, até porque não pudera usar sempre funcionários próprios para um controle direto dos bens, e em muitos centros era essencial a mediação com os poderes senhoris locais.

Todavia, graças a uma hábil obra de controle, o pontífice conseguiu receber com regularidade tributos e arrendamentos como senhor territorial, além de contribuições e proventos derivados do exercício dos encargos eclesiásticos. Um rendimento constante estava garantido também pelas Igrejas locais de boa parte do território europeu. Um camerlengo da câmara apostólica foi encarregado de administrar esse fluxo de dinheiro. Roma conseguiu assim situar-se como centro de relações territoriais, constituindo sólida base econômica para as grandes escolhas políticas do papado da época.

As energias de Inocêncio III não foram todas consumidas pelos interesses políticos e territoriais; no governo geral da Igreja reforçou as próprias funções e exerceu **o primado sobre todos os outros bispos**, embora confirmando as tradicionais modalidades de eleição dos prelados, que reservavam o direito aos capítulos das catedrais, e declarando sempre e com solenidade a tutela contra toda ingerência leiga. Quando interveio diretamente, soube agir com moderação, como em 1204, ao perdoar a pena do patriarca de Grado, Bento Falier. Recusou-se, todavia, a aprovar as escolhas dos eleitores em pelo menos dezessete casos; limitou progressivamente aos prelados o poder de conceder as indulgências e, a exemplo de Alexandre III, tirou-lhes o controle da canonização dos santos, que — na ótica do primado — reservou à Sé romana (cap. 7, item 29.2).

Governou com atenção as Igrejas do Ocidente, modificando a geografia eclesiástica e decidindo sobre o remanejamento das sedes episcopais (trinta casos em sua época, o que constituiu um crescimento muito rápido desse fenômeno); o papa estabeleceu, além disso, a troca da sede de algumas dioceses, para responder ao problema do despovoamento (como ocorreu com a transferência de Luni para Sarzana em 1199), ou providenciou a união de dioceses diferentes (união entre Belluno e Feltre em 1204, e Alexandria e Acqui em 1206).

Vigilante e atento na defesa da liberdade da Igreja, interveio nos conflitos entre municípios da Itália do centro-norte e o episcopado, quase todos gerados pelas exigências de taxas dos bens do clero propostas pelas instituições do governo citadino. Os bispos foram estimulados com firmeza pelo papa a uma decidida resistência às exigências dos governos municipais; resistência que foi praticada somente de modo parcial pelos prelados, os quais, porém, percebiam a necessidade de participar dos compromissos da comunidade citadina e ampará-los. Inocêncio III interveio sempre resolutamente, convidando à renúncia, depondo ou suspendendo os bispos que se comprometiam com as magistraturas municipais: assim ocorreu com Adelardo, bispo de Verona, que em 1205 renunciou ao episcopado; com João, bispo de Ivrea, acusado pelo papa de ser um dilapidador dos bens eclesiásticos e deposto em 1206; com Crimério, bispo de Piacenza, suspenso em 1207. Aceitou, porém, as exigências da máxima autoridade municipal de Ravena, que em 1201 solicitava que fosse transferido para aquela cidade Alberto Oseletti, bispo de Ímola. Embora procurando evitar nomeações diretas, favoreceu a eleição episcopal de candidatos fiéis: o tabelião Filipe tornou-se bispo de Troia em 1212; Henrique de Settala, arcebispo de Milão em 1213; Tomás de Cápua, arcebispo de Nápoles em 1216.

Particular atenção foi dedicada pelo pontífice à recuperação de experiências heréticas ao catolicismo (como ocorreu com uma parte dos seguidores de Valdésio — tradicionalmente e de modo incorreto indicado com o nome de Valdo —, que formaram a ordem dos Pobres católicos [item 26.2]) e sobretudo à **formação de novas Ordens religiosas**, favorecendo a tendência de se dirigir à Sé apostólica e não mais (ou não só) ao ordinário diocesano. Desde o início do pontificado, Inocêncio III tinha mostrado interesse pelo mundo monástico; com efeito, tinha nutrido a ideia, que depois se mostrou prematura, de unir os mosteiros femininos romanos e as mulheres que faziam parte de comunidades penitenciais em um *universale coenobium*. Revelou sábia cautela com os missionários das terras de Livônia, estimulando-os a escolher uma só forma de pertencimento religioso (a adesão à Regra de São Bento ou à de Santo Agostinho), para evitar suscitar desorientação nas jovens comunidades recém-convertidas ao cristianismo. Em 1198 aprovou com rapidez a instituição dos *hospitaleiros do Espírito Santo*, leigos dedicados às obras de caridade, fundada por Guido de Montpellier; já diante da solicitação proposta por João de Matha para o reconhecimento da comunidade religiosa dedicada à *Santíssima Trindade* (cujo objetivo era a assistência aos soldados doentes e a libertação dos escravizados cristãos) demonstrou uma atitude mais cautelosa, submetendo os postulantes a um escrupuloso exame.

Essa cautela também foi obrigatória no exame da complexa situação dos **humilhados**, surgidos em algumas cidades lombardas e depois difundidos por muitas cidades da Itália setentrional e, pelo menos em parte, suspeitos de terem caído, se não realmente, em práticas e atitudes heréticas (cap. 7, item 30.2). A questão submetida à Sé romana e avaliada entre 1198 e 1201 era jurídica e complexa, pois os humilhados constituíam uma real novidade religiosa: no movimento encontravam-se homens e mulheres, clérigos e leigos, casados e solteiros. Os leigos exerciam a própria profissão, mas pretendiam viver segundo os preceitos evangélicos. Inocêncio III e a Cúria romana intuíram a autenticidade da solicitação deles e a possível eficácia na luta contra a heresia; em um primeiro momento teriam querido enquadrá-los em uma só Ordem, mas, constatada a impraticabilidade de tal opção, chegaram à conclusão de articular o movimento em três Ordens distintas. A primeira Ordem era a dos clérigos, assimilados aos cônegos regulares; a segunda, dividida em um ramo masculino e outro feminino, era constituída pelos leigos não casados que observavam as normas da vida em comum; a terceira era formada por leigos (mesmo não casados) que viviam nas próprias famílias, desempenhavam uma profissão, tomavam as refeições em comum, partilhavam a obrigação da oração e a observância de cada preceito (por exemplo, a prática da pobreza e a obrigação de não jurar). Na realidade, a estrutura tripartida não se revelou plenamente funcional para a vida dos humilhados, e em 1246 o papa Inocêncio IV decretou a fusão das duas primeiras Ordens. A terceira prosseguiu de modo autônomo, empenhando-se fortemente no campo caritativo.

Em 1209 (ou 1210), Inocêncio aprovou de forma oral o *propositum* de Francisco de Assis que informa a primitiva *fraternitas*, uma comunidade de simples leigos, assimilados naquele momento aos penitentes, mas nova na inspiração e no estilo de vida. Em setembro de 1215, Domingos de Caleruega, que se encontrava em Roma para participar do Concílio Lateranense IV, dirigiu-se a Inocêncio III para pedir a aprovação de algumas medidas a favor de sua comunidade.

Nessa intensa atividade revela-se a grande sensibilidade pastoral do pontífice, capaz de perceber as novidades apresentadas pela vida religiosa de sua época, de identificar o valor e a utilidade delas para a Igreja e de apoiá-las com eficácia. Essa atenção seria reproposta também na realização do Concílio Lateranense IV.

5. No dia 10 de abril de 1213 o papa Inocêncio III anunciou a convocação de um concílio geral para novembro de 1215. Os grandes dotes pessoais e a excelente preparação jurídico-teológica tinham lhe permitido predispor uma assembleia realmente universal, próxima do modelo dos concílios celebrados na Igreja antiga; uma assembleia aberta aos bispos e aos abades, mas também aos capítulos das catedrais e aos expoentes das novas ordens religiosas (cistercienses, premonstratenses, templários), que se demonstrasse capaz de enfrentar os principais problemas que a sociedade cristã apresentava no início do século XIII. O pontífice deixou muito pouco a fazer: os trabalhos foram preparados por meio de uma cuidadosa pesquisa sobre o estado da vida religiosa nas dioceses; os objetivos eram indicados pelo próprio Inocêncio: extirpar os vícios e cultivar as virtudes, combater a heresia e fortalecer a fé, socorrer a Terra Santa. Uma exortação foi endereçada também aos príncipes europeus a fim de que enviassem os próprios representantes. O apelo do papa foi amplamente aceito: de dois mil participantes, quatrocentos e quatro bispos assinaram os decretos conclusivos (foram, porém, apenas dois bispos orientais presentes) para um total de oitenta províncias eclesiásticas; a eles se juntaram oitocentos abades, priores, prepósitos e decanos.

O **Concílio Lateranense IV** teve início no dia 11 de novembro de 1215; o papa e o patriarca de Jerusalém fizeram explícita alusão à cruzada, até pela urgência devida à então fraca e precária presença dos Estados cristãos no Oriente. Houve a preocupação de pensar em um substituto para a sede vacante de Constantinopla e se enfrentaram os problemas ligados aos direitos primordiais de Toledo. A segunda sessão (20 de novembro) ocupou-se do cisma imperial e da legitimidade de Otão IV; Berardo, arcebispo de Palermo, pediu para aprovar a coroação de Frederico de Hohenstaufen (da Suábia) como rei da Germânia. No dia 30 de novembro realizou-se a última sessão plenária, na qual o papa fez recitar a profissão de fé e fez um importante sermão.

O autor das setenta e uma constituições aprovadas (COD, 230-271) foi o próprio Inocêncio, como testemunham os cronistas e como a formulação dos decretos sugere (uma parte dos textos das constituições do concílio encontram-se nos escritos anteriores de Inocêncio III). As primeiras constituições infundem uma forte marca doutrinal às decisões conciliares: a constituição 1, na qual é usado o termo "transubstanciação" para a eucaristia (cap. 7, item 28.3), rejeita as heresias populares e proclama uma autêntica profissão de fé; na constituição 2, condenam-se as teorias trinitárias de Joaquim de Fiore, o visionário abade calabrês que tinha preconizado uma idade de palingênese sob a proteção do Espírito Santo; na constituição 3 propõem-se os elementos que darão vida à Inquisição e se propugna a luta contra a heresia (cap. 7, itens 30.3-4); na constituição 4 revela-se a denúncia da atitude hostil do clero grego em relação aos ritos latinos.

A constituição 5 delineia uma estrutura da hierarquia na Igreja, que tem seu vértice e sua legitimação no papado e na Igreja romana, mãe e mestra de todos os fiéis de Cristo. De fato, é o papa que envia o pálio também aos bispos que residem nos patriarcados históricos (Constantinopla, Alexandria, Antioquia, Jerusalém), dos quais se fixam ordem e privilégios. A constituição 6 restabelece o antigo costume dos sínodos provinciais anuais sob a presidência do metropolita. Em tais assembleias há a obrigação de ler os cânones do Concílio Lateranense. Na constituição 11, porém, prevê-se a presença de um *magister* para o ensino da gramática e da teologia em toda catedral, de modo a permitir a educação de todos os clérigos e dos jovens pobres; na constituição 12 é sancionada (tendo como modelo o monaquismo cisterciense) a obrigação de os mosteiros se agregarem em províncias e de realizarem um capítulo a cada três anos. A favor do discernimento exercido pelo papa e na intenção de conter a iniciativa dos bispos, a constituição 13 (*De novis religionibus prohibitis*) proíbe a instituição de novas ordens religiosas e prescreve a adoção das regras já existentes.

As constituições 14-22 renovam prescrições tradicionais para a disciplina do clero, cuja dimensão sacramental se enfatiza com nova força, e estendem a todo o Ocidente práticas pastorais que tinham se consolidado somente em algumas regiões: por exemplo, a constituição 21 prevê que todo fiel, tendo chegado aos sete anos de idade, confesse e comungue uma vez por ano, pelo menos na Páscoa; é especificada também a prática da confissão sacramental e se tutela a legitimidade do segredo. As constituições 35 a 49 têm a intenção de pôr ordem nos processos canônicos a respeito de administração da justiça (é esse um âmbito em rápida evolução, como se pode destacar de um confronto com as resoluções do Lateranense III). A legislação sobre o matrimônio está presente nas constituições 50 (impedimentos ao matrimônio até o quarto grau de consanguinidade) e 51 (sanções contra os matrimônios clandestinos); da 53 à 56 se relacionam as obrigações cada vez mais complexas sobre dízimos, ao passo que as demais constituições se dirigem aos religiosos e bispos (57-61) e consideram as relíquias, as práticas simoníacas, a usura e os judeus (62-70); a última constituição é dedicada à cruzada na Terra Santa. Definitivamente, tratou-se de um importante esforço legislativo; algumas dessas constituições passaram a fazer parte da prática da vida da Igreja e refluíram nas grandes coleções canônicas seguintes.

Inocêncio III julgava ser seu dever imprescindível anunciar uma cruzada. Já em 1204 tinha apoiado uma expedição que, tendo tomado uma direção diferente das intenções do pontífice, acabara na agressão a Constantinopla e na constituição de um Império latino do Oriente (cap. 9, item 37.5). Além disso, em 1208, seu empenho ativo na luta contra a heresia tinha-o levado a convocar uma cruzada contra os albigenses (os cátaros da Languedoc [cap. 7, item 30.3]). O concílio constituiu uma ocasião para retomar o esforço de propaganda e organização ligado à convocação de uma nova cruzada, fixada para junho de 1217, a partir de Brindisi ou Messina. O papa contribuiu com um financiamento pessoal muito grande e pediu que para essa finalidade o clero fosse taxado por três anos em um vigésimo dos proventos eclesiásticos, enquanto o bispo de Roma e os cardeais haveriam de oferecer um décimo.

A morte interrompeu a obra do grande pontífice no dia 16 de julho de 1216. Jacques de Vitry (1170-1240), um cônego regular eleito bispo de Acre em 1216 e testemunha de alguns dos mais importantes eventos dos primeiros decênios do século XIII, tendo chegado a Perúgia teve oportunidade de ver o cadáver de Inocêncio. Deixou anotada a viva impressão que teve e entendeu, no apagar da grandeza do pontífice, a trágica fragilidade própria de todo homem: "Cheguei a uma cidade chamada Perúgia. Encontrei o papa Inocêncio morto, mas não sepultado ainda. À noite, os ladrões tinham espoliado seu corpo de todas as suas vestes preciosas, deixando seu corpo quase nu e já em putrefação na igreja. Depois, entrei na igreja e me convenci com plena fé de quanto é breve a glória enganadora deste mundo" (Huiges, R. B. C. [org.]. *Lettres de Jacques de Vitry*. Leiden, 1960, 73).

26. As Ordens mendicantes

1. Nos anos oitenta do século XII, Valdo de Lião, animado por um profundo espírito reformador, convidava seus discípulos a doar os próprios bens aos pobres e a observar com firmeza os propósitos evangélicos, interpretando um difuso desejo de retorno a uma vida religiosa mais autêntica e mais ligada ao Evangelho na prática da pobreza. Era essa uma exigência viva e partilhada na cristandade ocidental que as tradicionais instituições religiosas pareciam não ser mais capazes de satisfazer, enquanto um notável desenvolvimento se registrava entre aqueles movimentos religiosos que se punham às margens da ortodoxia ou que se demonstravam decididamente heterodoxos, de cunho pauperista (como os valdenses) ou dualista (como os cátaros) (cap. 7, item 30). Essas novas comunidades religiosas, caracterizadas por espírito de caridade e recíproca solidariedade, revelavam-se capazes de grande fascinação sobre os habitantes das cidades e das aldeias do sul da França e da Itália setentrional, onde conheceram rápida difusão.

Retomando idênticos ideais de renúncia às riquezas e ao prestígio social, mas permanecendo fiéis à Igreja e à sua doutrina, surgiram também nos inícios do século XIII as primeiras **Ordens mendicantes**, que se tornaram os mais eficazes intérpretes das intensas aspirações a uma autêntica renovação religiosa, tendo em comum entre si a renúncia a qualquer propriedade e uma propensão à pregação urbana e itinerante. O nascimento delas, ligado às circunstâncias e ao contexto específico em que se formaram, deve muito à personalidade e ao carisma de seus fundadores, pelo menos para as duas Ordens maiores: a Ordem dos frades pregadores e a Ordem dos frades menores. Também não é totalmente estranho à arrasadora afirmação deles o âmbito preferencial em que optaram por se mover, as cidades dos séculos XII e XIII, cheias de vida e de tráfegos comerciais.

O desenvolvimento das duas Ordens constituiu uma nítida reviravolta em relação às redes monásticas, às ordens canonicais e à vida religiosa tradicional. Anota-o um atento observador, Jacques de Vitry, na *Historia Orientalis*, afirmando que havia muito tempo existiam três formas de vida religiosa (os eremitas, os monges e os canônicos), mas acrescentando que "o Senhor quis garantir a solidez dessa fundação. Assim, nestes últimos tempos, acrescentou uma quarta instituição, a beleza de uma nova ordem, a santidade de uma nova regra" (cit. in *Fonti francescane*, 1090). Ele demonstra ter bem clara a novidade constituída por essas experiências religiosas, registrando um fenômeno que no segundo decênio do século XIII conhece um vivo desenvolvimento; com efeito, as duas principais Ordens mendicantes tendiam a se difundir e a se enraizar nos diversos países da Europa, em geral recebendo benévolo acolhimento por parte dos homens da Igreja e dos habitantes das cidades, como ocorrera a partir dos anos vinte do século XIII em Verona e em Vicenza ou sob a diretriz que guiava os menores em Milão, no coração da planície paduana, e dali para as passagens alpinas e a Germânia; também no final do século XIII o autor do *Chronicon Normanniae* constatava: "Pode-se dizer que não há quase nenhuma cidade ou aldeia famosa nas terras cristãs que não tenha um convento deles" (ibid., 1124).

Todavia, a difusão dos mendicantes (e em particular dos menores) tinha suscitado reações contrastantes e se chocado também com momentos de resistência que as fontes da época atestam repetidamente. Buoncompagno de Signa, um orador que vive na área paduana no segundo decênio do século XIII, estigmatiza excessos e falta de credibilidade nos menores: "Em parte, são jovens e crianças. Por isso, se considerarmos a idade deles, não é contra a natureza que se mostrem mutáveis e inconstantes; mas já chegaram ao limite da loucura, pois ficam vagueando pelas cidades e países e lugares solitários, sem discrição e suportando sofrimentos horríveis e desumanos" (ibid., 1101); e sinais de hostilidade registram-se nas notas de Cesário de Heisterbach: "Quando chegaram a Colônia os frades da nova ordem dos pregadores e os frades que se chamam menores, alguns do clero, mal suportando a presença deles, dirigiram-se ao arcebispo, expondo-lhe suas objeções e acusações" (ibid., 1119-1120).

Aceitas ou rejeitadas, as Ordens mendicantes constituíram um indubitável momento de novidade; souberam influir na vida religiosa e eclesiástica de modo mais incisivo do que as Ordens monásticas reformadas do século XII (itens 24.6-7) e deixaram um profundo traço também na piedade popular, como lembram a sucessiva mas consistente presença deles nas confrarias leigas, e o apoio oferecido à difusão de formas de piedade popular, como a recitação do rosário ou a montagem do presépio nas proximidades do Natal.

Animados por idêntico ideal de vida evangélica, pelo menos no início os menores e os pregadores apresentam fortes diferenças: os primeiros são de fato uma comunidade de penitentes composta na maioria por leigos, ao passo que os outros constituem comunidades de clérigos; os menores são movidos por uma intenção universal de pregação, e os pregadores estão mais interessados em se voltarem de modo específico para os heréticos (cap. 7, Inserção 2 – *A nova hagiografia do século XIII*).

Todavia, as diferenças estavam destinadas a se atenuarem rapidamente, pois até mesmo seus contemporâneos identificaram nessas Ordens dois aspectos do mesmo fenômeno. Ambas se denominaram mendicantes pela prática da mendicidade; ambas se qualificaram para a atividade apostólica, para o empenho na pregação e no apoio às diversas formas de pobreza. Atentas ao mundo que queriam evangelizar, não se fecharam em claustros, mas percorreram as estradas e pregaram (como atesta também a primeira fase da história das missões na Ásia [cap. 9, item 39]). Além disso, foi determinante a contribuição que ofereceram à reflexão filosófica e teológica no mundo das universidades, graças a personalidades de notável inteligência, de Boaventura a Duns Scotus, de Alberto Magno a Tomás de Aquino (cap. 7, item 29.5). O apoio do papado, que percebeu a novidade e a importância dessa reflexão para a Igreja, não faltou e até constituiu um de seus pontos fortes.

2. Domingos nascera por volta de 1170 em Caleruega, na Castela, de uma família da pequena nobreza; no fim do século tinha entrado na comunidade canonical da catedral de Osma. Em 1203, o bispo Diego d'Acebes escolheu-o como companheiro para uma longa viagem que os levaria até a Escandinávia e, na volta, a Roma. Impressionado pelo empenho apostólico dos dois companheiros, o papa Inocêncio III sugeriu-lhes que fossem a Languedoc, onde poderiam conhecer o difundido e importante fenômeno da heresia que os monges cistercienses não conseguiam debelar. O sucesso do movimento herético dos cátaros era vistoso e tinha se difundido com força também entre as famílias aristocráticas e os poderosos da região (cap. 7, item 30.3).

Diante das dificuldades encontradas pelos legados cistercienses e das perplexidades deles sobre a estratégia mais adequada a ser adotada, a reação de Diego foi imediata: pregar, pregar continuamente e a todo custo. Assim fizeram os dois companheiros, optando por uma forma de vida baseada na renúncia aos bens materiais e aceitando enfrentar os cátaros em controvérsias públicas. Não obtiveram efeitos imediatos e estrondosos; mas chegaram a alguns resultados, como em 1207 em Montréal, na França, quando denunciaram com sucesso as contradições dos ensinamentos heréticos. Pouco depois, porém, Diego foi obrigado a voltar à Espanha, onde morreu.

Domingos continuou na ação empreendida e em Prouille, perto de Fanjeaux, deu vida a uma comunidade de religiosas sob a guia de uma priora; ali se recebiam as mulheres que abandonavam a heresia cátara; a partir dessa base percorria incansavelmente a região, pregando. Desse modo, ajudou o retorno à Igreja de um grupo de valdenses guiados por Durando *de Osca*, que formaram uma congregação religiosa chamada *Pobres Católicos* (aprovada por Inocêncio III em 1208).

Em 1212, o bispo de Toulouse, Folco, ajudou Domingos a formar uma congregação diocesana de pregadores: um grupo de oito pessoas que se estabeleceu perto da igreja de São Romano, em Toulouse. Tratava-se de uma comunidade de cônegos-pregadores em que ainda se gozava da propriedade de bens e de rendas fixas. Domingos e seus companheiros procuravam, porém, um horizonte mais amplo, empregando cerca de um triênio, que vão da fase explorativa durante o período anterior ao IV Concílio Lateranense (1215) até a primavera de 1217, quando a ação coordenada do mesmo fundador, do papa Honório III e do cardeal Hugo de Óstia deu vida à *Ordo praedicatorum* (**Ordem dos frades pregadores**), resultado institucional de uma mais que decenal experiência e de uma apaixonada reflexão sobre o que fora vivido e compreendido naqueles primeiros anos. A organização institucional da nova Ordem caracterizava-se também por um *status* de mendicidade itinerante, e sucessivamente, e não sem resistência, graças à intensa obra de Domingos, para a assunção da mendicidade conventual.

Teólogo sábio e orador eficaz, Domingos tinha, além disso, a qualidade de um grande organizador: dividiu seus frades em dois grupos, um em Paris e outro em Bolonha, e depois em algumas grandes cidades onde surgiam estudos teológicos (Orléans, Segóvia), com o objetivo de adquirir conhecimentos e estabelecer relações com o mundo universitário. Desse modo, mudou também a composição social da nova *religio* dos frades pregadores com a adesão de mestres e estudantes dos principais *studia* universitários da cristandade do Ocidente.

Os capítulos fundadores da Ordem foram realizados em Bolonha nos anos 1220 e 1221. Foi adotada a regra de Santo Agostinho, enriquecida de particulares prescrições, como o acento sobre a pobreza, a mobilidade espacial dos religiosos para favorecer a pregação, o papel jurídico do capítulo geral. O primeiro período legislativo foi concluído em 1228.

Foi dedicado grande cuidado na educação a um tipo de vida religiosa original, caracterizada por uma ascese específica. Desde o noviciado eram exigidos dos postulantes um difícil percurso de estudos no âmbito da ciência teológica e um ritmo rigoroso de vida comunitária e de oração. Completada a primeira formação, o frade pronunciava os três votos (pobreza, castidade e obediência) para prosseguir até o diaconato e o presbiterato. Ao lado dos aspectos de vida claustral, como a recitação das horas canônicas, cultivava o empenho na pregação e no estudo contínuo; praticava rigorosos jejuns e observava a pobreza pessoal. Preparava-se assim para o serviço ao próximo, que consistia essencialmente na pregação e no ensino, no anúncio do Evangelho e na direção espiritual.

Segundo as exortações do próprio Domingos, lembrava-se que a regra não mandava senão ter um coração e uma alma somente no Senhor; com efeito, o forte desenvolvimento da vida comunitária entre os frades era concebido na ótica de um apoio recíproco para o cumprimento do próprio itinerário espiritual. O frade pregador era enfim chamado a nutrir uma plena confiança em Deus em qualquer situação em que se encontrasse, como tinha feito Domingos durante sua existência.

Assim como delineada pelos capítulos de Bolonha, a Ordem apresentava uma estrutura essencial: o capítulo geral e o mestre geral (eleito como vitalício) constituíam seu ápice, enquanto para a direção de cada convento era preposto um prior; os visitadores desenvolviam funções de controle e garantiam a unidade das diversas casas. Em 1221 os conventos foram reagrupados em oito províncias (Roma, Lombardia, Provença, França, Germânia, Inglaterra, Espanha e Hungria); a partir de 1228 acrescentaram-se a Terra Santa, a Grécia, a Polônia e a Dácia (ou Escandinávia). Em 1221, quando Domingos morreu, a Ordem contava algumas centenas de frades e cerca de uma centena de irmãs.

3. Poucos anos depois da morte de Domingos, já no fim do verão do ano de 1226, **Francisco de Assis** (1182-1226), próximo do fim da própria vida, ditava o *Testamentum*, resultado de uma longa e ardorosa reflexão pessoal. Desse modo, ele pretendia falar de si e dos inícios da comunidade que seu exemplo e suas palavras tinham gerado, para que fosse mais bem compreendida e amada a Regra, o privilegiado ponto de referência para a jovem Ordem dos frades menores.

As primeiras biografias de Francisco produzidas em poucos decênios (e em particular desde a *Vita prima*, de Tomás de Celano, escrita na perspectiva da canonização de 1228, querida pelo papa Gregório IX, até a *Legenda maior*, de Boaventura de Bagnoregio em 1266, que constitui a etapa definitiva do mais antigo período biográfico e hagiográfico) revelam-se caracterizadas por profundas diferenças na reconstrução da vida do santo, testemunhas de disformes, se não de contrastantes interpretações da sua vocação religiosa; portanto, ao lado delas desempenha uma função fundamental o *Testamentum*, que pode ser considerado um eficaz (embora não único) ponto de partida para compreender o momento de sua conversão e as origens da primeira *fraternitas*.

Na redação do texto é o próprio Francisco que se refere à mudança radical ocorrida em sua vida, mudança que reconhece como um dom da iniciativa de Deus: "Assim o Senhor concedeu a mim, frade Francisco, começar a fazer penitência; pois estando eu no pecado, parecia-me muito doloroso ver os leprosos. E o mesmo Senhor me conduziu até eles e eu usei de misericórdia com eles. E enquanto me afastava deles, aquilo que me parecia doloroso, foi-me convertido em doçura da alma e do corpo. Depois deixei o século" (tradução de Francisco de Assis, *Escritos*, 432).

A conversão, selada pela escolha de *exire de saeculo* (ou seja, de optar por viver às margens da sociedade e assumir a condição de penitente), consiste em uma espécie de reviravolta de perspectivas marcada pela antítese amargo-doce e se explicita no "fazer misericórdia" em relação aos leprosos, os seres mais repugnantes para a sensibilidade cultural e religiosa daquele ambiente social, e, aos olhos do jovem filho de um rico comerciante de Assis, certamente os mais marginalizados. É esse o aspecto original da experiência religiosa de Francisco: mais do que a obediência que saberá demonstrar em relação à Igreja, mais do que a procura da pobreza e da vida evangélica, o fator que caracteriza radicalmente sua vocação é precisamente a caridade, o profundo sentido de amor a Deus e aos homens, até mesmo e sobretudo aos mais miseráveis, aos discriminados e aos rejeitados. A partir desse momento (a ser situado por volta de 1205-1206, quando Francisco tinha cerca de vinte e três ou vinte e quatro anos), a escolha de vida efetuada leva-o a renunciar ao que possui, ao próprio *status* social e às próprias seguranças, para seguir o exemplo de Cristo na pobreza, escolhendo a solidão e a total precariedade de vida.

Ainda no *Testamentum*, lembra que o total abandono à vontade de Deus o faz aceitar os primeiros companheiros que a ele se dirigem para partilhar da nova forma de vida; assim como é ainda Deus que intervém, quando Francisco fica em dúvida sobre as escolhas a ser feitas para si e para os outros: "E depois que o Senhor me concedeu irmãos, nenhum me mostrava o que eu devia fazer, mas o próprio Altíssimo me revelou que eu devia viver segundo as prescrições do Santo Evangelho. E eu, em poucas palavras e com simplicidade, as fiz escrever e o senhor papa as confirmou para mim" (tradução de Francisco de Assis, *Escritos*, 434). A decisão de considerar o Evangelho a própria regra de vida não era uma novidade absoluta: essa resolução já fora adotada por Estêvão de Muret, fundador de Grandmont (item 24.6). Mas certamente é original a escolha de sintetizar em um breve escrito a sugestão de Deus e de o fazer ser aprovado pelo papa.

O encontro com Inocêncio III e a aprovação oral concedida pelo papa ao primeiro propósito de vida dos penitentes de Assis constituem um acontecimento central na vida de Francisco e, ao mesmo tempo, um sinal manifesto de obediência à autoridade da Igreja; de fato, o episódio é explicitamente lembrado no prólogo da *Regula non bullata* (a regra de 1221, não aprovada oficialmente) e mais sutilmente velado na *Regula bullata* (a regra de 1223, aprovada pelo papa Honório III). A confirmação oral de Inocêncio III (que remonta ao ano de 1209 ou 1210) apoia a primeira comunidade, da qual Francisco (ainda no *Testamentum*) lembra as modalidades particulares de vida: "Aqueles que vinham abraçar esse gênero de vida davam aos pobres tudo aquilo de que podiam dispor. E ficavam contentes só com uma túnica, remendada por fora e por dentro, um cinto e as calças: e mais não queriam possuir" (tradução de Francisco de Assis, *Escritos*, 434).

São esses primeiros frades que se apresentam nas praças, que se encontram com as multidões nas cidades, que chamam a atenção dos passantes, cantando, chorando, declarando-se penitentes e, ao mesmo tempo, *ioculatores Domini* (jograis de Deus), exortando os presentes a se converterem e a crerem no Evangelho (o Evangelho *sine glossa*, sem comentários, mas vivido ao pé da letra, do modo como estava escrito). É um sucesso imprevisto; mas pelo rápido incremento das vocações, pela adesão de personagens provenientes de diferentes camadas sociais, pelo nascimento de um ramo feminino (devido à iniciativa de Clara, uma jovem nobre de Assis que deu vida na igreja de São Damiano a uma comunidade feminina organizada segundo um estilo de vida penitencial, mas fortemente ligada a Francisco e a seus frades), a primitiva fraternidade tende a se transformar em uma comunidade mais complexa, muito próxima de uma Ordem religiosa.

O nome escolhido para indicar essa nova realidade em seu componente masculino pretende, todavia, fazer memória da primeira experiência de Francisco, de sua radical escolha: *Ordo fratrum minorum* (os menores são os excluídos, aqueles que não contam para nada e vivem à margem da sociedade).

4. A **transformação** pela qual passa o **franciscanismo** no segundo decênio do século XIII encontra seu primeiro ponto sólido na redação da **Regula non bullata** em 1221, que é rica de citações escriturísticas neotestamentárias (sinal de um forte valor espiritual atribuído a esse texto) e apresenta um resultado de decisões e referências normativas assumidas no tempo da *fraternitas* para resolver problemas específicos: um reflexo da ainda instável e fluida formação da futura Ordem e de uma concepção tradicional que na Regra identifica mais que um texto meramente normativo, um conjunto de referências e de apelos de valor ideal e espiritual.

Essa *Regula* sente também o efeito do fato de que sua redação se situa provavelmente nos meses que se seguiram à escolha de Francisco de deixar a direção da Ordem nascente a Pedro Cattani (depois substituído pelo Frei Elias de Cortona), após — ao que parece — rusgas com os frades "letrados" (os mestres de teologia e de direito) que, tendo entrado na fraternidade com sincero entusiasmo religioso, teriam querido estabelecer uma significativa continuidade com a tradição monástica e canonical. Para Francisco, porém, é essencial defender a escolha originária, a adesão à "forma do santo Evangelho" que ele próprio *novellus paçus* tinha experimentado ao testemunhar a loucura da Cruz de Cristo e o abandono das míopes certezas do mundo (o italianismo *paçus* alude à loucura [*pazzia*] de natureza evangélica que permite aos simples confundir a sabedoria dos doutos). Por isso, ele renuncia a todo poder sobre os frades, mas não desiste de contribuir pessoalmente para a progressiva redação da Regra definitiva, como se pode concluir de uma série de admoestações, exortações e ordens expressas pessoalmente que remetem de modo explícito à sua intervenção: "*moneo et exhortor*", "*consulo vero*", "*praecipio firmiter*" (aviso, exorto, ordeno).

Em setembro de 1223 a **bula** *Solet annuere*, de Honório III, sanciona a nova Regra (**Regula bullata**, assim chamada precisamente porque inserida em uma bula papal). O texto é fruto de uma contribuição complexa na qual intervêm o próprio Francisco, o grupo dos frades cultos (provenientes dos âmbitos do presbiterado ou do magistério nas universidades), que tinha assumido a direção dos menores desde 1219, e o cardeal protetor Hugo de Óstia; embora conservando ainda vestígios dos valores espirituais caros ao assisense, apresenta-se como uma coletânea normativa que se interpõe entre instâncias e sensibilidades diferentes e que obriga a fraternidade franciscana a ter de lidar com um complexo de normas estabelecidas de modo definitivo, abandonando totalmente o experimentalismo do decênio anterior por uma passagem institucional decisiva para a Ordem.

A *Regula bullata* articula-se em uma estrutura mais simples em relação ao texto de 1221: doze capítulos, bem breves e com um número limitado de citações bíblicas. Atenua-se o primitivo rigor da vida dos menores, mas acentua-se seu aspecto institucional: assim ganha vida uma Ordem religiosa em cujo vértice se encontram o ministro geral e, principalmente, o capítulo geral, chamado a se reunir a cada três anos para decidir a respeito de questões relevantes e proceder à eleição do ministro. Ao lado deles está prevista a presença do cardeal protetor, com a tarefa de ajudar e proteger a nova instituição (o que reflete as preocupações de Hugo de Óstia, decidido a pôr os menores a serviço da Igreja).

Para a Ordem assim instituída confluem clérigos e leigos solteiros (que devem, porém, demonstrar conhecer pelo menos os artigos da fé); além disso, é exigido do postulante que renuncie a todos os bens pessoais e observe a Regra. Estabelece-se a recitação do ofício divino ou, para os frades leigos, uma oração pessoal em todas as horas litúrgicas, o empenho nos trabalhos manuais, em obras de caridade ou na pregação. O jejum deve ser observado na festa de Todos os Santos e no Natal, bem como no tempo da Quaresma. Aos frades é enfim recomendado que se confessem e comunguem com frequência.

A novidade expressa pela Ordem dos Frades Menores favoreceu sua rápida expansão, de modo que o capítulo de 1217 criou onze províncias (seis concentradas na Itália e uma em cada dessas localidades: França, Germânia, Provença, Espanha e Terra Santa), enquanto o capítulo de 1224 instituiu a da Inglaterra. O raio de ação dos menores estendeu-se às terras da Europa e além-mar, no Oriente palestino.

Porém, diversas fontes deixam transparecer que precisamente naqueles anos (os últimos de sua vida) Francisco se vira tendo de experimentar um momento de grande angústia e tormento ("a grande tentação"), devido à incompreensão por parte dos frades do grupo dirigente da Ordem, e passara por uma sofrida solidão (são momentos de crise a que alude também Tomás de Celano, seu primeiro hagiógrafo, e que são lembrados na breve e incisiva narração *De vera et perfecta laetitia*). A estigmatização ocorrida em setembro de 1224 e a identificação cada vez mais intensa das dores de Cristo crucificado constituem para Francisco o momento da aceitação consciente do sacrifício como um caminho necessário para chegar à superação daquela crise. Afinal, ele encontrou justamente nessa última prova um motivo de pacificação interior; tirou dela a decisão firme de reforçar os pontos essenciais da própria experiência: compôs um hino de amor pela criação, as *Laudes Dei altissimi* (o *Cântico do irmão sol*, em vulgar úmbrio, um dos mais antigos textos poéticos da literatura italiana) e o *Testamentum*.

5. Foi a própria iniciativa dos papas, em comum com a reviravolta impressa pela direção da Ordem, que favoreceu **profundas mudanças** na organização dos **menores**: o envolvimento com as ocupações pastorais, a evolução da pregação do simples anúncio da Boa nova para mais complexas formas doutrinais, a presença nos estudos universitários indicam uma mudança na composição social da Ordem (postulantes provenientes sobretudo das camadas mais *poderosas* e dotados de uma sólida preparação cultural) e uma mudança do estilo de vida e das finalidades vocacionais dos frades. Para desempenhar atividades pastorais, os menores foram obrigados a residir estavelmente em casas e igrejas; e após a permanência inicial em estruturas periféricas e provisórias viram-se na necessidade de construir conventos próprios nos centros citadinos.

Em 1230 o capítulo geral dos menores enviou ao papa Gregório IX uma delegação para pedir um parecer dirimente sobre as questões surgidas em relação à Regra e ao *Testamentum*. Faziam parte do grupo o ministro geral João

Parenti, que no século havia exercido a profissão de juiz, o frei Antônio de Pádua, autorizado pelo próprio Francisco a ensinar teologia aos frades, o frei Gerardo de Rossignol "penitencieiro pontifício", o frei Aimone de Faversham, já mestre na universidade de Paris, o frei Gerardo de Modena, famoso pregador, o frei Leão de Perego, de família aristocrática e futuro arcebispo de Milão, e um certo frei Pedro de Bréscia. Era o grupo dirigente, no qual não aparecia nenhum dos primeiros *socii* ou dos que tinham sido companheiros de Francisco nos últimos anos. Todos eles, porém, eram frades preparados para o trabalho pastoral, empenhados na pregação, no ensino e no estudo, talvez já conhecidos do pontífice, e decerto estavam entre os mais idôneos para representar a Ordem como Gregório IX a imaginava. Na *Quo elongati* a resposta do papa mostrou-se rigorosa e eloquente: ele negava valor jurídico ao *Testamentum*, porquanto elaborado fora de um regular contexto normativo. Oferecia, portanto, algumas interpretações referentes à Regra, entre as quais o problema de possuir casas e estruturas de habitação que para os menores não se transformavam em uma propriedade direta, mas permaneciam como um direito de uso.

Outra importante transformação realizada nesses mesmos anos é a clericalização da Ordem. Em 1239, o frei Elias foi substituído em seu papel de ministro geral pelo Frei Alberto de Pisa; no ano seguinte, chegava à direção da Ordem o frei Aimone de Faversham. Firmava-se assim uma nova linha na fraternidade inicial, que abandonava o primitivo franciscanismo e que se exercia em uma norma muito significativa, ou seja, na introdução de um preceito de que não poderia entrar na Ordem quem ainda não fosse clérigo, adequadamente instruído na gramática ou na lógica; se leigo, deveria ser de uma condição que trouxesse prestígio à Ordem. Além disso, com o frade Aimone percebeu-se a necessidade de que quatro importantes frades-mestres comentassem a Regra (os resultados dessa operação foram comunicados na *Expositio quatuor magistrorum super Regulam fratrum minorum*); providenciou-se depois uma vasta reforma dos livros litúrgicos para um alinhamento com os costumes da Igreja romana. Essa reforma foi aperfeiçoada sob o generalato de Boaventura, o mais importante dos sucessores de Francisco.

As diversas transformações não foram universal e pacificamente aceitas dentro da Ordem e geraram uma resistência clandestina, clara na rejeição da cultura superior e ligada à simplicidade evangélica, ao trabalho, à mendicidade.

No fim, o que o grupo dirigente perseguia acabou sendo a minoria vencedora, nascida longe da Úmbria e amadurecida em estreita colaboração com a Cúria romana. A busca pelo modo de vida das origens pareceu se perder definitivamente; o frei Francisco tornou-se um santo cada vez mais exemplar e cada vez menos imerso na história; excepcional em sua santidade, mas por ela definido e nela inatingível.

6. Foi determinante no processo supracitado a ação de **Boaventura de Bagnoregio**. Ele entrara na Ordem em Paris em 1243, com pouco mais de vinte anos; com os menores tinha começado os estudos teológicos; depois, em 1253, obtivera de João de Parma, ministro geral dos menores, a licença para ensinar teologia. Ao lado da atividade de ensino, teve oportunidade de se envolver em disputas teológicas que deram grande brilho à Ordem e demonstrou ter forte sintonia com o papa Alexandre IV (1254-1261), empenhado, por sua vez, em combater as tendências difundidas entre muitos frades de seguir as esperanças escatológicas da era do Espírito Santo, de Joaquim de Fiore, ou de nelas se inspirar.

No dia 2 de fevereiro de 1257, depois da renúncia de João de Parma no capítulo geral presidido pelo próprio papa, Boaventura foi eleito ministro geral (cargo que ocupará até maio de 1273). Sem abandonar a dedicação à reflexão teológica ou a uma intensa atividade de pregação, em quinze anos de generalato deu novo impulso aos menores, graças também a uma importante obra legislativa. Mal fora eleito ministro, enviou a todos os ministros provinciais uma carta circular (a *Licet insufficientiam meam*) em que expôs um verdadeiro programa reformador: estigmatizou as culpas e as falhas dos frades que punham em perigo a própria vida da Ordem, opondo a isso o límpido rigor da *Regula bullata*. Para o capítulo de Narbona de 1260 mandou compilar a coleção das decisões tomadas nos onze capítulos precedentes e, depois de submetê-las a revisão, mandou aprová-las (*Costituzioni narbonensi*). Foi assim confirmada a observância da pobreza também nas igrejas que não deviam ter nem campanário nem abóbada de pedra (com exceção do coro).

O ministro geral esforçou-se por resolver as tensões internas nascidas das diversas interpretações e destaques da figura de Francisco e de suas vicissitudes terrenas. Ainda no capítulo de Narbona foi encarregado de redigir uma nova biografia oficial, que tomou forma na *Legenda maior*. Ela se tornou a única biografia oficial do fundador; de fato, com sua aprovação no capítulo de Pisa (1266), ordenou-se contextualmente a destruição de todas as outras biografias que então circulavam nos conventos.

Boaventura tinha se empenhado em um relevante esforço de reescrita dos materiais hagiográficos. Produziu um texto de grande beleza linguística e de forte rigor conceitual, fundado no suporte de amplas citações escriturísticas e evangélicas, cujo objetivo era constituir com inteligência e amor profundo um exemplar *dossiê* hagiográfico. Mas para chegar a esse resultado não pôde senão cancelar a juventude de Francisco, suas dúvidas, o fato de ter sido "jogral de Deus"; teve de excluir as tensões presentes na Ordem desde seus inícios; eliminou a ideia de que o assisense fosse imitável, preferindo ressaltar a excepcionalidade da santidade dele. Boaventura pôs assim o acento no significado escatológico dos estigmas, assimilando Francisco ao anjo do sexto selo do Apocalipse, fazendo dele um *alter Christus*. Para segui-lo, a essa altura, o único modo possível era entrar para a Ordem e, portanto, encetar pela via do conhecimento místico iniciado em Verna.

Com a *Legenda maior*, Boaventura julgava, portanto, ter escrito a palavra definitiva sobre Francisco; esperava sobretudo ter conseguido conciliar as divergentes reconstruções, apagando as contestações e as diferentes interpretações da herança do fundador que ainda medravam entre os frades. Suas aspirações frustraram-se em parte, mas sob outros aspectos a obra do ministro geral revelou-se em todo seu alcance: ele impulsionou a Ordem a se unir estreitamente às estruturas da Igreja, acentuou sua orientação para o apostolado e a ação pastoral. Os frades se consagraram à pregação, a ouvir a confissão dos fiéis; aceitaram responsabilidades pastorais e até funções episcopais; empenharam-se na luta contra as heresias e se encarregaram de incumbências inquisitoriais.

Os menores interpretaram a especificidade da própria vocação, ressaltando de modo particular o valor da pobreza, que para eles coincidia com a renúncia a todo vínculo jurídico de propriedade. Afastaram-se, assim, definitivamente das formas de vida próprias da experiência originária de Francisco; mas, como os frades pregadores, revelaram-se uma força fundamental na Igreja do século XIII.

Nessa tensão entre fidelidade à experiência originária e adaptação à situação histórica pode ser relida a história do franciscanismo sucessivo até a Idade Moderna, sua articulação em famílias religiosas diferentes, mas todas voltadas a reviver o carisma do fundador (vejam-se a história dos "espirituais" [cap. 8, itens 33-35], a distinção entre frades menores e frades menores conventuais e, durante os séculos XVI e XVII, a gênese dos capuchinhos [vol. III, cap. 2, item 7.1]).

7. A exemplo do rápido crescimento dos menores e dos pregadores, outras experiências religiosas, outros grupos, assumiram as modalidades de vida e as formas institucionais das **Ordens mendicantes**. Com a colaboração do cardeal Ricardo Annibaldi, em 1244 Inocêncio IV reuniu os grupos eremíticos da Toscana, favorecendo sua fusão em um único organismo que adotou a regra agostiniana. Entre 1255 e 1256 juntam-se ao primitivo grupo novas fundações e realidades eremíticas da península e também de regiões transmontanas. Para esse conjunto, ainda composto e parcialmente heterogêneo, adotou-se o nome de **eremitas de Santo Agostinho** (conhecidos depois como agostinianos), orientando-o para um caráter mendicante. O primeiro capítulo geral foi realizado em 1256 em Roma. No fim do século, a Ordem chegou a contar trezentas casas: para muitas das casas italianas tratava-se de transformações de realidades eremíticas em conventos, ao passo que para Inglaterra, França e Espanha se tratava de novas fundações. A Ordem expressou a própria importância a partir do fim do século XIII: eram os anos em que um de seus membros, o teólogo Egídio Romano, se tornou arcebispo de Bourges.

Em meados do século XIII difundiu-se também na Europa a Ordem dos **frades de Santa Maria do Monte Carmelo**. Originariamente era uma comunidade de eremitas fundada no século XII no monte Carmelo (perto da gruta onde tinha vivido o profeta Elias). No início do século seguinte, Alberto, patriarca latino de Jerusalém, aprovou suas constituições, as quais foram confirmadas por Honório III em 1226. A precariedade dos Estados em cruzada na Terra Santa os obrigou a se transferirem para Chipre e depois para a Europa, onde o papa Gregório IX, que pretendia transformá-los em uma Ordem mendicante, impôs-lhes uma nova regra. Foi uma passagem muito difícil e complexa, vivida na nostalgia da experiência eremítica e contemplativa anterior. Com a ajuda do papado, os carmelitanos conseguiram superar o momento de crise durante o Concílio de Lião II, em 1274. No fim do século contavam com cerca de cento e cinquenta conventos; no estilo de vida tinham se aproximado muito das outras Ordens mendicantes, das quais se distinguiam principalmente pelo fervor da devoção mariana.

Ao lado das Ordens maiores, podem ser lembradas a Ordem dos **servos de Maria**, criada por volta de 1240 por sete mercadores florentinos que, abandonada a atividade comercial, tinham se retirado para uma vida religiosa; inicialmente sob a direção dos frades pregadores, difundiram-se na Itália do centro-norte, tornando-se autônomos e cultivando uma forte espiritualidade mariana; e os **ensacados** ou *fratres poenitentiae Iesu Christi*, Ordem surgida na Provença em 1248, cujos membros vestiam pano de saco. Tratava-se de associações espontâneas de leigos que se inspiravam sobretudo nas Ordens mendicantes, ressaltando a severidade na pobreza e na penitência de suas origens. Tiveram uma difusão irregular; as medidas do Concílio de Lião II (1274) condenaram os segundos à extinção, ao passo que os servitas, que tinham assumido uma aparência mais institucionalizada e não fortemente mendicante, sobreviveram até obter do papa Bento XI a aprovação definitiva nos primeiros anos do século XIV.

Inserção 2
A Igreja e as novas instituições de governo das cidades e dos municípios na Europa

Entre os séculos XI e XII nos países da Europa ocidental afetados por um importante aumento demográfico, as cidades voltam a florescer ou nascem como novas fundações, superando a fase de decadência que tinha caracterizado os séculos do primeiro período medieval. Se — como ressaltou Renato Bordone — no *Regnum Italiae* ou nos domínios bizantinos as cidades desenhavam uma densa rede e já naqueles séculos mostravam-se populosas e economicamente dinâmicas, novos centros urbanos firmaram-se na Europa setentrional sustentados por vivas formas de comércio e por um importante desenvolvimento cultural.

Até para a cristandade da Alta Idade Média as cidades constituíam, pois, autênticos centros vitais; além disso, como se vê difusamente para a península italiana, elas eram com frequência sedes episcopais. O bispo, autêntico chefe espiritual da Igreja citadina, em muitos casos tinha se tornado titular dos poderes políticos ligados ao espaço urbano; tinha acumulado riquezas e direitos, distinguindo-se dos outros poderosos do círculo urbano. Impusera-se assim como o verdadeiro detentor do poder temporal dentro da cidade; dele dependiam clientelas vassaláticas que prestavam serviço militar a seu comando em troca da cessão de bens patrimoniais (é o caso dos *milites* das cidades episcopais na Itália do norte). Em outros casos, todavia, eram os mais abastados *cives* (os habitantes da cidade) que tinham de prover à custosa dotação para o combate a cavalo, adquirindo assim um papel particular e de maior autonomia na relação com o bispo.

A colaboração (ou o conflito, como no caso de Cremona) entre os prelados e os *milites* tornou-se uma das vias que levaram à formação do município durante a segunda metade do século XI. O papel do bispo foi geralmente importante na passagem política para o regime municipal, ou seja, para o fenômeno do autogoverno citadino (que assumiu desde o início uma dimensão pública, como destacaram, entres outros, os estudos de Mario Ascheri).

O município foi também o resultado das transformações próprias de uma sociedade em crescimento, constituiu um polo de atração para os habitantes dos campos que buscavam na cidade condições de vida mais favoráveis, cobriu um vazio de poder, provendo à defesa e à proteção das populações citadinas e exigindo para todos a mesma condição jurídica, embora na grande variedade de soluções que é facilmente verificável nos diversos países da Europa.

Na França setentrional, foram os reis ou mesmo os senhores territoriais que concederam *cartas de município* a grupos de habitantes de algumas cidades, os quais formavam associações juradas que se tornavam órgãos de tutela e de exercício dos antigos direitos senhoris no específico âmbito urbano. No sul da França, as comunidades citadinas tendiam, porém, a assumir prerrogativas que as tornaram tendencialmente mais autônomas em relação a outros âmbitos territoriais, até o reconhecimento do consulado (de modo análogo ao que ocorreu nas cidades italianas). Também no reino alemão, velhas e novas cidades (como Friburg im Breisgau) chegaram a uma gestão autônoma; um caso diferente, porém, é o das *Reichsstätden* ("cidades imperiais"), que dependiam diretamente do imperador e não elaboraram estruturas independentes de governo.

O fenômeno municipal na Itália tomou vida na segunda metade do século XI e mais decididamente nos anos trinta do século XII. De fato, se se considera como a existência da primeira fase do município o aparecimento da magistratura consular na documentação cartorial, temos de situá-lo entre os séculos XI e XII (1085 em Pisa e em Lucca, 1097 em Milão, 1099 em Gênova, 1112 em Cremona, 1123 em Piacenza).

O novo organismo nascia de uma dupla exigência: a construção de uma realidade política capaz do controle do território citadino e a necessidade de responder a exigências de exercício da justiça (a função assumida pelos cônsules desde o aparecimento deles). Essa segunda função assumiu rapidamente uma notável respeitabilidade, de tal modo que até os habitantes do condado acabaram por se dirigir ao tribunal dos cônsules, permitindo que a cidade começasse a influenciar diretamente um território cada vez mais amplo além dos muros da cidade. Com o tempo, estabeleceu-se também uma distinção institucional entre cônsules de justiça e cônsules do município: esses cargos assumiram gradualmente uma importância substancial na vida citadina, dotados de pessoal especializado (os tabeliães, os escritores, os *clavarii*).

Esse processo chega à maturação por volta da metade do século XII, quando o consulado se afirma como vértice institucional e político do município. O número dos cônsules era variável (de quatro a mais de vinte), a duração do encargo — rapidamente padronizada em todas as cidades — estendia-se por um ano. Dotados de poderes realmente amplos, os cônsules eram os mediadores dos conflitos entre as diversas categorias de cidadãos, convocavam e presidiam as reuniões dos conselhos, governavam as cidades. Tinham acesso ao consulado somente os *milites*, uma pequena parte da população citadina que se expressava normalmente por meio da assembleia dos homens adultos capazes de portar armas.

Em 1183, a paz de Constança, que marca o fim do embate entre o imperador Frederico Barbarroxa e os Municípios lombardos (item 22.5), representa um importante reconhecimento público para as novas realidades políticas, as quais se viram autorizadas a exercer os direitos reais (*regalie*). Conseguida a estabilização do poder na cidade, os municípios, tendo chegado ao exercício da autonomia fiscal por se descobrirem capazes de enfrentar o imperador, conseguiram dar início à duradoura conquista do condado e assumir o rosto da cidade-Estado.

A permanência dos problemas, a necessidade de atenuar os conflitos entre *milites* (com frequência fortes nas cidades) e o estímulo à participação da gestão do poder por parte de outras camadas sociais fizeram que tivesse início a segunda fase da história do município, com o aparecimento da figura da suprema autoridade municipal. Foi uma fase flutuante que se estabilizou em poucos decênios.

Em um primeiro momento, para sair de uma crise do sistema municipal, confiava-se a cidade ao governo de um magistrado de fora. Escolhido pelos conselhos citadinos e nomeado por apenas um ano, o chefe municipal devia se apresentar para assumir o próprio encargo com um grupo de escrivães, escritores, oficiais de sua confiança (a quem antecipava parte da remuneração). Como documenta a sistemática e riquíssima pesquisa dirigida por Jean Claude Maire-Vigneur sobre os chefes municipais da Itália setentrional, ele era um perito em direito e um técnico da política, do qual se exigia alta moralidade, porque se punha como o coordenador de toda a atividade do município. No fim do mandato, era quase sempre chamado a prestar contas de suas atividades.

Mas as cidades, com frequência tumultuosas, centro de tráfego comercial e de vivos embates políticos, prontas para a guerra, dotadas de grande capacidade de expansão comercial e de controle sobre o território, constituíram também o teatro de uma realidade nova no âmbito eclesial. De fato, tornaram-se lugar de presença e de missão privilegiado pelas novas Ordens mendicantes, os frades pregadores e os frades menores.

A Igreja, que continuava mais facilmente ligada ao âmbito rural, tinha considerado por muito tempo a cidade como lugar de perdição: cidadão era sinônimo de corrupto, lembrava Pedro Damião; na cidade aninhavam-se os usurários e se apresentava fácil a sedução do dinheiro. As Ordens mendicantes, porém, privilegiavam quase sempre a cidade como âmbito da própria ação. A cidade era o espaço humano a ser conquistado, o lugar onde encontrar o maior número de pessoas, onde exercer a pregação e pedir esmola. Para os frades pregadores, essa escolha respondia também à necessidade de se estabelecer junto às grandes escolas citadinas (cap. 7, item 29.5).

Assim, a partir da metade do século XIII multiplicaram-se as construções dos conventos dentro dos muros da cidade, e os expoentes das duas Ordens estreitaram facilmente relações com as famílias mais poderosas das cidades. Em Roma, Marselha ou Bruges, eram até os conventos que sediavam as reuniões dos organismos apresentados ao governo da comunidade citadina. Flandres, fortemente urbanizada, apresentou-se como um território rico de estabelecimentos dos menores (no fim do século XIII contam-se vinte e seis casas de mendicantes); no mesmo período, todas as grandes cidades da planície paduana sediavam um convento de ambas as Ordens.

Nota bibliográfica

ALBERZONI, M. P. *Città, vescovi e papato nella Lombardia dei Comuni*. Novara: Interlinea, 2001.
BORDONE, R. *La società cittadina del Regno d'Italia. Formazione e sviluppo delle caratteristiche urbane nei secoli XI e XII*. Turim: Deputazione subalpina di storia patria, 1987.
GUIDONI, E. Città e Ordini Mendicanti. Il ruolo dei conventi nella nascita e nella prospettiva urbana dei secoli XIII e XIV. *Quaderni medievali*, 4 (1977), 9-106.
MAIRE VIGUEUR, J.-C. *Cavalieri e cittadini. Guerra, conflitti e società nell'Italia comunale*. Bolonha: il Mulino, 2004 [ed. or. 2003].
MILANI, G. *I comuni italiani: secoli XII-XIV*. Roma-Bari: Laterza, 2005.
VAUCHEZ, A. *Ordini mendicanti e società italiana, XIII-XIV secolo*. Milão: Il Saggiatore, 1990.
Villes des Fiandres et d'Italie (XIIe-XVIe siècle). Les enseignements d'une comparaison. Turnhout: Brepols, 2008.
WICKHAM, C. *Sonnambuli verso un nuovo mondo. L'affermazione dei comuni italiani nel XII secolo*. Roma: Viella, 2017.

27. Os papas e a luta contra o Império

1. Durante a primeira metade do século XIII renovou-se de modo muito áspero o choque entre o *regnum* e o *sacerdotium*, pondo em confronto a forte personalidade de **Frederico II** e a decidida atitude e obstinada vontade de dois pontífices, **Gregório IX** e **Inocêncio IV**. O conflito explodiu quase de improviso: com efeito, no início do século as relações entre papado e Império não pareciam totalmente comprometidas. No dia 26 de dezembro de 1208, com a maioridade do herdeiro dos Hohenstaufen, tinha terminado a regência do reino da Sicília confiada ao papa Inocêncio III por Constança de Altavilla, regência à qual a soberana tinha unido a tutela de seu jovem filho Frederico. Pouco depois, pela falta de confiança mostrada por Otão IV (item 25.2), o papa permitiu que o jovem protegido fosse nomeado rei da Germânia. Frederico II foi eleito em Nuremberg em setembro de 1211.

O grande esforço perseguido com persistência e determinação pelo papado nos decênios anteriores para manter distintas as duas coroas (a do reino da Sicília e a da Germânia) parecia ter sido em vão. Todavia, Frederico, talvez para não comprometer as relações com a Igreja de Roma, decidiu confiar o governo do reino da Sicília à esposa Constança de Aragão e fazer eleger rei seu filho Henrique, que na ocasião tinha um ano de idade. Depois que Otão IV foi derrotado definitivamente em Bouvines em 1214, Frederico se fez coroar uma segunda vez em Aachen pelo arcebispo de Mogúncia: tinha vinte e um anos e, com surpresa geral, assumiu o compromisso público de organizar uma cruzada. A eleição foi confirmada pelo Concílio Lateranense IV, de 1215, e a morte repentina de Inocêncio III, ocorrida no ano seguinte, livrou pouco depois o jovem imperador do compromisso assumido com o papa falecido de renunciar ao reino da Sicília.

As relações com o novo pontífice Honório III (1216-1227) não foram particularmente difíceis, uma vez que o papa, já bem idoso, tinha um caráter acomodatício e procurou de todos os modos evitar choques diretos e motivos de atrito. Frederico foi coroado imperador em novembro de 1220 em Roma; recebeu a cruz do cardeal Hugo de Óstia (o futuro papa Gregório IX) e reconheceu a separação jurídica entre o reino da Sicília e o Império; por sua vez, a Igreja romana aceitava a momentânea união das duas coroas. O acordo obtido parecia perfeito. Mas o entendimento com o papa apresentava dois pontos fracos: a titularidade imperial da nomeação dos bispos no reino da Sicília e a progressiva e renovada fricção entre o Império e os municípios da Itália setentrional. Pesava também o voto expresso por Frederico de participar de uma cruzada, enquanto a essa altura outras e bem diferentes pareciam ao imperador as urgências políticas e de governo do reino.

Em 1227 o velho pontífice morreu; seu sucessor, **papa Gregório IX** (1227-1241), não devia parecer hostil aos Hohenstaufen, pois como cardeal soubera estabelecer com ele boas relações, sobretudo durante a legação na Itália setentrional, na qual tinha mostrado grandes capacidades diplomáticas e seguras competências jurídicas. Com efeito, Hugo de Óstia era um homem culto e provinha de uma longa carreira eclesiástica; dotado de magnífica eloquência, juntava aos conhecimentos no âmbito do direito um vivo interesse pelo estudo das ciências da natureza. Logo passou a fazer parte da capela de Inocêncio III e se revelou um de seus mais íntimos colaboradores. Cardeal-bispo de Óstia desde 1206, tornara-se protetor da Ordem dos menores e tinha colaborado na redação da *Regula bullata*, de Francisco de Assis (item 26.4).

Eleito papa em idade avançada, mostrou ter surpreendente vigor, mas também um caráter intransigente. Prova de sua capacidade de decisão é a própria canonização de Francisco, ocorrida no verão de 1228, em um período rapidíssimo. Na carta de 19 de julho, a *Mira circa nos*, escrita para a ocasião, é inegável a abundância de simbologias e de metáforas bélicas tiradas da Sagrada Escritura, e nelas Francisco é desenhado como o homem chamado por Deus para abater os inimigos da Igreja (texto, portanto, muito significativo porque revelador da percepção que Gregório teve de Francisco e, ao mesmo tempo, das urgências que o papa percebia para a Igreja do próprio tempo). Ao lado de sincera admiração pelo fundador dos menores, Gregório IX estava de fato movido pela intenção determinada de reafirmar a autoridade do papado, que se tornava cada vez mais necessária devido a um conflito aberto com o imperador.

Avesso a aceitar justificativas, o papa Gregório IX — de modo absolutamente intransigente — tinha considerado prioritário o empenho pela cruzada que o imperador, atormentado por problemas mais urgentes, parecia esquecer naquele momento. Talvez por isso e com pressa excessiva, o papa tinha posto Frederico diante da escolha de partir para a cruzada ou de sofrer a excomunhão. O imperador não pôde senão dispor-se para o empreendimento anunciado e não realizado ainda. Mas em agosto de 1227 os cruzados reunidos em Brindisi foram atingidos por uma epidemia; doente também ele, Frederico retirou-se a Pozzuoli para se tratar, comunicando ao pontífice a impossibilidade de proceder à expedição na Terra Santa. O papa não quis acreditar nas desculpas de Frederico e em setembro do mesmo ano excomungou-o.

Finalmente, em junho do ano seguinte Frederico partia para o Oriente com quarenta galeras e uma escolta de mil cavaleiros. Sabia que, por estar excomungado, não poderia contar com a ajuda dos cristãos em Acre; a esse problema juntou-se a hostilidade das Ordens monástico-cavalheirescas (os templários e os hospitaleiros) (cap. 9, item 37.4). Considerada a disparidade das forças em campo, decidiu confiar na via diplomática: por isso, no dia 8 de fevereiro de 1229 concluiu um acordo com o sultão al-Kāmil, homem culto e sem interesse em dar início a combates com os cristãos, o qual ficara fortemente impressionado com a personalidade e versátil cultura de Frederico. O acordo foi sancionado por uma solene cerimônia na igreja do Santo Sepulcro em Jerusalém (cap. 9, item 37.5). Nesse lugar, Frederico (que como excomungado não tinha participado da missa) colocou na cabeça com suas próprias mãos a coroa do reino de Jerusalém.

Depois desses eventos, graças à paciente obra de seus colaboradores, e em particular de Hermano de Salza, grão-mestre da Ordem teutônica, Frederico II chegou a acordos com o papado, os quais, embora provisórios, permitiram-lhe reorganizar com eficácia o reino da Sicília e cultivar a ideia de um universalismo do Império, em antítese com o universalismo hierocrático perseguido pelos pontífices romanos.

Novamente o papa, que não confiava em Frederico, exasperou o nível do conflito, aliando-se às cidades do norte da Itália e procurando, em vão, um novo candidato para a coroa imperial. Nem mesmo o grande sucesso militar favorável ao imperador em 1237 em Cortenuova, junto ao rio Oglio, levou seus inimigos a desistir. Gregório IX, que em 1239 tinha novamente excomungado Frederico, apesar das perplexidades e resistências expressas também por seus colaboradores, empenhou-se em convocar um concílio para a Páscoa de 1241, com a intenção de proceder à definitiva deposição do imperador. O suevo procurou entabular negociações diplomáticas, mas, tendo fracassado também ao dar esse passo, optou pela força, capturando os prelados que, para se dirigirem ao concílio, tinham confiado na frota genovesa.

Entretanto, Gregório IX morrera no verão de 1241, contagiado pela malária e pela calculose. Foi sepultado em São Pedro perto do túmulo de Gregório Magno.

2. Depois de uma longa vacância da sé apostólica, foi eleito papa em 1243, por um conclave do qual fizeram parte somente oito cardeais, o genovês Sinibaldo Fieschi, que assumiu o nome de **Inocêncio IV** (1243-1254). Ainda mais determinado que seu antecessor na oposição a Frederico, o novo papa pareceu inicialmente resignar-se com um solene projeto de paz estipulado com o imperador em março de 1244. Mas cada vez menos convencido do que fora acordado e decidido a romper com Frederico, fugiu por mar em junho do ano seguinte, protegido por um disfarce, para a segura Gênova e daí tomou o caminho de Lião (feudo imperial, mas na verdade terra independente).

Tendo chegado à cidade francesa, Inocêncio IV convocou um concílio (o **Concílio de Lião I**), aberto no dia 26 de junho de 1245, com a intenção de organizar o socorro à Terra Santa mediante a indicação de uma nova cruzada, levando ajuda ao Império do Oriente e resolvendo os problemas abertos no Ocidente entre Igreja e Império. Em Lião estavam presentes três patriarcas, cerca de cento e cinquenta bispos, o imperador latino do Oriente, além da delegação enviada por Frederico II sob a guia do perito jurista Tadeu de Suessa.

Nas três sessões (28 de junho, 5 e 17 de julho) tratou-se sobretudo de Frederico e das relações entre o papado e o Império, embora em meio às incertezas e as reticências dos padres conciliares. Houve provavelmente um duríssimo choque entre Tadeu de Suessa, que contestou a validade da convocação e a autenticidade de alguns privilégios, e o próprio papa, o qual persuadiu com obstinação o concílio a proceder à deposição do imperador. Com efeito, os decretos de Lião (COD, 283-301) são abertos com um documento pontifício (COD, 278-283), ou seja, a bula de deposição de Frederico II (*Ad apostolicae dignitatis apicem*), na qual, depois da enumeração das ofensas feitas à Sé romana, declarava Frederico II deposto, o qual sofria nova excomunhão e ficava privado das honras e dignidades próprias da sua classe social.

Inocêncio IV percorria um caminho inovador, apoiado nisso pelo desenvolvimento da jurisprudência: depôs Frederico por causa dos pecados que tinha cometido e que o tornavam indigno de qualquer cargo, expressando com determinação a superioridade do poder espiritual sobre o temporal. Para Inocêncio, a cristandade tinha o próprio vértice no papado, ao qual o poder civil estava subordinado; ele julgava que cabia ao papa indicar a sucessão do Império, intervir na deposição de imperadores considerados indignos, administrar a esfera temporal durante a vacância imperial e substituir a jurisprudência leiga por motivos morais.

O concílio não teve outras grandes discussões, pois as constituições já estavam preparadas pelo próprio pontífice. Privilegiaram-se os aspectos ligados à legislação eclesiástica, ao passo que não se confirmaram as tradicionais afirmações de reforma da Igreja e da luta contra a heresia. Entre a primeira e a segunda sessão, Inocêncio IV fez copiar novamente privilégios favoráveis à Igreja romana (entre os quais alguns emanados por Frederico II). Essa coleção foi apresentada na terceira sessão. Na conclusão da assembleia, o papa fez ler a sentença de deposição do imperador e depois entoar o *Te Deum*.

Os últimos e difíceis anos do reino de Frederico encerraram-se com sua morte repentina em 1250, em Castel Fiorentino, perto de Lucera. O papa Inocêncio IV recebeu a notícia com não dissimulada satisfação, mas entrou em desacordo por sua vez com os últimos estremecimentos dos herdeiros de Frederico, e em particular de Manfredi, rei da Sicília, cuja legitimidade o Fieschi, com importante intuito político, não quis reconhecer.

Mas já no decênio seguinte a morte do próprio papa (1254) e o fim dos últimos Hohenstaufen favoreceriam em pouco tempo a mudança do horizonte da grande política europeia (cap. 8, item 32.1). Logo, porém, abrir-se-iam novos confrontos para o papado, fortalecido pela reconhecida função de guia da cristandade e da efetiva jurisdição sobre toda a Igreja — graças ao desenvolvimento do direito eclesiástico e da teoria da *plenitudo potestatis* — e apoiado por uma burocracia central eficiente e pela capacidade de intervir em âmbitos cada vez mais amplos, até pela acentuada utilização dos legados e dos juízes delegados.

Bibliografia

Fontes

COD = ALBERIGO, G. et al. (org.). *Conciliorum Oecumenicorum Decreta*. Bolonha: EDB, 1991.

ATSMA, H.; VEZIN, J. (eds.). *Les plus anciens documents originaux de l'abbaye de Cluny*. Turnhout: Brepols, 1990, v. I.

Bruno-Guigo-Antelm. GRESHAKE, G. (org.). *Epistulae Cartusianae. Frühe Kartäuserbriefe*. Freiburg im Breisgau: Herder, 1992.

CAROLI, E. (org.). *Fonti francescane. Editio minor*. Assis-Pádua: Editrici Francescane, 1986.

Francisco de Assis. CABASSI, A. (org.). *Scritti*. Pádua: Editrici Francescane, 2002.

HAGENEDER, O. et al. (orgs.). *Die Register Innocenz' III*. Graz-Köln: H. Böslaus, 1964, v. 1-12; Viena: Verlag der Österreichischen Akademie der Wissenschaften, 2012.

MANARESI, C. (org.). *I placiti del "Regnum Italiae"*. Roma: Tipografia del Senato, 1957, v. 2/1.

Estudos

ALBERZONI, M. P. Dalla "domus" del cardinale d'Ostia alla curia di Gregorio IX. In: *Gregorio IX e gli Ordini mendicanti. Atti del XXXVIII convegno internazionale.* Espoleto: Centro Italiano di Studi sull'Alto Medioevo, 2011, 75-121.

_____. *Santa povertà e beata semplicità. Francesco d'Assisi e la Chiesa romana.* Milão: Vita e Pensiero, 2015.

_____; ZEY, C. (orgs.). *Legati e delegati papali. Profili, ambiti d'azione e tipologie di intervento nei secoli XII-XIII.* Milão: Vita e Pensiero, 2002.

ANDENNA, C. La costruzione dell'identità nella "vita religiosa". L'esempio degli agostiniani e dei carmelitani. In: *Religiositá e civiltà. Identità delle forme religiose (secoli X-XIV).* Milão: Vita e Pensiero, 2011, 65-101.

CAPITANI, O. Gregorio IX. In: *Dizionario biografico degli italiani.* Roma: Istituto della Enciclopedia Italiana, 2002, 59, 16-178.

COMBA, R.; MERLO, G. G. (orgs.). *Certosini e Cistercensi in Italia (secoli XII-XV).* Cuneo: Società per gli studi storici, archeologici e artistici della provincia di Cuneo, 2000.

CONSTABLE, G. et al. (orgs.). *Il secolo XII: la "renovatio" dell'Europa cristiana.* Bolonha: il Mulino, 2003.

DAL PINO, F. Mendicanti, ordini. In: *Dizionario degli Istituti di perfezione.* Roma: Edizioni Paoline, 1978, v. 5, col. 1163-1172.

Domenico de Caleruega e la nascita dell'ordine dei Frati Predicatori. Atti del XLI convegno storico internazionale. Espoleto: Centro italiano di studi sull'Alto Medioevo, 2005.

FOREVILLE, R. *Storia dei concili ecumenici.* DUMEIGE, G. (org.). Cidade do Vaticano: Libreria Editrice Vaticana, 2001, v. 6.

Francesco d'Assisi e il primo secolo di storia francescana. Turim: Einaudi, 1997.

Frate Francesco d'Assisi. Atti del XXI convegno internazionale. Espoleto: Centro italiano di studi sull'Alto Medioevo, 1994.

GRÉGOIRE, R. *La vocazione sacerdotale. I canonici regolari nel Medioevo.* Roma: Studium, 1982.

Istituzioni monastiche e istituzioni canonicali in Occidente (1123-1215). Atti della settima settimana internazionale della Mendola. Milão: Vita e Pensiero, 1980.

La vita comune del clero nei secoli XI e XII. Atti della settimana internazionale di studio. Milão: Vita e Pensiero, 1962.

L'eremitismo in Occidente nei secoli XI e XII. Atti della seconda settimana internazionale di studio. Milão: Vita e Pensiero, 1965.

MACCARRONE, M. La "cathedra Sancti Petri": da simbolo a reliquia. *Rivista di Storia della Chiesa in Italia* 39 (1985), 349-447.

MALECZEK, W. Da Innocenzo II a Innocenzo IV. Il papato del XII e XIII secolo tra "Urbs" e "Orbis". In: DE ROSA, G.; CRACCO, G. (orgs.). *Il Papato e l'Europa.* Soveria Mannelli: Rubbettino, 2001, 141-175.

MERLO, G. G. *Nel nome di san Francesco. Storia dei frati minori e del francescanesimo sino agli inizi del XVI secolo*. Pádua: Editrici Francescane, 2003.

PARAVICINI BAGLIANI, A. Innocenzo IV. In: *Dizionario biografico degli italiani*. Roma: Istituto della Enciclopedia Italiana, 2004, 62, 435-440.

SOMMERLECHNER, A. (org.). *Innocenzo III: urbs et orbis. Atti del congresso storico internazionale. Roma, 9-15 settembre 1998*. Roma: Istituto storico italiano per il Medioevo, 2003, v. 1-2.

TABACCO, G. *Spiritualità e cultura nel Medioevo. Dodici percorsi nei territori del potere e della fede*. Nápoles: Liguori, 1993.

ZERBI, P. Riflessioni sul simbolo delle due spade in san Bernardo di Clairvaux. In: ALBERZONI, M. P. et al. (orgs.). *Ecclesia in hoc mundo posita*. Milão: Vita e Pensiero, 1993, 387-409.

capítulo sétimo
Mudanças estruturais, religiosidade, cultura, heresia e ortodoxia entre os séculos XI e XIV

28. A organização eclesial, a arte, o culto e a liturgia

1. Entre o início do século XII e o fim do século XIV **a organização da Igreja no território** italiano — e nos demais territórios da Europa — conheceu uma notável evolução, em particular no que dizia respeito às igrejas que se gloriavam de direitos de administração dos sacramentos. Não podendo definir o fenômeno nas várias regiões da Europa, detemo-nos sobre o que ocorreu na península italiana, esclarecendo que em outros lugares os fenômenos descritos a seguir ocorreram com seus próprios tempos e características.

Na Itália, já a partir do século IV, ao lado das igrejas citadinas, presididas pelo bispo, foram nascendo nos campos igrejas rurais (cap. 3, item 11.3). O fenômeno afetou mais a Itália centro-setentrional do que a centro-meridional, onde alguns bispos tinham se estabelecido progressivamente também em pequenos centros esparsos pelo território, mais facilmente acessíveis a toda a diocese; desse modo, a Itália do sul foi caracterizada pela multiplicação de dioceses e, portanto, por uma fragmentação administrativa, um aspecto que caracterizará o sul até a época moderna. No centro-norte, porém, onde as dioceses ficaram numericamente limitadas e centradas nos grandes *municipia* da época imperial, necessidades pastorais e de culto levaram ao nascimento de muitas freguesias na *campanea*, longe dos centros citadinos, (cap. 3, item 11.2): tratava-se de circunscrições pastorais e depois também administrativas presididas por um padre (arcipreste), o qual administrava na própria igreja os sacramentos para toda a sua circunscrição. Os leigos tinham a vantagem de não precisarem mais se deslocar — com frequência — até a distante sé episcopal para a missa dominical e, em geral, para a recepção dos sacramentos. O padre era, portanto, uma espécie de vigário do bispo radicado no território rural. Por sua vez, dentro do território da freguesia, que podemos estimar com um raio médio não superior a uns dez quilômetros, havia outras igrejas, ou seja, capelas rurais (com frequência denominadas *títulos*): elas, porém, não tinham funções sacramentais ou as tinham um tanto reduzidas; em todo caso, nessas igrejas não se podia administrar o batismo nem mesmo simplesmente sepultar os mortos, dependendo em tudo da freguesia.

De modo análogo, nas cidades-sede de um bispo não existia somente a igreja matriz ou a catedral, mas com o tempo tinham nascido também outras igrejas-capelas citadinas; costumeiramente, dentro dos muros ou no subúrbio imediato, essas igrejas tinham, como os *títulos*, reduzidas funções pastorais e sacramentais e estavam estreitamente sujeitas ao controle do bispo e do clero da catedral.

A expansão demográfica registrada a partir do século XI, junto com outros fatores não apenas religiosos, mas também econômicos, sociais e culturais, levou ao delineamento de um lento processo que teve consequências, entre os séculos XI e XV, primeiramente sobre as igrejas citadinas, depois sobre as rurais e, por fim, também sobre as dos vales. As igrejas sem direitos sacramentais começaram a se apropriar de tarefas que antes cabiam à catedral ou às freguesias esparsas pelo território. Assim, a cura de almas transferiu-se gradualmente do clero da catedral e dos vários arciprestes respectivamente para as capelas citadinas e para os *títulos* rurais, dando vida a um **sistema paroquial** que caracterizará e marcará profundamente a organização diocesana da Idade Média tardia e da era moderna. Para as igrejas citadinas, o processo que se concluiu com a conquista definitiva da administração ordinária do batismo já havia muitas vezes terminado no fim do século XIII, ao passo que para as igrejas dos vales alpinos o fenômeno continuou até pelo menos o fim do século XV. O vínculo e a dependência em relação à igreja matriz (catedral ou freguesia) estavam, todavia, sempre garantidos por uma série significativa de obrigações, até mesmo econômicas, que os titulares das paróquias tinham que respeitar, mas que na época moderna, com o passar do tempo, tenderão em geral a se reduzir a mera reverência honorífica para com o padre.

No exercício das próprias funções como responsáveis pela catedral, os bispos eram coadjuvados por muitos clérigos colaboradores, os cônegos, que formavam o **capítulo da catedral** (cap. 5, item 18.6). A partir do século XI, os capítulos em geral cresceram de importância; seus membros eram chamados de cônegos regulares, seguiam uma regra de vida comum e administravam em comum, e não de modo privado, os aspectos econômicos e patrimoniais; caso contrário, eram cônegos seculares. Ao lado dos cônegos simples havia dignidades ou cônegos com títulos e tarefas exclusivas, entre as quais destacava-se o mais importante, o arquidiácono ou arcipreste da catedral, segundo na diocese depois do bispo. Em particular, entre os séculos XI e XII, o arquidiácono uniu às tarefas pastorais de primeiro colaborador do bispo também os poderes administrativos e as prerrogativas jurisdicionais cada vez mais importantes. Podia presidir tribunais de primeiro grau, gerir investiduras e prebendas, impor taxas, presidir sínodos subdiocesanos, fazer visitas pastorais, em uma crescente autonomia e até mesmo em oposição ao bispo. No limiar do século XIII, os cônegos chegaram a tal relevância que podiam até mesmo obter certo direito de colaboração com o bispo no governo de toda a diocese, até porque com frequência eram expoentes das mais influentes famílias citadinas e suas prebendas eram de notável valor. Atritos, contraposições e em alguns casos choques entre capítulo e bispo tornaram-se constantes do século XIII até o Concílio de Trento (1545-1563). A fim de subtrair importância ao capítulo-catedral e ao arquidiácono em especial, pelo final do século XII os bispos começaram a introduzir a figura do **vigário-geral**, um representante do bispo com jurisdição sobre toda a diocese, com tarefas até de gestão do patrimônio e de administração da justiça episcopal.

Nos centros rurais mais significativos das dioceses, onde havia mais sacerdotes a serviço de uma igreja, podia nascer uma **igreja colegiada**, ou uma igreja servida por um grupo de sacerdotes que gozavam de uma prebenda retirada das doações do fundador do colegiado. O colégio ou capítulo era formado segundo o modelo dos cônegos da catedral, embora numericamente reduzido. Os cônegos tinham deveres em relação à participação nas funções litúrgicas, eventualmente na vida comum, seguiam uma regra e podiam ter também funções pastorais se a igreja, uma freguesia ou uma paróquia tivesse cura de almas.

Sempre em uma ótica de ajuda às funções administrativas e jurisdicionais do bispo, desenvolveu-se a figura do **bispo auxiliar**. Tratava-se originalmente de um bispo que, consagrado como titular de uma diocese situada em territórios conquistados por não crentes, em geral islâmicos (*in partibus infidelium*), e não podendo exercer sua jurisdição, adaptava-se a ajudar um bispo de uma diocese particularmente ampla ou populosa e articulada ou até a substituí-lo no caso de não residência do bispo diocesano. Era chamado também de bispo titular (ou seja, titular de uma diocese *in partibus infidelium*) ou sufragâneo (não, porém, com o significado de bispo diocesano submetido a um metropolita). Os bispos auxiliares, que desempenhavam uma tarefa semelhante à dos corepíscopos da Antiguidade e da Alta Idade Média (cap. 3, item 11.2), difundiram-se em especial a partir do século XI; a nomeação deles foi regulamentada e reservada ao papa por Clemente V no início do século XIV. No fim da Idade Média, tinham se tornado em várias dioceses uma instituição quase permanente, principalmente por causa das frequentes ausências do bispo diocesano.

Inserção 1
As associações do clero diocesano no desenvolvimento das paróquias e da *cura animarum*

Durante a Baixa Idade Média, o associacionismo ou a organização em grupo por parte de todos os que tinham algum interesse em comum nos campos mais variados (o tipo de trabalho, a condição de estudantes ou de docente, uma particular devoção ou atenção caritativa e assim por diante) foi muito difundido. Os sacerdotes diocesanos com cura de almas não foram exceção sob esse ponto de vista.

Com modalidades em parte paralelas às confrarias leigas (associações pias de leigos [item 31.1]), também os padres diocesanos se reuniam em associações com a finalidade de ajuda mútua. Na Antiguidade tardia e na Alta Idade Média já são documentados alguns livres colégios de clérigos, mas na Itália o fenômeno tomou força sobretudo a partir do século X, com um incremento notável no século XII e uma explosão no início da era moderna.

O motivo pelo qual o clero secular passou cada vez mais a se reunir em congregações foi principalmente a ajuda mútua. Antes de tudo, as associações cuidavam da salvação da alma, aspecto fundamental para o homem medieval: os confrades mortos tinham assegurado não somente um funeral digno, mas também, e sobretudo, missas e orações de sufrágio. E havia ainda um motivo mais nitidamente econômico: em geral, mais sujeitos a problemas econômicos do que os clérigos regulares e os religiosos, os padres diocesanos podiam contar também com a ajuda concreta que provinha de seu *status* de sócios. Por exemplo, se um associado doente não podia sair de casa para celebrar missa, geralmente a confraria de presbíteros lhe proporcionava o equivalente à oferta da missa, como se ela tivesse sido celebrada. Outra vantagem que não deve ser subestimada era a possibilidade de ser apoiado e patrocinado pela própria confraria em caso de diatribe com quem quer que fosse.

Segundo um censo decerto não completo, entre os séculos X e XI na Itália foram fundadas pelo menos vinte e duas associações clericais desse gênero, trinta e oito no século XII, vinte e uma no século XIII e outras tantas no século seguinte, dezesseis no século XV, e pelo menos trinta e seis no século XVI. Trata-se, portanto, de um fenômeno significativo, na verdade não só italiano, difundido nos grandes e pequenos centros citadinos e também no âmbito rural. Nos centros urbanos, na Itália entre o fim do século XI e o século seguinte, muitas capelas ou igrejas originariamente sem cura de almas e sem direito de administrar os sacramentos adquiriram com um lento processo prerrogativas paroquiais, subtraindo-as à igreja-mãe, fosse ela catedral ou freguesia. De fato, no século XIII a evolução nos centros urbanos estava concluída em muitas regiões da península, enquanto no âmbito rural o fenômeno teve início mais tarde e se prolongou, para algumas regiões montanhosas, até o limiar do século XVI. Isso explica por que, quer durante a lenta aquisição de direitos paroquiais, quer depois, era conveniente a muitos presbíteros dessas paróquias com cura de almas fundar uma associação ou dela fazer parte, talhada sob medida com base nas próprias necessidades e peculiaridades, a qual podia dialogar (e, se fosse o caso, opor-se sem temores reverenciais) com o bispo, com os padres, com o capítulo da catedral ou de igrejas colegiadas, mas também com Ordens religiosas e, enfim, com o poder secular.

O caso da *Fratalea cappellanorum* de Pádua (ver Rigon, *Clero e città*) é um exemplo de como uma dessas congregações se desenvolveu em uma grande cidade italiana, encruzilhada cultural de nível europeu, sede de uma grande diocese, centro de notáveis experiências religiosas e de vivas mudanças institucionais. Até o século XI, a única freguesia em Pádua era representada pela catedral e compreendia uma vasta circunscrição em um raio de cerca de dez quilômetros. A cura de almas era, portanto, do clero da catedral e de seu arcipreste; cabia a eles administrar os sacramentos, pregar, instruir o povo. As outras numerosas igrejas dentro do território da freguesia não tinham funções e direitos paroquiais; somente algumas gozavam de algum privilégio, mas não tinham ainda o elemento primeiro para a subsistência de uma paróquia: a administração do batismo. Entre os séculos XI e XII essa ordem tendeu a se transformar devido ao surgimento de "capelas" (com o significado de igrejas autônomas) que, em um lento processo, foram se apropriando de tarefas tradicionalmente próprias da freguesia. As motivações dessa transformação foram múltiplas: o crescimento da população paduana e sua densidade; a distância de algumas igrejas em relação ao centro da freguesia; as discórdias dentro da igreja paduana no período das querelas das investiduras. Assim, os capelães que governavam as capelas viram-se de fato investidos da cura de almas, tarefa que, como já se disse, antes cabia ao clero da catedral, até que no fim do século XII, com a definitiva conquista da administração ordinária do batismo, tornaram-se paróquias para todos os efeitos. Sabemos assim que no início do século XIV as igrejas da *civitas* paduana com funções paroquiais e limites definidos chegavam a vinte e oito.

Havia dois séculos, porém, já existia um sodalício entre esses capelães com cura de almas. De fato, subsiste em Pádua um forte nexo entre o nascimento das paróquias citadinas e o surgimento de uma congregação, a *Fratalea cappellanorum*, com finalidade de ajuda recíproca, que reunia sacerdotes e clérigos de igrejas citadinas com cura de almas. A agregação do clero paroquial à confraternidade, porém, nunca foi um ato óbvio ou automático, mas uma decisão pessoal: em 1308, por exemplo, os presbíteros de seis das vinte e oito igrejas paroquiais não faziam parte da *fratalea*, e se sabe que essa situação de fechamento se prolongou no tempo e até se acentuou em alguns períodos. Enquanto isso, a congregação do clero citadino paduano configurou todas as próprias finalidades: organismo contra os problemas econômicos, ao qual o clero secular estava mais sujeito do que o regular; confraternidade para a salvação da alma; associação de mútua assistência capaz de se pôr (se não de se opor ocasionalmente) diante não só do clero do capítulo da catedral ou do bispo, mas também diante dos monges da poderosa abadia de Santa Justina ou dos frades menores de Santo Antônio.

Sobretudo esse último aspecto, que ressalta a dimensão associativa, afirma a identidade e a dignidade da *fratalea*, na qual o padre citadino com cura de almas, imerso na vida da sua parte de povo de Deus, entra em profundo contato até com o tecido social citadino. De fato, de modo diferente do que ocorreu em outros países europeus, na Itália e particularmente em Pádua o clero diocesano secular não parece um corpo estranho à cidade, mas, embora distinto, está bem inserido no tecido social, capaz de dialogar com os leigos, com o clero regular, com o capítulo da catedral e com o poder político. Os sacerdotes da congregação paduana foram na Baixa e na Alta Idade Média um grupo coeso que conseguiu descobrir a autêntica vocação própria na ação apostólica e na cura pastoral dos fiéis. Para cumprir o próprio mandato, o pároco citadino da Alta Idade Média devia se manter distante das pulsões monásticas ou eremítico-penitenciais: somente assim podia descobrir a verdadeira essência própria.

Nota bibliográfica

BETTO, B. *Le nove congregazioni del clero di Venezia (secc. XI-XV). Ricerche storiche, matricole e documenti vari*. Pádua: Antenore, 1984.

RIGON, A. *Clero e città. "Fratalea cappellanorum", parroci, cura d'anime in Padova dal XII al XV secolo*. Pádua: Istituto per la storia ecclesiastica, 1988, v. 22: Fonti e ricerche di storia ecclesiastica padovana.

ROCCA, G. Per un primo censimento delle associazioni sacerdotali in Italia dal medioevo ad oggi. *Rivista di storia della Chiesa in Italia*, 64 (2010), 397-517.

> RONCHI, F. Scholae, Societates, Consortiae, Confraternite di preti a Milano. Panorama delle fonti. Prima parte (sec. XIV-XVI). In: *Ricerche storiche sulla Chiesa ambrosiana*. Milão, 2002, 20, 7-81; Seconda parte (sec. XVI-XVIII). Milão, 2005, 23, 5-135.

2. Na primeira fase da evolução da organização eclesiástica acima exposta, grande parte dos edifícios em questão foi definida pelo estilo românico, que na Europa centro-ocidental continuou a caracterizar também todo o século XII, quando atingiu seu máximo esplendor como testemunho de um século religiosa e culturalmente vivo. Em algumas regiões, a arquitetura românica apresenta características próprias, como em Veneza, onde é forte a influência bizantina, ou na Sicília, que se ressente da herança árabe. Na metade do século XII, porém, na França setentrional começam a se infiltrar na arquitetura românica elementos novos, como o arco quebrado, o contraforte, a abside poligonal e a abóbada de costelas, que indicavam o lento nascimento do estilo gótico. A difusão do novo estilo caracterizou o século XIII e conheceu seu maior êxito na Europa do centro-norte. A nova **arquitetura**, que recebeu impulso também das ordens mendicantes, exaltava o ímpeto para cima, quase como um desejo ardente do divino, tanto racional como misticamente; tanto que o gótico era interpretado como o novo estilo próprio da "escolástica" (item 29.4) e também da mística. Chegando à península italiana, a arquitetura gótica difundiu-se mais lentamente e perdeu parte de sua força dada pelo verticalismo, com poucas mas significativas exceções, como a catedral de Milão (iniciada nos últimos decênios do século XIV), muito próxima do gótico do Além dos Alpes. Todo o século XIV foi caracterizado pela arquitetura gótica (gótico maduro e depois tardio), mas enquanto Além dos Alpes o gótico continuou a se reproduzir por todo o século XV e até pleno século XVI (e além, na Inglaterra), na Itália, já no início do século XV, começava a se apresentar o novo estilo renascentista.

Com o gótico, escultura e pintura tiveram êxitos diferentes. Em geral a **escultura** permaneceu ligada à arquitetura e se desenvolveu sobretudo como decoração e acabamento das igrejas: pináculos, contrafortes, fachadas, portais, altares, púlpitos, fontes batismais, coros enchiam-se de estátuas e de relevos em pedra e em madeira que passavam a fazer parte da construção arquitetônica. Já no fim do século XIV, para Além dos Alpes o fenômeno chega a resultados não raros de exagerada ornamentação. Na Itália, a **pintura** é revolucionada por Cimabue (c. 1240-1302) e sobretudo por Giotto (c. 1267-1337), e encontra nas igrejas italianas amplo espaço para se expressar em numerosos ciclos de afrescos. Diferente é a situação Além dos Alpes, onde as igrejas góticas em geral não ofereciam paredes amplas para serem pintadas; a pintura então foi feita frequentemente em quadros (em tábua ou tela; retábulos) e em particular nos relativamente amplos vitrais coloridos, que com o gótico conheceram um período de esplêndido florescimento.

3. Durante o século XI pôs-se o foco no conceito de sacramento, enquanto no século seguinte se chegou a uma aceitação quase universal do número deles (sete **sacramentos**). A seguir, o IV Concílio Lateranense, em 1215 (cap. 6, item 25.5), examinou os sacramentos em diversas constituições; por exemplo, na constituição 1 (COD, 230), a propósito da eucaristia, foi introduzido o termo "transubstanciação", provindo da teologia escolástica, para explicar que sob as aparências do pão e do vinho havia a presença real do Corpo e do Sangue de Jesus Cristo; a constituição 21 (observe as palavras iniciais "*Omnis utriusque sexus*": COD, 245) prescreveu o dever da confissão anual e da comunhão pascal e foi uma das prescrições conciliares mais observadas nas épocas seguintes. Ao contrário, foi ineficaz a proibição dos matrimônios clandestinos e a obrigação das publicações nupciais (constituições 50-51: COD, 257-258), pois após três séculos e meio o Concílio de Trento deverá voltar a essa matéria; será exatamente o Tridentino que fará uma reflexão orgânica sobre os sacramentos, estimulado pelas doutrinas reformadas referentes a essa matéria (vol. III, cap. 4, item 15).

A partir do século XII, cada vez mais a eucaristia (ou *eucarestia*) foi distribuída aos leigos somente sob a espécie do pão e, enquanto aumentava a honra que se tendia a lhe reservar (elevação, a fim de que a simples visão pudesse ser salutar; prática de se ajoelhar durante a consagração; milagres eucarísticos desde o século XIII), a frequência à comunhão continuava muito baixa tanto entre os leigos como entre os presbíteros. Ainda o Lateranense IV, como foi dito anteriormente, teve de impor a confissão e a comunhão pelo menos uma vez ao ano, na Páscoa, deplorando ao mesmo tempo que os presbíteros raramente celebrassem a missa (eles celebravam também uma só vez ao ano e se chegava até a celebrar a *missa sicca*, ou uma missa sem a liturgia eucarística).

A confissão, no Ocidente quase que somente auricular, previa quase sempre penitências de tipo privado, embora a penitência pública tenha sido mantida em raros casos e, em geral, para pecados de forte relevância social. Continua também no século XIII, para depois se reduzir até desaparecer no início da era moderna, a confissão chamada leiga: a importância do sacramento fazia pressupor que, no caso de um fiel estar próximo da morte e não havendo à disposição um presbítero, a confissão pudesse ser aceita por um diácono ou até por um leigo. No batismo, desde o século XIII difundiu-se o rito da infusão, que, quase por toda parte, logo substituiu a imersão, até mesmo por motivos práticos; paralelamente, os batismos ocorriam cada vez mais perto do nascimento, sem esperar as festividades de Páscoa ou de Pentecostes, pois prevalecia o medo pela sorte do recém-nascido, que poderia morrer antes de ter recebido o batismo.

Durante a Baixa Idade Média, os **dias festivos** da Igreja universal foram aumentando notavelmente; ao lado deles, cada diocese e Ordem religiosa acrescentava um número significativo de festas próprias. No século XIV, diante de dioceses com dezenas e dezenas de dias festivos (excluídos os domingos), medidas não sistemáticas começaram a ser tomadas em âmbito local, fazendo com que a situação continuasse muitas vezes problemática até boa parte da era moderna. Entre as festas mais importantes introduzidas em toda a Igreja, estão o *Corpus Domini* (1264) e a Santíssima Trindade (1334). Surgiram muitas **festas em honra de Maria**. Já celebrada na segunda metade do século XIII pelos frades menores e em algumas Igrejas locais, no século seguinte a Visitação de Maria tornou-se uma festa universal. A Imaculada Conceição, que tem suas raízes na Alta Idade Média, difundiu-se lentamente a partir do século XI; na Itália, ela foi introduzida no século XIII, mas chegou a um caráter realmente universal somente na era moderna, e Pio IX definiu seu dogma em 1854 (vol. IV, cap. 4, item 25.1). No século XI nasceu e se difundiu a oração *Salve Regina*; também a **Ave-Maria** foi se definindo no século XII e sua recitação foi favorecida pelos frades pregadores. Além disso, a partir do fim do século XII fortaleceu-se lentamente em vários âmbitos de devoção mariana o piedoso costume do rosário (uma espécie de coroa de rosas oferecidas à Virgem), ou a recitação continuada de cinquenta, cem ou cento e cinquenta *Ave-Marias*, cuja invenção fora atribuída a São Domingos; mas somente entre os séculos XVI e XVII é que a *Ave-Maria* e a recitação do rosário adquiriram as características que possuem ainda hoje; uma festa própria foi instituída pelo papa Pio V após a vitória da frota cristã sobre a turca em Lepanto, em outubro de 1571 (vol. III, cap. 4, item 16.1). A oração do *Angelus Domini*, que compreende a recitação de algumas *Ave-Marias*, difundiu-se a partir do século XIV à tarde, depois pela manhã e na era moderna também ao meio-dia.

À ideia de festa e de reconciliação estão ligadas as **indulgências**. Elaborada entre os séculos XII e XIII, a doutrina das indulgências previa a remissão até total das penas temporais (a serem expiadas na terra ou no purgatório) resultantes dos pecados; isso era possível se já tivesse havido a remissão do pecado por meio do sacramento da confissão. Para "lucrar" uma indulgência, era necessário submeter-se a algumas práticas, como oração, jejuns, peregrinações, mas também serviam obras pias mais concretas, como esmola ou participação na construção de igrejas ou de outros edifícios civis úteis à comunidade, como as pontes, muito importantes, aliás, para favorecer as peregrinações. A ocasião para a concessão de uma indulgência muitas vezes era determinada pela construção ou consagração de igrejas, mosteiros, santuários, hospedarias e hospitais; as cruzadas (cap. 9, item 37) deram um notável impulso ao desenvolvimento e difusão do fenômeno, pois os cruzados, como tais, gozaram de uma indulgência total (plenária). Com o aumento do número e da importância, já no início do século XIII foi necessário regular a concessão de indulgências por causa dos abusos que aconteciam: o Lateranense IV (constituição 62: COD, 263-264) proibiu os prelados de conceder indulgências irrazoáveis e excessivas, que em qualquer caso não poderiam superar um ano de remissão e que em geral deveriam limitar-se a quarenta dias; além disso, por diversas razões, previa-se um maior controle sobre quem solicitava uma esmola em nome da Igreja. Já na metade do século, porém, Inocêncio IV concedeu que a indulgência plenária fosse lucrativa também sem a participação em uma cruzada, e seus sucessores aumentaram notavelmente as indulgências papais. No ano de 1300, com a instituição do Ano Santo, Bonifácio VIII deu a possibilidade de uma indulgência plenária e geral a todos os peregrinos que chegavam a Roma por ocasião do fim do século; o Ano Santo se daria a cada cinquenta anos e depois a cada trinta e três anos durante o século seguinte, para passar a um período de vinte e cinco anos a partir da metade do século XV.

29. A pregação, o culto dos santos e o desenvolvimento cultural

1. A **pregação**, que durante o renascimento carolíngio (cap. 4, item 14.1) tinha conhecido um momento favorável (uma obra significativa e de ampla difusão foi o homiliário que Paulo Diácono compilou com base em textos patrísticos, por estímulo de Carlos Magno), nos séculos seguintes, em particular como instrumento pastoral, conheceu um período desfavorável; somente na segunda metade do século XI, com a reforma gregoriana, é que retomou impulso, sempre diferente, porém: em latim para clérigos e monges, e nas línguas vulgares para leigos e classes menos cultas de religiosos. A pregação foi um momento fundamental da instrução religiosa do povo, numa época em que o ensinamento catequético dado pelo clero com cura de almas era uma exceção e a leitura da Bíblia em línguas vulgares era freada pela Igreja por temor de heresias. Todavia, as obras que tratavam da pregação, dando indicações, modelos, sugestões e exemplificações, eram redigidas sempre em latim, mesmo quando pensadas para uma pregação em língua vulgar ao laicato. Hugo de São Vítor dedicou notável atenção à pregação (c. 1096-1141); a escolástica se preocupou por elaborar uma teoria do sermão, o qual devia ser enfocado em um tema logicamente ordenado e artisticamente válido. Os momentos do ano litúrgico mais importantes para os pregadores foram o Advento e a Quaresma, com a Semana Santa em especial destaque.

Se desde sempre eram exigidas dos padres com cura de almas a pregação, e dos leigos a atenta escuta de uma das poucas partes da liturgia que eles podiam compreender por não ser em língua latina, foi somente a partir do século XIII, graças às Ordens mendicantes, que se desenvolveu uma pregação pensada de maneira específica para o povo. **Santo Antônio de Pádua** (1295-1331) esteve entre os primeiros grandes pregadores da Ordem dos menores: teólogo refinado, capaz de atrair às suas pregações multidões imensas de pessoas, deixou uma coleção de sermões em latim que devia estar na base dos seus sermões em vulgar. Os textos que nos chegaram, porém, longe de serem cativantes, são muito complexos, o que depõe a favor da importância das capacidades pessoais do pregador, além do apelo que exercia sobre as multidões o poder taumatúrgico daquele que se tornou "o Santo" por antonomásia. Entre os grandes pregadores dos séculos XII a XIV podem ser lembrados Bernardo de Claraval (Clairvaux) (1090-1153), Bertoldo de Regensburg (1210-1272), Boaventura de Bagnoregio (Bagnorea) (c. 1220-1274), Domingos Cavalca (c. 1270-1342), Iacopo Passavanti (c. 1302-1357) e Gerard Groote (1340-1384).

Apesar da preparação atenta que os pregadores deviam ter, pelo menos em teoria, não faltaram **exageros da pregação** no que diz respeito quer ao conteúdo, quer às modalidades expositivas. Com frequência, diante de um público culto de clérigos, os pregadores preferiam homilias muito elaboradas que expunham as controvérsias entre diversas escolas teológicas ou os ásperos contrastes doutrinais que caracterizavam a relação entre as várias Ordens mendicantes e muito mais. Essas investidas furiosas afetavam a bondade da pregação, que muitas vezes pecava até por frequentes bizantinismos, subdividindo uma problemática em casos e subcasos, e por um uso desmedido de figuras de retórica. Na pregação ao povo, porém, o risco era o de cair no simplismo e na leviandade, com a utilização excessiva de lendas, anedotas e até de piadas pouco adequadas à situação. Também Dante, no canto XXIX (vv. 103-125) do *Paraíso*, escrito por volta de 1315-1320, estigmatiza os muitos fuxicos que de cá e de lá se gritam nos púlpitos ("*quante sì fatte favole per anno / in pergamo si gridan quinci e quindi*"), ou tem em vista os pregadores que narram bisbilhotices ao mundo ("*al mondo ciance*"), com chistes e piadas sem graça, desde que riam ("*pur che ben si rida*") a tal ponto que o capuz do pregador se encha de vaidade. Mas, continua o poeta, se o vulgo pudesse ver o diabo que se aninha justamente sob seu capuz, dar-se-ia conta de qual confiança pode gozar "la perdonanza" (indulgência) prometida por tal pregador; infelizmente, tanta estultícia crescera a tal ponto que a fé cega nas indulgências fez acorrer muitos fiéis a qualquer promessa, mesmo claramente infundada, de qualquer pregador. Também João Boccaccio, no *Decameron*, em diversas ocasiões ataca a credulidade do populacho e, sobretudo, a argúcia mal utilizada de pregadores que se aproveitavam disso (ver, por exemplo, a figura do frei Cipolla, VI dia, 10).

2. A nova situação política italiana do século XII, com o nascimento dos municípios e uma tendência cada vez maior à urbanização (cap. 6, Inserção 2 – *A Igreja e as novas instituições de governo das cidades e dos municípios na Europa*), já havia determinado algumas mudanças no **culto dos santos**; impressiona o fato de que a figura do santo protetor citadino, desde sempre presente, agora era lida em função da autonomia do próprio município e com forte valor cívico. Em outros contextos, o lançamento de um novo culto ou o relançamento de um culto anterior podia ser em função de uma entidade (mosteiro, episcopado, santuário) que necessitasse de um instrumento seguro para a própria reavaliação depois de um período difícil, por exemplo. Outro elemento de grande novidade foi a introdução, no final do século XII, da **reserva pontifícia**, entendendo com isso o fato de o papa ter avocado a si o direito último de decisão em questão de santidade, depois de um processo de canonização sob seu estrito controle (cap. 6, item 25.4). Portanto, não eram mais os bispos, os abades, as Ordens religiosas ou as igrejas particulares que reconheciam e promoviam de modo isolado um culto para depois geri-lo e controlá-lo; consequentemente, um sistema milenar de reconhecimento da santidade — com base na *vox populi* e nas ações do povo, do clero, de religiosos e poderosos locais — era desmontado por um sistema centralizado, codificado cada vez mais pelo direito canônico e caracterizado por processos predeterminados que davam um peso notável aos fatos milagrosos.

Outro passo na difusão do culto dos santos, com características parcialmente diferentes das tradicionais, foi realizado entre os séculos XIII e XIV pelas Ordens mendicantes em uma sociedade que ainda estava em rápida transformação. Os novos valores éticos partilhados e a serem imitados eram a pobreza (mas sempre unida a uma nítida obediência, para não causar suspeitas de heresia) e a humildade, aplicadas à vida de todos os dias; enfim, enquanto os processos papais de canonização davam importância a elementos excepcionais, como os milagres, era evidenciada nesse caso uma sensibilidade diferente, atenta à valorização de uma espécie de ascese do cotidiano, potencialmente ao alcance de todos, inclusive de leigos, homens e mulheres. Esses novos modelos de santidade deram impulso não só à canonização de novos santos, mas também à reinterpretação de cultos multicentenários mediante a reescrita de textos hagiográficos que atualizavam a santidade, unindo-a às novas necessidades.

Tiveram grande participação nos temas da pregação as **vidas dos santos**, que, junto com toda a produção hagiográfica, conheceram um período de esplendor entre os séculos XIII e XIV. Aos modelos de santidade da Alta Idade Média (mártires, confessores, viúvas, virgens, bispos, abades e abadessas, monges e monjas, eremitas, soberanos) juntaram-se lentamente outros (frades, sacerdotes com cura de almas, leigos...), resultando em um número crescente de santos a serem venerados. O generoso Homobono de Cremona († 1197) foi o primeiro santo expressamente leigo, comerciante e casado, a ser canonizado em 1199 por Inocêncio III, que o definiu como *"vir pacificus"*: o modelo de santo nobre (que na prática fazia parte do âmbito da cavalaria e, portanto, era considerado *bellator*, ou seja, "combatente") era acompanhado por aquele do santo generoso e pronto a ajudar os necessitados. Isso não diminui o fato de que muitas vezes os hagiógrafos, ainda para toda a Idade Média e era moderna, tendessem a nobilitar as origens do santo em questão, geralmente bem baixas e desconhecidas; em todo caso, ficou cada vez mais fácil ser reconhecido como santo se pertencesse a uma família nobre.

Ao lado das coletâneas abreviadas de vidas dos santos, destinadas à pregação com diferentes resultados e que conheceram o ápice na *Legenda aurea* do dominicano Jacopo de Varazze, bispo de Gênova (c. 1228-1298), os **libelli miraculorum** também tiveram ampla difusão. A narrativa de fatos prodigiosos por obra de um santo estava sempre presente nas vidas e, em alguns casos, com seções especialmente dedicadas ao tema; por motivos particulares, porém, podia acontecer de, reduzida ao mínimo a parte biográfica, o texto resultante se tornar uma coletânea de milagres. O objetivo desses textos podia ser múltiplo. O abade de Cluny, Pedro, o Venerável (c. 1094-1156), por exemplo, escreveu um *Liber de miraculis*, tanto para reagir a uma tendência contemporânea que negava os milagres quanto para relançar o papel da sua abadia e da sua ordem depois de um período problemático (cap. 6, item 24.2). A partir do início do século XIII, tiveram incremento tanto libelos dedicados às obras extraordinárias de um santo quanto as coletâneas de milagres realizados por mais santos; desse modo, um material interessante era fornecido para a pregação itinerante típica das novas Ordens mendicantes, e se favoreciam também os novos processos de canonização romana que previam o reconhecimento de milagres.

Inserção 2
A nova hagiografia do século XIII

As duas principais Ordens mendicantes, os menores e os pregadores (cap. 6, item 26), desde seus primórdios deram atenção particular à pregação. Essa urgência pastoral derivava de muitas motivações, mas para os dominicanos representava sobretudo um modo de combater a heresia e todas as tendências heterodoxas, enquanto para os franciscanos o objetivo primeiro era levar a palavra de Cristo capilarmente e de modo facilmente compreensível para o povo.

Assim, portanto, as modalidades de pregação das duas Ordens inicialmente foram diferentes. Nascidos em ambiente clerical (Domingos era um cônego reformado), desde o início os frades pregadores impregnaram a pregação com modelos latinos e de cultura superior, lutaram de modo programático contra a heresia, tornaram-se mediadores entre sua cultura tradicional e a vida municipal dos leigos. Já os frades menores nasceram precisamente na sociedade do município e, por uma escolha precisa, não fizeram uso inicialmente da cultura clerical, mas se apropriaram do estilo oratório dos leigos, o do discurso político que não conhecia exegese, *divisiones* e *rationes*, mas que utilizava muito o imediato, o tom bem popular e os temas políticos ligados à vida do município, como a paz. Com a clericalização da Ordem, então no tempo do ministro geral Boaventura de Bagnoregio (segunda metade do século XIII), essa técnica mudou, a pregação deles tornou-se mais semelhante à dos dominicanos, os próprios menores se tornaram autores de refinados textos para a pregação, como *artes praedicandi*, sermonários e coletâneas de *exempla*.

Eram várias as tipologias de instrumentos para formar quem devia pregar e para lhes fornecer sugestões e material. O *exemplum* era uma breve narrativa tida como verdadeira e destinada a ser inserida num discurso mais amplo para convencer o auditório a respeito de alguma coisa. Os *libelli miraculorum* eram, porém, coletâneas de milagres, uma espécie de prontuário de acontecimentos extraordinários ocorridos por intercessão de um santo depois de sua morte; particularmente difusos eram os *libelli* que continham milagres atribuídos a Maria. Talvez o mais difundido e útil instrumento para os pregadores da Baixa Idade Média tenha sido, porém, o legendário, um texto cujo nome se deve a seu conteúdo, as *legendae* ou, latinamente, "os textos a serem lidos", portanto sem o significado de texto mais ou menos inventado que adquiriu o italiano. No âmbito hagiográfico, trata-se de uma coleção de vidas de santos, eventualmente com uma seção dedicada aos milagres, que não tinha destinação litúrgica, embora alguns textos tenham sido tirados e inseridos na liturgia das horas. Tratava-se de uma coleção com finalidades culturais e espirituais, mas era também uma mina de ideias e sugestões para qualquer um que desejasse pregar.

Por volta do segundo quarto do século XIII, porém, começou a ser divulgado um novo tipo de legendário, chamado legendário abreviado ou, como citam alguns códices, *Passionale novum* ou *Legenda nova*. As *Legendae novae* nasceram no mesmo período em que diminuía a produção dos legendários de velho estilo, para ir ao encontro de novas exigências a que estes últimos não conseguiam mais responder adequadamente. De fato, foram duas as novidades das *legendae novae*: as coleções eram formadas por textos redigidos *ex novo* e a característica principal deles era serem breves. Além disso, os manuscritos que continham eram habitualmente de formato relativamente reduzido, para facilitar o transporte frequente e ser pouco cansativo.

Outra peculiaridade dos legendários abreviados está no fato de que, com muita frequência, não foram obras anônimas, e por isso foram geralmente copiadas com o devido respeito à integridade. Não por acaso, a maior parte dos autores de *Legendae novae* foram frades pregadores: de onze textos deste tipo que remontam ao século XIII, bem sete foram obra deles.

Entre os primeiros abreviadores de vidas de santos, houve um personagem importante em sua época que, depois da sua morte, porém, em geral foi esquecido: Bartolomeu de Trento. Muito provavelmente, ele nascera no último decênio do século XII em Novacella, no Tirol do sul, ou proximidades; em Novacella, na escola do mosteiro dos cônegos regulares de Santo Agostinho, realizou os primeiros estudos. Depois, não se sabe quando, atraído pela nova Ordem, passou a fazer parte dos frades pregadores. Não conheceu pessoalmente São Domingos, mas assistiu em

Bolonha à trasladação do corpo do fundador da Ordem, ocorrida em 24 de maio de 1233. Muito ativo dentro e fora da Ordem, também como diplomata, teve oportunidade de conhecer diretamente alguns dos personagens mais significativos de seu tempo, como o beato Guala, frade pregador e bispo de Bréscia; Pedro de Verona, grande orador e inquisidor, também dominicano, morto mártir entre Barlassina e Seveso (Monza-Brianza) em 1252 por um grupo de heréticos; Santo Antônio de Pádua; o beato Jordano, segundo mestre geral da Ordem dominicana; muitos bispos e cardeais; e também Inocêncio IV, que, no mesmo dia de sua eleição (25 de junho de 1243), encarregou precisamente Bartolomeu de uma missão de paz, levada a termo sem sucesso, junto a Frederico II em Benevento (cap. 6, item 27.2).

Seguramente entre os anos trinta e quarenta desse século, o frade trentino viajou muito e, justamente por ser chamado muitas vezes a pregar, essas viagens devem tê-lo convencido da necessidade de poder contar com um texto de vidas de santos para a pregação, simplificado, adequado também para os sermões destinados aos leigos, de onde haurir exemplos e protótipos de vida santa, e que não fosse volumoso, para poder ser transportado na sacola com certa facilidade.

Foi assim que, a partir dos anos quarenta do século XIII, ele escreveu em várias redações o *Liber epilogorum in gesta sanctorum* (*Livro das vidas abreviadas referentes aos feitos dos santos*), um dos primeiríssimos exemplos de lecionário abreviado, além de um *Liber miraculorum beatae Mariae virginis*.

Frei Bartolomeu morreu em Trento, por volta da metade do século XIII, enquanto sua obra gozava de certa fama, pelo menos dentro de sua Ordem. Mas cerca de dois decênios depois, outro dominicano, Jacopo de Varazze (c. 1228-1298), bispo de Gênova, escreveu uma coleção de vidas de santos que, sendo mais funcional para o programa da Ordem de São Domingos e de acordo com as novas diretrizes, tornou-se o texto patrocinado pelos frades pregadores e foi transmitido como a *Legenda aurea*, ou a coleção de vidas de santos por excelência. Foi esse texto que na Idade Média tardia e em todo o século XVIII na Europa, e depois no resto do mundo cristão, gozou de tal sucesso que foi — junto com a *Imitação de Cristo* (vol. III, cap. 2, item 6.1) — provavelmente o segundo, perdendo apenas para a Bíblia, em número de cópias manuscritas e impressas. Desse modo, a obra de Bartolomeu, bem como a dos outros primeiros abreviadores de vidas de santos, caiu irremediavelmente no esquecimento, derrotada pelo êxito da *Legenda aurea* de Jacopo de Varazze.

Nota bibliográfica

Fontes

Bartolomeu de Trento. PAOLI, E. (org.). *Liber epilogorum in gesta sanctorum*. Ed. crítica. Florença: SISMEL, Edizioni del Galluzzo, 2001.

Iacopo da Varazze. MAGGIONI, G. P. (org.); STELLA, F. (trad. it.). *Legenda aurea. Con le miniature del Codice Ambrosiano C 240*. Texto crítico e comentado. Florença-Milão:

SISMEL, Edizioni del Galluzzo-Biblioteca Ambrosiana, 2007, v. 20: Edizione nazionale dei testi mediolatini.

Jean de Mailly. MAGGIONI, G. P. (org.). *Abbreviatio in gestis et miraculis sanctorum, Supplementum hagiographicum. Editio princeps*. Florença: SISMEL, Edizioni del Galluzzo, 2013.

Estudos

CECCON, S. Modalità di *abbreviatio* nell'opera di Bartolomeo da Trento: l'esempio della *Vita Sancti Prosdocimi*. Civis 59 (1996), 87-101.

_____. Per il Corpus delle opere di Bartolomeo da Trento. In: GOBBI, D. *Florentissima proles eccleasiae. Miscellanea Hagiographica, historica et liturgica Reginaldo Grégoire O.S.B. XII lustra complenti oblata*. Trento: Civis, 1996, 79-93.

DONDAINE, A. Barthélémy de Trente o.p. *Archivum Fratrum Praedicatorum*, 45 (1975), 79-105 (GOBBI, D. [trad. it.]. A. Dondaine. Bartolomeo da Trento domenicano, scrittore, diplomatico. *Civis* 8 [1984], 85-112).

GRÉGOIRE, R. L'agiografia nel secolo XIII. In: GOBBI, D. (org.). *Bartolomeo da Trento, domenicano e agiografo medievale*. Trento: Civis, 1990, v. 3: Biblioteca Civis, 11-20.

3. Também durante a Baixa Idade Média, os estudos superiores foram apanágio de um restrito círculo de pessoas, de clérigos ou religiosos na quase totalidade dos casos, os quais se formavam nas escolas catedrais, nos mosteiros e, a partir do fim do século XI, também nas nascentes universidades.

As primeiras **escolas monásticas** ou abaciais tinham surgido no Ocidente a partir do século VI e tinham se difundido no período carolíngio por vontade dos reis francos de dotarem cada mosteiro masculino com uma instituição cultural que preparasse de modo adequado os futuros religiosos (cap. 4, item 14.1). Continuaram a operar também entre os séculos XII e XIV, embora cada vez mais postas em crise pela urbanização, pela civilização dos municípios e pelos centros de estudo das novas Ordens mendicantes. As escolas monásticas podiam estar organizadas em escolas internas, destinadas à formação específica dos monges, e em escolas externas, frequentadas por clérigos e, em alguns casos, pelos leigos que queriam obter uma cultura superior. Especialmente em vista da exegese bíblica e da celebração correta da liturgia, o ensino não desprezava a cultura clássica, posta a serviço do saber cristão. Mais problemático foi o acesso a uma cultura superior para as monjas: mantidas sempre em clausura, não podiam frequentar escolas externas nem admitir professores dentro dos mosteiros, de modo que nos cenóbios femininos a possível formação dependia dos recursos humanos internos.

Analogamente às monásticas na Alta Idade Média, em algumas sedes episcopais tinham surgido **escolas catedrais** ou instituições nascidas para fornecer uma cultura superior ao clero diocesano; também foram difundidas e apoiadas pela reforma carolíngia, mas, diferentemente das escolas abaciais, entre o fim do século IX e início do XI conheceram um período de decadência, ao passo que nos séculos XI a XIII refloresceram no novo contexto urbano. Habitualmente de fundação episcopal, em alguns casos surgiram por obra dos cônegos da catedral ou em igrejas colegiadas não episcopais; um dos exemplos mais relevantes deste último caso é a escola que surgiu no colégio de São Vítor em Paris, de onde saíram importantes mestres de teologia, chamados "vitorinos", entre os quais se aponta como o primeiro Hugo de São Vítor (c. 1095-1141). Essas escolas tinham como principal objetivo dar sólida preparação ao clero também para a pastoral mediante uma formação superior, e em geral eram frequentadas por clérigos já consagrados. Ao contrário, a preparação básica de quem pedia para ser admitido à tonsura (corte de parte dos cabelos, símbolo de pertencimento ao clero) para ter acesso às ordens menores (hostiário, leitor, exorcista, acólito), e depois eventualmente às ordens maiores (subdiácono, diácono, presbítero), era adquirida de outro modo, com frequência nas igrejas paroquiais de origem do candidato, o qual, numa espécie de aprendizado a serviço do próprio pároco, aprendia as bases do latim (para compreender a Escritura) e da liturgia.

As escolas catedrais podiam se especializar no ensino de uma ou mais disciplinas, e os professores deviam ter a posse de uma *licentia docendi* que os habilitava. A partir do século XII essas escolas fizeram parte do dinamismo que levou à formação das universidades, o que quer dizer que se ao longo do tempo estas últimas suplantaram as escolas catedrais e as colegiadas, muitos elementos ligados ao ensino, ao pessoal e à organização dessas escolas estiveram na base e nas origens das universidades medievais. Por outro lado, as escolas catedrais e colegiadas continuaram a desenvolver um papel importante nas cidades distantes de centros universitários, e em particular nos países europeus em que as universidades se desenvolveram mais lentamente só entre os séculos XIV e XV.

A **crescente demanda de alfabetização** registrada na Europa citadina a partir do fim do século XI favoreceu o surgimento, nos centros urbanos, de instituições de formação médio-superior mais facilmente acessíveis também a leigos, a terciários e a clérigos com ordens menores ou que não pretendiam chegar às ordens maiores. Nasceram assim escolas nas várias chancelarias, escolas para a preparação dos escrivães, escolas citadinas leigas de formação para os filhos das famílias de comerciantes que procuravam uma preparação decididamente mais pragmática do que a que podia ser fornecida por uma escola monástica ou episcopal. Um maior número de centros citadinos pagava aos mestres que deviam fornecer um ensino básico às crianças; difundiram-se também os mestres liberais que, não sendo dependentes de nenhuma instituição, ofereciam instrução a grupos ou a indivíduos mediante pagamento.

No século XII verificou-se a seguinte tendência: em vez de serem concorrentes, alguns *magistri* capazes propenderam a se reunir para organizar melhor as próprias aulas e oferecer um leque mais amplo de disciplinas; desse modo, estava garantido um afluxo contínuo e notável de alunos e se superavam muitos aspectos de incerteza que o ensino de cada um comportava, enquanto o reconhecimento social caminhava *pari passu* com a estabilidade e o reconhecimento jurídico. Em alguns casos (mais raramente na Europa, mais frequentemente na Itália), os que se reuniram em associações foram os estudantes, que atraíram a si um número crescente de professores capazes. Surgiram assim os **studia generalia**, controlados pelas *universitates magistrorum* (associações de mestres) ou pelas *universitates scholarium* (associações de estudantes); daí o nome **universidades** na era moderna. Os "estudos gerais" distinguiam-se dos "estudos particulares" (como das escolas catedrais e dos colegiados) porque, além de fornecer uma preparação geral e de bem alto nível, forneciam — graças ao poder concedido quer por uma autoridade eclesiástica (os primeiros foram os bispos, depois, durante o século XIII, os papas estiveram cada vez mais envolvidos), quer por uma autoridade civil, inclusive reis e imperadores — um título de estudo reconhecido por toda parte, e o estudante que tinha terminado os estudos obtinha uma *licentia docendi* ("possibilidade de ensinar") que valia em qualquer lugar. Ao lado das primeiras universidades (Bolonha e Pádua na Itália, Paris na França, Oxford na Inglaterra) surgiram bem cedo no século XIII outros estudos gerais, muitas vezes por vontade de reis, imperadores e papas: no ano de 1300 já se contavam umas vinte universidades, as quais duplicaram no século seguinte, alcançando especialmente o mundo germânico e parte do eslavo.

4. Depois de ter examinado a evolução estrutural dos centros culturais, podem ser considerados os desenvolvimentos dos **métodos** e dos **conteúdos**

do ensino entre os séculos XI e XII. As sete artes liberais constituíam a base da metodologia escolástica herdada da Antiguidade, com a distinção entre trívio (gramática, retórica e dialética) e quadrívio (aritmética, geometria, astronomia e teoria musical). Enquanto as escolas dos mosteiros tinham valorizado sobretudo a gramática, em vista tanto da leitura e meditação da Sagrada Escritura (*lectio*) como das celebrações litúrgicas, especialmente mediante a recitação coral do saltério, as escolas dos capítulos das catedrais e das colegiadas, ou seja, as escolas urbanas, valorizaram a retórica e a dialética. Além disso, os estudos se ampliaram e se especializaram. Alguns centros enfatizaram o direito (como aconteceu em Bolonha a partir de 1130), outros, a composição de textos, ou seja, a *ars dictaminis* (como Orléans), outros ainda, a medicina, como ocorreu em Salerno e Montpellier. Para o estudo e o ensino da revelação cristã, o centro mais renomado tornou-se Paris, onde, sobretudo graças a Abelardo, que ensinou entre 1108 e 1141, foi privilegiado o método dialético, lançando **as bases da teologia propriamente dita**, caracterizada pelo estudo sistemático dos conteúdos fundamentais da doutrina cristã dentro de um sistema coerente. Enquanto no ensinamento monástico, para melhor meditar a Escritura (*lectio*), liam-se também seus principais comentaristas (ou seja, as *auctoritates*), como Orígenes, Santo Agostinho, São Gregório Magno — tendencialmente, contentamo-nos em aproximar as várias *auctoritates* —, nas escolas urbanas, ou seja, no ensino "escolástico", os professores as comparavam umas com as outras e penetravam nos significados profundos de seus textos, bem como dos textos da Escritura. Para isso, utilizavam a arte liberal que favorecia o raciocínio, ou seja, a dialética. Progressivamente, os raciocínios dos professores (ou seja, as *glossae* dos *magistri*) assumiram uma posição autônoma e preponderante, desenvolvendo-se em um instrumento pedagógico novo, a *quaestio*.

Com sua obra *Sic et non* (1134), Abelardo ofereceu um exemplo desse modo de proceder. Inicialmente hostilizado, porque considerado profanador do mistério de Deus (segundo proposta de São Bernardo, dezenove afirmações de Abelardo foram condenadas como heréticas pelo sínodo de Sens de 1141), depois seu método fortaleceu-se nas escolas. Chegou-se assim a formar uma série de textos que reuniam questões discutidas dentro das escolas (*quaestiones disputatae*), com o enfoque apresentado e as respostas dadas pelos mestres mais considerados. Um texto se impôs sobre todos, publicado em 1157 por Pedro Lombardo, professor de teologia em Paris (cidade da qual se tornou bispo), e intitulado *Sententiarum libri quattuor*, ou seja, *Sentenças* (seu autor é chamado *Magister sententiarum*). Foi o manual de teologia mais utilizado até o século XVI.

Um desenvolvimento análogo foi o do **direito canônico**, no qual, sob o estímulo da questão das investiduras (cap. 5, itens 21.3 e 21.6), foram descobertos e estudados muitos textos legislativos da tradição eclesial. Também nesse setor, a utilização da dialética deu espaço a uma série de comentários para a compreensão e a aplicação dos textos jurídicos. Entre os comentários, impôs-se o composto pelo monge camaldulense Graciano por volta de 1140 em Bolonha, onde havia a melhor escola jurídica. Ele se dedicou à descoberta do direito romano e selecionou cerca de quatro mil trechos tirados do *Código* de Justiniano (cap. 2, item 5.1), bem como do Antigo e do Novo Testamento e dos Padres da Igreja, das decretais pontifícias e dos cânones de concílios; ele pôde assim chegar a uma ampla coletânea, na qual procurou dirimir as aparentes contradições entre os diversos cânones e deixar claras as reais; isso explica o título de sua obra, *Concordia discordantium canonum* (acordo dos cânones discordantes), depois conhecida simplesmente pelo nome *Decretum*. Graciano propôs — fato inovador naquela época — um comentário dos textos e suas próprias soluções interpretativas das aporias apresentadas pelo material reunido (cap. 6, item 22.4). Desse modo, facilitou-se a elaboração de uma teoria do direito, distinguindo-o claramente da teologia e da literatura. O *Decretum Gratiani* foi considerado por muitas gerações o texto de referência da ciência jurídica, tanto que seu estudo ocupou um grupo especializado de juristas chamados "decretistas".

Importante foi uma decisão do Lateranense III de 1179. O cânon 18 (COD, 220) fixa duas medidas: a primeira é a obrigação de toda catedral (portanto, de todo bispo) de garantir um benefício, ou seja, um estipêndio, a um cônego dedicado ao ensino, que devia ser gratuito "aos clérigos da mesma igreja e aos alunos pobres" (o cânon inclui nessa decisão "outras igrejas ou mosteiros em que no passado algum benefício tivesse sido destinado a esse objetivo"); a outra medida prevê que a licença de ensinar teologia a quem tiver os requisitos para obtê-la seja concedida gratuitamente pela autoridade competente, que naqueles anos era habitualmente o chanceler episcopal.

5. Outras medidas semelhantes às do Lateranense III foram adotadas pelas autoridades eclesiásticas, em particular pelo papado, para apoiar e, ao mesmo tempo, controlar o **florescimento cultural concernente ao século XIII**. Uma característica desse renascimento foi a organização do ensino em diversas faculdades. A faculdade básica, que devia ser frequentada por seis anos antes de passar para as outras, era a das artes, estruturada sobre o trívio constituído de gramática, retórica e dialética (filosofia). Em seguida, podia-se ter acesso às faculdades — apresentadas em ordem crescente de importância — de medicina, direito civil, direito canônico (chamado também "decreto", a partir do texto de referência constituído pelo *Decretum Gratiani*) e teologia, considerada a *regina scientiarum*. As etapas da carreira escolar constituem outro aspecto próprio da organização das escolas urbanas como foram constituídas na primeira parte do século XIII. Após seis ou sete anos, o estudante tornava-se bacharel; depois, eram necessários de seis a oito anos (mas o dobro para teologia) para chegar à *licentia docendi* em uma das outras quatro faculdades; em seguida, após já ter tomado parte do ensino, adquiria-se o título de *magister*; enfim, somente os mais capazes chegavam a ser doutor ou mestre regente. As provas para chegar a cada grau eram as *disputationes*, o que significava enfrentar publicamente uma *quaestio* ou mostrando saber explicar os argumentos aprendidos do próprio mestre (para o bacharelado) ou defendendo uma argumentação própria (para os outros dois graus).

Dois outros destaques específicos devem ser dados à faculdade de teologia. Primeiro, os clérigos que a frequentavam tinham em geral acesso a postos-chave em Roma. É documentado que os papas Inocêncio III, Gregório IX, Inocêncio IV, Clemente IV e Gregório X frequentaram os cursos universitários, bem como boa parte dos cardeais. Para o episcopado, a situação muda de acordo com a região, pois muitos bispos ingleses tiveram uma formação superior, em menor número na França, poucos na Itália, na Península Ibérica e na Germânia. Ao contrário, no século XIII era raro um simples padre ter acesso à formação universitária. O segundo destaque específico sobre o ensino da teologia diz respeito à universidade de Paris, porque, de um lado, ela teve a tarefa de tomar a defesa da ortodoxia e, de outro, foi considerada o modelo de referência para o estudo da teologia. Quanto a esse segundo aspecto, em 1245 Inocêncio IV incentivou os monges de Claraval a frequentá-la, e no ano seguinte indicou Paris a Roberto Grossatesta como modelo para organizar os exames.

O modo de fazer cultura firmado nas universidades permitiu enfrentar positivamente o desafio lançado pelo **confronto com as obras de Aristóteles comentadas pelos pensadores árabes**. Depois de 1150, escritos aristotélicos sobre física, metafísica, psicologia, ética e política foram traduzidos do árabe para o latim, sobretudo na Espanha (em Toledo e em algumas cidades do vale do Ebro), graças à colaboração de judeus de língua árabe e clérigos castelhanos, como o arquidiácono de Segóvia, Domingos Gundissalvi. Além de serem traduções imperfeitas, aos textos de Aristóteles eram unidas as glosas, ou seja, os comentários dos pensadores árabes, como Al Farabi († 950), Al Gazali († 1111), e sobretudo Avicena († 1037) e Averróis († 1198). Mestres de teologia provenientes dos Mendicantes (que de maneira maciça passaram a fazer parte dos âmbitos universitários durante o século XIII), ajudaram a dar esclarecimentos, ou seja, a distinguir o pensamento genuíno de Aristóteles e a interpretação dos comentaristas árabes.

Isso ocorreu no contexto da discussão da presença dos frades pregadores e dos menores no mundo universitário. De fato, pouco depois da metade do século XIII em Paris os mestres provenientes do clero secular, como Guilherme de Sant'Amore, contestaram por duas vezes a presença de uma escola de teologia (o chamado *studium*) gerida pelos Mendicantes. Todavia, essas contestações não frearam a tentativa, na qual os Mendicantes tiveram parte preponderante, de lançar as bases de um aristotelismo cristão, fazer, por assim dizer, síntese entre a filosofia antiga e o dogma cristão; em particular, este é o mérito do dominicano Alberto Magno (que ensinou teologia em Paris e em Colônia), do franciscano inglês Roberto Grossatesta, que ensinou em Oxford, e do dominicano flamengo Guilherme de Moerbecke, autor de uma correta tradução latina de diversos tratados aristotélicos. O mérito de Tomás de Aquino (1221-1274), pertencente aos frades pregadores, é de ter construído sobre essas bases uma síntese teológica que mantém juntos o dogma, as reflexões dos mais importantes pensadores cristãos e a filosofia aristotélica. Essa síntese teológica está contida de maneira orgânica na **Summa theologiae**, escrita entre 1266 e 1273 (período em que Santo Tomás ensinou antes em Roma, depois em Paris, e enfim em Nápoles) para ser o manual do ensino teológico, como até então o tinham sido as *Sentenças* de Pedro Lombardo.

A síntese de Tomás foi provocada também pelo chamado averroísmo latino, que teve adeptos sobretudo na faculdade das artes. Segundo esse enfoque, que remontava à interpretação que Averróis tinha feito de Aristóteles, a filosofia era considerada um saber total que englobava as ciências profanas. Além disso, filosofia e teologia eram tidas como bem distintas, pois as conclusões da reflexão filosófica dizem respeito ao que é naturalmente possível, ao passo que a reflexão fundada na fé se refere a realidades que vão além do que é naturalmente possível. Tomás, porém, valorizou ao máximo a reflexão filosófica e, ao mesmo tempo, coordenou filosofia e teologia, de modo que a filosofia se tornasse preparação para a reflexão teológica, e a teologia oferecesse acabamento à reflexão filosófica. Os averroístas consideraram que isso significaria fazer depender a filosofia da teologia (*philosophia ancilla theologiae*), porquanto queriam garantir a autonomia da reflexão filosófica.

Em 1270, estando ainda vivo Santo Tomás, Estêvão Tempier, bispo de Paris, condenou treze teses averroístas. Uma nova condenação foi infligida em 1277, quando Santo Tomás estava morto havia três anos. Na condenação de 1277 foi atingida de modo especial a doutrina que Tempier denominou doutrina da própria verdade, de que era acusado, entre outros, Sigieri de Brabante, o principal representante dos averroístas em Paris: "Eles afirmam que algumas coisas são verdadeiras segundo a filosofia e não segundo a doutrina católica, como se existissem duas verdades contrárias, como se a verdade das Sagradas Escrituras pudesse ser negada pela verdade dos textos dos pagãos que Deus condenou" (in Vauchez — Parravicini Bagliani, 778). A condenação de 1277 foi interpretada também como reprovação à tentativa de Santo Tomás de valorizar o mais possível a filosofia. Por isso, foi lançado sobre ele um descrédito, que, todavia, não comprometeu sua contribuição e utilização cada vez mais apreciada no ensinamento da teologia.

Uma corrente que remontava a Agostinho pôs-se como alternativa ao averroísmo e à síntese de Tomás. Henrique de Gand, João Peckham, Boaventura (os últimos dois eram frades menores) e Roberto Kilwarby (um frade pregador) privilegiaram o papel do *affectus* em relação ao do *intellectus*, especialmente para o conhecimento de Deus. Em particular, nas principais obras de Boaventura (*Breviloquium* e *Itinerarium mentis ad Deum*) são oferecidos os elementos para a procura da união com Deus num êxtase, ou seja, numa superação da inteligência e da vontade para entrar em comunhão com ele. A raiz dessa perspectiva é a convicção de que Deus e o homem estão ordenados um para o outro, porque o homem é animado por um impulso fundamental para o exemplar, Jesus Cristo, de quem é a imagem. Sobretudo por meio da contemplação, que envolve afeto e vontade, dos sofrimentos e da vida de Cristo, essa orientação dinâmica do homem pode se realizar desde esta vida, chegando, mediante o arroubo místico, à comunhão com Deus. Desse modo, São Boaventura (que se tornara mestre geral da sua Ordem, promovido a cardeal em 1273 e morto no mesmo ano de Santo Tomás, ou seja, em 1274, quando estava em Lião para o concílio [cap. 8, item 32.3]) e aqueles que estavam alinhados com ele viram-se em acordo com um bom número de religiosos e de leigos que, fora dos ambientes universitários, aspiravam à experiência direta de Deus, capaz de transformar a vida. Desse modo, eram interceptadas correntes (por exemplo, os espirituais do movimento franciscano ou aqueles que se reportavam a Joaquim de Fiore, bem como os "apostólicos" de Gerardo Segarelli, apresentados no item seguinte) que traziam mudanças profundas da cristandade ocidental, contribuindo para a superação da época medieval.

30. Do pauperismo às heresias com as respostas da Igreja (o nascimento da Inquisição)

1. O termo **pauperismo** deriva do latim *pauper* (pobre) e indica uma situação de indigência quase total à qual esteve sujeita a contragosto grande parte da população europeia até o limiar da era contemporânea. A partir do novo milênio, indivíduos e grupos de pessoas estimulados por fortes motivações religiosas propenderam cada vez mais à pobreza voluntária, que era vista não mais como maldição divina e condenação social, mas como aproximação a Cristo e à doutrina evangélica. Com efeito, a pobreza já era um dos votos da vida religiosa, mas se aplicava a cada monge e não à Ordem monástica em geral; se teoricamente o supérfluo devia ser dado aos pobres ou por eles ser utilizado, na realidade isso ocorria somente em parte, e muitos mosteiros viviam numa opulência que destoava tristemente com a indigência das populações locais. Também entre os séculos XI e XIII muitos episcopados representavam não somente centros de poder, mas também instituições detentoras de luxuosos patrimônios.

Contra a tendência a uma descarada riqueza, que diversos prelados e instituições cristãs ostentavam, levantaram-se alguns personagens que, de dentro da Igreja e professando-lhes sempre obediência apesar de momentos de forte tensão, tentaram fazer as instituições eclesiásticas voltarem a uma maior coerência evangélica. Entre eles, podemos lembrar São Romualdo (c. 952-1027), fundador de Camaldoli, e seu discípulo espiritual São Pedro Damião (1007-1072), cardeal-bispo de Óstia a partir de 1057, um dos personagens mais representativos e reformadores dentro da Cúria romana (cap. 6, itens 24.4-5); temos de ter presente também que São Bernardo e os cistercienses criticaram o fausto da experiência monástica cluniacense e optaram por uma aplicação da Regra beneditina fundada na pobreza, na simplicidade, no essencial (cap. 6, item 24.7). Nesse contexto situa-se o monge e místico Joaquim de Fiore (c. 1130-1202), cujo pensamento, porém, deu lugar a muitos contrastes e condenações: teorizou o início de uma nova era, a do Espírito Santo, que aliás devia se caracterizar com a purificação da hierarquia eclesiástica. Suas ideias foram retomadas depois de sua morte também por correntes dominicanas e franciscanas que visavam a uma plena aplicação das regras de pobreza das Ordens mendicantes para uma reforma da Igreja universal, que poderíamos definir primeiramente moral.

Muitos fermentos de renovação entre os séculos XI e XII não permaneceram, porém, no seio da ortodoxia, mas se caracterizaram por tendências heréticas. Por **heresia** (do grego *hairesis*, escolha) se entendem posições doutrinais erradas referentes a aspectos fundamentais da fé. Mas se, em geral, as heresias que caracterizaram a Antiguidade tardia foram de caráter teológico (negações ou erros no âmbito trinitário e cristológico, como o arianismo ou o monofisismo) e se na Alta Idade Média tinha havido casos de heresias somente esporádicos e limitados, as frequentes heresias da Baixa Idade Média se caracterizaram também e principalmente como **heresias eclesiológicas**, uma vez que não reconheciam ou contestavam a estrutura institucional da Igreja formada ao longo dos séculos. Com efeito, muitos hereges da Baixa Idade Média recusavam a estrutura fortemente hierárquica da Igreja, os privilégios de bispos e Ordens religiosas, o primado do papa, e também a impossibilidade por parte dos leigos de pregar, ler e interpretar livremente a Bíblia, ou contestavam a primazia das tradições eclesiais e do direito canônico sobre as normas evangélicas. Com frequência, nesses grupos heréticos o limite entre ortodoxia e heterodoxia não era facilmente definível e identificável; assim, muitos movimentos pauperistas, e não só eles, se desenvolveram inicialmente com a desconfiança da Igreja local, para serem depois declarados heréticos; em alguns casos, tentou-se com sucesso recuperá-los à plena ortodoxia, enquadrando-os em geral em Ordens religiosas já existentes ou lhes permitindo operar somente depois de ter recebido uma regra e sob o estrito controle da hierarquia, à qual se demonstrava uma obediência indiscutível.

As heresias que se difundiram em quase todas as regiões europeias entre os séculos XI e XIV eram, portanto, em geral antieclesiásticas e de caráter popular, no sentido de que frequentemente encontravam os próprios adeptos nas camadas médio-baixas da sociedade, as quais, por sua vez, não raramente toleravam benevolamente esses movimentos ou até, em alguns casos, os apoiavam abertamente. Além disso, temos de lembrar que também a simonia (venda de cargos eclesiásticos) e o concubinato do clero eram normalmente indicados e definidos com o termo heresia. Por difusão e duração, as principais heresias foram as dos cátaros e valdenses; a seguir conheceremos, entre outros numerosos personagens e correntes de tendência herética, algumas das experiências mais significativas.

2. Os **patarinos** pertenceram a um movimento popular de reforma religiosa e política nascido em Milão na segunda metade do século XI, para se difundir depois em muitos centros da área lombarda (cap. 5, item 21.1). A pataria, cujo nome talvez derive de um termo milanês que indica o coletor de trapos, propunha uma reforma moral do clero e sua rígida disciplina. Bem articulado, o movimento teve início com a pregação do diácono Arialdo; este não somente condenava simoníacos e concubinários, mas julgava também inválidos os sacramentos administrados por eles, como o matrimônio contraído por um presbítero. O movimento, que logo teve êxito reunindo o descontentamento de muitos em relação ao clero milanês, teve grande participação nos complexos episódios da época ligados à eleição do metropolita de Milão, com intervenção também do papado e do Império. No final do século, o estímulo da Reforma gregoriana que ia se firmando fez com que parte do movimento voltasse à plena comunhão com a Igreja ambrosiana; desde então, o termo patarino indicou grupos minoritários de extremistas contestadores, considerados em geral heréticos.

Pedro de Bruys († 1133), um sacerdote suspenso devido às ideias que andava pregando, foi ativo em várias regiões francesas. Negava a necessidade da missa, do batismo das crianças, da hierarquia eclesiástica, dos edifícios litúrgicos, enfatizando, porém, uma relação somente interior com Deus. Atacado em sua pregação por Pedro, o Venerável, abade de Cluny (cap. 6, item 24.2), parece que foi queimado vivo pelo povo, que o lançou na fogueira que ele próprio havia preparado para queimar a cruz, que detestava; mas suas ideias continuaram a se difundir, tanto que uma cruzada contra seus seguidores foi anunciada (1145). Também foi influenciado pelas ideias de Pedro o monge cisterciense de provável origem italiana **Henrique** (cap. 6, item 22.3), o qual, depois de várias vicissitudes, foi preso pelo bispo de Arles. Mas foi solto sob a condição de que entrasse para um mosteiro; ele, porém, continuou sua pregação em Toulouse, onde foi novamente preso e morreu.

Arnaldo de Bréscia († 1155), cônego regular de sua cidade, culto e requintado, tinha estudado também com Abelardo. Tendo começado a ensinar, foi criticado por São Bernardo, devido às suas ideias de inspiração evangélico-pauperista; foi a Roma, onde surgira um município livre depois da expulsão do papa. Ali Arnaldo encontrou terreno fértil para suas ideias (crítica à hierarquia eclesiástica, à sua riqueza e suas imoralidades), com o sonho de um renascimento da Roma imperial. O imperador Frederico Barbarroxa, porém, não só não aceitou essa tese como, considerando Arnaldo um perigo para a Igreja e sobretudo para a sociedade, para si mesmo e para a ordem constituída, em singular sintonia nesse ponto com o papa Adriano IV, mandou prender Arnaldo, que foi enforcado e seu corpo queimado, sendo suas cinzas esparramadas de modo tal que ninguém pudesse fazer delas, como relíquias, objeto de veneração.

Os **humilhados** representaram um movimento religioso de caráter evangélico-pauperista formado inicialmente por leigos, com frequência casados, que viviam pobremente, reuniam-se para a oração comum e pregavam publicamente (cap. 6, item 25.4). Surgido em várias cidades lombardas na segunda metade do século XII, o movimento suscitou admiração popular, mas reservas por parte do clero; tanto que em 1184 Lúcio III excomungou, junto com os valdenses, os pertencentes e esse movimento, porque eles não quiseram renunciar à pregação pública. No início do novo século, Inocêncio III tentou com sucesso a recuperação dos humilhados, conseguindo afastar da órbita valdense boa parte do movimento; permitiu a pregação, mas depois de tê-los disciplinado e organizado em três ordens: a primeira, de religiosos (homens e mulheres); a segunda, de leigos não casados, que tinham vida em comum e deviam se manter castos; a terceira, de leigos casados, que seguiam uma espécie de regra de vida. Difundidos em toda a Itália, durante o século XIII os humilhados se clericalizaram cada vez mais, pois a primeira ordem absorveu a segunda, enquanto a terceira se extinguiu devido à concorrência das ordens terceiras dominicanas e franciscanas, capazes de responder de modo mais adequado às necessidades de religiosidade dos leigos.

Não tendo conseguido entrar para os frades menores, a partir de 1260 o iletrado **Gerardo Segarelli** († 1300) dedicou-se à pregação itinerante, sem aprovação eclesiástica, dando vida a um movimento que, inspirado na Igreja das origens, viu os próprios adeptos se denominarem "**apostólicos**". A inconsistência teológica das afirmações de Gerardo era evidente ao clero, mas teve ampla aceitação da sociedade leiga da época; rígida penitência, crença no advento de uma nova era do Espírito, rejeição de toda forma de riqueza e crítica à hierarquia foram os pontos firmes da sua catequese. Preso em 1294, foi mantido no cárcere até 1300, quando foi lançado à fogueira como herético. Foi então que Dolcino Tornielli († 1307), conhecido como **frei Dolcino** e seguidor de Gerardo havia uma década, colocou-se como chefe do movimento dos apostólicos, autoproclamando-se apóstolo e profeta. Iniciando sua pregação por Bolonha, imprimiu ao movimento uma aceleração em sentido extremista, com rejeição total à hierarquia, mas também à propriedade. A urgência da conversão devia-se aos tempos agora maduros: mundo e Igreja tinham entrado na quarta e última era, caracterizada pelo retorno às origens apostólicas. O sucesso que Dolcino encontrou e a periculosidade que representou desde cedo para o papado e o Império deram motivo à sua eliminação, de modo que Clemente V anunciou em 1306 uma cruzada contra os dolcinianos, que, depois de terem estado no Trentino, tinham se dirigido a Valsesia. A expedição foi concluída com a prisão de Dolcino e de muitos seguidores dele: em 1307, em Vercelli, o herético foi terrivelmente torturado, mutilado e, enfim, queimado vivo. Sobre seu fim pesou não somente a rebelião contra a Igreja da época, mas também os sentimentos viscerais de revolta social que animaram grande parte do seu movimento.

Foram significativos também os episódios de dois leigos, um homem e uma mulher, que depois da morte foram por alguns anos venerados como santos antes de serem declarados heréticos pela Igreja. **Hermano Pungilupo** († 1269) era um leigo casado, cidadão de Ferrara, de condições modestas, que tinha dedicado boa parte de sua vida a obras de caridade. Após sua morte, o corpo foi levado para a catedral, onde o povo e os cônegos começaram a venerá-lo como santo. Bem cedo começaram a circular boatos de milagres realizados por ele; por isso, seus restos foram colocados numa capela, em um antigo sarcófago recuperado. O culto vingou, atraindo muitos peregrinos, enquanto os *ex-votos* eram colocados na capela, trazendo a ele novo incremento. Bem cedo, porém, um frade dominicano inquisidor deu-se conta de que em 1254 Pungilupo tinha sido investigado e processado por heresia como cátaro, mas por ter abjurado tinha sido libertado. Desde então, porém, argumentava o inquisidor, teria se comportado aparentemente de maneira ortodoxa, mas na realidade seus sentimentos ocultos teriam permanecido os de um cátaro, como demonstravam indícios e meias-provas que o perspicaz inquisidor ia reunindo. Mas o povo e os cônegos de Ferrara não quiseram saber disso e, depois da excomunhão por parte do inquisidor, apelaram a Gregório X; o papa se convenceu das boas razões dos cônegos e retirou a excomunhão, permitindo que o culto continuasse.

Esses episódios se arrastaram ainda por muito tempo, pois o inquisidor não se rendeu e continuou a reunir provas, cedendo depois a tarefa a seu sucessor; os anos passavam e a questão permanecia parada. De um lado, os dominicanos apoiavam os inquisidores, que consideravam a figura de Pungilupo fora dos esquemas. Para eles, tratava-se de um leigo, e ainda por cima casado, que pregava e praticava a pobreza sem estar filiado a nenhuma Ordem religiosa, e na opinião deles isso certamente o tornava perigoso; e se fosse levada em conta a convivência anterior com os cátaros, a qual para os inquisidores tinha continuado às escondidas mesmo depois de 1254, é claro que os elementos para definir Pungilupo como herético eram mais que suficientes. De outro lado estavam, porém, não só o povo ferrarense, mas também os cônegos da catedral, que não podiam ser facilmente tachados de ignorância e depravação, visto que com o bispo representavam a elite dos clérigos diocesanos.

Passaram-se trinta anos antes que o caso fosse resolvido; consciente do perigo que representava um culto nascido espontaneamente e que crescera em conflito com a Inquisição, de matriz mais ou menos pauperista e imputável de contatos com o movimento cátaro, em 1301 Bonifácio VIII decidiu condenar *post-mortem* Hermano como herético. Apesar da oposição do clero local e dos tumultos citadinos que Azzo VIII d'Este, senhor da cidade, conteve com dificuldade, o corpo de Pungilupo foi exumado e queimado, e suas cinzas foram jogadas no rio Pó; ao mesmo tempo, o sarcófago e os embaraçosos *ex-votos* foram destruídos numa *damnatio memoriae* que devia acabar com qualquer possibilidade de cultos futuros e desencorajar também os seguidores mais ferrenhos.

Semelhante sob alguns aspectos à história de Hermano é a de **Guilhermina**, chamada **a Boêmia** († c. 1282), mulher que chegara a Milão com um filho na segunda metade do século XIII. Aí pregou, afirmando ser uma enviada por Deus e prevendo uma era no futuro próximo caracterizada pelas mulheres, inclusive no campo eclesiástico. Não muito depois de sua morte, seu corpo foi trasladado para uma capela da igreja na abadia de Claraval, às portas de Milão, onde atraiu peregrinos e foi objeto de culto. Seus seguidores (guilhermitas) deram continuidade à sua pregação, levando-a certamente ao extremo, atribuindo a Guilhermina origens divinas, chegando a considerá-la a encarnação feminina do Espírito Santo. A Inquisição se interessou rapidamente por essa história, fazendo prender e interrogando os principais seguidores, constatando pesados erros teológicos e uma vontade de substituição da hierarquia eclesiástica, inclusive do papa, que deveria ter uma mulher como sua sucessora. Muitos investigados acabaram na fogueira; o corpo de Guilhermina foi exumado, queimado e suas cinzas dispersas. Seu mito ainda durou por muito tempo, muitas vezes de modo oculto, em um contexto oficial agora de explícita condenação.

Foram emblemáticos os episódios na vida de frei **Miguel de Cesena** (1270-1342), que, depois de ter chegado à direção da Ordem dos frades menores, foi deposto e excomungado por dupla culpa: primeiro, por ter insistido na absoluta pobreza pregada pelos apóstolos (com o embaraçante corolário de consequências que isso comportava); depois, por não ter obedecido ao papa João XXII, o qual, tendo-o convocado em Avinhão para esclarecimentos, viu o franciscano fugir e se refugiar na casa do imperador Luís, o Bávaro, em luta contra o papa (cap. 8, item 35.3). Foi um caso evidente de como o afastamento da Igreja podia ter na base problemáticas teológicas, mas também e com mais frequência, eclesiológicas e políticas.

3. Tornando-se mais compreensíveis, no contexto acima traçado situam-se os dois grupos heréticos mais importantes entre os séculos XII e XIII. Antes de tudo, devem ser considerados os **cátaros** (do grego *katharoi* = puros), que representaram a heresia que mais se difundiu e que, junto com a valdense, talvez tenha sido a que mais dor de cabeça tenha dado à Igreja e à Inquisição. O movimento sectário que se julgava depositário de uma pureza doutrinal e moral não mais praticada pela Igreja oficial apresentou-se à cena europeia na metade do século XI. Muito se discutiu sobre as supostas origens desse movimento e muitas foram as hipóteses formuladas; pode-se afirmar, todavia, que o rigorismo que sempre caracterizou os cátaros derivava provavelmente das influências de seitas da Europa oriental, e, em particular, dos bogomilos; certamente no movimento estavam presentes ressonâncias gnósticas e dualistas; também a interpretação literal das passagens evangélicas influenciou muito a radicalização do movimento na metade do século XII e contribuiu para sua expansão.

Os cátaros difundiram-se principalmente pela Itália setentrional e pela França meridional; nesta segunda região eram chamados também de **albigenses** (nome derivado da cidade de Albi, uma de suas fortalezas). Em 1170 realizaram em Toulouse um concílio organizativo, no qual, aliás, decidiram se estruturar em dioceses presididas por bispos; enfim, uma verdadeira Igreja alternativa à de Roma. Entre os aspectos doutrinais principais havia uma concepção de fundo dualista, com a negação da livre vontade e da ressurreição da carne e com o desprezo total pelo mundo material; o único sacramento era o *consolamentum*, uma espécie de batismo. Os adeptos se dividiam em dois grupos: o primeiro era o dos perfeitos, chamados também de apóstolos, que deviam observar rigorosamente muitas normas, entre as quais se abster de relações sexuais e de se alimentar de carne; entre eles é que se escolhia a hierarquia. O segundo grupo, muito mais numeroso, era formado pelos simples fiéis, que em geral permaneciam obsequiosos externamente à Igreja e às suas práticas, aspecto que tornava difícil a identificação deles como heréticos. Somente às portas da morte é que eram obrigados a pedir o *consolamentum*.

No fim do século XII, o sucesso dos cátaros preocupou o papado, que tentou uma obra de persuasão, quer por meio da pregação (entre outros, na Languedoc, operou nesse sentido São Domingos [cap. 6, item 26.2]), quer com iniciativas diplomáticas junto ao conde Raimundo VI, de Toulouse (1194-1222), que, embora não aderindo expressamente ao catarismo, o apoiava sobretudo em função antifrancesa; com efeito, o rei da França, Filipe II Augusto (1180-1223), fazia pressão pelo controle da região meridional, na qual a língua e a cultura provençal (língua d'*oc*, do modo como era dito o termo "sim") estimulavam à separação do núcleo originário do reino da França, ou seja, o centro-norte da França — estava em vigor aí a língua d'*oil* (o modo de pronunciar o "sim" naqueles territórios; daí deriva o atual *oui*). A situação se degenerou quando o legado papal, o cisterciense Pedro de Castelnau, foi morto por um oficial de Raimundo (1208); Inocêncio III excomungou então o conde Raimundo VI e promulgou (1209) uma cruzada aquém-mar contra os cátaros. A sangrenta expedição, amplamente ajudada por Filipe II, fez uma chacina entre os heréticos, mas ao mesmo tempo deu um duro golpe na cultura provençal, enquanto o conde foi obrigado a fugir, voltando à posse de suas propriedades somente depois, mas notadamente enfraquecido.

Nesse ínterim, o Lateranense IV (1215) tinha decretado (constituição 3) que os vassalos de um senhor considerado herético podiam ser liberados do juramento de fidelidade. O novo conde de Toulouse, Raimundo VII (1222-1249), graças a algumas operações militares favoráveis, conseguiu por algum tempo pôr termo à perseguição aos cátaros, mas teve de ceder em duas frentes. Isso significava que, de um lado, Raimundo permitisse que o papado pusesse em prática a Inquisição na região de Toulouse e, de outro, se submetesse ao rei da França, cedendo-lhe também territórios. A cruzada podia assim se considerar concluída (1229). Raimundo morreu sem filhos homens; sua filha Joana casou-se com o irmão do rei da França, Luís IX, o Santo (1226-1270), e assim a coroa francesa anexou a si o condado de Toulouse, decretando a lenta supremacia da língua e da cultura francesa d'*oil* sobre a provençal d'*oc*, destinada a um irreprimível declínio.

O segundo grupo herético que se distinguiu na cristandade entre os séculos XII e XIII teve na própria origem a personalidade de Valdésio (depois mais conhecido como Valdo), morto por volta de 1207. Era um cidadão de Lião, um rico comerciante, casado, que ficara profundamente impressionado com a leitura em uma tradução provençal de algumas passagens das Escrituras centradas na pobreza e no seguimento de Cristo. Para seguir o ideal evangélico, nos anos setenta do século XII doou seu patrimônio aos pobres e começou a pregar publicamente, logo fazendo muitos seguidores. O arcebispo de Lião proibiu aos **valdenses** (que depois foram chamados também de "**pobres de Lião**", de seu lugar de origem) qualquer atividade de pregação, inclusive por causa da posição deles em questões de fé e de moral; o recurso de Valdo ao papa Alexandre III por ocasião do Lateranense III (1179 [cap. 6, item 22.6]) permitiu a retomada da atividade, mas com algumas limitações que logo não foram respeitadas. A consequência foi que em 1184 Lúcio III excomungou definitivamente o movimento formado principalmente por leigos, mas também por clérigos e religiosos.

O movimento passou então à clandestinidade, desenvolvendo-se em especial na França meridional e no noroeste da Itália, onde os valdenses eram também conhecidos como "pobres lombardos". As sucessivas tentativas da Igreja conseguiram recuperar a ortodoxia somente em parte do movimento. Valdo morreu entre 1205 e 1207; seu mais eminente herdeiro, Durando de Osca, depois de uma disputa com Diego, bispo de Osma, e com monges cistercienses, em 1207 intuiu a possibilidade de ver reconhecidos os elementos essenciais da fé pregada. Em 1208 o papa Inocêncio III comunicou a Durando e a seus companheiros a confirmação da sua ação religiosa; nasceu assim a Ordem dos pobres católicos (*pauperes catholici*). Nesse ínterim, a viva seção italiana do movimento quis maior autonomia e chegou a se separar dos valdenses de Além dos Alpes, acentuando as diferenças inclusive teológicas com a Igreja católica e opondo-se a ela. O movimento na península, em particular em alguns vales piemonteses (Val Pellice, Val Chisone, Val Germanasca), sobreviveu com dificuldade à Inquisição, e no século XVI se inseriu na Reforma protestante, tornando-se uma Igreja reformada, cuja presença e ação chegou até nossos dias (ver vol. III, cap. 5, Inserção 1 – *Os valdenses na Itália*).

4. Já a partir da metade do século XII ia ganhando espaço na Igreja a ideia da necessidade de uma ação pelo menos em parte coordenada e complexa contra todos os numerosos movimentos heréticos que, ao se desenvolverem com rapidez em várias regiões da Europa, mas em particular na Itália do norte e no sul da França e Germânia, exigiam uma intervenção ao mesmo tempo urgente, organizada e metódica para serem enfrentadas. As primeiras respostas às cada vez mais aguerridas e prolíficas seitas heterodoxas partiram dos bispos, em uma fase inicial que se pode definir como diocesana da **Inquisição** (de *inquirire*, investigar, pesquisar) no fim do século XII. Com Alexandre III (1159-1181) tinha havido indicações nesse sentido; Lúcio III (1181-1185) tinha promulgado em 1184 a decretal *Ad abolendam*, com a qual dava ordem explícita aos bispos para que investigassem pessoalmente ou por meio de delegados, uma ou duas vezes por ano, os suspeitos de heresia. Além disso, de acordo com o imperador Frederico Barbarroxa, o poder civil (chamado "braço secular") devia prestar sua ajuda e executar as condenações infligidas pelos bispos, as quais podiam comportar até a pena de morte. A novidade está precisamente nisso: se desde a Antiguidade os heréticos eram no máximo postos a distância, excomungados, convencidos (ou talvez obrigados) a se fecharem em um mosteiro, a se submeterem ao jejum, à flagelação, somente a partir dos séculos XI e XII é que as penas foram se endurecendo, prevendo cada vez mais, embora não de modo sistemático, até mesmo o confisco de bens, o exílio, a detenção, segundo as decisões de concílios provinciais e sínodos diocesanos. O herético não só era expulso da comunidade cristã, mas corria o risco de marginalização; de fato, só com dificuldades cada vez maiores, em especial a partir do início do século XIII, é que o herético conseguia encontrar apoio, compreensão ou até mesmo a benévola indiferença entre a população.

Um significativo salto de qualidade foi dado pela Inquisição com Inocêncio III (1198-1216 [cap. 6, item 25]); convencido de que, para combater a heresia, em especial a dos cátaros na França meridional, era necessário um esforço mais coordenado e sistemático do que aquele que até então era defendido pelos bispos, o pontífice organizou a chamada Inquisição papal. Com a decretal *Vergentis in senium* (1199), definiu a heresia como crime de lesa majestade, e, consequentemente, o herético como um criminoso a ser perseguido. Em cada diocese, os inquisidores enviados pelo papa (primeiro em geral cistercienses, e depois frades menores e pregadores) deviam exigir a colaboração do bispo para instituir tribunais especiais que identificavam oficialmente os heréticos, embora sem denúncias particulares. Decerto, Inocêncio III adotou também outros tipos de medidas para combater a heresia: a pregação anti-herética, na qual se distinguiu São Domingos, com seus primeiros companheiros (cap. 6, item 26.2), o convencimento benévolo, o envio de legados papais, a recuperação de grupos de heréticos que reconheciam o primado pontifício e a hierarquia eclesiástica, o controle das consciências com a confissão anual obrigatória e outras medidas. Todavia, no fim de seu pontificado, Inocêncio III, durante o Lateranense IV (1215), fixou na constituição 3 (COD, 233-235) as linhas essenciais tanto da cruzada anti-herética quanto da Inquisição. Com efeito, ao prescrever as modalidades para a procura e o processo dos heréticos, o concílio estabeleceu o confisco dos bens e a cessão dos condenados ao braço secular, o qual deveria prover à punição mediante uma não mais bem especificada "*animadversio debita*", expressão já presente na bula de Lúcio III de 1184.

Nos anos seguintes, entre 1220 e 1230, a Inquisição entrou em outra fase de sua formação marcada pela autoridade temporal. Esta última não só aceitou as decisões pontifícias como as especificou. Particularmente importante foi a legislação estabelecida pelo imperador Frederico II. Em 1224 ele afirmou que a *animadversio debita* com a qual devia ser punido um herético não seria outra senão a fogueira. O recrudescimento da heresia levou os pontífices sucessores de Inocêncio III a outros passos em uma direção que hoje certamente deve ser considerada errônea. Gregório IX (1227-1241) manteve a pena da fogueira para os heréticos reincidentes e a prisão, até perpétua, para quem se retratava somente por conveniência. Em 1252, Inocêncio IV (1243-1254) introduziu a tortura como instrumento para obter com mais facilidade as confissões de heresia. A consequência da decisão de Inocêncio IV foi que muitos heréticos, verdadeiros ou supostos, ao não suportar a tortura ou até mesmo a simples ideia dela, estavam dispostos a confessar qualquer crime, tornando vã a procura da verdade judiciária.

A Inquisição teve a máxima expansão nos países latinos, enquanto foi menos ativa no resto da Europa. Durante os séculos XIV e XV estendeu as próprias competências, chegando a ver com interesse e reprimir outros comportamentos-crimes considerados fortemente problemáticos e desestabilizadores para a sociedade cristã, como a homossexualidade, a blasfêmia e os sacrilégios. Com frequência e como tais, também os judeus tiveram de se haver com os tribunais de inquisidores; acrescentem-se também os que praticavam magia, os alquimistas e sobretudo as "feiticeiras". Entre os séculos XV e XVI surgiram outros tipos de Inquisição, ou seja, a espanhola, a portuguesa e a romana, cuja configuração e cujos objetivos terão um estudo próprio no volume seguinte do *Manual* (vol. III, cap. 5, itens 23.6-7).

31. As confrarias leigas, as peregrinações e as hospedarias

1. Um fenômeno que caracterizou profundamente a sociedade da Baixa Idade Média foi a difusão ampla e capilar das *fraglie* (de "fratalia" ou "fratalea", ou seja, fraternidades) ou **confrarias de fiéis leigos**. Eram associações de fiéis leigos que se reuniam com objetivos religiosos e caritativos. Embora já presentes esporadicamente na Alta Idade Média, foi com as mudanças sociais dos séculos XII e XIII que as confrarias leigas começaram a se difundir em toda a cristandade ocidental, antes e mais numerosos nos centros urbanos, e depois também nos campos. Eram instituídas e em geral tinham sua sede nas igrejas paroquiais, mas também em igrejas de mosteiros, conventos, oratórios e capelas rurais. Entre os séculos XII e XIII, em geral seu objetivo era limitado ao âmbito religioso, pois ajudavam os associados na procura da salvação eterna, promoviam um culto proporcional aos leigos, oravam em sufrágio das almas de confrades falecidos. Depois a área do empenho deles foi se ampliando: a ajuda concreta em relação aos filiados indigentes ou em dificuldade; a caridade em determinado setor, como a assistência aos peregrinos, aos doentes, aos condenados à morte e aos órfãos, o resgate dos escravizados cristãos.

Em geral a participação em uma confraria era aberta, embora algumas *fraglie* se caracterizassem pela exclusividade dos participantes (somente nobres, mulheres, pertencentes a determinadas profissões e assim por diante). Geralmente, mas nem sempre, podiam se inscrever nas confrarias clérigos e religiosos, os quais, no entanto, eram nitidamente minoritários; muitos leigos devotos faziam parte ao mesmo tempo de mais de uma confraria e arcavam com os compromissos, até mesmo pecuniários, que isso comportava. Quem administrava as confrarias, com autonomia decididamente ampla em relação ao clero e aos religiosos, eram os próprios leigos, segundo estatutos que a confraria se dava autonomamente; trata-se de um dos não numerosos casos em que na Baixa Idade Média os leigos tinham uma discreta liberdade de agir em um âmbito de caráter religioso-devocional-caritativo. O título da confraria podia provir do culto promovido (por exemplo, Nossa Senhora das Dores, Trindade, Santo Antônio), do tipo de serviço desenvolvido (Misericórdia — assistência aos doentes; São Tiago — assistência aos peregrinos), de algumas características distintivas do hábito (encapados; brancos), ou depender de motivos ligados à tradição local.

Embora devendo aderir às normas estatutárias e respeitá-las, os confrades permaneciam leigos e não deviam professar votos ou adotar estilos de vida semelhantes aos religiosos; isso contribuiu para o êxito dessas formas associativas, de modo que nos últimos dois séculos da Idade Média o fenômeno das confrarias atingiu tal desenvolvimento que algumas delas, particularmente grandes e ricas, eram capazes de pesar significativamente no tecido social e de condicionar fortemente a vida política citadina. Os principais cargos, como o do prior ou do contador, eram motivo de prestígio, bem como de poder. Os bispos diocesanos iniciaram então um movimento para levar as confrarias para o controle mais direto deles, estimulados a isso também pelos poderes seculares (vol. III, cap. 2, Inserção 1 – *Confrarias e associações leigas afins*).

2. Presente desde os primeiros séculos da era cristã e continuado com altos e baixos na Alta Idade Média, o fenômeno da **peregrinação** cristã também conheceu um êxito crescente desde o início do novo milênio graças às novas condições socioeconômicas favoráveis da sociedade europeia ocidental. O peregrino, aquele que se põe a caminho (*viator*) para deixar as metas terrenas, embora temporariamente (casa, família, trabalho) e tender a uma meta que prefigura a definitiva, a celeste (o paraíso, ou melhor, a salvação da alma na casa do Pai), em geral era visto como uma pessoa em situação de necessidade que precisava ser ajudada na consecução de sua meta. Por isso, ao longo de muitos caminhos percorridos por peregrinos nasceram locais de abrigo, por vezes geridos pelas confrarias, dedicados a essa categoria particular de pessoas em busca de Cristo. O peregrino podia iniciar sua viagem sem ter feito nenhum voto, mas se tinha feito voto de partir para chegar a um lugar sagrado, no qual, por exemplo, eram conservadas relíquias ou se julgava ter havido aparições particulares e frequentes fenômenos de cura, então ajudá-lo era um dever de todo cristão.

Reconhecia-se o peregrino porque ele se vestia de acordo com certo costume: tinha sempre o bordão, um bastão especial de viagem, útil em várias ocasiões, até mesmo para defesa pessoal; na volta, com frequência trazia alguma coisa que certificasse ter atingido a meta, ou seja, um documento verdadeiro, dado pelo santuário, ou outros objetos, como um ramo de palmeira para quem voltava de Jerusalém ou a concha em leque (pente de Vênus), típica do Atlântico, para quem voltava de Santiago de Compostela. Existiam também os peregrinos de profissão; eles iam em peregrinação em substituição de um fiel que, depois de ter feito voto de partir, não era mais capaz de manter a palavra dada e procurava então um substituto, em geral mediante pagamento. De fato, se partir era relativamente simples, as dificuldades depois de longas peregrinações, os perigos e os incômodos da viagem tornavam a volta para casa nada simples. É por isso que na Itália, antes de partir, o peregrino costumava ditar seu testamento a um tabelião e a autoridade eclesiástica previa algumas garantias para os peregrinos e seus bens materiais e pessoais.

Os lugares-meta das peregrinações variavam muito. Havia santuários de caráter nitidamente local que atraíam exclusivamente peregrinos do lugar, os quais em geral em um só dia chegavam ao santuário e voltavam para suas casas; mas também um santuário local podia se tornar muito frequentado caso se configurasse como etapa com apoio logístico (mesmo se previa um desvio) ao longo dos percursos de peregrinação de grande raio, como a chamada **via francigena**, que, mais do que uma estrada, era um conjunto de caminhos frequentados por peregrinos que ligava o centro-norte da Europa a Roma. A igreja de Santa Maria d'Oropa, na província de Biella, que depois se tornou um dos principais santuários marianos alpinos, ou a igreja de Santa Maria in Forcassi, na província de Viterbo, que permaneceu por séculos um lugar modesto de culto, mas com hospedaria anexa para os peregrinos que se dirigiam a Roma ao longo da via Cássia, são dois possíveis exemplos dessa tipologia de santuário. Havia também santuários com um âmbito de atração regional; enfim, alguns lugares tiveram imensa repercussão.

No século XI, a meta mais desejada era Jerusalém, que depois da conquista por parte dos cruzados (cap. 9, item 37.3) e da sucessiva derrota permaneceu a grande meta ultramarina. O século XII viu uma pequena localidade da Galícia (Península Ibérica), Santiago de Compostela, chegar a ter um fluxo de peregrinos recorde: segundo a tradição, no século IX ali fora encontrado o corpo do apóstolo Tiago Maior, e três séculos mais tarde a fama do santuário não tinha rivais na Europa. O século XIII, porém, foi o século da retomada de uma peregrinação que, todavia, fora sempre viva, a peregrinação a Roma, onde, segundo a tradição, estavam sepultados os dois principais apóstolos, Pedro e Paulo, sem subestimar que também estava presente o sucessor de Pedro. A continuidade do alto fluxo de peregrinos nos séculos seguintes na cidade eterna foi garantida pela instituição do ano jubilar, ocorrida no dia 22 de fevereiro (festa da cátedra de São Pedro) de 1300, por decisão do papa Bonifácio VIII (cap. 8, item 33.3), uma ocasião única para garantir a salvação da alma. Naturalmente, também outros lugares e cultos foram motivo de relevantes peregrinações medievais; basta pensar nas peregrinações micaélicas, ligadas ao culto do arcanjo Miguel, ou ao culto das relíquias dos Reis Magos levadas de Milão a Colônia por Frederico Barbarroxa (cap. 6, item 22.5), ou aos muitíssimos santuários marianos que, numerosos desde o século XIII, caracterizaram a paisagem urbana e rural da Itália.

3. Ligado também às confrarias e às peregrinações está a **hospedaria medieval**. *Hospital* (do termo latino *hospes* — hóspede) era uma estrutura presente no Ocidente medieval desde a Antiguidade, quando a Igreja se encarregou de amparar e assistir os doentes em um contexto de desagregação das estruturas civis de assistência. A sacralidade do hóspede ou do estrangeiro, mas de modo mais geral de quem se encontrava em situação problemática por vários motivos, era para o homem medieval não somente um dever de matriz evangélica, mas também uma herança da cultura clássica greco-latina e, sob alguns aspectos, também da nórdico-germânica.

A partir do século XI a velha tipologia de hospedaria junto das abadias ou igrejas freguesias foi superada pelas novas necessidades de uma sociedade que ia se urbanizando e que cada vez mais se via a enfrentar o problema dos pobres, verdadeiro flagelo do Ocidente da Baixa Idade Média. Os hospitais-albergues caracterizavam-se pela não especialização, uma vez que ali se recebiam não somente doentes graves ou crônicos, mas também muitos indigentes, viajantes desfalecidos e sem recursos, e não poucos peregrinos. Entre os séculos XIII e XIV o nascimento das Ordens hospitaleiras depois das cruzadas, mas sobretudo a evolução delas (cap. 9, item 37.4 e item 38.2) e a intervenção no campo assistencial das confrarias leigas levaram a uma nova especialização dos centros de acolhimento das massas de necessitados. Desse modo, alguns centros se tornaram verdadeiras enfermarias de um hospital com assistência qualificada aos doentes, outros alojamentos se especializaram no amparo aos pobres, outros ainda se ocuparam principalmente de peregrinos (em geral, isso ocorreu nos santuários ou ao longo dos caminhos de peregrinação). Em todo caso, a assistência material era acompanhada sempre pela espiritual, pois para o homem medieval não era concebível a ideia de curar o corpo sem curar também o espírito.

Bibliografia

Fonte

COD = ALBERIGO, G. et al. (org.). *Conciliorum Oecumenicorum Decreta*. Bolonha: EDB, 1991.

Estudos

BENEDETTI, M. (org.). *L'età medievale (secoli VIII-XV)*. Roma: Carocci, 2015.

DE SANDRE GASPARINI, G. (org.). *Statuti di confraternite religiose a Padova nel medioevo*. Pádua: Istituto per la storia ecclesiastica padovana, 1974.

_____ et al. (orgs.). *Vescovi e diocesi in Italia dal XIV alla metà del XVI secolo. Atti del VII convegno di storia della Chiesa in Italia. Bréscia, 21-25 settembre 1987*. Roma: Herder, 1990, 2 vol.

FONTANA, E. *Frati, libri e insegnamento nella provincia minoritica di S. Antonio (secoli XIII-XIV)*. Pádua: Centro studi antoniani, 2012.

GALLO, D. *Università e signoria a Padova dal XIV al XV secolo*. Pádua-Trieste: Dipartimento di storia, Università degli studi-Lint, 1998.

HASKINS, C. H. *La rinascita del XII secolo*. Bolonha: il Mulino, 1972.

MERCHIORRE, M. *"Ecclesia nostra". La cattedrale di Padova, il suo Capitolo e i suoi canonici nel primo secolo veneziano (1406-1509)*. Roma: Istituto storico italiano per il medioevo, 2014, v. 92: Nuovi Studi Storici.

MERLO, G. G. *Eretici ed eresie medievali*. Bolonha: il Mulino, 2011.

_____. *Inquisitori e Inquisizione del Medioevo*. Bolonha: il Mulino, 2008.

Pievi e parrocchie in Italia nel basso Medioevo (sec. XIII-XV). Atti del VI convegno di storia della Chiesa in Italia. Florença, 21-25 settembre 1981. Roma: Herder, 1984, 2 vol.: Italia sacra. Studi e documenti di storia ecclesiastica, 35-36.

RIGON, A. *Antonio di Padova. Ordini mendicanti e società locali nell'Italia dei secoli XIII-XIV*. DOLSO, M. T.; Gallo, D. (orgs.). Espoleto: Fondazione Centro italiano de studi sull'Alto Medioevo, 2016 (Medioevo Francescano, Saggi, 18).

_____. *Dal libro alla folla. Antonio di Padova e il francescanesimo medievale*. Roma: Viella, 2002.

_____. *Le istituzioni ecclesiastiche dell'occidente medievale*. Bolonha: Monduzzi, 2008.

Rossi, M.; Varanini, G. M. (orgs.). *Chiesa, vita religiosa, società nel medioevo italiano*. Estudos ofertados por Giuseppina de Sandre Gasparini. Roma: Herder, 2005.

Vaccaro, L. (org.). *L'Europa dei pellegrini*. Milão-Gazzada: Centro Ambrosiano-Fondazione Ambrosiana Paolo VI, 2004, v. 4: Europa ricerche.

Vauchez, A.; Bagliani, A. P. Le università e la teologia scolastica. In: *Apogeo del papato ed espansione della cristianità (1054-1274)*. Roma: Borla-Città Nuova, 1997, 759-780.

capítulo oitavo
Da crise da metade do século XIII ao fim do período avinhonense (1309-1377)

32. O fim da dinastia sueva e o novo contexto europeu

1. Em 1254 morriam dois dos protagonistas das intricadas histórias ligadas ao papado, ao Império e à Itália do último decênio: o velho papa Inocêncio IV (1243-1254) e o jovem imperador Conrado IV (1250-1254). Filho de Frederico II, ao morrer com apenas vinte e seis anos, Conrado deixava como herdeiro seu filho **Conradino**, de dois anos, **o último dos Hohenstaufen**; a regência para o reino da Sicília era entregue a Manfredo, meio-irmão de Conrado. Para Além dos Alpes, Conradino, porém, não podia mais aspirar senão à sucessão no ducado da Suábia, enquanto o Império permanecia por muito tempo privado de um efetivo chefe supremo (grande interregno, 1254-1273), até quando Rodolfo I de Habsburgo (1273-1291) conseguiu se impor e voltar à paz com o papado; ele renunciou a qualquer ambição sobre o sul dos Alpes, mas ao mesmo tempo deu início ao grande sucesso que sua família viveria nos seis séculos seguintes. A consequência foi que Império e Itália meridional nunca mais se reunificariam.

Em dezembro de 1254 morria também o combativo Inocêncio IV, que teve como sucessor **Alexandre IV** (1254-1261), dos condes de Segni, menos intransigente que seu predecessor, mas decidido a continuar a política ferozmente anti-imperial, ou seja, em 1257 excomungou Manfredo. Este último, cada vez mais poderoso e temido, fez-se coroar rei da Sicília no ano seguinte, usurpando o título do sobrinho que se encontrava na Germânia. A situação que ia se delineando com um perigoso retorno do poder dos Hohenstaufen levou os papas franceses Urbano IV (1261-1264) e Clemente IV (1265-1268) a oferecer a Itália meridional a Carlos de Anjou, irmão do rei da França, Luís IX, o Santo. Ele desceu com um exército à Itália e em 1266, depois de ter sido coroado em Roma como rei da Sicília, travou batalha em Benevento com Manfredi, que ali morreu.

O advento dos **angevinos** na Itália meridional levou então os defensores dos Hohenstaufen, e em geral os gibelinos italianos, a pedir a Conradino, agora com quinze anos, que descesse à Itália para reivindicar seus direitos. Em outubro de 1267 o duque da Suábia chegava à Itália como guia de um pequeno exército que conseguiu, porém, crescer e se organizar. Apesar da inevitável excomunhão papal, em julho de 1268 Conradino entrou triunfalmente em Roma, bem recebido até pela nobreza romana; tendo se preparado para o choque com Carlos de Anjou, enfrentou-o em 23 de agosto em Tagliacozzo, cerca de cinquenta quilômetros a leste de Roma, mas foi derrotado. Tendo conseguido fugir, foi traído ao embarcar para deixar a península e entregue a Carlos de Anjou, que o fez executar na praça do mercado em Nápoles, em 29 de outubro de 1268.

A morte do jovem pretendente ao trono causou alvoroço, e o próprio Dante lamentou a morte de Conradino como um crime condenável até para um reinante que sempre se distinguira por sua crueldade. A acusação de lesa majestade pesou por muito tempo sobre Carlos de Anjou, que justificou seu gesto, atribuindo a Conradino a vontade de armar ciladas às *libertates* do papado e à Igreja. A tradição atribui ao papa Clemente IV a frase "*Mors Corradini vita Caroli; vita Caroli mors Corradini*", para indicar que não havia alternativas: a morte de Conradino era necessária a Carlos de Anjou, mas decerto também ao bispo de Roma. O papa tinha assim conseguido a destruição da família dos Hohenstaufen, mas a notável perda de poder e de prestígio sofrida pelo Império tinha atingido também, na mesma preocupante medida, o papado; o peso angevino se fazia sentir cada vez mais sobre Roma, e o poderoso vassalo tornara-se agora uma espécie de embaraçoso protetor, tendo inclusive estabelecido sua capital não na Sicília, mas na vizinha Nápoles.

2. No século XIII concluiu-se na Europa **a evangelização das últimas populações bálticas** e europeias ainda não cristianizadas: Livônia, Estônia, Curlândia, Samogícia, Prússia e, por último, Lituânia foram definitivamente convertidas, embora os interesses religiosos dos missionários se juntassem não raramente a motivos ligados a questões políticas e de controle do território (cap. 9, item 38). A partir da metade do século manifestou-se em geral um crescente interesse pela missão extraeuropeia na Ásia e no norte da África, em especial por obra de frades pregadores e menores (cap. 9, item 39).

Na **França**, o século XII foi caracterizado pelo longo reino de **Luís IX**, o Santo (1226-1270). Vencida uma revolta nobiliária interna, o rei conseguiu encontrar um equilíbrio no plano internacional mediante acordos com Henrique III da Inglaterra. No fim do século a França se preparava para se tornar um Estado forte, capaz de se opor e de resistir ao Império e ao papado. Luís IX foi, todavia, o exemplo do rei cristão e católico, considerado por toda a cristandade um modelo por sua profunda vida espiritual e devoção, pelas perseguições contra os judeus, bem como pelas duas infelizes cruzadas por ele organizadas e pela morte de peste ocorrida em Tunes durante sua segunda expedição. Foi canonizado em 1297.

Na **Inglaterra**, Henrique III (1216-1272) e seu filho Eduardo I (1272-1307) tinham se desentendido em diferentes vicissitudes com as reivindicações protoparlamentares de nobreza, clero e classes mercantis; nisso foram apoiados pelo papado, que desde 1215 tinha condenado a *Magna charta libertatum*, um estatuto promulgado por João I Sem Terra (1199-1216) por pressão dos feudatários, com disposições de caráter constitucional e limitativo do poder do rei. Apesar do temor do papado perante qualquer derivação democrática e de uma bula de Inocêncio III que anulava o ato, a *Magna charta*, embora com ajustes, permaneceu em vigor.

Na **Península Ibérica**, o século XIII foi caracterizado por uma aceleração na *reconquista* (cap. 4, item 15) das terras da Andaluzia muçulmana por parte do reino de Castela, reunido ao de León em 1230. Fernando III, o Santo (1217-1252), chegava a Córdoba (1236) e ao estreito de Gibraltar em 1277, com a conquista de Cádis. Granada, último território muçulmano na Europa, agora extremamente reduzido, foi obrigada a assinar acordos com Jaime I de Aragão, chamado o Conquistador (1213-1276), que tinha libertado Baleares e Valença. Na costa ocidental, o reino de Portugal, já reconhecido pelo papa em 1179, completou a unificação com a libertação do Algarve (sul de Portugal, que ainda estava nas mãos dos muçulmanos) na metade do século XIII, por obra de Alfonso III (1245-1279), que, porém, foi excomungado por João XXI pelas reformas que se opunham aos privilégios e ao imobilismo do clero.

No **norte da Itália**, entretanto, terminava o parêntese do domínio de Ezzelino III da Roma, braço direito de Frederico II e seu substituto. Entre os principais chefes dos gibelinos na Itália em 1254, ele fora excomungado e uma cruzada aquém-mar foi anunciada contra ele e seu irmão Alberigo; após sua derrota em 1259, em Cassano d'Adda, enquanto tentava expandir seu domínio sobre a região de Milão, e após sua morte por causa de feridas, verificou-se uma sistemática *damnatio memoriae* que o tornou exemplo da encarnação do mal em oposição à Igreja e ao papado. A segunda metade do século XIII viu o centro-norte da península ainda partido em uma miríade de municípios que em contínuos choques entre vizinhos tendiam a se fagocitar, diminuindo numericamente, enquanto os sobreviventes em geral iam evoluindo para senhorios, seja nos territórios que ainda faziam parte formal do Império, seja nos territórios submetidos ao papado. Nesse contexto, o peso político-administrativo dos bispos no âmbito da vida citadina (cap. 6, Inserção 2 – *A Igreja e as novas instituições de governo das cidades e dos municípios na Europa*) em geral foi diminuindo no decorrer do século.

No que diz respeito ao **Império**, o título — como já lembrado — passara em 1273 às mãos de Rodolfo I de Habsburgo (1273-1291), pertencente a uma família em ascendência, mas ainda marginal e com poucos recursos: uma solução ótima não somente para os eleitores alemães, mas também para o papado. Com efeito, Rodolfo estava ocupado com o norte dos Alpes, tanto para se impor como soberano como para estender as posses da própria família em direção à região austríaca, até porque a região suíça, onde os Habsburgos tinham cultivado até então os próprios interesses, começava a se mover na direção de independência (Liga perpétua dos primeiros três cantões, 1291). Assim, Rodolfo não se ocupou com as reivindicações tardias sobre o centro-norte da Itália, nem com as reivindicações, decerto com menos pretensões, sobre a Itália meridional e a Sicília, à qual renunciou explicitamente em favor de Carlos de Anjou. Segundo acordos feitos, em 1276 teria de descer a Roma para se fazer coroar, mas, devido à morte de Gregório X, nada fez a respeito. Prescindindo-se dos encraves, como o bispado de Trento, o Império tornava-se cada vez mais uma realidade territorial e circunscrita para Além dos Alpes, com indiscutível vantagem para o papado, que de certa forma via terminar a seu favor o desentendimento multicentenário.

Na **Europa oriental**, a cristianização dos povos eslavos (eslavos ocidentais: poloneses, checos e eslovacos; orientais: russos, ucranianos e bielorrussos; meridionais: eslovenos, croatas, sérvios, macedônios e búlgaros) já estava completa no século XIII, bem como a dos magiares (húngaros [cap. 9, item 38.1]). Todavia, na Península Balcânica as tensões permaneceram fortes por uma série de motivos políticos e religiosos que se entrelaçavam. Os fatores que criavam atrito eram múltiplos: de um lado, nessa região de fronteira entre católicos e ortodoxos chocavam-se os interesses de Roma e os de Constantinopla, independentemente da tentativa de reunificação entre as duas Igrejas amadurecida no Lionês II (1274); além disso, as cruzadas, em especial a quarta (1202-1204), tinham tornado mais difíceis as relações tanto com o mundo muçulmano quanto com o Império do Oriente, até mesmo no plano do senso comum (cap. 9, item 37.5); no fundo, havia além disso o perigo turco com a dinastia dos seljúcidas, que, por volta do fim do século, foi apoiada e depois substituída pela dos otomanos, os quais no século XIV voltaram suas conquistas precisamente para a Península Balcânica.

3. Com a morte de Clemente IV (29 de novembro de 1268), abriu-se um longo interregno que durou cerca de dois anos e nove meses. De fato, o colégio cardinalício estava dividido em dois partidos — o filofrancês e a filoimperial —, sem contar as pressões das poderosas famílias romanas, como os Orsini e os Colonna. Finalmente — depois que os cidadãos de Viterbo, cansados de ter de esperar por muito tempo a eleição, tinham tirado o telhado do palácio episcopal onde estavam reunidos os cardeais — chegou-se à maioria de dois terços do colégio cardinalício, que elegeu **Gregório X** (1271-1276) Teobaldo Visconti, arcebispo de Liège, uma figura capaz de ser intermediário entre as partes. Ele se encontrava na Palestina por um voto de cruzado: justamente a organização de uma nova e grande cruzada e a união com a Igreja oriental, além de mais ampla reforma da Igreja, foram seus principais objetivos. Na Terra Santa, a situação estava muito difícil, e de fato não muitos anos mais tarde também a última fortaleza cristã, São João de Acre, caiu nas mãos dos mamelucos do Egito (1291).

Em uma situação problemática estava também o imperador do Oriente, Miguel VIII Paleólogo. Em 1261 ele tinha conseguido reconquistar Constantinopla, pondo fim ao Império latino do Oriente. Preocupado com as intenções do jamais satisfeito Carlos de Anjou, que queria reconquistar o Império, já durante o pontificado de Urbano IV o imperador tinha programado uma possível união com a Igreja de Roma e, para tal fim, uma delegação pontifícia tinha ido até Constantinopla (1263), conseguindo os primeiros acordos, os quais deveriam ser definidos em um concílio; mas a morte do papa não permitiu a continuação desse objetivo. Miguel VIII repropôs depois a Gregório X a união, reconhecendo em particular o primado pontifício e a processão do Pai e do Filho por parte do Espírito Santo (*Filioque*; cap. 4, item 17.1 e vol. I, cap. 5, Inserção 1 – *Símbolos e cânones de Niceia e de Constantinopla*); pedia apenas que se mantivessem os ritos próprios da Igreja grega e que não fosse preciso inserir explicitamente o *Filioque* no credo. Além disso, o imperador falava em nome não somente da Igreja de Constantinopla, mas também dos primados das Igrejas autocéfalas da Hungria e da Sérvia.

Para levar a termo seus projetos, na primavera de 1274 Gregório convocou o **II Concílio Ecumênico de Lião** (o décimo quarto ao todo e o sexto da Igreja ocidental, para cujas decisões se veja COD, 309-331), do qual participaram, entre outros, Boaventura de Bagnoregio, ministro geral dos franciscanos, Humberto de Romans, então mestre geral dos dominicanos, e o grande filósofo Alberto Magno. Tomás de Aquino não chegou a Lião porque morreu na abadia cisterciense de Fossanova durante a viagem. Ficou esclarecida a eleição de Rodolfo de Habsburgo como imperador, confirmando-a; a respeito das cruzadas, na segunda sessão o concílio estabeleceu a coleta de contribuições extraordinárias por seis anos, de modo a juntar recursos suficientes para pôr em prática a expedição que entrementes deveria ser organizada. A cruzada, porém, para ter mais possibilidade de êxito, devia ser precedida pela união com a Igreja oriental, objetivo que Gregório X conseguiu já durante a quarta sessão, em 6 de junho, quando ele próprio proclamou a união entre a Igreja latina e a grega. Desse modo, tanto o papa quanto Miguel VIII tinham conseguido os próprios objetivos, mas com prejuízo de um verdadeiro acordo com o clero grego; o imperador teve de substituir o patriarca José pelo filoimperial João Bekkos. O resultado foi que a união teve breve duração (1274-1289) e jamais foi sentida como tal pela maior parte do clero e dos fiéis orientais.

No que diz respeito à reforma da Igreja, foram emanados decretos referentes à eleição dos bispos, às relações do clero secular e regular, à imunidade das igrejas, à usura; particular importância teve a constituição *Ubi periculum*, que disciplinava a eleição do papa, estabelecendo as regras fundamentais do conclave: para dar rapidez à eleição, com a morte do papa os cardeais não deviam esperar os ausentes por mais de dez dias, depois deviam se retirar e ficar isolados do resto do mundo (como sugere a própria expressão "conclave" ou *cum claves*, fechar à chave). Não deveriam receber nenhum provento durante todo o período de vacância da sede papal e, no caso da eleição não ocorrer em três dias, haveriam de receber somente uma refeição; depois de cinco dias, alimentar-se-iam somente com pão, água e vinho. O longo interregno que tinha precedido a eleição convencera Gregório sobre a necessidade de regras singularmente rígidas.

4. O ano de 1276 viu a sucessão de **quatro papas**, fato singular na história da Igreja. No décimo primeiro dia depois da morte de Gregório X, ocorrida em 10 de janeiro de 1276, os cardeais, segundo o estabelecido pelo concílio, se reuniram e elegeram nesse mesmo dia Inocêncio V, ou seja, o dominicano, arcebispo de Lião e cardeal-bispo de Óstia, Pedro de Tarantasia. Ele, porém, morreu em 22 de junho, depois de ter demonstrado saber resistir às pressões de Carlos de Anjou, que permanecera em Roma desde a eleição do papa para concluir a própria causa contra Miguel VIII Paleólogo. Em 11 de julho, o conclave novamente reunido elegeu Adriano V, o cardeal-diácono Ottobono, da nobre família genovesa dos Fieschi, imaginado pelo colégio como um papa de provável transição, menos desagradável a Carlos de Anjou; Adriano morreu em 18 de agosto do mesmo ano em Viterbo, antes ainda de ser consagrado presbítero e bispo. Tivera tempo, porém, para abolir a constituição *Ubi periculum* que fora utilizada impropriamente por Carlos de Anjou, na qualidade de senador, para fazer pressão sobre os cardeais. O conclave reunido em Viterbo elegeu em 15 de setembro o douto cardeal Pedro, originário de Lisboa, com o nome de João XXI (1276-1277), com um erro de numeração, porquanto o papa anterior com esse nome fora João XIX (1024-1032). Uma tradição pouco provável, particularmente em Viterbo, diz que o cardeal Vicedomino Vicedomini, de nobre família piacentina, embora doente e febril, teria sido eleito papa em 5 de setembro, antes de João XXI; tendo a intenção de aceitar a nomeação no dia seguinte, teria indicado como possível nome papal o de Gregório, mas morreu em 6 de setembro, antes de poder confirmar a escolha. Seja como for, também João XXI morreu depois de poucos meses de pontificado (20 de maio de 1277), devido ao desmoronamento do palácio pontifício. Enérgico e capaz, tinha restabelecido em pouco tempo a constituição *Ubi periculum*, levado a termo a unificação com a Igreja oriental, continuado os preparativos para a cruzada e, enfim, sabido resistir às pressões angevinas.

Apesar da oposição dos cardeais filofranceses, o cardeal Gaetano Orsini foi eleito e assumiu o nome de **Nicolau III** (1277-1280). Empenhou-se em limitar as ambições de Carlos de Anjou, aproximando-se primeiro do imperador Rodolfo de Habsburgo, sem, porém, lhe ceder nada, e depois procurou e encontrou o acordo entre os dois. Interveio também nos confrontos dos franciscanos a respeito da controvérsia sobre a pobreza, propondo uma interpretação realisticamente mediana da pobreza da Ordem. Embora tenha se manchado com o nepotismo, suas capacidades políticas e diplomáticas foram de longe superiores às de seu sucessor **Martinho IV** (1280-1285), o francês Simon de Brion, já chanceler de Luís IX, o Santo, e amplamente filoangevino. De fato, com ele rompeu-se o equilíbrio europeu, tão caro a seu predecessor. O papa nomeou Carlos de Anjou senador romano, afastou-se de Rodolfo, pôs fim às relações com o imperador do Oriente, Miguel, chegando a excomungá-lo: a união com a Igreja oriental estava agora no fim. Nesse contexto, Carlos pôde retomar sua política de expansão nos Balcãs e preparou uma expedição que fez passar por cruzada contra o imperador excomungado — primeiro passo para a ambicionada reconquista do Império latino do Oriente —, e depois uma cruzada na Terra Santa com o apoio dos venezianos; mas em 1281 suas tropas foram derrotadas perto de Berat. A situação acabou sendo a favor do imperador Miguel VIII, quando em março do ano seguinte rebentou na Sicília uma insurreição popular (Vésperas sicilianas), que se encerrou com a libertação da ilha do domínio angevino; com isso, foi chamado para tomar posse dela Pedro III de Aragão, esposo da filha de Manfredo, a quem Conradino da Suábia teria cedido os direitos sobre a Sicília e o sul da Itália antes de ser decapitado. De nada valeu o incitamento do papa Martinho IV aos sicilianos para que se submetessem a Carlos de Anjou, nem o interdito sobre a Sicília, nem a excomunhão de Pedro III e o anúncio de uma cruzada contra os rebeldes: apesar dos vários acordos seguintes, a ilha ficou com os aragoneses.

Com a morte de Martinho IV, o colégio cardinalício, de maioria filofrancesa, elegeu em poucos dias Honório IV (1285-1287), um sobrinho-neto de Honório III, da família romana dos Savelli, que continuou a garantir os interesses dos angevinos. Seu sucessor foi Nicolau IV (1288-1292), eleito depois de dez meses de sede vacante por causa também da morte de alguns cardeais e da doença de outros. Jerônimo Masei de Ascoli fora ministro geral dos franciscanos e sua proveniência explica também a mudança de atitude que o papado ia assumindo em relação aos muçulmanos e infiéis em geral, apesar da queda de São João de Acre em 1291; a atividade missionária e o convencimento e conscientização de cada indivíduo ia ganhando cada vez mais importância nos projetos pontifícios, com prejuízo das grandes expedições militares que tinham agora mostrado todo seu limite. Nicolau IV morreu em Roma em 4 de abril de 1292, deixando um colégio cardinalício irremediavelmente dividido internamente.

33. Os papados do dissídio: Celestino V (1294) e Bonifácio VIII (1294-1303)

1. Com a morte de Nicolau IV, a longa vacância do sólio pontifício terminou somente em julho de 1294 com a eleição do eremita Pedro de Morrone, que escolheu o nome de **Celestino V** (1294). Decerto a figura de Celestino V é singular porque representa, antes do recentíssimo episódio de Bento XVI (2005-2013), o único caso certo de um papa que abdicou livremente; esse fato único tornou-o a tal ponto excepcional no panorama da história dos papas que sua figura e seu pontificado foram lidos de múltiplos modos, suscitando fortes paixões, jamais a indiferença. Com julgamento positivo, um grande contemporâneo, Francisco Petrarca, exaltou Celestino V, atribuindo sua abdicação não à fraqueza de ânimo, mas à verdadeira vocação de eremita (*De vita solitária*, livro II, tratado IV, capítulo IV). Outra interpretação dada na segunda metade do século XX sobre a figura do velho eremita Pedro vê em Celestino V o papa "alternativo", até em oposição — mais ou menos explícita — à Igreja oficial. Precisamente com essa ideia, em 1968 o escritor Inácio Silone publicou a *Avventura di um povero cristiano*; o título já torna explícito o ângulo segundo o qual era lida a história humana do eremita. Enfim, de Celestino V foram feitas muitas leituras, as quais em geral respondem, porém, a necessidades externas, mais que a uma autêntica interpretação histórica, feita, de um lado, com os conhecimentos e instrumentos próprios do historiador e, de outro, com a necessária indiferença e honestidade intelectual.

Pedro, filho de Angelério e Maria, nasceu entre o fim de 1209 e o início do ano seguinte no condado de Molise, que fazia parte do reino da Sicília, provavelmente na pequena aldeia de Sant'Angelo Limosano. Penúltimo de doze filhos, logo ficou órfão de pai, um camponês, e, provavelmente encorajado pela mãe, decidiu entrar no mosteiro beneditino de Santa Maria de Faifula, não longe de Sant'Angelo, por volta de 1229. Atraído, porém, pela vida eremítica, no início dos anos trinta empreendeu uma viagem a Roma, porque queria receber um conselho do papa sobre sua escolha. Em 1233 ou no ano seguinte estava em Roma, onde foi consagrado presbítero e provavelmente conheceu

Gregório IX. Depois se estabeleceu no mosteiro de São João in Venere (perto de São Vítor Chietino), mas com permissão do abade retirou-se entre 1235 e 1240 para o monte Morrone, perto de Sulmona, provavelmente no eremitério de Santo Onofre, a seiscentos metros de altitude. Pedro começou a gozar de uma discreta fama entre a população local, que o designava com o título "de Morrone". Perturbado em sua quietude contemplativa, transferiu-se mais para o alto, na parte norte do maciço da Maiella, onde fundou um eremitério dedicado ao Espírito Santo, em torno do qual se reuniram vários eremitas, clérigos e leigos, com frequência sem ligação com a família beneditina da qual Pedro fazia parte e sem uma verdadeira organização estruturada. Nesse ínterim, o eremitério, cada vez mais conhecido no âmbito local, obteve ajudas e bens por parte de leigos e de bispos, até que Pedro se viu de fato como chefe de uma congregação nascente, que somente depois de longa série de adversidades obteve, em 1274, por parte de Gregório X, o definitivo reconhecimento como parte da Ordem beneditina.

Com uma cultura certamente não ampla nem profunda — sua preparação teológica foi sem dúvida limitada —, Pedro de Morrone foi defensor de uma espiritualidade simples, centrada no culto do Espírito Santo, que se ressentia da influência do pensamento de Joaquim de Fiore (cap. 7, item 30.1) e estava também próxima dos franciscanos espirituais. A partir de 1276 deslocou-se bastante, visitando e dirigindo vários mosteiros da congregação, demonstrando discretos dotes na organização de sua pequena comunidade religiosa. Sua fama aumentou nos anos oitenta e, superados os limites locais, chegou também a Roma. Quando em 1293, já cansado e com mais de oitenta anos, ele finalmente se restabeleceu em seu eremitério de Santo Onofre, no monte Morrone, a sede papal estava vacante desde abril do ano anterior.

Segundo o que fora estabelecido por Alexandre III por ocasião do III Concílio Lateranense (1179) (cap. 6, item 22.6), para eleger o pontífice era necessária a maioria de dois terços do colégio cardinalício. Por terem sido ab-rogadas, porém, as disposições seguintes capazes de acelerar o período da eleição e por estar o colégio profundamente dividido em várias facções, as negociações entre os quinze cardeais permaneceram num impasse até inícios de 1294. Procurando uma solução vantajosa para si mesmo, Carlos II de Anjou, pretendente ao trono da Sicília e rei de Nápoles (1285-1309), se intrometeu neste contexto; nada tendo conseguido obter, pensou em se dirigir a Santo Onofre para visitar o já famoso eremita, que aliás o rei já conhecia e estimava, a fim de lhe pedir que escrevesse uma carta aos cardeais. Pedro aceitou a ideia e provavelmente a missiva impressionou parte dos cardeais; em especial, o incentivo do velho eremita e a difícil situação política tocaram o velho, influente e doente cardeal Latino Malabranca, que em 5 de julho de 1294 afirmou ter tido uma visão na qual o pio eremita exortava o colégio cardinalício a chegar logo à eleição do novo pontífice. Procedeu-se logo à eleição "inspirada", com voto em aberto, prevista pelo direito canônico. Nesse tipo de eleição devia haver, porém, unanimidade. O primeiro a votar foi precisamente o decano do colégio, Latino Malabranca, por ser cardeal-bispo de Óstia, que escolheu justamente Pedro de Morrone. Seguiram-se os votos favoráveis de todos os outros, inclusive os dos dois relutantes Pedro e Tiago Colonna, quando o eremita Pedro já havia atingido os dois terços dos votos disponíveis e, portanto, seria eleito no primeiro escrutínio secreto seguinte.

2. Sem saber de nada, o futuro Celestino V teve a notícia treze dias depois, quando foi abordado em Santo Onofre por uma delegação que, tendo lhe dado o anúncio, convenceu-o a aceitar, embora relutante, fazendo-o acreditar que uma recusa seria o mesmo que um pecado grave. Logo teve início a tentativa de instrumentalizar o inexperiente e velho eremita. Recebida a notícia da eleição, Carlos II de Anjou foi ter com o recém-eleito em Sulmona, que fazia parte do seu reino, e o pôs sob sua proteção. Em meados de agosto, Celestino V — que tinha escolhido esse nome não para lembrar de algum modo os predecessores Celestino IV ou III, mas, ao que parece, para evidenciar suas relações com os poderes celestes — recebeu o manto pontifical, símbolo de poder sobre o mundo, não em Roma mas em L'Aquila, que também fazia parte do reino de Carlos II de Anjou, onde foi consagrado e coroado em 29 de agosto seguinte. Nesse ínterim, por óbvios motivos a congregação celestina também conseguiu privilégios concretos por parte do rei, que em troca ia pondo homens de sua confiança dentro da cúria pontifícia, e não só lá.

A essa altura, poder-se-ia esperar a transferência do pontífice para Roma, mas isso não aconteceu, porque Celestino V foi deixado por Carlos II em L'Aquila todo o tempo necessário para lhe preparar uma sede estável em Nápoles. Entretanto, no dia 18 de setembro o papa nomeou doze novos cardeais (número simbólico): cinco italianos, entre os quais dois expoentes da congregação por ele fundada, e sete franceses, seis dos quais próximos aos interesses franco-angevinos. Dez dias depois, ele punha de novo em vigor as disposições sobre o conclave já emanadas por Gregório X (item 32.3), enquanto na política externa tentava mediações entre Aragão e França e entre França e Inglaterra. Finalmente, em 6 de outubro o papa, escoltado pelo próprio rei, partia em direção a Nápoles. Ao longo do caminho tinha parado também em Montecassino, onde tinha designado abade um monge da sua congregação, deixando o mosteiro em um evidente estado de desalento e decepção, para não dizer de revolta. Em Nápoles, Pedro fez que preparassem para ele uma cela de madeira, para ficar mais próximo de seu ideal eremítico, continuando a atrair peregrinos e visitantes.

Bem cedo, porém — por causa das críticas que de quase todos os lados lhe caíam nas costas devido às infâmias perpetradas na cúria, até mesmo por causa de sua fraqueza, inexperiência e incapacidade de impor barreiras —, Celestino V começou a pensar em uma possível abdicação. A iniciativa avançou, apesar da oposição óbvia de Carlos II de Anjou e de uma parte da cúria. Depois de vários pareceres de experientes canonistas, entre os quais o cardeal Bento Caetani, no consistório realizado em 8 de dezembro, ele manifestou abertamente a intenção de abdicar; nos dias seguintes, com um simples escrito explicou os motivos do seu gesto (humildade, idade e forças não adequadas às suas tarefas, desejo de se retirar à solidão) e fez redigir uma constituição sobre a abdicação do papa. Em 13 de dezembro de 1294, diante de um consistório reunido em Nápoles, em Castelnuovo, Celestino V abdicou. Depois de fazer um breve discurso sobre o que realizara, leu a declaração de renúncia e deu a conhecer a constituição havia pouco redigida sobre a renúncia do papa. Em seguida, desceu do trono, tirou o anel e se despiu das vestes pontifícias, ficando só com as roupas de baixo, sobre as quais endossou a túnica da sua congregação, sentando-se enfim no chão e exortando os cardeais a eleger seu sucessor o mais depressa possível.

Dez dias depois, em 23 de dezembro, os cardeais se reuniram em conclave e, no dia seguinte, elegeram Bento Caetani, **Bonifácio VIII** (1294-1303). O colégio dos cardeais, não completo ainda devido à falta de vários cardeais franceses, chegou rápido a um acordo sobre o nome de Caetani por causa do temor de que, continuando as hesitações, acabaria por favorecer o partido filofrancês, devido à chegada dos cardeais de Além dos Alpes, com o risco concreto da eleição de um papa francês.

Eleito na vigília de Natal, Bonifácio VIII preocupou-se imediatamente com a situação singular e perigosa em que acabava de se encontrar: seu predecessor ainda estava vivo e, com seu carisma verdadeiro ou suposto, podia ser facilmente instrumentalizado até por um cisma de fundo espiritual-pauperista. O papa tomou então a decisão de não o deixar voltar ao monte Morrone, mas de mantê-lo junto a si em Roma. Entrementes, tendo sido enviado a Montecassino, no início de 1295 Pedro conseguiu iludir a segurança e chegar a Santo Onofre. Perseguido pelos enviados do papa, refugiou-se nos montes, depois na Puglia, tentando enfim chegar à costa da Grécia com uma pequena embarcação que, porém, foi levada de volta à terra, perto de Vieste, no Gargano. Aí Pedro foi reconhecido, preso e entregue a uma delegação do papa. Em meados de junho o velho eremita chegou sob custódia a Anagni, onde se encontrava a corte pontifícia; em agosto foi transferido para o vizinho castelo de Fumone, onde passou o inverno 1295-1296, e morreu aos oitenta e sete anos em 19 de maio de 1296. Sepultado primeiro em Ferentino em uma igreja de sua congregação, no século seguinte foi trasladado para L'Aquila, à igreja de Santa Maria de Collemaggio, onde repousa até hoje.

O processo de canonização do eremita originário do Molise, impensável sob Bonifácio VIII, ocorreu sob seus sucessores e foi concluído por obra de Clemente V em 5 de maio de 1313; sob alguns aspectos, tratou-se de uma espécie de compensação para os espirituais e para todos os que se opunham a Bonifácio VIII. De fato, o processo por heresia tentado contra Bento Caetani, sobretudo por vontade do rei da França, Filipe IV, o Belo, fora abafado por motivos de oportunidade precisamente por Clemente V. A congregação dos Irmãos do Espírito Santo, ou Celestinos, com o ramo feminino, continuou a gozar de um êxito discreto até o início do século XVI, chegando a contar com cento e cinquenta mosteiros distribuídos na Itália, França e em menor número na Boêmia, Inglaterra, Bélgica e Espanha.

3. Elevado ao poder, desde o início Bonifácio VIII demonstrou-se habilidoso, influente e decidido a impor a própria vontade não somente à Cúria romana, mas a toda a Europa. Tentou resolver a questão siciliana; inseriu-se nas sucessões dos reinos da Hungria e da Polônia; esteve atento ao andamento dos municípios italianos; interferiu na luta entre França e Inglaterra, até em função da organização de uma cruzada, mas se viu empenhado em uma complicada diatribe com os dois reis, em especial com **Filipe IV, o Belo**, da França (1285-1314), que tinham imposto taxas, até mesmo ao clero, para sustentar as enormes despesas militares. Declarou inadmissíveis essas taxas impostas sem a permissão papal, prevendo também a excomunhão. A situação se complicou quando Filipe vetou a exportação de prata, dinheiro e outras mercadorias de valor, também para atingir o papa nas receitas francesas, mas formalmente por motivos ligados à economia de guerra. Em 1297, Bonifácio teve de enfrentar também um recrudescimento das relações com a poderosa família dos Colonna, acusada de ter subtraído muitos bens das caixas do pontífice, até chegar a depor os dois cardeais Tiago e Pedro e submetê-los a investigação. Cônscio, porém, da situação perigosa em que se encontrava, Bonifácio conseguiu chegar a um acordo com a França (julho de 1297), que lhe permitiu em breve tempo reafirmar o próprio poder e derrotar os Colonna, arrasando a fortaleza que tinham em Palestrina (1298). Também nas relações com o Império conseguiu fazer valer os próprios interesses, entabulando longas negociações com o novo imperador Alberto I de Habsburgo (1298-1308).

A intensa atividade de Bonifácio manifestou-se em vários campos e ocasiões: como canonista, fez publicar o *Liber sextus* (1298), um complemento da coleção de decretais de Gregório IX; regularizou as relações dentro das Ordens mendicantes e com o clero diocesano; fundou em Roma um *Studium generale*, precursor do que se tornaria a universidade La Sapienza. Entre o fim de 1299 e início de 1300, Bonifácio viu-se na contingência de enfrentar uma situação não prevista: o afluxo a Roma de um número de peregrinos acima de qualquer expectativa e até insólito para a estação (o grande afluxo é lembrado também por Dante em *Inferno*, XVIII, 28-33) que viam no aniversário do nascimento de Cristo um motivo seguro de salvação para as próprias almas, embora não regulamentado pela Igreja. Bonifácio interveio então com uma bula datada de 22 de fevereiro de 1300, que promulgou o primeiro **Ano Santo** da história cristã; o peregrino arrependido e confessado que fizesse visita às basílicas romanas obtinha a remissão das penas temporais. Nessa ocasião, a sede papal conseguiu um reconhecimento universal da própria dignidade e ganhou com isso notável aumento de prestígio: a autoridade de Bonifácio chegou ao ápice.

Em 1301, os atritos com a França voltaram a se fazer sentir, fomentados por Filipe, que fez difundir uma falsa bula papal para cativar o clero e o povo francês. Em novembro de 1302, Bonifácio emanou então a bula *Unam Sanctam*, em que se afirma que existe uma só Igreja, fora da qual não há salvação, e que o único chefe é Cristo, que opera por meio de São Pedro e seus sucessores. Continua o símbolo das duas espadas, que representa o poder espiritual e o temporal; o papa afirma que ambas as espadas pertencem à Igreja, que usa diretamente a espada espiritual e delega a outra aos soberanos, que devem agir obedecendo às indicações do clero. O poder espiritual é apresentado como superior ao temporal, de modo que a máxima expressão do poder espiritual, ou seja, o papa, somente pode ser julgado por Deus (texto da bula em Ehler-Morral, 123-125). A *Unam Sanctam* coroava um percurso e uma reflexão seculares, cujas origens podem remontar ao pontificado de Gregório VII (cap. 5, item 21.4), voltados à afirmação da hierocracia (o domínio do sagrado, da autoridade religiosa também na espera temporal).

Dada a vontade de poder expressa claramente e no mais alto grau por Bonifácio, o rei Filipe, o Belo, decidiu atacar o papa, entrando em acordo com os Colonna e confiando nos que por vários motivos estavam em desacordo com o pontífice. Guilherme de Nogaret, novo conselheiro do rei, com notável audácia e falta de escrúpulos, em uma reunião de nobres e prelados do reino ocorrida em junho, acusou Bonifácio de depravação, como a morte de seu predecessor; chegou até a pedir a convocação de um concílio ecumênico que julgasse e depusesse o papa. Em 7 de setembro de 1303, Bonifácio encontrava-se em Anagni e tinha a intenção de. no dia seguinte, festa da natividade de Maria, excomungar solenemente Filipe, o Belo. Guilherme de Nogaret, que entrementes descera à Itália em comum acordo com os Colonna, irrompeu com um grupo de homens armados na residência do papa; Bonifácio foi preso, enquanto alguns nobres romanos apoiadores de Nogaret, entre os quais Sciarra Colonna, aproveitaram a ocasião para saquear. O episódio foi tão agitado e de tal modo impressionou o imaginário coletivo da época que se difundiu depois a lenda de que o papa teria sido espancado por Sciarra Colonna (a "bofetada de Anagni").

Libertado alguns dias depois por uma insurreição do próprio povo de Anagni contra os franceses e seus apoiadores, Bonifácio VIII pôde retornar à mais segura Roma em 25 de setembro, onde, porém, morreu pouco depois, em 12 de outubro de 1303, justamente quando sua parábola atingia o ponto mais baixo. Emblema de um mundo medieval agora no fim, assim como seu feroz difamador Dante, também Bonifácio não tinha sabido compreender que os tempos estavam mudados e que a sociedade europeia ia evoluindo velozmente; o simples fato de o papado se ver em choque não mais com o Império, mas com um reino que ia se constituindo como monarquia nacional (de modo semelhante ao que ocorria na Inglaterra), dá a ideia de como a situação dos primeiros anos do século XIV era bem diferente da que um século antes tinha visto como protagonista Inocêncio III (cap. 6, item 25).

34. De Roma a Avinhão: as relações com a França e a supressão dos templários

1. Com a morte de Bonifácio VIII, o colégio cardinalício via-se mais uma vez dividido em facções com interesses contrastantes (Colonna, Orsini, franceses, angevinos, antibonifacianos). Sem que se esperasse, prevaleceu mais a vontade de mediação, com a rápida eleição do cardeal-bispo de Óstia, Nicolau Boccasini de Treviso, já mestre geral dos frades pregadores, que assumiu o nome de Bento XI (1303-1304). Apesar de sua moderação, não conseguiu sanar os contrastes dentro da Cúria, morrendo com apenas oito anos de pontificado, em Perúgia, para onde tinha ido por causa da insegurança de Roma. O consistório nessa ocasião durou até o dia 5 de junho de 1305, quando foi eleito o arcebispo de Bordeaux, Bertrand de Got, **Clemente V** (1305-1314). Vencera, portanto, o partido filofrancês, mas não propriamente antibonifaciano, pois Bertrand de Got tivera sempre uma posição moderada, tinha boas relações com o rei da França e suas capacidades de mediar podiam fazer esperar o melhor.

Sua coroação ocorreu em Lião; Clemente não retornou a Roma nem a qualquer outra cidade italiana sob seu controle, e em 1309 decidiu ficar momentaneamente em Avinhão, pequena cidade ao sul da França. Começou aí o que será definido como "cativeiro avinhonense" (1305/1309-1377). Na realidade, a pequena cidade, sede de bispado, era então um feudo imperial, mas confiado aos angevinos de Nápoles (somente em 1348 é que foi adquirida por Clemente VI e permaneceu do papado até a Revolução Francesa); portanto, não se pode afirmar que o papado estivesse dependendo do rei da França, mas é verdade que as pressões de Filipe, o Belo, e de seus sucessores sobre os papas avinhonenses não foram desprezíveis. Em pouco tempo, Clemente V nomeou tal número de cardeais franceses (entre os quais quatro sobrinhos) que o colégio cardinalício ficou desequilibrado nesse sentido; reabilitou os dois cardeais Colonna; abriu, provavelmente contra sua vontade, um processo contra Bonifácio VIII, que arrastou quanto pôde e que, enfim, abafou para não tirar mais ainda a legitimidade do papado (a já lembrada canonização de Celestino V, Pedro de Morrone [item 32.2], em certos aspectos foi uma espécie de compensação para evitar a condenação de Bonifácio VIII); além disso, outras concessões foram feitas a Filipe, como o reconhecimento de que no incidente de Anagni nenhuma culpa podia ser atribuída ao rei ou a Nogaret.

Entrementes, na Germânia era eleito rei **Henrique VII de Luxemburgo** (1308-1313), apesar das tentativas do rei francês, que se repetirão nos dois séculos seguintes, de obter para um francês (nesse caso, seu irmão Carlos de Valois) também a coroa da Germânia e de imperador. Em 1310, Henrique desceu à Itália, saudado por muitos — incluindo Dante — como aquele que podia pôr ordem na península e além ("o grande Henrique, que virá pôr no caminho reto a Itália / antes que ela esteja disposta a recebê-lo" — *"l'alto Arrigo, ch'a drizzare Italia / verrà in prima ch'ella sia disposta": Paraíso*, XXX, 137-138). Em 1312 foi coroado imperador em Roma, em São João do Latrão, por três cardeais delegados pelo papa, mas as relações entre papado e império deterioraram-se no ano seguinte, quando Henrique entrou em choque com o rei de Nápoles, Roberto I de Anjou (1309-1343), que de fato controlava Roma. O imperador, porém, morreu repentinamente depois de poucos meses, fazendo cair toda esperança de *renovatio imperii*.

2. Entretanto, na França ia se aguçando a luta promovida por Filipe contra a Ordem monástico-cavalheiresca dos **templários** (cap. 9, item 37.4). Acusados — com falsas provas e pretextos de toda espécie — de malfeitos (apostasia, idolatria, sodomia e assim por diante), todos os templários da França, por vontade do rei, mas com o consenso de Clemente V, cada vez mais pressionado pelo monarca, foram presos no outono de 1307 e depois submetidos a interrogatório, inclusive o grão-mestre Tiago de Molay; depois, entregues à Inquisição, muitos foram torturados a fim de que admitissem as próprias culpas, e não poucos acabaram na fogueira. Contemporaneamente, os gigantescos bens móveis e imóveis da Ordem em toda a Europa e em particular na França foram momentaneamente confiscados; somente em 1312, depois da supressão da Ordem, é que eles foram parcialmente divididos entre outras Ordens monástico-cavalheirescas, entregues a famílias nobres e, principalmente, confiscados de diversos modos pelo próprio Filipe. A retratação, porém, por parte de alguns templários, a falta de fundamento demonstrada em algumas acusações e o evidente e ardoroso interesse de Filipe levaram Clemente V a rever em parte as próprias posições, encontrando a firme oposição do rei, que forçou para que a questão fosse tratada por meio da convocação de um concílio ecumênico.

Em 12 de agosto de 1308, Clemente V publicava uma bula com a qual convocava um **concílio ecumênico em Vienne**, pequena cidade do Delfinado, mas não pertencente ao reino da França, para 1º de outubro de 1310. Três eram os temas principais a serem tratados: além da imprescindível reforma da Igreja, com os correspondentes problemas de fé, e a organização de uma nova cruzada, o concílio devia enfrentar e resolver definitivamente a candente questão da Ordem dos templários. Mas como em 1310 muitos processos ainda estavam em andamento, Clemente adiou por um ano o concílio, que teve início efetivo em 16 de outubro de 1311 e foi concluído em maio do ano seguinte. Os padres conciliares, que trabalharam sobretudo em uma comissão restrita fora das três sessões plenárias oficiais, primeiro enfrentaram a questão dos templários, sem conseguir chegar a um acordo. Assim, no início de 1312, passaram à questão da cruzada, mas opiniões diferentes sobre a modalidade a ser usada levaram unicamente a prever a coleta do dízimo em todas as províncias eclesiásticas, sem chegar, pelo visto, a um acordo sobre a organização prática da expedição, sepultando de fato a cruzada antes mesmo que ela começasse. No mês de março, Filipe IV, depois de ter agido de vários modos para manter sob pressão o concílio, apresentou-se pessoalmente em Vienne; dois dias após sua chegada, Clemente apresentava à comissão de padres a bula *Vox in excelso* (COD, 336-343), a qual, aprovada na sessão plenária de 3 de abril de 1312, suprimia a Ordem dos templários, embora por via administrativa e não judicial, como para dizer que a culpa *in toto* da Ordem não ficava demonstrada, mas que questões de conveniência levaram, porém, à sua supressão. O papa procurou realizar um equilíbrio, embora precário, entre os diferentes e contrastantes elementos, com uma ação que não desagradou o ávido Filipe. O rei da França tinha alcançado um de seus principais objetivos: ter a posse, direta ou indiretamente, de muitos bens da Ordem.

Foram, enfim, discutidos no concílio temas de fé e de reforma, entre os quais o problema da pobreza da Ordem franciscana, que foi resolvido com uma solução mediana; foram condenadas as beguinas, que não deviam ser consideradas religiosas; foram dadas indicações sobre as relações que deviam existir entre bispos diocesanos e inquisidores e entre bispos diocesanos e Ordens religiosas com seus privilégios; além disso, foram discutidos muitos outros aspectos referentes também aos direitos da Igreja usurpados de diferentes modos pelos leigos. O Concílio de Vienne se interessou pelo movimento franciscano também sob o aspecto doutrinal (COD, 360-361), condenando algumas afirmações de um dos mais notáveis representantes dos chamados espirituais, Pedro João Olivi, morto em 1298. Entre as medidas promovidas a favor da renovação da Igreja, houve a de instituir cátedras de língua oriental nas universidades europeias — sugerida por Raimundo Lullo e jamais realizada. Em todo caso, essa sugestão mostrava nova atenção para uma atividade missionária culturalmente fundamentada (cap. 9, item 39).

Inserção 1
Sínodos diocesanos e concílios provinciais entre os séculos XIII e XIV

O **sínodo diocesano** (em grego e em latim o termo correspondente é de gênero feminino) representava de fato, durante a Baixa Idade Média, o órgão colegial máximo da Igreja diocesana. Sendo motivo de interesse historiográfico já a partir da metade do século XX em outras regiões da Europa, como a França, o sínodo diocesano na Itália somente há pouco tempo goza de certo interesse por parte dos historiadores. Na península, ele era uma assembleia que reunia todos os clérigos da diocese e os religiosos que tinham uma tarefa dentro da Igreja local; em geral, entre os séculos XII e XV durava de um a três dias. Eram obrigados a participar do sínodo o vigário-geral e outros vigários particulares, os cônegos da catedral, além dos mansionários e capelães, mesmo de outras Igrejas citadinas, os párocos das freguesias e os arciprestes do território rural, os párocos deles dependentes e, muitas vezes, também os padres que celebravam nos vários *títulos*, pequenas igrejas dependentes das freguesias ou das paróquias com limitadas funções básicas pastorais. A eles se juntavam os abades e os superiores de abadias e de Ordens religiosas masculinas que atuavam no território diocesano, além dos religiosos com tarefas pastorais, exceto casos particulares.

A assembleia era o máximo órgão legislativo diocesano: com efeito, em alguns casos eram emanadas constituições, chamadas também de estatutos, para regulamentar a vida da Igreja local. Na realidade, nessa assembleia o único legislador era o bispo, que em reunião plenária emanava e fazia ler publicamente (*publicare*) os estatutos por ele elaborados com a ajuda de colaboradores peritos em direito civil e canônico (*in utroque iure*). Depois, cada pároco de freguesia, arcipreste e pároco era obrigado a ter uma cópia dos decretos para os dar a conhecer aos leigos — pelo menos naquilo que mais lhes dizia respeito — durante as homilias dominicais. Na realidade, o aspecto mais propriamente pastoral dos sínodos, e dos estatutos neles emanados, jamais se mostra proeminente em relação a outros temas que, porém, eram sempre amplamente tratados, como a repressão dos abusos do clero e seu disciplinamento, as *libertates Ecclesiae*, os heréticos e os usurários, as normas litúrgicas em sentido amplo. Os poucos estatutos que tratam diretamente dos leigos veem-nos como sujeitos passivos que devem aceitar os comportamentos a serem mantidos em algumas situações, quer litúrgicas, quer da vida familiar e social. Eles se tornam sujeitos ativos somente como delatores de quem, leigo ou clérigo de seu conhecimento, não siga as normas sinodais. O laicato era portador de direitos quase só em relação ao acesso aos sacramentos em função salvífica, e para clérigos e religiosos os decretos sinodais estavam muito mais atentos em reprimir e regulamentar do que em reconhecer direitos.

O sínodo tinha também outras funções, como a de recolher uma taxa anual, chamada catedrático ou sinodático, justamente porque devida à cátedra episcopal e em geral recolhida durante o sínodo diocesano. Ela devia ser obrigatória todos os anos (*annuatim*), segundo as indicações do IV Concílio Lateranense (1215), confirmadas pela XV sessão do Concílio de Basileia (1433). Provavelmente, em caso de falta de convocação do sínodo anual, a convocação anual do clero na catedral, na Quinta-feira Santa para a missa da crisma, fazia o papel de pró-sínodo.

Entre as diversas assembleias eclesiásticas, o sínodo diocesano — e, portanto, também as leis emanadas — encontrava-se no último lugar, depois dos concílios gerais, os realizados por legados papais, em geral para muitas províncias eclesiásticas, e, enfim, os provinciais, nos quais os bispos sufragâneos eram reunidos pelo metropolita-arcebispo de quem dependiam e, com ele, se fosse o caso, emanavam constituições provinciais. Na hierarquia das assembleias, os **sínodos ou concílios provinciais** eram, portanto, imediatamente superiores aos diocesanos, e as constituições emanadas nessas assembleias eram obrigatórias para todas as dioceses sufragâneas; disso deriva a importância de tais reuniões e de suas decisões no que diz respeito aos sínodos diocesanos.

Em meados do século XIV, porém, a situação foi mudando e um fenômeno novo começou a repercutir nos concílios provinciais, pelo menos na Itália setentrional, com consequências também para os sínodos diocesanos. Em pelo menos três províncias eclesiásticas do norte da Itália, Aquileia, Grado e Ravena, o período que vai da segunda metade do século XIII até os primeiros decênios do século seguinte fora caracterizado por relevante atividade sinodal provincial que tinha notavelmente incrementado a anterior, significativa, todavia. Parece ser esse o período em que os metropolitas vivem um momento de esplendor e de capacidade de disciplinamento quase direto também nas dioceses dos próprios sufragâneos. Em particular, com as numerosas constituições provinciais emanadas nesse período, o metropolita tende a um controle forte e seguro sobre as sedes dependentes. Se olharmos bem, na realidade esse controle é principalmente formal e desejoso de reconhecimento do primado e supremacia, mais do que voltado a repercutir em profundidade na vida de cada diocese; de fato, isso comportaria para os metropolitas a necessidade de se submeter a onerosos controles de caráter administrativo e pastoral que dificilmente podiam e queriam pôr em prática.

Em resumo, já a partir dos anos trinta do século XIV, no norte da Itália, o controle das sedes metropolitas sobre as sufragâneas foi diminuindo até mesmo formalmente; um sintoma disso é a rarefação dos sínodos provinciais, que tendem até a desaparecer. As causas foram múltiplas: o uso cada vez mais sistemático dos legados pontifícios (em geral, cardeais) por parte do pontífice e os superpoderes deles em relação aos metropolitas; o período avinhonense e a influência cada vez maior da renovada cúria papal sobre cada diocese; as duas ou três observâncias em consequência do Cisma do Ocidente (bispos que reconheciam o papa romano, outros, o avinhonense, outros, o pisano) e a doutrina conciliarista (vol. III, cap. 1, item 1); enfim, as novas condições econômico-sociais italianas que se seguiram também à peste e à crise de meados do século XIV. Todos esses fatores influenciaram e mudaram profundamente o território e a sociedade sobre os quais caía a jurisdição dos metropolitas e das sedes sufragâneas no norte da Itália.

Para os sínodos diocesanos após a metade do século XIV, essa situação se apresentou, de um lado, como falta de estímulos legislativo-pastorais por virem do metropolita e, portanto, em certos casos, como falta de incentivos para a convocação do sínodo diocesano e, de outro, como possibilidade inédita de utilização do instrumento sinodal de maneira mais livre, condizente com a diocese e mais estreitamente ligada à vontade e à personalidade do bispo diocesano.

Nota bibliográfica

CECCON, S. Le sinodi della diocesi di Adria (Rovigo) fino al Concilio di Trento. *Tradizione e innovazione nella biblioteca del seminario di Rovigo, Quaderni della biblioteca del seminario* 6 (2014), 28-37.

DONAHUE, C. Thoughts on Diocesan Statutes. In: BLUMENTHAL, U.; WINROTH, A.; LANDAU, P. (orgs.). *Canon Law, Religion and Politics. Liber amicorum Robert Sommerville*. Washington: Catholic University of America Press, 2012.

PONTAL, O. *Les statuts synodaux*. Turnhout: Brepols, 1975.

TILATTI, A. "Legatus de latere domini pape". Il cardinale Latino e le costituzioni del 1279. In: DEGRANDI, A. et al. (orgs.). *Scritti in onore di Girolamo Arnaldi offerti dalla Scuola nazionale di studi medievali*. Roma: Istituto storico italiano per il medioevo, 2001.

_____. Sinodi diocesane e concili provinciali in Italia nord-orientale tra Due e Trecento. Qualche riflessione. *Mélanges de l'École française de Rome. Moyen Age*, 112 (2000), 273-304.

35. O complexo período avinhonense

1. Ao morrer, em 20 de abril de 1314, poucos meses antes da morte de Filipe, o Belo, Clemente V deixava a **Igreja universal em uma situação muito crítica**. De fato, ele tinha transferido a sede papal para Além dos Alpes de uma maneira aparentemente estável: no século anterior fora normal a Cúria romana residir com o papa fora de Roma por longos períodos, mas geralmente em cidades do centro da Itália sob o controle do pontífice, que, no entanto, voltava afinal para a cidade eterna. A situação, porém, estava agora notavelmente mudada; a permanência do papa Além dos Alpes parecia destinada a durar por longo tempo, e disso se ressentia até mesmo Roma, cada vez mais à mercê dos caprichos de poderosas famílias romanas, de movimentos populares e dos angevinos de Nápoles. A antiga capital foi se despovoando, chegando a contar com cerca de trinta mil habitantes nos períodos mais sombrios. O deslocamento da sede papal teve também uma repercussão negativa de natureza psicológica e moral para boa parte dos crentes de toda a Europa; a impressão de que o papa era agora uma espécie de obediente peão do rei da França, ou até mesmo de que o pontífice devia se submeter às vexações verdadeiras ou supostas do soberano francês, fazia com que muitos reinos da Europa vissem a figura do papa e da sua cúria como a de um partidário sectário, mais do que a do vigário de Cristo na terra.

2. Também o colégio dos cardeais, apesar das nomeações direcionadas por Clemente V, estava mais uma vez dividido; passaram-se mais de dois anos antes que se chegasse à eleição do bispo de Avinhão e cardeal francês Tiago Duèse de Chaors, com o nome de **João XXII** (1316-1334). O papa, com mais de setenta anos, provavelmente eleito também na perspectiva de um pontificado breve, reinou, porém, até dezembro de 1334, mostrando-se em geral à altura da missão. De posse de uma formação teológica discreta e bom canonista, era um trabalhador sistemático, capaz, moderado. Sua experiência anterior como chanceler de Carlos II de Anjou, que demonstrava sem dúvida ser ele apoiador do partido francês contra o imperial, levou-o a fortalecer e modernizar a organização administrativa e fiscal da Cúria: a organização do papado justamente no período avinhonense ia conseguindo traços da fisionomia que lhe foi própria durante todo o Renascimento (vol. III, cap. 2, item 9). Teve a pecha de nepotismo e nas nomeações de novos cardeais favoreceu os franceses, que, com João XXII, representaram ampla maioria no colégio.

Do ponto de vista pastoral, não esteve alheio às necessidades da cura de almas; tanto que proibiu que se mantivesse mais de um benefício ao qual estivesse ligada uma cura de almas, opondo-se ao instituto da comenda, ou seja, à obtenção em usufruto, por parte de um clérigo, de um benefício sem o peso do ônus eclesiástico conexo (cura de almas, residência, participação nas funções litúrgicas e assim por diante). Em 1323 declarou Tomás de Aquino santo. Ocupou-se também, nem sempre de modo feliz, de questões teológicas, e com maior conhecimento de direito canônico: vinte de suas importantes decretais reunidas em 1325 foram universalmente conhecidas como *Extravagantes Ioannis XXII*, ou decretais significativas para todo o direito canônico, devendo ser consideradas anexas ao *Decretum Gratiani* (cap. 7, item 29.4). Em 1329 condenou como heréticas algumas proposições do grande místico alemão Meister (Mestre) Eckhart (c. 1260-1328 [vol. III, cap. 1, item 3.1]).

3. Além de ser partidário da França, João XXII estava convencido de que somente a submissão do Império ao papado e a passagem completa da Península Italiana sob a influência francesa teria podido dar segurança, estabilidade e consequente prosperidade ao papado. Morto Henrique VII na Germânia, procedeu-se à eleição do novo rei e imperador; foi escolhido **Luís IV** da Baviera (1314-1347), mas uma parte dos eleitores filo-habsburgos proclamou Frederico, o Belo, da Áustria. Chamado a reconhecer um dos dois contendentes, o papa adiou a decisão, mesmo depois de Luís ter derrotado Frederico; entrementes, arrogou-se o direito de nomeação de um vigário imperial para a Itália, escolhendo não por acaso o rei de Nápoles, Roberto de Anjou, que já havia entrado em choque com Henrique VII. As relações continuaram a se deteriorar, até que Luís, o Bávaro, pediu a convocação de um concílio universal que julgasse toda a questão, inclusive a acusação de heresia formulada em relação ao papa. João reagiu com a excomunhão de Luís (1324), e depois também com a excomunhão e interdição de seus apoiadores. Luís não se dobrou; antes, encontrou o apoio de vários pequenos grupos da Igreja um tanto descontentes com a atitude rígida do pontífice em matéria de doutrina.

Em particular, refugiou-se com Miguel de Cesena (cap. 7, item 30.2), chefe dos espirituais e ministro geral dos franciscanos, que resistia às firmes posições tomadas por João XXII em relação à debatida questão da pobreza de Cristo e suas consequências. Alinhou-se também com o imperador o valoroso filósofo Guilherme de Ockham (vol. III, cap. 1, item 4.1), que definia o primado do papa como não proveniente de Cristo e não necessário. Em 1324 foi publicado o *Defensor pacis* (Defensor da paz), um tratado escrito por Marsílio de Pádua, professor na universidade de Paris. Tratava-se de um amplo tratado político no qual eram analisadas as motivações das discórdias da sociedade da época e era proposta como solução uma convivência pacífica fundada em uma rigorosa distinção entre o poder civil e o âmbito religioso. O tratado apresentava-se como absolutamente revolucionário para a época. Com efeito, Marsílio chegou a afirmar que o povo é a fonte do poder político, e que é o povo que o confia a um príncipe com a incumbência de garantir a paz. À Igreja, visto o exclusivo fim sobrenatural para o qual existe, o filósofo reconhece somente poderes espirituais e doutrinais, de modo que até a luta contra a heresia se configura como tarefa da autoridade estatal. Além disso, Marsílio afirmou que o concílio é o órgão privilegiado no qual os fiéis assumem as decisões mais importantes para a vida da Igreja. Em 1327, cinco proposições do tratado foram condenadas como heréticas (DS 941-946), mas as ideias de Marsílio continuaram a se difundir durante os anos do Cisma do Ocidente e por ocasião dos Concílios de Constança e Basileia (vol. III, cap. 1, itens 1 e 2).

Nesse choque, muitos ficaram em posições intermediárias, tentando uma mediação e defendendo de modo mais calmo a independência do poder temporal em seu próprio âmbito, como propunha uma importante tradição de pensamento e de obras, entre as quais o *Da Monarquia*, de Dante Alighieri.

Em 1327, Luís, o Bávaro, decidiu agir sem hesitação e desceu à Itália, seguro do apoio gibelino. Em Milão foi coroado rei dos lombardos; em janeiro do ano seguinte, em Roma, foi consagrado por dois bispos excomungados e depois coroado imperador em nome do povo romano por um leigo importante por seus excessos antipapais: Sciarra Colonna, prefeito de Roma; tratava-se de um fato um tanto revolucionário, voltado a diminuir a função do papa na coroação do imperador. Então Luís declarou deposto João XXII e fez eleger um **antipapa**, o franciscano Pedro Rinalducci, que tomou o nome de Nicolau V (1328-1330). A parábola ascendente a favor de Luís terminou, porém, bem cedo: em agosto de 1328 foi obrigado a abandonar Roma, agora hostil; na Itália setentrional não conseguiu manter sua precária autoridade e, em 1330, preferiu ultrapassar os Alpes para voltar à Germânia, onde continuou, porém, a manter intacto seu poder. Também Nicolau V teve de abandonar Roma e em pouco tempo se viu só: arrependido, reconciliou-se com João, que lhe garantiu uma pensão anual, mas, por segurança, o manteve em Avinhão até sua morte. O desentendimento entre João XXII e Luís, o Bávaro, terminou em geral a favor do imperador, o qual a partir de 1330 procurou uma aproximação com o papa, mas este último, de maneira intransigente, não lhe concedeu nenhuma margem de negociação, a menos que renunciasse ao trono, coisa que Luís evitou fazer.

4. A nada fácil herança de João XXII foi recebida por **Bento XII** (1334-1342), o cardeal francês Jacques Fournier, um monge cisterciense teologicamente preparado e distante de qualquer forma de nepotismo. Integérrimo, em relação ao antecessor teve a coragem de tomar providências contra muitos abusos administrativos e judiciários que já caracterizavam a nova e, aliás, bem organizada Cúria papal. Embora tendo expressado a vontade de um retorno a Roma, provavelmente por pressões diretas e indiretas do rei francês Filipe VI (1328-1350) permaneceu em Avinhão, e sob seu pontificado teve início a construção da fortaleza-palácio papal. Também as relações com o Império não se desbloquearam por causa da ingerência de Filipe. Durante seu pontificado, começou a chamada guerra dos Cem Anos entre França e Eduardo III (1327-1377), rei da Inglaterra, que reclamava seu direito de sucessão ao trono francês.

O sucessor de Bento foi **Clemente VI** (1342-1352), o famoso monge pregador Pierre Roger; descaradamente filofrancês, de família nobre, ficou manchado pelo nepotismo e fez da corte papal uma corte luxuosamente mundana, a ponto de criar grandes problemas às finanças da Igreja. O escândalo provocado em toda a Europa levou seus contemporâneos a considerar a peste negra, que chegou ao auge em 1348 flagelando toda a Europa, um castigo divino permitido e até facilitado pela corte avinhonense. Em 1350, Clemente decidiu reduzir o período entre dois jubileus a cinquenta anos e, consequentemente, proclamou o Ano Santo, que se realizou regularmente em Roma, mas sem sua presença. Durante seu pontificado, as relações com o Império não tiveram melhora substancial.

5. Seu sucessor foi outro francês, Estêvão Aubert, com o nome de **Inocêncio VI** (1352-1362). Perito em direito, em relação ao predecessor mostrou-se um moralizador da Cúria, do clero e dos religiosos, ocupando-se também com a situação financeira, sempre problemática. Com o novo rei da Germânia, **Carlos IV** (1346-1378) de Luxemburgo, papado e Império finalmente conseguiram se falar, até porque Carlos fora educado na corte francesa. Hábil político, de ótima cultura e protetor das artes (em 1348 fundou em Praga a primeira universidade de toda a Europa central), o imperador conseguiu entrar em acordo com Inocêncio VI sobre muitas questões, e em 1355, em Roma, recebeu a coroa imperial do cardeal-bispo de Óstia. Decidido a não se ocupar com a Itália, voltou logo à Germânia, onde emanou a famosa **Bula de ouro** (1356), um documento com o qual fixava em apenas sete os eleitores do imperador, para evitar quanto possível dissídios na eleição, como ocorrera em seu caso. A Bula é importante até porque não faz nenhuma menção à confirmação do recém-eleito por parte do papa: um dos motivos de discórdia, a questão fora deixada de lado, sendo de certo modo resolvida a favor do Império.

Nesse ínterim, por causa da distância do papa, na Itália a situação política tendia à anarquia e dava ampla margem a tentativas de constituição de novos senhorios. Inocêncio VI enfrentou então o problema do **restabelecimento da soberania do pontífice nos territórios italianos**; também com o conselho de Petrarca, então na corte avinhonense, apoiou a segunda tentativa de Cola de Rienzo, um homem do povo, de governar Roma. A tentativa fracassou com a morte do reformador devido a uma convulsão popular instigada pelas principais famílias romanas que viam sua própria liberdade de ação reduzida drasticamente (1354). A tarefa de normalizar a situação na Itália passou então ao cardeal espanhol **Egídio Albornoz**, hábil político e jurisconsulto, mas também homem de armas já presente em Roma. Por várias vezes, entre 1353 e sua morte, ocorrida em 1367, Albornoz influenciou a política de toda a península e soube pôr sob o controle pontifício muitos senhores e cidades da Itália central que realmente não reconheciam mais a autoridade do distante pontífice. Escreveu as chamadas "constituições egidianas", um instrumento fundamental para a reordenação da justiça e da administração nos territórios restituídos ao controle papal. Sua ação preparou o terreno para um possível retorno da sede papal a Roma.

6. Algo nesse sentido ocorreu com **Urbano V** (1362-1370), o abade beneditino Guilherme de Grimoard, figura talentosa e piedosa, cujo culto começou logo após sua morte e foi confirmado oficialmente por Pio IX, em 1870, com o título de beato. Hábil canonista, já encarregado de várias legações na Itália, assim que foi eleito papa ocupou-se do avanço turco na Península balcânica. O imperador João V Paleólogo, que se encontrava em dificuldade com a política expansionista do sultão Murad I, tinha pedido a ajuda do papa, mas uma cruzada proposta jamais foi realizada. Em 1365 o sultão até deslocou sua capital para a antiga Adrianópolis; o imperador então foi falar pessoalmente com Urbano V e, para obter a ajuda do mundo latino, aderiu como pessoa ao catolicismo (1369). Apesar disso, não conseguiu ajudas concretas dos latinos (assim como também não os obteria seu filho e sucessor Manuel II) e, em 1373, foi até mesmo obrigado a se tornar vassalo de Murad: a imobilidade do Ocidente em relação ao perigo turco era cada vez mais evidente (vol. III, cap. 7, item 28.1).

Urbano V mostrou toda a sua força de vontade quando, na primavera de 1367, deixou Avinhão para se dirigir a Roma. Muitos fatores o estimulavam em direção oposta à desejada pela corte da França e por muitos cardeais franceses: a visita do imperador Carlos IV ao pontífice, uma apaixonada carta de Petrarca, uma embaixada de Roma, as orações-advertências de Santa Brígida, a situação italiana restabelecida em parte graças ao cardeal Albornoz. Todos esses elementos o impulsionavam em direção a Roma. Lá chegou em setembro de 1367. No ano seguinte, recebeu a visita de Carlos IV, deu início à restauração de várias igrejas romanas e nomeou novos cardeais. Pareciam sinais indicativos de sua vontade de permanecer estavelmente em Roma, mas, em dois anos, o retorno da Guerra dos Cem Anos e as pressões francesas, inclusive internas à Cúria, unidas à situação italiana cada vez mais complexa e instável, levaram Urbano V a deixar Roma, na primavera de 1370; em setembro do mesmo ano, chegou a Avinhão, onde morreu no dia 19 de dezembro.

36. Gregório XI (1370-1378), o retorno a Roma e a problemática herança

1. O retorno definitivo a Roma, que não teve êxito com Urbano V, deu-se com seu sucessor **Gregório XI** (1370-1378), o cardeal Pierre Roger, de quarenta e dois anos, sobrinho e homônimo de Clemente VI. Em comparação ao tio, por quem fora criado cardeal por volta dos dezoito anos, o sobrinho era muito mundano, mas não desprezava os estudos, que realizou também na Itália, para onde fora para acompanhar Urbano V em seu retorno provisório a Roma. Parece que o colégio cardinalício elegeu Gregório por unanimidade, provavelmente também porque o partido filofrancês pensava que, com essa escolha, o perigo do afastamento da corte papal para Roma pelo menos em parte estivesse posto de lado. Além disso, houve pressões de Luís de Anjou, irmão de Carlos V, rei da França. Gregório XI, porém, foi o último dos sete papas franceses de Avinhão. Pessoa capacitada, perito em direito, estava também atento a qualquer solicitação externa, embora não facilmente influenciável, e não gozava de boa saúde. Eleito, logo teve de enfrentar o perene problema financeiro, o qual se arrastou durante todo o seu pontificado e até cresceu na hora da forte necessidade de liquidez para o retorno à Itália. Uma de suas cruzes foi o projeto da nunca realizada cruzada contra os turcos, os quais com Murad I representavam agora uma ameaça iminente para o que ainda restava do Império bizantino e para todos os Balcãs, mas também um perigo cada vez mais real para a Península italiana e a Europa centro-oriental. No âmbito mais propriamente pastoral, Gregório se ocupou da reforma de Ordens religiosas, do culto e das obras de caridade, da liturgia e das festividades, da repressão da heresia.

2. Desde cedo, Gregório XI se interessou também pela política europeia e contribuiu para pacificar o imperador Carlos IV e o rei da Hungria e da Polônia, Luís I de Anjou, mas interveio de diversas maneiras em muitas outras disputas da época mediante legados e embaixadas em toda a Europa. Em particular, interessava ao papa a paz entre França e Inglaterra, comprometidas com a Guerra dos Cem Anos, bem como a pacificação da Itália. Sem essas duas condições, dava-se conta de que o retorno a Roma, anunciado já a partir de 1372, seria difícil. Nesse ínterim, as relações com o rei da França, Carlos V, iam esfriando, inclusive pela impaciência do rei com as intervenções do pontífice no âmbito da guerra com a Inglaterra, que o rei francês considerava próprio e que pretendia administrar de modo diferente do desejado por Gregório. Na Itália, porém, eram dois os principais adversários do papa, opositores de seu retorno a Roma: os Visconti de Milão, aos quais inutilmente Gregório XI procurou se opor, e Florença, que não via com bons olhos um Estado da Igreja forte em suas fronteiras.

Em 13 de setembro de 1376, depois de longos preparativos e de vários contratempos, Gregório finalmente partiu de Avinhão. Após várias paradas, o pontífice entrou em Roma em 17 de janeiro de 1377, não sem um notável séquito armado que devia defendê-lo de qualquer eventualidade. Aí continuou a trabalhar em várias frentes, encontrando dificuldades de todo tipo, que foram decerto também de adaptação pessoal à nova situação. Depois de pouco mais de um ano de seu retorno a Roma, morreu na noite entre 26 e 27 de março de 1378 e foi sepultado na igreja de Santa Maria Nuova, agora Santa Francesca Romana.

3. Não se pode concordar plenamente com certa historiografia da época de Gregório XI, que o descreve bem cedo arrependido amargamente da volta a Roma, profundamente abatido, capaz até de pressentir o futuro cisma, ressentido contra todos aqueles que, entre os quais até Santa Catarina de Sena, o tinham encorajado ao retorno; com certeza, porém, ele se deu conta de muitas dificuldades que pesavam sobre a Cúria em Roma e sentia que o clima da cidade eterna não era lá o mais favorável a ele, francês, nem a seu séquito. Todavia, parece que teria temido possíveis complicações no momento da escolha de seu sucessor; com esse objetivo, teria decretado, em uma bula que emanaria não muitos dias antes de morrer, que para a eleição papal seguinte bastaria a maioria simples dos cardeais reunidos em conclave e não dois terços, com o objetivo de dar rapidez à eleição e defendê-la de possíveis ingerências. Seu temor não era infundado: com sua morte, os cardeais eram vinte e três, mas alguns se encontravam em Avinhão e outros estavam ocupados em várias legações.

Assim, reuniram-se em conclave em Roma dezesseis cardeais, dos quais onze franceses, que não conseguindo chegar a um acordo sobre um dos cardeais, já no primeiro dia escolheram — não se sabe se com maioria simples ou com dois terços — um membro externo ao colégio cardinalício, enquanto a cidade estava tumultuada. O escolhido era um italiano, o arcebispo de Bari, Bartolomeu Prignano, que escolheu o nome de Urbano VI (1378-1389) e que bem cedo se viu diante de um antipapa na figura do cardeal francês Roberto de Genebra, primo do rei da França, com o nome de Clemente VII (1378-1394): começava o que passou para a história como o Cisma do Ocidente (1378-1417), um dos períodos mais difíceis na vida da Igreja, como se verá na primeira parte do próximo volume desta obra.

Bibliografia

Fontes

COD = ALBERIGO, G. et al. (org.). *Conciliorum Oecumenicorum Decreta*. Bolonha: EDB, 1991.

DS = DENZINGER, H.; SCHÖNMETZER, A. (orgs.). *Enchiridion Symbolorum definitionum et declarationum*. Barcelona-Freiburg im Breisgau-Roma: Herder, ^{36}1976.

EHLER, S. Z; MORRAL, J. B. *Chiesa e Stato attraverso i secoli*. Milão: Vita e Pensiero, 1958.

Estudos

ACCROCCA, F. "Querebat semper solitudinem". Da eremita a pontefice. Rassegna di studi celestiniani. *Archivum historiae pontificiae* 35 (1997), 257-287.

Bonifacio VIII. Atti del XXXIX convegno storico internazionale. Todi, 13-16 ottobre 2002. Espoleto: Fondazione Centro italiano di studi sull'alto medioevo, 2003.

FEDALTO, G. *Le Chiese d'Oriente*. Milão: Jaca Book, ²1991, v. 1.

GUILLEMAIN, B. *I papi di Avignone (1309-1376)*. Cinisello Balsamo: San Paolo, 2003.

HERDE, P. Celestino V. In: GRESCHAT, M.; GUERRIERO, E. (orgs.). *Storia dei Papi*. Cinisello Balsamo: San Paolo, 1994, 312-336.

_____. *Cölestin V (1294) (Peter von Morrone). Der Engelpapst*. Stuttgart: Hiersemann, 1981.

LE GOFF, J. *San Luigi*. Turim: Einaudi, 1996.

MOLLAT, G. *Les Papes d'Avignon (1305-1378)*. Paris: Letouzey & Ané, ¹⁰1965.

PETRUCCI, E. *Ecclesiologia e politica. Momenti di storia del papato medievale*. Roma: Carrocci, 2001.

SCHNEIDER, R. *Il gran rifiuto*. Milão: Jaca Book, 2003.

capítulo nono
Além dos confins: cruzadas e missões

37. As cruzadas e o reino de Jerusalém

1. Na cultura europeia, o termo **cruzada** evoca certamente os eventos extraordinários que marcaram os últimos anos do século XI e a peregrinação armada de *milites* e de *pauperes* que das terras ocidentais da Europa viajaram para a Terra Santa até chegar, no verão de 1099, à conquista de Jerusalém.

No entanto, o mesmo termo remete também a contextos mais complexos e escorregadiços, fruto de uma secular estratificação de significados. Cruzada (um nome abstrato derivado do mais difundido e utilizado *cruce signati*, em referência à pequena cruz de tecido que os peregrinos e os participantes do que foi definido como a primeira cruzada portavam sobre os ombros) é, aliás, um termo bem mais recente do que os acontecimentos a que se refere; de fato, apareceu somente entre os séculos XIII e XIV, difundido de diferentes modos nas línguas românicas (em particular nas línguas d'*oil* e d'*oc*): *croiserie, crozeia, crozada*. Para indicar a sucessão das iniciativas e expedições armadas em direção ao mundo muçulmano realizadas naqueles séculos — por sua vez, um termo tardio, surgido no fim do século XVI —, usavam-se, entretanto, diversas expressões, como: *peregrinatio* (que ressalta o valor religioso da meta, a Terra Santa); *iter* (ou seja, expedição armada, em referência ao caráter militar do empreendimento); *passagium* (aludindo à viagem feita para chegar às longínquas fronteiras do Líbano e da Síria). Sucessivamente, por volta do fim da Idade Média, as diferentes destinações às quais se endereçaram as cruzadas fizeram distinção entre uma *crux transmarina* (o Oriente) e uma *crux cismarina* (as terras do Ocidente europeu). Dissolvia-se assim a ideia de peregrinação, certamente conexa com as mais antigas experiências desse variegado fenômeno, para dar lugar — no início da era moderna — à mais direta de *bellum sacrum* ou de *bellum iustum* (guerra santa, justa).

Também os cruzados (os *crucesignati*) foram indicados de diferentes modos — *miles Christi* (soldado de Cristo), *peregrinus* (peregrino) —, atestando indiretamente a pluralidade de significados e de valor que se atribuíam àqueles eventos que somente durante o século XVIII os intelectuais franceses começaram a definir de forma estável e quase convencionalmente como "cruzada".

De fato, se for considerada sobretudo em suas fases iniciais, a cruzada se apresenta como uma peregrinação que se desdobra, ao longo dos percursos comprovados por uma secular tradição, para o Oriente e, em particular, para Jerusalém, a cidade santa, testemunha dos eventos ligados à paixão, morte e ressurreição do Salvador. Mas, contrariamente ao que ocorria no passado, depois da metade do século XI é permitida à peregrinação que se dirige à Terra Santa portar armas consigo para a própria defesa ao longo do percurso, como estabelece um sínodo romano de 1078, até em consideração do mudado quadro político oriental, no qual se afirmara o domínio dos turcos seljúcidas. A essa altura, a peregrinação caracterizou-se por uma nova dimensão militar, ratificada também pela expressão *iter* (utilizada pelos cronistas da primeira cruzada para indicar o empreendimento dos ocidentais), a qual não fez senão retomar um termo em uso para as expedições militares próprias da sociedade feudal.

A conotação militar conjugou-se com os esforços feitos pela Igreja, que estendera a própria influência sobre a cavalaria, uma das típicas expressões do mundo feudal, e nela tinha infundido os próprios ideais de justiça. Nas cerimônias de vestição do cavaleiro, as armas eram santificadas, de modo que fossem utilizadas como proteção do fraco, do indefeso, da justiça; era o único caso em que o uso das armas era considerado justo e meritório.

Mas essa era também a época da reforma da Igreja (cap. 6, itens 23 e 24), terreno ideal no qual se desenvolve a ideia de cruzada; uma ideia inconcebível, se se prescinde do caráter de forte unidade religiosa que a *chistianitas* ocidental assume. É o papado, mediante as provas de força com o Império, que favorece o nascimento e o desenvolvimento dessa nova realidade no Ocidente. Nas cruzadas, alguns historiadores veem realizar-se o grande sonho da Igreja gregoriana (cap. 5, item 21), voltada à afirmação da única cristandade e, por isso, pronta a se mobilizar na ajuda dos cristãos do Oriente.

2. Nem sempre e nem necessariamente marcadas por conflitos, durante o século XI as **relações entre islã** (um islã dividido por cismas) **e cristandade europeia** foram complexas e variadas. Em 1009, o califa egípcio Hakim (considerado um herético por seus próprios correligionários) tinha perseguido os seguidores da cruz e tinha ordenado a destruição da igreja do Santo Sepulcro, mas depois os cristãos tinham podido retomar as peregrinações para o Oriente, sem que as populações locais se mostrassem abertamente hostis; todavia, na Europa frequentemente corriam boatos sobre as terríveis condições dos cristãos na Terra Santa.

Em meados do século XI apresentara-se a nova ameaça dos turcos seljúcidas. Eles tinham arrancado a península anatólica de Bizâncio, que era obrigada a sustentar sozinha todo o peso da defesa no Oriente. O empenho militar era constante e oneroso; por isso, os soberanos bizantinos acolhiam e utilizavam sem problemas os guerreiros "latinos" (francos e normandos) que, muito numerosos, tinham chegado naqueles decênios a Constantinopla na qualidade de soldados mercenários.

Em 1095, no **concílio de Clermont**, o papa **Urbano II** (cap. 5, item 21.5) respondeu ao pedido do imperador Aléssio I sobre o envio de tropas de cavaleiros ocidentais como apoio dos exércitos imperiais contra o avanço dos turcos seljúcidas; pronunciou então a famosa alocução (da qual não temos senão versões tardias e discordantes) em defesa dos cristãos do Oriente, talvez querendo simplesmente aludir à questão da ajuda que novos mercenários poderiam levar aos irmãos cristãos do Oriente. O Ocidente se encontrava em plena fase de expansão demográfica e econômica, e se tornara relevante a exigência de novas terras a serem cultivadas. Muito difusas eram também tendências e sensibilidades religiosas nos limites da ortodoxia (cap. 7, item 30.1): a resposta ao apelo do papa teve uma repercussão não prevista. Peregrinos, mendigos de todo tipo, camponeses sem terras para cultivar, *milites* à procura de fortuna, de uma renda ou de uma posição social, mercadores desejosos de ganho ou de resgate moral, homens de Igreja que havia muito pregavam o advento da Nova Jerusalém deixaram-se todos contagiar pelo entusiasmo e pela sedutora perspectiva do Oriente.

Partiram inicialmente da Germânia renana, da França e da Itália setentrional tumultuosas massas de camponeses reduzidos à pobreza e exaltados por visões apocalípticas da história, guiados por pregadores itinerantes, como o famoso Pedro, o Eremita; dispersaram-se pela bacia do Danúbio, saqueando as vilas situadas em seu caminho e massacrando os judeus que encontravam. Os restantes desses bandos, transportados com toda pressa para a Anatólia pelos bizantinos, foram rapidamente destruídos pelos turcos. Sem saber de tudo isso, nesse ínterim tinham partido do coração da Europa até grandes chefes militares do Ocidente na chefia dos próprios exércitos: Raimundo, marquês da Provença, Roberto, duque da Normandia, Hugo de Vermandois, irmão do rei da França, Roberto, conde de Flandres; partindo da Itália meridional, a eles se juntou o normando Boemondo de Taranto, filho de Guiscardo. Era a primavera de 1096.

Príncipes litigiosos e pouco dispostos a renunciar a iniciativas pessoais, os chefes da cruzada reconheciam, porém, o prestígio moral de Ademar de Monteil, bispo de Le Puy e legado pontifício. Acampados nas proximidades de Bizâncio entre a Páscoa e o verão do mesmo ano, e tendo chegado a um compromisso com o imperador Aléssio Comneno, que via com preocupação a presença de tão grandes contingentes armados junto aos muros de Constantinopla, os "francos" se fizeram transportar para além do estreito e começaram a percorrer o território inimigo durante o verão. Tinham escolhido atravessar o deserto anatólico na estação mais desfavorável, seguindo um percurso interno, pouco conhecido e repleto de perigos. O empreendimento beirava a loucura, mas, contra todas as previsões, teve êxito. A preço de imensos sacrifícios e de autênticos atos de heroísmo, as fileiras armadas dos príncipes europeus e dos peregrinos responderam aos ataques muçulmanos, desafiaram o estafante calorão do deserto, a sede e a fome, ultrapassaram as montanhas do Tauro; chegaram a conquistar Antioquia e Edessa e, enfim, depois de três anos, a própria Jerusalém.

3. Em meados de julho de 1099, Jerusalém caiu após um longo e cansativo assédio que durou alguns meses. Ultrapassadas as muralhas, o exército cristão espalhou-se pela cidade, massacrando com cega fúria os habitantes muçulmanos, judeus e cristãos orientais. O massacre se acalmou somente quando, chegados à basílica do Santo Sepulcro, os cruzados cumpriram o próprio voto.

Aos vencedores impôs-se com urgência o problema do ordenamento político e religioso das terras conquistadas. Um projeto inicial dos cruzados talvez consistisse em transformar Jerusalém em senhorio eclesiástico a ser posto sob direta proteção da Igreja de Roma. De fato, fora eleito um patriarca latino na pessoa de Daimberto, arcebispo de Pisa, que chegara à Terra Santa com uma frota consistente; ele tinha dado claros sinais de se considerar o legítimo detentor do poder. Incapazes de encontrar um verdadeiro acordo, os chefes militares chegaram a uma espécie de compromisso: escolheram como representante do poder político um príncipe já vacilante na saúde e de fraca atitude no comando, Godofredo de Bulhão, duque da Baixa Lorena, o qual se limitou a reclamar para si somente o título de *advocatus* (defensor) do Santo Sepulcro.

Mas Godofredo morreu no ano seguinte. Sucedeu-o seu irmão Balduíno, de temperamento bem diferente; de fato, foi coroado rei e deu vida ao **reino franco de Jerusalém**, uma monarquia eletiva com tendências dinásticas e transmissível também na linha feminina. O novo rei favoreceu a realização de uma importante mudança institucional: deu ao reino um caráter "leigo", mesmo a despeito dos projetos das hierarquias eclesiásticas; favoreceu um sistema no qual o poder legislativo e judiciário era exercido pelas *Assembleias* de Jerusalém, que na época elaboraram uma cuidadosa legislação, capaz de constituir uma referência paradigmática até para o direito feudal do Ocidente. Esse reino resistiria por quase dois séculos, apesar das dificuldades de todo tipo, até se reduzir, enfim, a uma faixa de território e algumas cidades costeiras.

Também o **ordenamento religioso** dos novos principados constituiu um problema importante, resolvido mais pela evolução dos eventos e por uma série de intervenções e de ajustes elaborados durante os decênios que se seguiram à conquista do que por um definido projeto de organização das circunscrições eclesiásticas. Balduíno I considerava ser essencial a restauração do papel dos patriarcados e da estrutura eclesiástica das Igrejas gregas anteriores à invasão muçulmana. Nessa perspectiva, as sedes patriarcais mais notáveis eram a Igreja de Antioquia e a de Jerusalém, embora desde os tempos de Justiniano (527-565) a situação geral tenha se tornado muito mais complexa com a revisão da organização metropolitana em vantagem de arquidioceses autocéfalas ligadas a Constantinopla (cap. 2, item 5.2). Com a progressiva conquista cruzada, outra complicação provinha do fato de que a Igreja latina se inseria nas antigas sedes metropolíticas do Oriente, com um novo clero e uma nova liturgia, enquanto não era restabelecida em todos os casos a antiga geografia eclesiástica; de fato, modificara-se a rede das dependências episcopais, pois de tempos em tempos acabavam por prevalecer nessa reformulação a vontade do rei, os interesses gerais do reino e a necessidade de conter as exigências dos vassalos.

Balduíno fez erigir na sede episcopal a basílica da Natividade em Belém; algumas importantes instituições eclesiásticas, entre as quais se distinguia o capítulo do Santo Sepulcro em Jerusalém, agiram de modo autônomo, estabelecendo dependências diretas sobretudo na parte meridional do reino, além de gozar de ricas propriedades também no Ocidente. Enquanto se confirmavam em diversas ocasiões os estreitos vínculos com a Igreja de Roma, a situação se estabilizou por volta da metade do século XII. Dependiam do patriarcado de Jerusalém, que tinha atingido uma extensão próxima da do período bizantino, as arquidioceses de Tiro, Nazaré, Cesareia, o senhorio eclesiástico de Ramla-Lydda e o bispado de Belém. Além do Jordão situava-se a sede metropolitana de Petra; já para a cidade de Ascalona, que caíra nas mãos dos francos somente em 1153, ficava em aberto o problema de uma eventual assunção da dignidade episcopal (sua antiga condição), o que teria causado, porém, atritos com Belém. Ao Norte, Trípoli, Tortosa e Gibelet (Biblos) tinham entrado na órbita de Antioquia.

4. Aliás, Balduíno I e seus sucessores (seu primo Balduíno II, Folco de Anjou, depois Balduíno III, Amalrico I e, enfim, Balduíno IV) demonstraram notáveis capacidades políticas e militares, enfrentando os problemas internos do reino e um inimigo preponderante por força, mas foram obrigados a administrar a congênita **fraqueza institucional do reino de Jerusalém**, em que as relações com os novos senhores da Palestina nem sempre eram confiáveis. Antes mesmo dos cruzados entrarem em Jerusalém, alguns chefes da expedição tinham fundado os condados autônomos de Edessa e Antioquia; surgiram a seguir o principado da Galileia, os senhorios de Beirute, Tiro, Sidon, da Pequena Armênia. Uma realidade complexa, às vezes formalmente dependente de Bizâncio, que decerto não favorecia a densidade política da presença cristã na Terra Santa e que, incansavelmente, os reis de Jerusalém procuraram, com variados sucessos, governar.

Além disso, desde os primeiros anos impôs-se com urgência o problema de proteger dos ataques externos e internos o que os francos definiram como o *Outremer* (o Ultramar). Esses territórios eram habitados por uma população heterogênea: os ocidentais constituíam uma parte muito pequena, uma minoria prestigiosa, composta de nobres e mercadores, à qual se juntaram homens de armas, muitas vezes à procura de sucesso. Em torno deles, indistinta, nem sempre benévola, às vezes perigosa, ampliava-se a massa da população de maioria islâmica, cristãos não latinos, judeus.

O reino de Jerusalém estava atormentado pela falta de um exército regular. Por isso, o rei era obrigado a se dirigir a seus vassalos, apelando à lealdade deles. A corte de Jerusalém não dispunha de grandes riquezas; o soberano podia, portanto, contar com os proventos das alfândegas e com os rendimentos das propriedades pessoais, de modo que muitas vezes só pôde pôr em campo alguns esquadrões de turcópolos (mercenários de origem local).

Diante dessas diversas necessidades, os cruzados foram levados a formular respostas originais; de fato, deram vida a um sistema de Estados que, pelo menos formalmente, reconheciam a supremacia da coroa de Jerusalém, fortemente caracterizados internamente por estreitas relações de natureza feudal, e de cidades costeiras com forte vocação marítima e comercial que gozavam de direitos e privilégios semelhantes aos dos contemporâneos municípios italianos. Esses territórios — com grave dispêndio de energias e de homens — foram defendidos das múltiplas contraofensivas muçulmanas, em especial dos fatímidas do Egito, que obrigaram os cristãos a um estado de alerta quase permanente; a chegada, às vezes excessivamente episódica, de navios francos, genoveses e venezianos constituía a esperança de reforços, os quais, no entanto, se revelavam com frequência inadequados.

Surgiram depois **Ordens monástico-cavaleirescas** com missões de polícia de fronteira, especificamente destinadas à defesa dos peregrinos que chegavam à Terra Santa. Entre eles, os mais famosos são os ***templários*** (chamados também de *pauperes commilitones Christi*), surgidos por iniciativa de um grupo de cavaleiros que depois se tornou uma Ordem religiosa graças a Bernardo de Claraval (cap. 6, itens 24.6-7), que contribuiu para a redação de sua regra (*De laude novae militiae*). Residiam em Jerusalém; seu quartel-general era um edifício que se elevava na esplanada chamada Templo de Israel (daí o nome da Ordem). Outra grande Ordem, a do *hospital*, cujos membros eram chamados também de ***joanitas*** (hospitaleiros de São João), inicialmente dedicada à assistência caritativa e num segundo momento também às operações militares, tinha a própria sede perto do Santo Sepulcro. Cada Ordem era composta por cavaleiros (o verdadeiro nervo militar) que pronunciavam os votos monásticos como *sargentos* (com funções de apoio militar), como sacerdotes para a assistência espiritual; estavam submetidos à orientação de um grão-mestre. Outra importante Ordem cavaleiresca foi a dos ***cavaleiros teutônicos*** (itens 38.2 e 37.5).

Mas esses Estados frágeis, com minúsculas guarnições, tinham de garantir uma defesa eficaz também com outros sistemas. Durante a primeira cruzada, os "francos" tinham revelado sua habilidade em desmantelar os fortes inimigos; tiveram depois de demonstrar que eram capazes de construir. Ao longo de seus domínios, do Eufrates até o deserto arábico, ergueram **numerosas fortalezas** situadas em lugares estratégicos e edificadas com tal habilidade técnica que muitas existem ainda hoje e ainda foram utilizadas nos recentes conflitos do século XX. Situadas no alto, nos cruzamentos das vias comerciais e em estradas seculares, o Krac [fortaleza] dos Cavaleiros, o Krak de Moab, os castelos de *Saone e Margat*, Belvedere e Belforte demonstram a habilidade de seus construtores e o conhecimento que tinham do território. Os cruzados, inferiores em número às populações nativas, foram depois obrigados a opor aos muçulmanos suas poderosas fortalezas e souberam garantir por quase dois séculos a defesa dos territórios conquistados.

5. Superada a surpresa da conquista e reorganizadas as próprias fileiras, depois de alguns decênios os principados islâmicos conseguiram retomar Edessa (1147), e depois, sob a guia de Saladino, a própria Jerusalém (1187). Os europeus foram obrigados a organizar uma **segunda cruzada** (1147-1148), guiada por Conrado III, rei da Germânia, e por Luís VII, rei da França (e pregada no Ocidente por Bernardo de Claraval), e uma **terceira cruzada** (1187-1192), conduzida pelo imperador Frederico I, pelo rei da França, Filipe II Augusto e por Ricardo I "Coração de Leão", rei da Inglaterra. Ambas as expedições acabaram em fracasso.

Também a iniciativa do papa Inocêncio III, determinado a recuperar Jerusalém para a cristandade, não teve o êxito esperado: os cruzados, estimulados pelos pedidos de Veneza, que tinha lhes garantido o transporte para a Terra Santa, acabaram por assediar e saquear a católica Zara e por conquistar Constantinopla, dando vida à anômala experiência de um "império latino" em Bizâncio, conhecido como Império latino do Oriente (**quarta cruzada**, 1202-1204). Produziram-se assim consequências totalmente negativas para as relações entre as Igrejas ocidental e oriental, pois a partir de então, aos olhos dos cristãos greco-ortodoxos, os cristãos ocidentais foram considerados invasores. O pontífice, profundamente desiludido com o que acontecera, fez aprovar uma nova iniciativa em 1215 no Concílio Lateranense IV, mas não conseguiu realizá-la, pois a morte o colheu no ano seguinte.

Entre 1217 e 1221, a **quinta cruzada**, que tinha procurado atacar as bases muçulmanas no Egito, encalhou no delta do Nilo; a **sexta** (1229) acabou na hábil negociação diplomática que Frederico II, imperador e naquele momento excomungado, soube conduzir com o sultão Al Kamil (cap. 6, item 27.1); a **sétima** (1248-1254) e a **oitava** (1270), ambas guiadas por Luís IX, rei da França, terminaram com duas derrotas violentas. Na última expedição, o rei perdeu a vida. Outras expedições menores não tiveram resultados diferentes, enquanto na cristandade ocidental crescia o ceticismo geral em relação ao empreendimento de Ultramar e terminava definitivamente o último período do reino de Jerusalém, reduzido à faixa costeira e à cidade de Acre (depois dominada em 1291).

Precisamente quando diminuía a possibilidade concreta de restabelecer a presença franca no Oriente, a ideia de cruzada conheceu nova difusão. Mantinha-a viva o papado romano, graças à contínua e renovada proposição do tema nos concílios ecumênicos; os pregadores reacenderam sua atualidade, inflamando repetidamente em diversas ocasiões os ânimos das populações europeias; há ampla confirmação disso em testamentos e no registro das esmolas destinadas a esse objetivo principal. Entrementes, foram indicados a respeito outros objetivos, como a *reconquista* dirigida ao território ibérico (cap. 4, item 15) ou a luta da Ordem de Santa Maria dos Teutônicos (item 38.2) contra os pagãos bálticos ao norte; identificaram-se novos inimigos a serem combatidos nos heréticos e também nos adversários políticos, que, nos últimos séculos da Idade Média, se tornaram por sua vez objeto de específicas expedições armadas.

No início da era moderna houve novos surtos de popularidade da ideia de cruzada. Tornaram-se cruzadas as iniciativas militares predispostas e realizadas principalmente para conter o avanço muçulmano nos Balcãs. A queda de Constantinopla de 1453 sob a agressão dos turcos otomanos não fez senão reavivar o antigo sonho; em 1460, em Mântua, o papa Pio II lançou a toda a cristandade um apelo para a libertação de Jerusalém, e contextualmente da antiga capital do Império do Oriente (vol. III, cap. 7, item 28.2). Foram projetos fadados a evaporar devido à endêmica litigiosidade dos príncipes cristãos — acentuada pela divisão confessional introduzida pela Reforma protestante — que, em um segundo momento, se demonstraram dispostos até a considerar o inimigo otomano um interessante interlocutor comercial (vol. III, cap. 7, item 28.3). Mas esses episódios não constituíram senão uma peça de uma longa lista — basta lembrar que no século XV as primeiras viagens oceânicas ao longo da costa africana foram entendidas também como cruzadas antimuçulmanas (vol. III, cap. 2, item 8.2) ou pensar nos choques ocorridos em Lepanto em 1571 e sob os muros de Viena em 1683 (vol. III, cap. 4, item 16.1 e cap. 5, item 21.1) — destinada a se prolongar até a idade contemporânea.

Portanto, objeto de polêmicas, preconceitos, defesas de princípio, estudos atentos e reconstruções arbitrárias, a própria ideia de cruzada e o contexto mítico a que remete tornaram-se parte essencial da cultura europeia, pelo menos a partir do século do Iluminismo, carregando consigo os pesadelos e as esperanças da história do velho continente até representar um fator cultural imprescindível.

38. Báltico, Escandinávia e Prússia: as terras da evangelização norte-oriental

1. O encontro e o desencontro que caracterizaram as relações entre o mundo cristão e o muçulmano no Oriente Médio não constituíram a única modalidade de relação com as populações que viviam fora dos limites da cristandade. Toda a era medieval está constelada por numerosas tentativas de uma verdadeira obra de evangelização feitas por monges, apoiadas pelos papas, pelas Igrejas locais e depois, no século XIII, sobretudo pelas Ordens religiosas que nisso se empenharam, ainda que a longo prazo, com interrupções, derrotas e renovadas tentativas.

Um quadro cronológico sumário de tais iniciativas pode ter início na ação do papa Gregório Magno, que enviou monges missionários à Inglaterra para pregar às populações anglo-saxãs (cap. 3, item 9.5). De fato, se a tarefa da pregação era uma prerrogativa episcopal, logo também o mundo monástico se empenhou numa ação missionária eficaz, como ocorreu na primeira parte do século VIII com personagens como Bonifácio ou Pirmino (cap. 4, item 16.1). Eles se movimentaram em uma área de fronteira, entre os reinos dos francos e as populações germânicas, fundando grandes cenóbios (de Utrecht e Fulda a Reichenau) que se tornaram centros de novas missões. Paciente e hábil foi o empenho de mediação cultural e religiosa com os pagãos (como atestam também manuais destinados aos missionários, como a *Ratio de catechizandis rudibus*, a necessidade sentida de aprender as línguas locais, o longo trabalho de inculturação), às vezes heroico na aceitação do martírio. Entre os séculos VIII e IX fortaleceu-se a obra evangelizadora dos frisões e dos saxões (da qual participou, embora com o auxílio de violentas campanhas militares, o próprio Carlos Magno), e nas mais importantes cidades alemãs foram erigidas sedes episcopais e metropolitanas (cap. 4, itens 14.1 e 16.2).

Por sua vez, desde os séculos X e XI as Igrejas germânicas voltaram a própria atenção missionária para os países eslavos, em particular nas atuais **Polônia e Hungria**: nessas regiões, depois de terem renunciado ao nomadismo, as populações magiares converteram-se ao cristianismo romano e deram vida a um organismo político unitário. O principal artífice dessa transformação foi o rei Estêvão I (997-1038), a quem o papa Silvestre II (cap. 5, item 20.3) enviou a coroa real em 1001.

No século XII foram atingidas pela ação missionária as **populações eslavas da bacia Elba-Oder** e as escandinavas (em particular, suecas), que até aquele momento tinham ficado fora das influências missionárias e dos percursos militares devido à sua esquiva posição geográfica. Nesses mesmos decênios, na Livônia (atual Letônia), o bispo Alberto de Buxhövden ou de Riga (1165-1229), um prelado de forte personalidade, procurou criar também um Estado independente que identificava em Riga a própria capital (inclusive com o auxílio da Ordem Militar da Espada por ele fundada e denominada *fratres militiae Christi*).

Nessas iniciativas, muitas vezes entrelaçaram-se aos motivos religiosos considerações e oportunidades de ordem política, que favoreceram, até por meio de campanhas militares e com o deslocamento de importantes grupos de camponeses alemães, a colonização de novos territórios.

2. Uma segunda diretriz de evangelização voltou-se decididamente para os **países escandinavos** (cap. 4, item 16.2). Na Noruega, um ponto de estabilização da ação missionária pode ser considerado o reino de Canuto, o Grande, quando nos anos vinte do século XI foi constituída uma nova organização para dioceses, enquanto se difundiam no início do século seguinte fundações monásticas beneditinas. Também a ereção de muitos edifícios em estilo românico ou gótico documenta esse florescimento: na Noruega conserva-se ainda hoje certo número de *stavkirker*, igrejas construídas inteiramente de madeira, segundo uma técnica de construção característica da Escandinávia, e consideradas a tradição local da basílica românica. Ainda no século XI, a influência cristã se estendeu à atual Finlândia; mas após importante intervenção armada, foram os suecos que no século XIII conseguiram inserir essa nova terra no sistema eclesiástico romano, também graças à difusão de conventos de frades pregadores (cap. 6, itens 26.2-3).

O papa Inocêncio III prodigalizou grande empenho na evangelização (cap. 6, item 25.2). Preocupou-se em enviar missionários para essas terras remotas e em numerosos escritos elogiou os reis cristãos dinamarqueses e suecos pelas iniciativas de evangelização que tinham assumido e apoiado. Assim, deixou muito claro uma característica essencial da atividade missionária da época, que se baseava antes de tudo nos vínculos privilegiados estabelecidos pelos religiosos com as monarquias locais.

Essa atenção prosseguiu também com os sucessores do grande pontífice. Em 1243, o legado pontifício Guilherme de Modena instituiu as novas dioceses de Pomerânia, Culma, Samland e Ermland, que foram atraídas pela **nova província eclesiástica de Riga** quando ela se tornou sede metropolítica (1255). As primeiras três dioceses foram confiadas à jovem **Ordem teutônica** ou do "Hospedaria de Santa Maria em Jerusalém". Assim como os templários e os hospitaleiros (item 37.4), tratava-se de uma Ordem religioso-cavaleiresca: seu quartel-general era na hospedaria de Santa Maria dos Teutônicos, construído em 1190 em São João de Acre. Obtida a proteção de Inocêncio III (em 1199) e reconhecida como isenta dos poderes episcopais em 1221 pelo papa Honório III, a partir dos primeiros decênios do século XIII a Ordem teutônica escolheu como campo privilegiado de ação a Europa setentrional e oriental. O grão-mestre Hermano de Salza foi conselheiro de confiança de Frederico II, o qual — como depois fez o próprio papa Gregório IX — reconheceu a soberania dos teutônicos sobre os territórios recentemente conquistados. A Ordem continuou a fase de expansão em direção às terras da Curlândia e da Lituânia, organizando o território em circunscrições dirigidas por um ecônomo (*komtur*), que era também o superior do convento no qual residiam normalmente doze cavaleiros e seis padres. A partir desse centro ele dirigia a obra de colonização, administrava a justiça, arrecadava os impostos, guiava a defesa do território. No fim do século, a definitiva conversão das populações dessas terras podia ser considerada encerrada, de modo que também a residência do grão-mestre foi definitivamente transferida de Veneza para Marienburg (1309).

39. Nas pegadas dos frades: as missões na Ásia

1. Na **área do Mediterrâneo**, e em especial na costa da África setentrional, sobretudo durante o século XIII surgiram ou se estabilizaram instalações comerciais, com fundação de igrejas em Tunis (uma dedicada a Santa Maria, patrona de Pisa), em Gabes, em Trípoli; no mesmo período, no

Egito documentam-se edifícios religiosos em Alexandria (a igreja é dedicada a São Nicolau, patrono dos marinheiros) e em Damietta. Trata-se em geral de fundações pisanas, devidas à iniciativa da cidade marítima; mais que sinal de uma verdadeira prática missionária, essas realidades têm a intenção de garantir o serviço religioso aos marinheiros e aos comerciantes cristãos em trânsito naqueles lugares.

No vasto e mais remoto **Oriente**, múltiplas foram, porém, as tentativas de evangelização, confiadas preferencialmente aos pertencentes às Ordens mendicantes, com longos prazos, complexas modalidades, resultados decididamente incertos. Aos olhos dos latinos, que se preparavam para as expedições-cruzadas, nas terras do Oriente era preponderante a presença tanto da Igreja greco-bizantina como do mundo muçulmano. A primeira tinha mostrado capacidade missionária, fundando Igrejas autônomas até na Rússia e na Geórgia, o segundo parecia decididamente pouco permeável a tentativas de evangelização.

Mas a situação era mais complicada: os "francos" tiveram de se dar conta de que o Oriente não apresentava características de homogeneidade, tão denso era o entrelaçamento de Igrejas cristãs pertencentes a diferentes confissões. Entre elas se distinguiam os maronitas do Líbano, os coptas no delta do Nilo, os melquitas (chamados também sírios) nos países árabes, os jacobitas (de fé monofisita e de língua siríaca) difundidos pela Mesopotâmia, e nas remotas terras da Ásia central os caldeus (que os latinos identificaram como nestorianos), de modo que os europeus podiam facilmente ser induzidos a crer que em todo o Oriente a difusão do cristianismo não constituía uma prioridade. Depois do primeiro impacto negativo nos anos da primeira cruzada (itens 37.2-3), a Igreja latina tinha restabelecido as relações com os melquitas e os maronitas, procurando antes de tudo realizar a unidade de todas essas diversas Igrejas sob a autoridade do papa, enquanto as tarefas pastorais e a eventual evangelização eram entregues aos prelados e aos presbíteros de tais confissões. Fraca e muito pouco perseguida — de fato, percebida como responsabilidade das Igrejas locais — era a perspectiva de converter os muçulmanos.

A própria ação do papado estava orientada à tradicional estratégia que privilegiava, nos Estados cruzados do *Outremer* e fora de seus limites, a constituição de sedes metropolíticas que formassem também a base para futuras missões sob a coordenação romana.

Foi sobretudo a Ordem dos frades menores que lançou as bases para o desenvolvimento de uma atividade missionária. O exemplo fora dado pelo próprio Francisco, que tinha se apresentado como pregador inerme na presença do sultão do Egito al Kamil. No fim do século XIII conseguiu-se refletir com maior atenção sobre a necessidade de padronizar os instrumentos culturais (conhecimento das populações a serem convertidas, de suas crenças, de sua língua) que pudessem sustentar uma obra missionária: um franciscano terciário, Raimundo Lullo, convencido da necessidade de uma obra de convicção mais que de constrição, depois de ter estudado a língua árabe, empreendeu longas viagens missionárias no norte da África. Os resultados foram modestos, mas uma direção eficaz fora indicada, tanto que o Concílio de Vienne (1311-1312) promoveu a medida, sugerida pelo próprio Lullo, de instituir cátedras de língua oriental nas universidades europeias (cap. 8, item 34.2).

Tendo sido difundido no Ocidente o boato de que o *khan* dos mongóis, incontestados senhores do Império chinês, desejava se converter ao cristianismo, em 1245 o papa Inocêncio IV lhe enviou alguns missionários. Guiava-os João de Pian del Carpine, já provincial dos menores na Espanha nos anos vinte do século XIII e titular de uma missão junto aos Almôades. Homem de grande capacidade para organização e projetos, dotado de acentuadas atitudes para a mediação política, foi encarregado pelo papa de entregar algumas cartas endereçadas ao grande *khan* dos tártaros. Na companhia de Bento, um frade polonês que sabia falar a língua mongol, seguiu a rota que das margens do Mar Negro se dirigia para Kiev; avançou até a Qaraqorum, onde assistiu à coroação do *khan* Güyük (contou a própria viagem na *Historia Mongolorum*). A missão não obteve resultados significativos (a exemplo dos chineses, os mongóis iam se orientando para o budismo), mas abriu caminho a uma série de novas expedições. Também o rei da França, Luís IX, enviou frades menores e pregadores para aquelas terras distantes na esperança de constituir uma aliança entre Estados cristãos e reinos mongóis contra o inimigo comum representado pelo islã. Nesse ínterim, no mundo ocidental difundira-se a lenda do Preste João, misteriosa figura de soberano e sacerdote ligado ao mundo nestoriano, senhor de grandes e ricos territórios; sonhava-se com a ajuda eficaz de seu glorioso exército, pronto — fabulava-se — a intervir em defesa da cristandade. A lenda, que se baseava provavelmente na existência no coração da Ásia mongol de algumas tribos de alanos e de turcos que tinham conhecido o cristianismo de forma nestoriana, será aplicada no século XV à África, dando impulso à atividade missionária ligada às novas rotas de navegação daquele século (vol. III, cap. 2, item 8.1).

2. A presença dos frades menores nas terras do Extremo Oriente tenderia a se estabilizar nos anos setenta do século XIII, pois alguns deles se adaptaram a seguir a vida nômade dos mongóis, enquanto outros residiram nas bases mercantis dos europeus para prestar assistência religiosa aos mercadores que se aventuravam até a costa do Pacífico.

O caminho aberto por João de Pian del Carpine será percorrido no final do século XIII pelo confrade **João de Montecorvino**, o qual, graças às boas relações com o *khan* Toqtai (que se converteu ao cristianismo), pôde trabalhar por muito tempo por uma presença católica estável na **China**; Cambalik (atual Pequim) foi elevada a sede diocesana, e um novo punhado de frades reforçou o exíguo grupo de seus colaboradores. À Ordem dos menores o papado confiou a presença missionária na Ásia, com a ereção de três vicariatos: a *Tartaria orientalis* (que compreendia o Mar Negro e o Golfo persa), a *Tartaria aquilonaris* (centrada no vale do Volga), o *Cathay* (com as sedes de Cambalik e Zaitou). Apesar dos problemas ligados à distância que separava o Mar Negro da costa do Pacífico — problemas que Montecorvino indicou repetidamente —, os poucos frades presentes no Extremo Oriente conseguiram desenvolver uma obra eficaz, dirigindo-se antes de tudo aos mercadores europeus, mas também aos armênios e aos alanos (já cristãos), transferidos à força para aquelas regiões pelos mongóis. Não foi deixada de lado a possibilidade de um anúncio às populações mongóis, efetuado sobretudo com o apoio da pintura e da utilização da língua local: João de Montecorvino traduziu alguns textos bíblicos; conseguiu também obter garantias e sustento para a própria atividade religiosa.

A Igreja na China se desenvolveu em torno dos frades menores, mas foi dramático o problema da substituição dos missionários; as novas tensões e lutas entre os mongóis e os islâmicos, bem como as graves pestes que explodiram na Europa, fizeram desaparecer em meados do século XIV a possibilidade de qualquer comunicação. O fim da dominação mongol e a afirmação da dinastia Ming marcaram o declínio da missão católica em Cambalik.

Entre os séculos XIII e XIV, também os frades pregadores se empenharam em ampla obra de evangelização, afetando com sua ação a província de Sultanieh, capital do canado mongol da Pérsia. Apoiada particularmente pelo mestre geral Humberto de Romans (1254-1263), no início do século XIV a ação missionária deu vida a uma *Societas peregrinantium propter Christum*, que se dirigiu sobretudo às regiões em torno do Mar Negro. Os pregadores sediados no canado da Pérsia conseguiram gozar de particular autonomia, legitimada pela grande distância geográfica que os separava de Roma. Bispos e arcebispos consagrados ficaram subordinados ao mestre geral da própria Ordem, porquanto a Ordem constituía seu primeiro e mais imediato apoio; gozavam, todavia, de poderes particulares (como a possibilidade de absolver os clérigos simoníacos ou a concessão de indulgências) que os punham em uma condição semelhante à dos legados papais.

As bases de onde difundiram a própria ação foram os conventos de Caffa, Pera, Chio; a ampla região a que estavam destinados compreendia a Mesopotâmia, a Pérsia, a Índia e a Etiópia. Graças ao conhecimento da língua armênia, evangelizaram caldeus, turcos e mongóis não islamizados e curdos. Mas as turbulências políticas, que desde o fim do século XIII deram vida a novas realidade civis e políticas na região, e a difícil relação com o mundo islâmico criaram obstáculos cada vez maiores à ação pastoral e missionária dos frades.

O balanço das missões na Alta Idade Média, que se fechava com bons resultados na Europa do norte e na área báltica, tinha revelado que as diretrizes asiáticas — até pela amplidão das distâncias e pela dificuldade objetiva nas comunicações — se apresentavam muito difíceis e dispersivas, a ponto de pôr em crise as mais hábeis e heroicas tentativas feitas pelos missionários. Por conseguinte, a presença da Igreja latina no Oriente ainda não tinha conseguido livrar-se do caráter de ocasionalidade que marcara, como ocorreu na China entre os séculos VII e IX (cap. 4, item 17.3), a primeira fase de seu compromisso missionário naquelas terras.

Bibliografia

Fonte

VAN DEN WYNGAERT, A. (org.). *Sinica franciscana, itinera et relationes fratrum minorum saeculi XIII-XIV*. Grottaferrata: Quaracchi, 1929, v. 1.

Estudos

BAGGE, S. La Scandinavia e la formazione della cristianità occidentale. In: CRACCO, G. et al. (orgs.). *Europa in costruzione. La forza delle identità, la ricerca di unità (secoli IX-XIII)*. Bolonha: il Mulino, 2006, 221-255.

BEREND, N. Le identità ungheresi nei secoli IX-XIII. In: GRACCO, G. et al. (orgs.). *Europa in costruzione. La forza delle identità, la ricerca di unità (secoli IX-XIII)*. Bolonha: il Mulino, 2006, 257-291.

CAPRIOLI, A.; VACCARO, L. (orgs.). *Storia religiosa dei popoli baltici*. Milão-Gazzada: La Casa di Matriona-Fondazione Ambrosiana Paolo VI, 1987, v. 16: Ricerche.

CARDINI, F. La crociata. In: TRANFAGLIA, N.; FIRPO, M. (orgs.). *La storia. I grandi problemi dal Medioevo all'Età Contemporanea*. Turim: UTET, 1986, v. 2/2: Il Medioevo. Popoli e strutture politiche, 393-426.

CHRISTIANSEN, E. *Le crociate del Nord. Il Baltico e la frontiera cattolica (1100-1525)*. Bolonha: il Mulino, 2008.

CITTERIO, F.; VACCARO, L. (orgs.). *Storia religiosa di popoli nordici*. Milão-Gazzada: Centro ambrosiano-Fondazione Ambrosiana Paolo VI, 1995, v. 2: Europa ricerche.

DEMURGER, A. *I cavalieri di Cristo*. Milão: Garzanti, 2004 (tít. orig.: *Chevaliers du Christ. Les ordres religieux-militaires du Moyen-Âge [XIe-XVIe siècles]*. Paris: Seuil, 2002).

ELM, K. Tempio, canonici del. In: *Dizionario degli istituti di perfezione*. Roma, 1997, v. 9, col. 994-999.

Espansione del francescanesimo tra Occidente e Oriente nel secolo XIII. Atti del VI convegno internazionale. Assis: Società internazionale di studi francescani, 1979.

HAMILTON, B. *Le crociate*. Cinisello Balsamo: San Paolo, 2003.

HUNYADI, Z.; LASZLOVSKY, J. (orgs.). *The Crusades and the Military Orders. Expanding the Frontiers of Medieval Latin Christianity*. Budapeste: Central European University Press, 2001.

KEDAR, B. Z. et al. (orgs.). *Outremer. Studies in the History of the Crusading Kingdom of Jerusalem*. Jerusalém: Yad Izhak Ben-Zvi Institute, 1982.

Militia Christi e crociata nei secoli XI-XIII. Atti della undecima settimana internazionale di studio. Milão: Vita e Pensiero, 1992.

PELLEGRINI, L. I quadri e i tempi dell'espansione dell'Ordine. In: *Francesco d'Assisi e il primo secolo di storia francescana*. Turim: Einaudi, 1997, 165-201.

PRÉVÉLAKIS, G. *I Balcani*. Bolonha: il Mulino, 1997.

RICHARD, J. *La papauté et les missions d'orient au Moyen Age, XIIIe-XIVe siècles*. Roma: École Française de Rome, 1977.

SCHMITT, C. L'epopea francescana nell'impero mongolo nei secoli XII-XIV. In: LANCIOTTI, L. (org.). *Venezia e l'Oriente*. Florença: Olschki, 1987.

TESSERA, M. R. *Orientalis ecclesia. Papato, Chiesa e Regno latino di Gerusalemme (1099-1187)*. Milão: Vita e Pensiero, 2010.

VACCARO, L. (org.). *Storia religiosa dei cechi e degli slovacchi*. Milão-Gazzada: La Casa di Matriona-Fondazione Ambrosiana Paolo VI, 1987, v. 17: Ricerche.

Índice de nomes

Abd al Malik, califa 73
Abd al Rahman I 139
Abd ar Rahman III 141
Abelardo 228, 300, 308
Abôndio 140
Abu Bakr, califa 70, 72, 73
Abu Talib 66
Acácio, patriarca de Constantinopla 52, 55
Adalberão de Brema-Hamburgo 209
Adalberão de Laon 203
Adalberto de Hamburgo 144
Adalberto de Praga 234
Adaloaldo 90
Adelaide 171, 174
Adelardo de Verona 251
Adelchis, príncipe longobardo 127
Ademar de Monteil 356
Adriano, imperador romano 58, 212
Adriano I, papa 120, 121, 127
Adriano II, papa 147, 149
Adriano IV, papa 214, 215, 218, 308
Adriano V, papa 329
Aécio 23
Agapito, papa 59, 85
Ágila II, rei dos Visigodos 138
Agilulfo, rei dos Longobardos 42, 89, 90

Agostinho de Canterbury 32, 93, 94, 101, 102, 142
Agostinho de Hipona 22, 27, 32, 37, 40, 47, 221-223, 242, 252, 260, 269, 295, 300, 304
Aimerico de Borgonha 210
Aimone de Faversham 266
Alarico, rei dos Visigodos 22
Alberico (Aubry) de Cister 238
Alberico de Espoleto 161
Alberico dos Romanos 326
Alberto I de Habsburgo, imperador 336
Alberto Avogadro, patriarca latino de Jerusalém 269
Alberto de Buxhövden (de Riga) 363
Alberto de Pisa 266
Alberto Magno 258, 303, 328
Alberto Oseletti 251
Alboino 106
Albornoz, Egídio 348, 349
Alcuíno de York 128, 130, 131
Aléssio I Comneno, imperador (Constantinopla) 355, 356
Alexandre II, papa 14, 191, 233
Alexandre III, papa 215-219, 251, 313, 314, 332
Alexandre IV, papa 267, 323

Alexandre VI, papa 137
Alexandre de Hales 244
Al Farabi 303
Alfonso I, *o Católico*, rei das Astúrias 139
Alfonso II, *o Casto*, rei das Astúrias 139
Alfonso III, *o Grande*, rei das Astúrias (e depois de Lião) 140
Alfonso III, rei de Portugal 325
Alfonso VI, *o Valoroso*, rei de Castilha e de Lião 141, 142
Al Gazali 303
Al Hakam 128
Ali ibn Abi Talib, califa 70, 71
Al Malik al Kamil, sultão do Egito 73, 361
Al Nasir, rei da Mauritânia 71
Alodia 140
Alouben, bispo da Igreja siro-oriental 152
Al Walid, califa de Damasco 139
Amalasunta 26
Amalrico I, rei de Jerusalém 358
Ambrósio de Milão 29, 30, 40, 51, 98, 100
Anacleto II, papa 209, 210
Anastácio I, imperador (Constantinopla) 11, 53-55
Anastácio II, imperador (Constantinopla) 54, 55
Anastásio, patriarca de Antioquia 62, 96, 97
Anastásio, patriarca de Constantinopla 118, 119
Anastásio *Bibliothecarius* 145, 158
André de Nicópolis 97
Anfriso de Utrecht 182
Angelério 331
Angilberto de Saint-Riquier 128
Ansa 112
Anselmo de Lucca 213
Antão, abade 34, 36
Antimo, patriarca de Constantinopla 59
Antônio de Pádua 266, 291, 296, 320, 321
Aptadus de Genebra 159
Ariadne 53

Arialdo 190, 191, 307
Ariosto, Ludovico 137
Aristóteles 302, 303
Ariulfo, duque de Espoleto 90
Arnaldo de Bréscia 308
Arnolfo de Metz 99
Artavasde 119
Astolfo, rei dos Longobardos 124, 125
Atanásio, imperador (Constantinopla) 174
Atanásio, santo 168, 169
Atanásio de Alexandria do Egito 36
Ataulfo, rei dos Visigodos 22, 30
Átila, rei dos Hunos 22
Ausônio Décimo Magno 29
Averróis 303
Avicena 303
Avito de Viena 26
Azzo VIII d'Este 310

Balduíno I, rei de Jerusalém 357, 358
Balduíno II, rei de Jerusalém 358
Balduíno III, rei de Jerusalém 358
Balduíno IV, rei de Jerusalém 358
Bandinelli, família 218
Bartolomeu de Laon 223
Bartolomeu de Trento 295, 296
Bartolomeu Prignano, *v.* Urbano VI, papa
Basílio, *o Macedônio*, imperador (Constantinopla) 147, 148
Basílio de Cesareia 36, 110
Basilisco, imperador (Constantinopla) 25
Baugulfo de Fulda 129
Beda, *o Venerável* 32, 42, 47, 143
Belisário 59
Bento, frade 366
Bento, monge de S. Andrea do Soratte 155, 156, 161
Bento I, papa 86
Bento III, papa 145
Bento XI, papa 270, 338
Bento XII, papa 347
Bento XVI, papa 331

Bento de Aniane 13, 37, 129, 130, 221, 241
Bento de Núrsia 5, 10, 34, 36-41, 86, 91, 129, 130, 221, 225, 228, 230, 238, 240, 242, 252
Bento Falier 251
Berardo de Castanha 254
Berengário II, rei da Itália 171, 172
Bernardino de Sena 244
Bernardo de Fontaine, abade de Claraval 210, 214, 223, 228, 238, 239, 247, 248, 280, 291, 300, 305, 308, 359, 360
Bernone, abade de Cluny 224
Berta 93
Bertário, abade de Montecassino 155
Bertoldo de Regensburg 291
Bjorn, rei da Suécia 144
Boaventura de Bagnoregio 258, 261, 266-268, 291, 294, 304, 328
Boccaccio, João 292
Boécio, *v.* Severino Boécio
Boemondo de Taranto 356
Bonifácio (Winfrido) 118, 123, 124, 142, 143, 362
Bonifácio, eremita 231
Bonifácio II, papa 59
Bonifácio VIII, papa 17, 249, 290, 310, 319, 331, 334-338
Bóris, rei dos Búlgaros 146, 147, 151, 158, 167
Brígida da Suécia 349
Brunequilde, rainha dos francos 93
Bruno de Colônia 234, 235, 278
Bruno de Querfart 175, 234
Buoncompagno de Signa 275
Burcardo de Worms 42, 48, 182, 184

Cadija (Khadijah) 67
Caetani, Bento, *v.* Bonifácio VIII, papa
Calisto II, papa 201, 208, 209, 223
Calisto III, antipapa 218
Calpúrnio 30
Canuto, *o Grande*, rei da Noruega 363
Caracala, imperador romano 21

Cariberto, rei de Paris 93
Caritão 37
Carlomano, filho de Pepino, *o Breve* 125-127
Carlomano, irmão de Pepino, *o Breve* 125, 127
Carlos, *o Calvo*, imperador 133, 147, 159, 162, 163, 249
Carlos, *o Gordo* 159
Carlos II de Anjou, rei da Sicília 332-334, 344
Carlos IV de Luxemburgo, imperador 347, 349, 350
Carlos V, rei da França 349, 350
Carlos de Anjou, rei da Sicília 324, 326, 327, 329, 330
Carlos de Valois 339
Carlos Magno, rei e imperador 13, 70, 111, 121, 125-128, 130-133, 135, 172, 173, 216, 290, 362
Carlos Martelo 118, 123, 134, 139, 142
Cassiano de Marselha 37, 111
Cassiodoro, Flávio Magno Aurélio 26, 32
Casto 90
Catarina de Sena 57, 350
Celestino V, papa 17, 331, 333, 334, 338, 352
Cêncio Savelli, *v.* Honório III, papa
César (Gaio Júlio César) 23, 32
Cesare Barda 145
Cesário de Arles 29, 37, 40, 59, 111
Cesário de Heisterbach 257
Chaucer, Geoffrey 244
Cimabue 287
Ciríaco, patriarca de Constantinopla 96
Cirilo (Costantino) 13, 118, 144, 148, 150, 158
Cirilo, bispo de Alexandria 52, 60
Clara de Assis 263
Clemente I, papa 149
Clemente II, papa 181, 182
Clemente III, antipapa 195, 196, 200
Clemente IV, papa 302, 324, 327

Clemente V, papa 284, 309, 335, 338-340, 343, 344
Clemente VI, papa 338, 347, 349
Clemente VII, papa 351
Clemente de Ocrida 34, 149, 151
Clotilde, esposa de Clóvis 26, 29, 102
Clóvis, rei dos francos 24, 26, 29, 32, 102, 210
Cola de Rienzo 348
Columba 101, 102
Colonna, família 327, 336-338
Columbano, abade 10, 40-46, 48, 101, 102, 112
Comgall, abade 40
Cômodo, imperador romano 21
Conradino da Suábia, imperador 323, 324, 330
Conrado II, imperador 173, 189
Conrado III, imperador 360
Conrado IV, imperador 323
Conrado de Salisburgo 223
Constança de Altavilla 217, 246, 274
Constança de Aragão 274
Constante II, imperador (Constantinopla) 11, 65
Constantino, *v.* Cirilo
Constantino I, imperador 13, 21, 26, 32, 92, 103, 116, 126, 134, 136, 149, 150, 157, 169, 175, 250
Constantino II, antipapa 126
Constantino III, imperador (Constantinopla) 65
Constantino IV, imperador (Constantinopla) 66
Constantino V Coprônimo, imperador (Constantinopla) 118-120, 124
Constantino VI, imperador (Constantinopla) 120, 121, 127
Constantino de Nacolia 117
Cosroes I, rei da Pérsia 57
Cosroes II, rei da Pérsia 63, 64
Crimério de Piacenza 251
Cristóforo, *primicerius* 126

Cristóvão 160
Crodegango de Metz 220
Cummeano de Clonfert 42
Cusano, *v.* Nicolau de Cusa

Daimberto, patriarca latino de Jerusalém 356
Dâmaso II, papa 181
Daniel de Winchester 143
Dante Alighieri 48, 292, 324, 336, 337, 339, 346
Davi de Gales 101
Décio, imperador romano 21
Delfino, bispo de Bordeaux 29
Desidério, abade de Montecassino, *v.* Vítor III, papa
Desidério, rei dos Longobardos 112, 126, 127
Diego de Osma 258, 259, 313
Diocleciano, imperador romano 103
Dionísio, *o Pequeno* 56
Dióscoro 51
Dolcino Tornielli (frei Dolcino) 309
Domingos Cavalca 291
Domingos *de Caleruega* 15, 253, 258, 259-261, 289, 294-296, 312, 315
Domingos Gundissalvi 303
Duns Scotus 258
Durando de Osca 259, 313

Eckhart (Meister) 345
Edgardo, rei da Inglaterra 46
Eduardo I, rei da Inglaterra 325
Eduardo III, rei da Inglaterra 347
Egberto de Tréveris 128
Egberto de York 42
Egídio Romano 269
Eginardo 128, 132
Elias de Cortona 263, 266
Endelechi 104
Eremberto 107
Erlembaldo 191
Estêvão, patriarca de Constantinopla 148

Estêvão I, rei da Hungria 181, 363
Estêvão II, papa 124, 126
Estêvão III, papa 126
Estêvão V, papa 148, 151
Estêvão VI, papa 160
Estêvão IX, papa 184, 185
Estêvão de Muret 237, 262
Estêvão Harding 238, 239
Estêvão Tempier 304
Estilicão 22
Etelberto, rei de Kent 83, 101
Eugênio I, papa 65
Eugênio III, papa 176, 214, 218, 247, 249
Eulógio, patriarca de Alexandria 96, 97
Eulógio de Toledo 140
Eurico, rei dos Visigodos 23
Eusébio de Cesareia 32, 36
Eusébio de Tessalônica 97
Eusébio de Vercelli 40
Êutiques 52
Eutíquio, exarca de Ravena 123
Eutíquio, patriarca de Constantinopla 61, 62
Ezequias, rei de Israel 173
Ezzelino III da Roma 325

Félix III, papa 85
Félix IV (III), papa 26, 56
Ferdinando I, rei de Castela 141
Fernando III, *o Santo*, rei de Castela e Léon 325
Fieschi, família 329
Filipe, monge e antipapa 126
Filipe II *Augusto*, rei da França 247, 312, 360
Filipe IV, *o Belo*, rei da França 17, 335-340, 343
Filipe VI, rei da França 347
Filipe de Troia 251
Finnian de Clonard 42
Foca, imperador (Constantinopla) 63
Fócio, patriarca de Constantinopla 122, 145-149, 157, 158

Folco de Anjou, rei de Jerusalém 358
Folco de Toulouse 259
Formoso, papa 148, 159, 160
Francisco de Assis 15, 16, 253, 261-268, 275, 278, 366
Frangipane, família 209
Frederico I *Barbarroxa*, imperador 15, 214-218, 246, 272, 308, 314, 319, 360
Frederico II, imperador 15, 273-278, 296, 315, 323, 325, 360, 364
Frederico da Áustria, *o Belo* 345
Frederico de Lorena 185

Gala Placídia 22, 30
Gebehard de Eichstätt, *v.* Vítor II, papa
Gelásio I, papa 11, 53, 54, 174
Gelásio II, papa 223
Genserico, rei dos Vândalos 22-25, 32
Gerard Groote 291
Gerardo de Modena 266
Gerardo de Rossignol 266
Gerardo Segarelli 305, 308, 309
Gerberto de Aurillac, *v.* Silvestre II, papa
Germano, patriarca de Constantinopla 117, 118
Germano de Auxerre 28, 29
Germano de Paris 99
Giotto 287
Goethe, Johann Wolfgang 72
Godofredo de Bulhão 357
Godofredo de Lorena 185
Gorazd 151
Graciano 173, 213, 301
Graciano, imperador romano 51
Gregório, prefeito do pretório 91
Gregório I Magno, papa 10, 12, 32, 38-41, 47, 85-103, 112, 142, 162, 300, 362
Gregório II, papa 117, 123, 142
Gregório III, papa 118, 123, 142, 143
Gregório IV, papa 118
Gregório V, papa 175, 229
Gregório VI, papa 181, 184, 192

Gregório VII (Hildebrando), papa 14, 71, 181, 192-203, 227, 229, 233, 236, 248, 337
Gregório IX, papa 15, 242, 261, 265, 266, 269, 273-276, 302, 315, 332, 336, 364
Gregório X, papa 302, 310, 326-329, 334
Gregório XI, papa 18, 349, 350
Gregório Asbesta, 144, 145
Gregório de Tours 32, 99-101
Gregório Papareschi, *v.* Inocêncio II, papa
Guala de Bréscia 296
Gualberto, João 236
Guiberto (Wiberto) de Ravena, *v.* Clemente III, papa
Guido Boccatorta 233
Guido de Montpellier 252
Guido de Toscana 161
Guido de Velate 191
Guigo, prior de Camaldoli 235, 278
Guilherme de Aquitânia 224, 229
Guilherme de Champeaux 223
Guilherme de Modena 364
Guilherme de Moerbecke 303
Guilherme de Nogaret 337
Guilherme de Ockham 345
Guilherme de Sant'Amore 303
Guilherme de Vercelli 237
Guilherme de Volpiano, abade de Fruttuaria 230
Guilhermina, *a Boêmia* 310, 311
Guillielmus, presbítero e eremita 231

Hakim, califa do Egito 355
Harald 144
Henrique, filho de Frederico II 217, 274
Henrique, monge (herético) 212, 307
Henrique II, imperador 176
Henrique II, rei da Inglaterra 217
Henrique III, imperador 180-182, 185, 201, 202
Henrique III, rei da Inglaterra 325
Henrique IV, imperador 14, 185, 186, 193-200

Henrique V, imperador 200, 201, 223
Henrique VI, imperador 215, 220, 227, 246
Henrique VII, imperador 339, 345
Henrique de Espira 194
Henrique de Gand 304
Henrique de Settala 251
Heráclio I, imperador (Constantinopla) 11, 63-65
Heráclio II, imperador (Constantinopla) 65
Hermano de Metz 196, 198
Hermano de Salza 276, 364
Hermano Pungilupo 309, 210
Hilarião de Gaza 37
Hildebrando, *v.* Gregório VII, papa
Hisham II, califa 141
Hohenstaufen, família 15, 177, 214, 254, 273, 274, 278, 323, 324
Homobono de Cremona 293
Honorato de Lérins 37
Honorato de Milão 106
Honório, imperador romano 22
Honório I, papa 64
Honório III, papa 245, 259, 262, 264, 269, 274, 330
Honório IV, papa 330
Hormisda, papa 11, 54, 55, 59, 60
Hugo, *o Cândido* 184
Hugo de Die 238
Hugo de Óstia, *v.* Gregório IX, papa
Hugo de Provença, rei da Itália 161, 165, 171
Hugo de São Vítor 291
Hugo de Semur 183, 195, 226-228
Hugo de Vermandois 356
Humberto de Moyenmoutier 170, 183, 184, 196, 236
Humberto de Romans 328, 367
Husain 70

Iacopo Passavanti 291
Ibas de Edessa 60-62
Ildeboldo de Coira 177

Immone de Arezzo 233
Inácio, patriarca de Constantinopla 144-148, 158
Inácio de Antioquia 34
Incmaro de Reims 163
Ingeborg da Dinamarca, rainha da França 247
Inocêncio II, papa 209, 210, 212
Inocêncio III, papa 15, 243-255, 258, 259, 262, 274, 275, 293, 302, 308, 312-315, 325, 337, 360, 363, 364
Inocêncio IV, papa 15, 253, 269, 273, 276-278, 290, 296, 302, 315, 323, 366
Inocêncio V, papa 329
Inocêncio VI, papa 347, 348
Iohannes, monge e eremita 231
Iohannes, padre e eremita 231
Irene, imperatriz (Constantinopla) 120, 121, 132, 133, 145
Isaac, exarca de Ravena 64
Isaac, monge 140
Isidoro de Sevilha 32, 100, 101, 112, 113, 134, 157
Isidoro Mercador 157

Jacopo de Varazze 294, 296
Jacques de Vitry 256, 257
Jaime I, *o Conquistador*, rei de Aragão 325
Jazid II, califa 115
Jerônimo (Sofrônio Eusébio Jerônimo) 27, 37, 47
Jerônimo Masei de Ascoli 330
Joana, filha de Raimundo VII de Toulouse 313
João I, papa 26, 56
João I *Sem Terra*, rei da Inglaterra 247, 325
João II da Capadócia, patriarca de Constantinopla 55, 56
João IV, *o Jejuador*, patriarca de Constantinopla 86, 95, 96
João IV, papa 64
João V Paleólogo, imperador (Constantinopla) 348

João VII, *o Gramático*, patriarca de Constantinopla 122
João VIII, papa 147, 148, 150, 151, 158, 159, 164
João X Bekkos, patriarca de Constantinopla 328
João X, papa 161
João XI, papa 161
João XII, papa 161, 172
João XIII, papa 165
João XIX, papa 229, 329
João XXI, papa 325, 329
João XXII, papa 311, 344-347
João Bono 107
João Colonna 333, 336
João Crisóstomo 51, 98, 149
João Damasceno 71, 116, 120, 153
João de Corinto 97
João de Creta 97
João de Ivrea 251
João de Justiniana Prima 97
João de Larissa 97
João de Matera 237
João de Matha 252
João de Montecorvino 367
João de Parma 267
João de Pian del Carpine 366, 367
João de Scutari 97
João Parenti 265, 266
João Peckham 304
João Talaia 52
Joaquim de Fiore 254, 267, 305, 306, 332
Jordano 85
Jordano da Saxônia 296
José, patriarca da Igreja da Bulgária 147
José, patriarca de Constantinopla 328
Judite, esposa de Luís, o Pio 133
Juliano, *o Apóstata*, imperador romano 22
Juliano de Halicarnasso 62
Justiniano, imperador (Constantinopla) 11, 25, 27, 32, 55-63, 85, 301, 357
Justino, imperador (Constantinopla) 26, 55, 56

Justino II, imperador (Constantinopla) 62, 86
Juvenal de Jerusalém 51

Latino Malabranca 333, 343
Leandro de Sevilha 93
Leão I Magno, papa 22, 25, 52, 247
Leão III, *o Isáurico*, imperador (Constantinopla) 12, 123
Leão III, papa 115-118, 130-132, 147
Leão IV, *o Cazar*, imperador (Constantinopla) 120, 145
Leão IV, papa 145
Leão V, *o Armênio*, imperador (Constantinopla) 121, 122, 145
Leão V, papa 160
Leão VI, *o Filósofo*, imperador (Constantinopla) 148
Leão VIII, papa 172
Leão IX, papa 14, 136, 169, 170, 181, 183-185, 192, 229, 236
Leão de Perego 266
Leão de Vercelli 175
Libério 86
Lietberto de São Rufo 222
Lietmaro de Brema 193, 194
Ling-Tsing 152
Liutprando, rei dos Longobardos 33, 117-119, 122, 123, 135, 142
Liutprando de Cremona 171
Lourenço, antipapa 54
Lotário I, imperador 133
Lotário II, imperador 210
Lotário II, rei da Itália 171, 172
Lotário dos Condes de Segni, *v.* Inocêncio III, papa
Lúcio III, papa 308, 313-315
Ludovico II, *o Germânico*, imperador 133, 134, 146, 149, 150, 157
Luís, *o Pio*, imperador 130, 133, 162
Luís I de Anjou, rei da Hungria e da Polônia 349, 350
Luís IV, *o Bávaro*, imperador 311, 345, 346

Luís VII, rei da França 210, 360
Luís IX, *o Santo*, rei da França 313, 324, 325, 330, 361, 366

Maewyin Succat, *v.* Patrício
Maiolo, abade de Cluny 227, 230
Manegold de Lautenbach 196
Manfredi da Suábia, rei da Sicília 278, 324
Manuel II *Paleólogo*, imperador (Constantinopla) 348
Manuel Comneno, imperador (Constantinopla) 217
Maomé 11, 66-75, 77-81, 138, 140
Maria 64, 67, 69, 78-81, 225, 289, 295, 296, 337
Maria de Paflagônia 121
Maris de Rēwardāshīr 60
Marósia 161
Marsílio de Pádua 345, 346
Martinho I, papa 65
Martinho IV, papa 330
Martinho de Braga 101
Martinho de Tours 37, 38, 101, 226
Massignon, Louis 72
Matilde de Canossa 195, 199, 228
Maurício Tibério, imperador (Constantinopla) 63, 89, 90, 96
Máximo, *o Confessor* 30, 31, 64-66
Máximo de Turim 30, 48
Melito, *o Franco* 94
Menas, patriarca de Constantinopla 59-61
Metódio (Michele) 13, 118, 144, 146-148, 150, 151, 158, 167
Metódio, patriarca de Constantinopla 122
Migécio 140
Miguel I, imperador (Constantinopla) 144
Miguel II, imperador (Constantinopla) 122
Miguel III, *o Ébrio*, imperador (Constantinopla) 122, 145-148, 157
Miguel VIII *Paleólogo*, imperador (Constantinopla) 327-330
Miguel Cerulário, patriarca de Constantinopla 169

Miguel de Cesena 311, 345
Miguel Rangabé, imperador (Constantinopla) 121
Mohammed ibn Abi Amir, *Al Mansur* 141
Muhawiyah, califa 70
Murad I, sultão 348, 350
Musa ibn Nusyar 138, 139

Nestório 52, 60
Nicéforo, *o Logóteta*, imperador (Constantinopla) 121, 122, 133
Nicéforo, patriarca de Constantinopla 122, 133
Nicolau, diácono 179
Nicolau I, papa 146, 157-159
Nicolau II, papa 185-187, 192, 207, 219
Nicolau III, papa 329
Nicolau IV, papa 330, 331
Nicolau V, antipapa 346
Nicolau Boccasini de Treviso, *v.* Bento XI papa
Nicolau de Cusa 137
Norberto de Xanten 223, 224
Nunila 140

Ockham, *v.* Guilherme de Ockham
Odão, conde (rei) de Paris 224
Odilo de Mercoeur 225, 227, 229
Odo, abade de Cluny 225-227
Odo de Châtillon, *v.* Urbano II, papa
Odoacro 23, 25, 38
Olavo, rei da Suécia 144
Olivi, Pedro João 340
Omar, califa 69, 70, 102, 138
Omar ben Abdel Arif, califa 115
Omar ibn Assun 141
Orígenes 60, 300
Orsiesi 36
Orsini, família 327, 338
Oscar (Ansgar, Anscário) de Brema 144
Otão I, imperador 161, 165, 170-174, 176, 177, 182, 188
Otão II, imperador 174

Otão III, imperador 136, 174-176, 231
Otão IV, imperador 246, 24, 254, 274
Otão de Freising 210, 216, 223
Otaviano dos Condes de Túsculo, *v.* João XII, papa
Otman, califa 69, 70, 71, 73

Pacômio 34, 36, 37
Preste João 366
Pascoal II, papa 200, 201, 203, 209, 223, 229, 238
Pascoal III, antipapa 218
Patrício (Maewyin Succat) 30, 37, 101
Paulino de Aquilea 128
Paulino de Nola 28, 29, 40, 48
Paulo I, papa 126
Paulo II, patriarca de Constantinopla 65
Paulo IV, patriarca de Constantinopla 120
Paulo Diácono 32, 48, 112, 128, 290
Paulo Orósio 28, 32, 48
Pedro, eremita 232, 236, 355
Pedro I, rei de Aragão 138, 142
Pedro III, rei de Aragão 330
Pedro Cantor 220
Pedro Cattani 263
Pedro Colonna 333
Pedro Crisólogo 30
Pedro Damião 183, 185, 196, 231, 233, 247, 272, 305
Pedro de Bréscia 266
Pedro de Bruys 307
Pedro de Castelnau 312
Pedro de Mântua 165
Pedro de Montboissier, *o Venerável* 71, 227, 228, 294, 307
Pedro de Morrone, *v.* Celestino V
Pedro de Poitiers 220
Pedro de Verona 296
Pedro Fulão, patriarca de Antioquia 52, 65
Pedro Ígneo 191, 195, 236
Pedro Lombardo 16, 213, 300, 303
Pedro Mezzabarba 191

Pedro Mongo, patriarca de Alexandria 52, 65
Pedro Orseolo 181
Pelágio I, papa 62
Pelágio II, papa 86, 87
Pelayo de Fáfila 139
Pepino, o Breve, rei dos francos 12, 13, 119, 124-126, 134, 172
Pepino, rei da Aquitânia 133
Petrarca, Francesco 244, 331, 348, 349
Pierleoni, família 209
Pierre Roger, *v.* Gregório XI, papa
Pietro degli Onesti 223
Pietro Pierleoni, *v.* Anacleto II, papa
Pio II, papa 361
Pio V, papa 289
Pio IX, papa 289, 348
Pirmino 143, 362
Policarpo de Esmirna 34, 48
Poppo de Bressanone, *v.* Dâmaso II, papa
Princípio de Soissons 29
Procópio de Cesareia 56, 57
Próspero de Aquitânia 28, 32
Protério, patriarca de Alexandria do Egito 51

Quildeberto I, rei dos francos 99
Quildeberto II, rei dos francos 41
Quilperico, rei da Austrásia Radagaiso 27, 32
Quilperico (Quilderico) III, rei dos francos 124

Radegunda, rainha dos francos 102
Raimundo da Provença 356
Raimundo Lullo 341, 366
Raimundo VI, conde de Toulouse 312
Raimundo VII, conde de Toulouse 312, 313
Rainaldo de Dassel 215, 216
Ratchis, rei dos Longobardos 123
Ratislav, príncipe da Grande Morávia 146, 149, 150, 167
Remígio de Reims 29

Ricardo I, *Coração de Leão*, rei da Inglaterra 360
Ricardo Annibaldi 269
Roberto I de Anjou, rei de Nápoles 339, 345
Roberto Grossatesta 302, 303
Roberto Kilwarby 304
Roberto de Altavilla (o Guiscardo) 185, 187, 193, 194, 196
Roberto de Arbrissel 236, 237
Roberto de Flandres 356
Roberto de Genebra, *v.* Clemente VII, papa
Roberto de Molesmes 238
Roberto de Normandia 356
Roderico (Rodrigo) 70, 138, 139
Rodolfo, *o Glabro* 226
Rodolfo I de Habsburgo, imperador 323, 326, 328-330
Rodolfo de Camaldoli 233
Rodrigo Diaz de Bivbar, *el Cid Campeador* 141
Rolando, *v.* Alexandre III, papa
Romualdo (*Romualdus*) 231-233, 305
Rômulo Augústulo, imperador romano 23
Rostagno de Arles 159
Rotrude 121, 127
Rufino de Aquileia 36
Rufino de Assis 219
Ruggero Altavilla 200

Sabélio 140
Saladino 360
Salimbene de Adam 244
Salomão, rei de Israel 78, 173
Salviano de Marselha 28, 48
Sancho III de Navarra, *el Major* 141
Sciarra Colonna 337, 346
Sêneca, Lúcio Anneo 101
Sereno de Marselha 92
Sérgio, patriarca de Constantinopla 64, 65
Sérgio III, papa 160, 161
Severino, papa 64
Severino Boécio 26, 30, 31, 48

Severino do Nórica 30
Siegfried de Mogúncia 194
Sigieri de Brabante 304
Silvério, papa 59
Silvestre I, papa 134, 136, 137, 248
Silvestre II, papa 175, 363
Simão Mago 178
Simplício, papa 111
Sofia 63
Sofrônio, *o Sofista*, patriarca de Jerusalém 64, 102
Suitgero de Bamberg 181
Sulpício Severo 37
Svatoplok, príncipe da Grande Morávia 148, 150

Tácito Públio Cornélio 23
Tadeu de Suessa 277
Tang Tai Tsong, imperador (China) 152
Tarásio, patriarca de Constantinopla 120, 145
Tarik ibn Ziyad, emir 70, 138
Tedaldo de Canossa 232, 233
Tedaldo de Milão 194
Theoktistos 145
Teobaldo Visconti 327
Teoctista 89
Teodato, rei dos ostrogodos 59
Teodolinda, rainha dos longobardos 89, 90, 93
Teodora, esposa de Justiniano 56, 57, 59, 60
Teodora, esposa de Teófilo 122, 144, 145
Teodoreto de Ciro 60-62
Teodorico, rei dos ostrogodos 24-26, 31, 38, 53, 56
Teodorico II, rei da Austrásia 42
Teodoro 36
Teodoro, *o Estudita* 122
Teodoro, papa 65
Teodoro Asquida 61
Teodoro de Canterbury 42, 46
Teodoro de Mopsuéstia 60-62
Teodoro (Totone) de Nepi 126

Teodósio I, imperador romano 22, 30, 51, 105, 136
Teodósio de Éfeso 117
Teódota 121
Teódoto I Cassiteras, patriarca de Constantinopla 122
Teodulfo de Orléans 128
Teófanes 174
Teofilato de Túsculo 159, 161
Teófilo, imperador (Constantinopla) 122
Tiago Colonna 333
Tiago de Molay 339
Tibério II Constantino, imperador (Constantinopla) 63, 86
Timóteo I, *catholicós* da Igreja nestoriana 71
Timóteo I, patriarca de Constantinopla 55
Timóteo Eluro, patriarca de Alexandria do Egito 51
Thomas Becket 217
Tomás de Aquino 16, 72, 99, 258, 303, 304, 328, 345
Tomás de Cápua 251
Tomás de Celano 261, 265
Tomás de Claudiópolis 117
Toqtai, *khan* 367
Totila, rei dos ostrogodos 39, 57
Treboniano Gallo, imperador romano 21
Tundun 128
Túsculo, condes de 159, 160, 176, 185

Uguccione de Pisa 218, 243, 248
Ulderico de Pádua 195
Urbano II, papa 199, 200, 203, 222, 229, 235, 237, 355
Urbano IV, papa 324, 327
Urbano V, papa 348, 349
Urbano VI, papa 351
Urbico de Durazzo 97

Vala (Wala) de Corbie 144
Valdo 17, 212, 219, 252, 256, 313
Valente, imperador romano 22
Valentiniano III 23, 30

Venâncio 86
Venâncio Fortunato 99, 100, 102
Vicedomino Vicedomini 329
Vigílio, papa 59-62
Vilfrido de York 142
Villibrordo 142
Virgílio (Públio Virgílio Marone) 99
Visconti, família 327, 350
Vítor II, papa 181, 185
Vítor III, papa 199
Vítor IV, antipapa 210, 216, 218
Vladimir, rei dos búlgaros 151
Voltaire, François-Marie Arouet 72, 152

Wazon de Liège 196
Weil, Gustav 72
Wiberto, *v.* Guiberto
Wiching 151
Winfrido, *v.* Bonifácio
Witiza, rei dos visigodos 70, 138
Wu Zong Tang, imperador (China) 152, 153

Zacarias, papa 119, 123, 124
Zayd ibn Thabit 68, 72, 73
Zenão, imperador (Constantinopla) 10, 25, 52, 53, 55, 62

Plano analítico da obra

VOLUME I
A Antiguidade cristã: **das origens da Igreja à divergência entre Oriente e Ocidente (séculos I-V)**
Textos de G. Laiti e C. Simonelli, com U. Dell'Orto, S. Xeres e A. Maffeis

Prefácio de C. Pasini
Introdução geral de U. Dell'Orto e S. Xeres
Teologia e história da Igreja de A. Maffeis
Cap. 1 – As origens cristãs
Cap. 2 – As Igrejas no espaço público: o período da apologia
Cap. 3 – A "grande Igreja": a Igreja no século III
Cap. 4 – O século IV: a Igreja no império cristão e além das fronteiras
Cap. 5 – A vida interna das Igrejas no século IV
Cap. 6 – O século V: a Igreja na divergência entre Ocidente e Oriente

VOLUME II
A Idade Média: **da presença dos bárbaros no Ocidente (séculos IV-V) ao papado avinhonense (1309-1377)**
Textos de E. Apeciti, S. Ceccon, R. Mambretti

Cap. 1 – A contribuição dos novos povos para o desenvolvimento da Igreja
Cap. 2 – A Igreja no Oriente entre os séculos V e VII e a difusão do Islã
Cap. 3 – A Igreja no Ocidente nos séculos VI-VII
Cap. 4 – O Ocidente nos séculos VIII-X
Cap. 5 – A Igreja imperial, da época dos Otões à Reforma do século XI
Cap. 6 – Reformas básicas e reformas de cúpula entre os séculos XII e XIII
Cap. 7 – Mudanças estruturais, religiosidade, cultura, heresia e ortodoxia entre os séculos XI e XIV

Cap. 8 – Da crise da metade do século XIII ao fim do período avinhonense (1309-1377)
Cap. 9 – Além dos confins: cruzadas e missões

VOLUME III
A época moderna: **do Cisma do Ocidente (1378-1417) às vésperas da Revolução Francesa (1780-1790)**
Textos de F. Besostri, U. Dell'Orto, C. Silva

Cap. 1 – Do Cisma do Ocidente aos Concílios do século XV
Cap. 2 – A Igreja durante o Renascimento
Cap. 3 – O século da Reforma (*Reformation*)
Cap. 4 – O Concílio de Trento e sua aplicação
Cap. 5 – A Igreja na época do Absolutismo
Cap. 6 – A Igreja no século XVIII
Cap. 7 – Aberturas a Igrejas orientais, missões, teologia, arte e religiosidade

VOLUME IV
A época contemporânea: **da Revolução Francesa ao Vaticano II e à sua aceitação (1789-2005)**
Textos de M. Guasco, A. Manfredi, S. Xeres

Cap. 1 – Igreja e Revolução Francesa (1789-1814)
Cap. 2 – Abertura ao século XIX mediante as missões
Cap. 3 – A Igreja católica entre Restauração e liberalismo
Cap. 4 – O catolicismo na Europa na segunda metade do século XIX
Cap. 5 – Fermentos de renovação eclesial entre os séculos XIX e XX
Cap. 6 – A ideologia e os movimentos políticos nacionalistas e totalitários na primeira parte do século XX
Cap. 7 – Pio XII e a Igreja do seu tempo
Cap. 8 – O Concílio Vaticano II e a sua aceitação
Cap. 9 – As dimensões mundiais da Igreja no século XX

Edições Loyola

editoração impressão acabamento
Rua 1822 nº 341 – Ipiranga
04216-000 São Paulo, SP
T 55 11 3385 8500/8501, 2063 4275
www.loyola.com.br